수능특강

사회탐구영역 정치와 법

KB214223

기획 및 개발

김은미(EBS 교과위원)

이규미(개발총괄위원)

박 민(EBS 교과위원)

박빛나리(EBS 교과위원)

감수

한국교육과정평가원

책임 편집

김미나

전통과 혁신으로 미래를 찾는 대학

K-Culture

4년제 특
국립 대

세상과 통하다

2025학년도
국립 한국전통문화대학교
대학 신입생 모집

우선선발(입학고사)
2024년 7월 접수 예

수시모집
2024년 9월 접수 예

정시모집
2024년 12월 접수 0

국립군산대학교

KUNSAN NATIONAL UNIVERSITY

마이크로디그리 기반 스마트팩토리 관리 전문가 교육	학업
전과 프리(FREE)대학 3無 전과제도	학업
현장실습 기반 기업채용연계 공유전공	취업
2024학년 전 학년 통학버스 전면 무료 운행	복지
호텔식 신축기숙사 신입생 우선배정	복지
호남권 4년제 최저등록금 (학기 평균 188만원)	장학
KSNU 지역인재 생활비 장학금	학비

KSNU
국립군산대학교

…과 박지연

동국대학교
DUICA

100% 면접

③ 동대입구역
④ 충무로역

수시/정시 중복지원 가능

- 컴퓨터공학
  인공지능(AI)

- 경영
  글로벌경영

- 광고홍보
  미디어커뮤니케이션

- 멀티미디어
  시각디자인

- 스포츠재활
  스포츠헬스케어

- 경찰행정
  공무원행정

- 영화영상제작
  연기

- 사회복지
  공무원사회복지

- 반려동물케어

- 애견미용

- 상담심리

TALK **동국대듀이카**

구) 동국대전산원

dongguk UNIVERSITY ❋ | 동국대학교 DUICA

☎ 02-2260-3333

수능특강

사회탐구영역 **정치와 법**

이 책의 **차례** Contents

개인 생활과 법

 사회생활과 법

 국제 관계와 한반도

이 책의 **구성과 특징** Structure

핵심 내용 정리

교과서의 핵심 내용을 쉽게 이해할 수 있도록 체계적이고 일목요연하게 정리하였습니다.

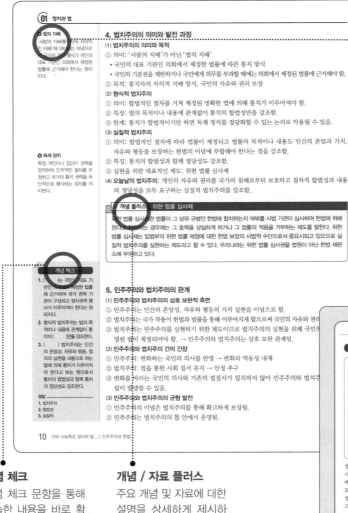

보조단 개념 설명

핵심 내용과 관련된 보충 설명이나 자료를 제시하여 개념 이해를 도울 수 있도록 하였습니다.

심화 탐구

심화 학습이 필요한 주제를 보다 깊이 학습할 수 있도록 심도 있게 제시하였습니다.

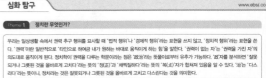

개념 체크

개념 체크 문항을 통해 학습한 내용을 바로 확인하고 넘어갈 수 있도록 하였습니다.

개념 / 자료 플러스

주요 개념 및 자료에 대한 설명을 상세하게 제시하였습니다.

수능 기본 문제

기본 개념과 원리 및 간단한 분석 수준의 문항들로 구성하여 교과 내용에 대한 기본 이해 능력을 향상시킬 수 있도록 하였습니다.

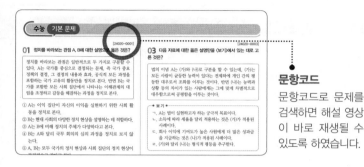

문항코드

문항코드로 문제를 검색하면 해설 영상이 바로 재생될 수 있도록 하였습니다.

수능 실전 문제

보다 세밀한 분석 및 해석을 요구하는 다양한 유형의 문항들을 수록하여 응용과 탐구 및 문제 해결 능력을 향상시킬 수 있도록 하였습니다.

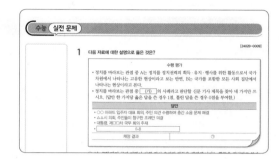

기출 플러스

대단원별 대표 기출 문제를 수록하여 출제 경향과 유형을 파악할 수 있도록 하였습니다.

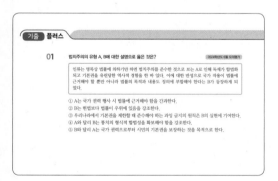

정답과 해설

정답과 오답에 대한 자세한 설명을 통해 문제에 대한 이해를 높이고, 유사 문제 및 응용 문제에 대한 대비가 가능하도록 하였습니다.

학생

인공지능 DANCHOQ
푸리봇 문|제|검|색

EBS*i* 사이트와 **EBS*i* 고교강의 APP** 하단의 **AI 학습도우미 푸리봇**을 통해 문항코드를 검색하면 푸리봇이 해당 문제의 해설과 해설 강의를 찾아 줍니다. **사진 촬영으로도 검색**할 수 있습니다.

문제별 문항코드 확인

[24020-0001]
1. 아래 그래프를 이해한 내용으로 가장 적절한 것은?

문항코드 검색

24020-0001

[24020-0001]

사진 촬영 검색

선생님

EBS 교사지원센터
교재 관련 자|료|제|공

교재의 문항 한글(HWP) 파일과 교재이미지, 강의자료를 무료로 제공합니다.

⬇ 한글다운로드   🖼 교재이미지   📊 강의자료

- 교사지원센터(teacher.ebsi.co.kr)에서 '교사인증' 이후 이용하실 수 있습니다.
- 교사지원센터에서 제공하는 자료는 교재별로 다를 수 있습니다.

수능 고득점을 위한 **EBS 교재 활용법**

EBS 교재 **연계 사례**

2024학년도 수능 문항 5번

05 다음 자료에 대한 분석 및 추론으로 옳은 것은?

갑국의 시기별 정부 형태는 전형적인 대통령제 또는 전형적인 의원 내각제 중 어느 하나에 해당한다. t 시기의 정부 형태는 직전 시기의 정부 형태와 동일하고, t~t+2 시기 중 정부 형태는 1회 변경되었다. 갑국의 t 시기 의회를 구성하기 위한 선거는 국민이 직접 행정부 수반을 선출하는 선거와 동시에 각각 실시되었다. 표는 갑국에서 각 시기의 정당별 의회 의석률과 행정부 수반 소속 정당을 나타낸다.

시기	정당별 의회 의석률(%)				행정부 수반 소속 정당
	A당	B당	C당	D당	
t	32	58	7	3	㉠
t+1	63	27	8	2	㉡
t+2	38	54	6	2	㉢

* 각 시기의 정부 형태는 해당 시기 내에서 동일하며, 각 시기 내 정당별 의회 의석률 변화와 행정부 수반의 당적 변화는 없음.

① t 시기에 국정 운영의 효율성을 위해 의회 의원이 각료를 겸직할 수 있다.
② t+2 시기에 행정부 수반은 법률안 거부권을 통해 입법 과정에 관여한다.
③ ㉠이 'B당'이라면, t 시기에 행정부 수반이 제출한 법률안이 의회에서 통과될 가능성이 높다.
④ ㉡과 ㉢이 동일하다면, t+1 시기에 행정부 수반은 국가 원수로서의 지위도 가진다.
⑤ ㉠, ㉡, ㉢이 모두 동일하다면, t 시기와 달리 t+1 시기에는 행정부와 입법부 간 대립 시 잦은 불신임 결의로 국정 불안이 초래될 가능성이 높다.

2024학년도 EBS 수능특강 46쪽 6번

06 다음 자료에 대한 옳은 분석만을 〈보기〉에서 고른 것은?

표는 시기별로 전형적인 정부 형태 중 하나를 채택하는 갑국의 t 시기~t+4 시기의 의회 구성 변화를 보여 주고 있다. 단, t 시기에는 의원 내각제를 채택하였고, 이후 정부 형태가 두 번 변화하였다.

구분	t 시기	t+1 시기	t+2 시기	t+3 시기	t+4 시기
A당 의석률(%)	52	37	36	51	23
B당 의석률(%)	33	54	42	29	27
C당 의석률(%)	11	6	9	14	24
D당 의석률(%)	4	3	13	6	26
행정부 수반 소속 정당	㉠	㉡	A당	㉢	A당

• 보기 •

ㄱ. 다른 시기에 비해 t+4 시기에 행정부 수반의 법률안 거부권 행사가 발생할 가능성이 가장 높다.
ㄴ. ㉠과 ㉡이 같고, t+2 시기에 내각이 의회 해산권을 갖는다면, t+2 시기~t+4 시기의 정부 형태는 동일하다.
ㄷ. ㉢이 B당이고, t+2 시기에 의회 의원과 내각이 모두 법률안을 제출할 수 있다면, ㉡에 A당이 들어갈 수 있다.
ㄹ. t+1 시기와 t+3 시기 모두 행정부 수반을 의회에서 선출한다면, t+2 시기에는 국민이 직접 행정부 수반을 선거로 선출한다.

① ㄱ, ㄴ　　② ㄱ, ㄷ　　③ ㄴ, ㄷ　　④ ㄴ, ㄹ　　⑤ ㄷ, ㄹ

연계 분석 및 학습 대책

2024학년도 수능 정치와 법 5번 문항은 EBS 수능특강 46쪽 6번 문항과 연계되어 출제되었다. 두 문항 모두 전형적인 정부 형태를 채택하고 있는 국가의 의회 구성 변화를 보여 주는 표를 분석하는 문제로 출제되었다. EBS 교재는 시기를 다섯 단계로 구분하여 가로로 배치하고 네 개 정당의 의석률을 세로로 배치하였으며, 분석을 위한 조건으로 정부 형태 2회 변경을 제시하였다. 이와 달리 수능 문제에서는 가로와 세로의 내용 요소 배치를 맞바꾸고 시기를 세 단계로 줄였으며, 분석을 위한 조건으로 정부 형태 1회 변경을 제시하였다. 하지만 수능 문제에서 정당별 의회 의석률과 행정부 수반 소속 정당을 바탕으로 정부 형태를 파악하는 문제 형식은 그대로 유지하여 EBS 교재와의 연계성을 높였다.

수능에서 EBS 교재와의 연계 문항은 다양한 방식으로 구성된다. EBS 교재의 본문이나 개념/자료 플러스, 심화 탐구 내용을 활용해 연계 문항을 구성하기도 하고, 수능 기본 문제와 수능 실전 문제를 재구성하기도 한다. 문항을 재구성할 때는 묻는 내용과 형식이 비슷한 경우도 있지만, 다른 형태의 자료를 사용하거나 선지 내용 및 선지 제시 방식을 바꾸는 경우도 있다. 특히 표가 자료로 사용된 경우에는 동일한 주제를 다루고 있는 표라도 내용을 추가하거나 형식을 변형하는 경우가 더 많다. 하지만 표의 내용과 형식이 일부 달라지더라도 문제를 푸는 방법은 공통적인 것이 일반적이다. 따라서 EBS 교재에서 표가 제시된 문제를 풀 때는 정답을 찾는 것에 그칠 것이 아니라 정답 판단에 필요한 핵심 정보를 찾아내는 방법을 자기 것으로 만들기 위해 노력할 필요가 있다.

EBS 교재 **연계 사례**

2024학년도 수능 문항 10번

10 다음 사례에 대한 법적 판단으로 옳은 것은?

○○ 회사에서 근무하던 A는 사용자 B로부터 갑작스럽게 해고 통보를 받았다. 이에 B의 해고 통보가 ○○ 회사 노동조합 소속인 자신에게 불이익을 주고 노동조합 활동을 방해하기 위한 것으로 부당 해고이자 부당 노동 행위에 해당한다며 A는 □□ 지방 노동 위원회에 구제 신청을 하였다. 한편, 이 사실을 알게 된 A의 두 아들 C(18세, 고등학생)와 D(16세, 고등학생)는 생활비를 벌고자 집 근처 대형 마트 사장 E와 근로 계약을 체결하였다. 표는 C, D가 각각 E로부터 교부받은 근로 계약서 내용의 일부를 정리한 것이다.

구분	C	D
계약 기간	2023년 1월 2일~2023년 2월 28일	
업무의 내용	마트 내 물품 판매	
소정 근로 시간 (휴게 시간)	9:00~18:00 (13:00~14:00)	9:30~17:00 (13:30~14:00)
근무일 (주휴일)	매주 5일(화~토) (일요일)	매주 5일(월~금) (일요일)

① B의 해고 통보에 대해 A가 소속된 노동조합은 근로 기준법에 따라 □□ 지방 노동 위원회에 부당 해고 구제 신청을 할 수 있다.
② □□ 지방 노동 위원회에서 A의 구제 신청을 인용한 경우, B는 이에 불복하려면 10일 이내에 행정 소송을 제기해야 한다.
③ C의 휴게 시간뿐만 아니라 D의 휴게 시간도 근로 기준법에 위배되지 않는다.
④ C의 근로 시간을 매 근무일 2시간씩 연장하는 것은 C와 E의 합의가 있어도 근로 기준법에 위배된다.
⑤ E는 D를 근로자로 사용하기 위해 A의 동의서와 고용 노동부 장관이 발급한 취직 인허증을 사업장에 갖추어 두어야 한다.

2024학년도 EBS 수능특강 153쪽 2번

02 다음 사례에 대한 법적 판단으로 옳은 것은?

〈사례1〉	〈사례2〉
대형 마트 사장 갑은 고등학생 A(18세)와 근로 계약을 체결하였다. 다음은 갑과 A가 체결한 근로 계약 내용 중 일부이다.	대형 마트 사장 을은 고등학생 B(17세)와 근로 계약을 체결하였다. 다음은 을과 B가 체결한 근로 계약 내용 중 일부이다.

〈사례1〉
1. 계약 기간: 2023년 8월 1일부터 2023년 8월 31일
2. 근로 시간: 9시~18시(휴게 시간: 12시~13시)
3. 근무일: 매주 월요일부터 금요일까지/ 주휴일 매주 일요일
4. 임금 및 지급 방법: 시간당 10,000원/매 달 1회 A 명의의 예금 통장에 입금
5. 근무 장소 및 담당 업무: 마트 내 물건 정리

* 2023년 법정 최저 임금은 시간당 9,620원임.

〈사례2〉
1. 계약 기간: 2023년 8월 1일부터 2023년 9월 30일
2. 근로 시간: 10시~18시(휴게 시간: 12시~13시)
3. 근무일: 매주 월요일부터 금요일까지/ 주휴일 매주 일요일
4. 임금 및 지급 방법: 시간당 9,700원/홀수 달에 2회 B의 법정 대리인에게 직접 지급
5. 근무 장소 및 담당 업무: 물품 정리 및 청소

* 2023년 법정 최저 임금은 시간당 9,620원임.

① 을의 임금 지급 방법은 근로 기준법을 준수하고 있다.
② A는 B와 달리 사장에게 독자적으로 임금을 청구할 수 있다.
③ 미성년자인 A와 B의 근로 시간은 원칙적으로 1일 7시간, 1주 35시간을 넘지 못한다.
④ 을과 B가 근무일 연장 근로에 대해 추가적으로 합의하면, B는 근무일 모두에 1일 1시간씩 더 근로할 수 있다.
⑤ 을은 B의 연령을 증명하는 가족 관계 기록 사항에 관한 증명서와 친권자의 동의서 중 하나를 사업장에 갖추어야 한다.

연계 분석 및 학습 대책

2024학년도 수능 정치와 법 10번 문항은 EBS 수능특강 153쪽 2번 문항과 연계되어 출제되었다. 두 문항 모두 고등학생 2명이 근로 계약을 체결한 내용을 제시하고 그 근로 계약에 대해 묻고 있다. EBS 교재에서 A는 18세, B는 17세로 근로 기준법상 연소 근로자인 경우와 아닌 경우로 나누어 각각의 근로 계약 관계를 묻고 있다. 수능 문제에서도 C는 18세, D는 16세로 근로 기준법상 연소 근로자인 경우와 아닌 경우로 나눈 것은 똑같았고, 또한 표로 제시하여 연계성을 높였다. 다만, 수능 문제에서는 C와 D의 보호자인 A가 회사에서 해고되었고, 이에 대한 구제 절차를 제시하여 부당 해고 및 부당 노동 행위 구제 절차를 묻는 선지를 2개 추가하였다. 또한 선지 자체가 EBS 교재보다 더욱 까다롭게 출제되었다. EBS 교재에서는 연소 근로자의 일반적인 보호 규정인 임금 지급 방법, 단독 임금 청구, 1일 법정 근로 시간, 연장 근로 시간 등을 선지로 활용하였지만, 수능 문제에서는 C와 D의 휴게 시간을 다르게 제시하여, 이것

이 근로 기준법 규정에 맞는지를 물었고, 연소 근로자가 아닌 C의 연장 근로 시간 규정을 묻기도 하는 등 상당히 자세한 내용을 담고 있다. 또한 노동조합이 부당 해고 구제 신청을 할 수 있는지, 이때 적용 법규는 무엇인지 등을 묻고 있는데, 정확하게 알고 있지 않으면 틀리기 쉽다.

수능에서 EBS 교재와의 연계 문항은 다양한 방식으로 구성된다. EBS 교재의 본문이나 개념/자료 플러스 내용을 활용해 연계 문항을 구성하기도 한다. 문항을 재구성할 때는 묻는 내용과 형식이 비슷한 경우도 있지만 다른 형태의 자료를 사용하거나 선지를 바꾸는 경우가 더 많다. 특히 정치와 법의 경우는 사례를 복잡하게 구성하면서 사건 당사자가 여러 명이고, 관련되는 사례마다 각각 적용 법규가 다를 수 있다. 이 경우 등장인물, 사례, 관련 법규를 도식화하여 상황을 파악하고, 이를 선지와 대조하면서 진위 여부를 판단하는 연습이 필요하다.

01 정치와 법

1. 정치의 의미와 기능

(1) 정치의 의미

좁은 의미의 '정치'	• 국가에서만 나타나는 고유한 현상 • 정치권력의 획득·유지·행사와 관련된 활동
넓은 의미의 '정치'	• 국가를 포함한 모든 사회 집단에서 나타나는 현상 • 개인이나 집단 간 이해관계의 대립과 갈등을 합리적으로 조정하고 해결하는 활동

(2) 정치의 기능

① 사회 질서 유지: 사회 구성원들이 따라야 할 행위 규범을 정립하고 반사회적 행위를 통제함.

② 이해관계의 조정: 개인이나 집단 간 대립과 갈등을 조정하고 해결하여 사회적 혼란을 방지함.

③ 사회 발전 도모
  • 구성원들이 인간다운 삶을 영위할 수 있도록 사회적 조건을 개선해 나감.
  • 공동체가 지향해야 할 가치와 목표를 설정하고, 구성원들의 협력과 동참을 유도함.

2. 법의 의미와 이념

(1) 법의 의미

① 사회 구성원의 행위를 규율하기 위해 국가가 제정한 사회 규범

② 관습, 도덕과 달리 위반 시 국가가 제재할 수 있음(강제성).

(2) 법의 이념

① 정의
  • 법이 실현하고자 하는 궁극적 목표, 옳고 그름의 판단 근거로 주로 사용됨.
  • 본질적 내용은 '평등'

평균적 정의	배분적 정의
• 절대적·형식적 평등 추구 • 차이를 고려하지 않고 모든 사람을 동일하게 대우함. • 적용 사례: 선거 시 모든 유권자가 동등하게 1표씩 투표하도록 하는 것, 국민 모두에게 동일한 액수의 재난 지원금을 지급하는 것 등	• 상대적·실질적 평등 추구 • 개인의 능력과 상황, 필요 등에 따른 차이를 고려함. • 적용 사례: 생계유지가 힘든 사람에게 보조금을 주는 것, 판매 실적이 높은 직원에게 성과급을 주는 것 등

② 합목적성
  • 의미: 법이 해당 시대나 국가가 지향하는 목적에 부합하는 것
  • 사례: 근대 자유방임주의 국가 → 개인의 자유 보장을 추구함.
      현대 복지 국가 → 개인의 이익과 공공복리를 조화시키고자 함.

③ 법적 안정성
  • 의미: 법을 통해 개인의 사회생활이 안정적으로 보호되는 것
  • 구현 조건: 법이 함부로 폐지되거나 변경되지 않아야 하고, 법의 내용이 명확하고 실현 가능해야 하며, 국민의 법의식과 합치되어야 함.

3. 민주주의의 의미와 발전 과정

(1) 민주주의의 의미

① 시민 다수의 뜻에 따라 국가의 의사를 결정하는 정치 형태

② 인간의 존엄성 및 자유와 평등을 추구하는 이념과 사상

◎ 정치권력
국가가 일정한 영역 내에서 그 기능을 다하기 위해 합법적으로 인정되는 물리적 강제력을 바탕으로 의사를 결정하고 집행하는 권력을 말한다.

◎ 관습
일정한 행위가 사회 구성원들 사이에서 오랫동안 반복됨에 따라 사회적 행위의 기준으로 인정된 사회 규범을 의미한다.

◎ 자유방임주의
개인의 경제 활동의 자유를 최대한으로 보장하고 국가의 간섭을 가능한 한 배제하려는 경제사상 및 정책을 의미한다.

개념 체크

1. 정치를 넓은 의미로 이해하는 관점은 정치가 국가뿐만 아니라 모든 (   )에서 나타나는 현상이라고 본다.

2. 사회 구성원의 행위를 규율하기 위해 국가가 제정한 사회 규범을 (   )이라고 한다.

3. 법이 실현하고자 하는 궁극적 목표로서 옳고 그름의 판단 근거로 주로 사용되는 법의 이념은 (   )이다.

정답
1. 사회 집단
2. 법
3. 정의

---

(2) 민주주의의 발전 과정

① 고대 아테네의 민주주의

- 형태: 모든 시민이 참여하는 민회에서 정책을 결정하는 직접 민주 정치
- 의의: 민주주의의 기원, 정치 참여를 시민의 권리이자 의무로 여기는 시민상 구현
- 한계: 여성, 노예, 외국인 등을 시민에서 배제한 제한적 민주 정치

② 시민 혁명과 근대 민주주의

- 시민 혁명의 의미: 시민 계급을 중심으로 신분제에 근거한 봉건 제도의 모순을 극복하고 국가 권력으로부터 자유와 권리를 획득하려고 한 정치적·사회적 대변혁
- 대표적 시민 혁명: 영국 명예혁명, 미국 독립 혁명, 프랑스 혁명
- 시민 혁명의 사상적 배경: 계몽사상, 천부 인권 사상, 사회 계약설의 확산

자료 플러스 홉스, 로크, 루소의 사회 계약설

구분	자연 상태	이상적인 정치 형태
홉스	자기 보존 욕구, 경쟁심, 명예에 대한 갈망 등과 같은 인간의 본성으로 인한 만인에 대한 만인의 투쟁 상태	평화와 질서 유지를 위해 국민에 대해 절대적 권력을 행사하는 통치자에 의한 전제 정치(군주 주권)
로크	이성에 의해 평화가 유지되나 자연법이 보장하는 권리를 다른 사람이 침해할 위험에 놓여 있는 불안정한 상태	개인의 생명, 자유, 재산을 보장하려는 목적에 맞게 권력을 행사하는 정부에 의한 간접 민주 정치(국민 주권)
루소	초기에는 인간의 순수하고 선한 본성에 따라 자유롭고 평등한 상태였으나 사적 소유로 인해 불평등해진 상태	시민 모두가 공공선을 실현하기 위하여 일반 의지에 따라 공적 의사 결정에 참여하는 직접 민주 정치(국민 주권)

- 시민 혁명의 성과: 국민 주권과 권력 분립 등에 기반을 둔 대의 민주제 성립, 자유와 평등의 이념 확산, 자유로운 경제 활동 보장에 따른 자본주의 발전의 기반 형성 → 근대 민주주의 등장
- 시민 혁명의 한계: 재산, 인종, 성별 등에 따른 참정권 제한 및 차등 부여

③ 시민 혁명의 한계 극복을 위한 노력

- 영국의 차티스트 운동: 노동자들의 참정권 확대 운동
- 미국 흑인들의 참정권 획득 및 인종 차별 철폐 운동
- 전 세계 각국 여성들의 참정권 획득을 위한 노력

④ 현대 민주주의

- 보통 선거 제도에 기반을 둔 대의 민주제를 실시함.
- 직접 민주제 요소(국민 투표, 국민 발안, 국민 소환 등)를 도입해 대의 민주제의 한계를 보완하고자 함.
- 시민의 다양한 정치 참여를 보장함.

개념 플러스 국민 투표, 국민 발안, 국민 소환

국민 투표	국가의 중대한 사안을 주권자인 국민의 투표로 결정하는 제도
국민 발안	일정 수의 국민이 헌법 개정안이나 법률안 등을 의회에 제출할 수 있는 제도
국민 소환	선거에 의해 선출된 대표 중에서 유권자들이 부적격하다고 생각하는 자를 임기가 끝나기 전 투표에 의해 파면시키는 제도

✪ 계몽사상

인간이 이성의 힘으로 편견과 오류를 극복하고 사회적 모순과 부조리를 바로잡을 수 있다고 보는 사상이다.

✪ 천부 인권 사상

인간은 태어나면서부터 누구에게도 양도하거나 빼앗길 수 없는 권리를 하늘로부터 부여받았다는 사상이다.

✪ 대의 민주제

주권자인 국민이 선거를 통해 대표를 선출하고 이들이 국민을 대신하여 정책을 결정하는 제도이다. 간접 민주제, 의회 민주제라고도 하며, 직접 민주제에 대비된다.

✪ 차티스트 운동

19세기 중반 영국에서 노동자 계급이 주도한 참정권 확대 운동을 말한다. 21세 이상의 남성에게 선거권 부여, 무기명 투표, 하원 의원에 대한 급여 지급, 인구 비례에 따른 균등한 선거구 획정, 하원 의원 출마자의 재산 자격 철폐 등을 요구하였다.

개념 체크

1. 고대 아테네 민주주의는 모든 시민이 참여하는 (   )에서 정책을 결정하는 직접 민주 정치 형태이다.
2. (   )은 시민 계급을 중심으로 봉건 제도의 모순을 타파하고자 노력한 결과 일어난 정치적·사회적 대변혁이다.
3. (   )은 일정 수의 국민이 헌법 개정안이나 법률안 등을 의회에 제출할 수 있는 제도이다.

정답
1. 민회
2. 시민 혁명
3. 국민 발안

4. 법치주의의 의미와 발전 과정

(1) 법치주의의 의미와 목적

① 의미: '사람의 지배'가 아닌 '법의 지배'
- 국민의 대표 기관인 의회에서 제정한 법률에 따른 통치 방식
- 국민의 기본권을 제한하거나 국민에게 의무를 부과할 때에는 의회에서 제정된 법률에 근거해야 함.

② 목적: 통치자의 자의적 지배 방지, 국민의 자유와 권리 보장

(2) 형식적 법치주의

① 의미: 합법적인 절차를 거쳐 제정된 명확한 법에 의해 통치가 이루어져야 함.

② 특징: 법의 목적이나 내용에 관계없이 통치의 합법성만을 강조함.

③ 한계: 통치가 합법적이기만 하면 독재 정치를 정당화할 수 있는 논리로 악용될 수 있음.

(3) 실질적 법치주의

① 의미: 합법적인 절차에 따라 법률이 제정되고 법률의 목적이나 내용도 인간의 존엄과 가치, 자유와 평등을 보장하는 헌법의 이념에 부합해야 한다는 것을 강조함.

② 특징: 통치의 합법성과 함께 정당성도 강조함.

③ 실현을 위한 대표적인 제도: 위헌 법률 심사제

(4) 오늘날의 법치주의: 개인의 자유와 권리를 국가의 침해로부터 보호하고 절차적 합법성과 내용의 정당성을 모두 요구하는 실질적 법치주의를 강조함.

> **≡ 개념 플러스** **위헌 법률 심사제**
>
> 위헌 법률 심사제란 법률이 그 상위 규범인 헌법에 합치하는지 여부를 사법 기관이 심사하여 헌법에 위배된다고 판단하는 경우에는 그 효력을 상실하게 하거나 그 법률의 적용을 거부하는 제도를 말한다. 위헌 법률 심사제는 입법부의 위헌 법률 제정에 대한 헌법 보장의 사법적 수단으로서 중요시되고 있으므로 실질적 법치주의를 실현하는 제도라고 할 수 있다. 우리나라는 위헌 법률 심사권을 법원이 아닌 헌법 재판소에 부여하고 있다.

5. 민주주의와 법치주의의 관계

(1) 민주주의와 법치주의의 상호 보완적 측면

① 민주주의는 인간의 존엄성, 자유와 평등의 가치 실현을 이념으로 함.

② 법치주의는 국가 작용이 헌법과 법률을 통해 이루어지게 함으로써 국민의 자유와 권리를 보장함.

③ 법치주의는 민주주의를 실현하기 위한 제도이므로 법치주의의 실현을 위해 국민의 의사가 반영된 법이 제정되어야 함. → 민주주의와 법치주의는 상호 보완 관계임.

(2) 민주주의와 법치주의 간의 긴장

① 민주주의: 변화하는 국민의 의사를 반영 → 변화의 역동성 내재

② 법치주의: 법을 통한 사회 질서 유지 → 안정 추구

③ 변화를 바라는 국민의 의사와 기존의 법질서가 일치하지 않아 민주주의와 법치주의 간에 대립이 발생할 수 있음.

(3) 민주주의와 법치주의의 균형 발전

① 민주주의의 이념은 법치주의를 통해 확고하게 보장됨.

② 민주주의는 법치주의의 틀 안에서 운영됨.

✪ 법의 지배
'사람의 지배(통치자의 자의적인 지배)'에 대비되는 개념으로서 국가의 권력 행사가 국민의 대표 기관인 의회에서 제정된 법률에 근거해야 한다는 원리이다.

✪ 독재 정치
특정 개인이나 집단이 권력을 장악하여 민주적인 절차를 부정하고 국가의 통치 권력을 독단적으로 행사하는 정치를 의미한다.

개념 체크

1. (   )는 국민의 대표 기관인 의회에서 제정한 법률에 근거하여 국가 권력 기관이 구성되고 정치권력 행사가 이루어져야 한다는 원리이다.

2. 형식적 법치주의는 법의 목적이나 내용에 관계없이 통치의 (   )만을 강조한다.

3. (   ) 법치주의는 인간의 존엄성, 자유와 평등, 정의의 실현을 내용으로 하는 법에 의해 통치가 이루어져야 한다고 보는 원리로서 통치의 합법성과 함께 통치의 정당성도 강조한다.

정답
1. 법치주의
2. 합법성
3. 실질적

심화 탐구

Theme 1 정치란 무엇인가?

우리는 일상생활 속에서 권력 추구 행위를 묘사할 때 '법적 행위'나 '경제적 행위'라는 표현을 쓰지 않고, '정치적 행위'라는 표현을 쓴다. '권력'이란 일반적으로 '타인으로 하여금 내가 원하는 바대로 움직이게 하는 힘'을 말한다. '권력이 없는 자'는 '권력을 가진 자'의 의도대로 움직이게 된다. 정치학이 권력을 다루는 학문이라는 점은 '政治'라는 뜻풀이로부터 유추가 가능하다. '政'자를 분석하면 '잘못되거나 그릇된 것을 올바르게 고치다'라는 뜻의 '정(正)'과 '채찍질하다'라는 뜻의 '복(攵)'자가 합쳐져 있음을 알 수 있다. '治'는 '다스리다'라는 뜻이니, 정치라는 것은 잘못되거나 그릇된 것을 올바르게 고치고 다스린다는 것을 의미한다.

이스턴(David Easton)은 권력과 민주주의라는 두 가지 속성을 포괄하여 정치란 '사회적 가치의 권위적 배분 행위'라고 정의하였다. 이스턴의 정의를 정치에 대한 가장 보편적인 정의로 받아들이는 이유는 현대 민주주의 사회에서 시대적 배경을 권력의 속성과 연관시켜 함축적이면서 핵심적으로 표현한 것이기 때문이다. 그런데 이스턴은 '권력적 배분'이라고 하지 않고 '권위적 배분'이라고 하였는데, 이는 국민들이 주인인 민주주의 사회에서 정치가 갖는 속성을 강조하였기 때문이다. 권위는 '권력을 행사할 수 있는 권리'를 의미한다. 권위는 복종하는 자가 권력자의 명령을 내리는 권리를 인정할 때 존재한다. 권위란 권력처럼 일방향적인 것이 아니라, 쌍방향적인 것이다. 따라서 '사회적 가치의 권위적 배분'은 어떤 특정 시대, 특정 사회에 나타나는 사회적 가치의 배분을 '강제로라도' 하되, '민주적인 절차상 하자가 없는 상태'에서 강제로 한다는 의미이다.

정치의 의미에 관한 고전적 견해로 국가 현상설과 집단 현상설을 들 수 있다. 국가 현상설은 물리적 강제력을 국가만이 행사할 수 있으므로, 정치는 국가만이 갖는 고유한 활동이라고 본다. 따라서 정치를 국가와 관련된 활동 또는 정치 담당자들에 의해서 이루어지는 행위로 보는 국가 현상설은 좁은 의미에서 정치를 이해하고 있는 것이다. 반면 집단 현상설은 국가도 사회 집단 중 하나로 보고 있으며, 정치는 국가를 포함한 사회 집단에서 광범위하게 나타나는 현상이라고 본다. 따라서 정치를 사회 구성원의 요구를 수렴하여 이해관계를 조절하는 활동으로 보는 집단 현상설은 넓은 의미에서 정치를 이해하고 있는 것이다.

Theme 2 민주주의와 법치주의

민주주의와 법치주의는 국민의 자유와 평등을 추구하는 기본적인 헌법 원리라는 공통점을 지닌다. 민주주의는 국가 권력이 국민에 의해 성립되며, 주기적인 신임을 얻어야 한다는 국가 권력 그 자체에 대한 민주적 정당성 원리로서, 조직 형성 원리의 성격을 지닌다. 반면 법치주의는 법 우위의 원칙에 따라 국가 권력의 기능과 조직, 행사가 이루어질 수 있도록 하는 절차적 정당성 원리로서 기능 형성 원리의 성격을 지닌다.

민주주의는 법치주의를 지키며 실현되어야 하고 법치주의는 민주주의를 전제해야 한다. 국가 권력 그 자체에 대한 조직 형성의 원리인 민주주의는 정치적 정권 교체를 가능하게 하는데, 정권 교체에서 나타날 수 있는 정치 질서의 동요를 제거하고 국가의 안정성과 계속성을 유지시켜 줄 법치주의가 필요하다. 이러한 점에서 민주주의는 법치주의를 내용으로 하게 된다. 반면 법치주의는 민주주의를 전제로 할 수밖에 없다. 국가의 기능, 조직, 행사를 규율하려면, 또 그것이 의미가 있으려면 국민에 의해 정당하게 만들어진 국가 권력이 전제되어야 함은 지극히 당연한 것이기 때문이다.

01 정치를 바라보는 관점 A, B에 대한 설명으로 옳은 것은?
[24020-0001]

정치를 바라보는 관점은 일반적으로 두 가지로 구분할 수 있다. A는 국가를 중심으로 결정되는 문제, 즉 국가 중요 정책의 결정, 그 결정의 내용과 효과, 공식적 모든 과정을 포함하는 국가 고유의 활동만을 정치로 본다. 반면 B는 국가를 포함한 모든 사회 집단에서 나타나는 이해관계의 대립을 조정하고 갈등을 해결하는 과정을 정치로 본다.

① A는 이익 집단이 자신의 이익을 실현하기 위한 사회 활동을 정치로 본다.
② B는 현대 사회의 다양한 정치 현상을 설명하는 데 적합하다.
③ A는 B에 비해 정치의 주체가 다양하다고 본다.
④ B는 A와 달리 국무 회의의 심의 과정을 정치로 보지 않는다.
⑤ A, B는 모두 국가의 정치 현상과 사회 집단의 정치 현상이 본질적으로 같다고 본다.

02 밑줄 친 ㉠~㉶에 대한 설명으로 옳은 것은?
[24020-0002]

시민 혁명을 계기로 등장한 근대 민주주의는 재산, 인종, 성별 등에 따른 참정권 제한 및 차등 부여와 같은 한계가 존재하였다. 이후 ㉠보통 선거 제도에 기반을 둔 ㉡대의 민주제를 실시함으로써 현대 민주주의가 정착하게 되었다. 하지만 ㉢대의 민주제의 한계가 나타나자 ㉣국민 투표, ㉤국민 발안, ㉶국민 소환과 같은 직접 민주제 요소를 도입하여 그 한계를 보완하고자 하고 있다.

① ㉠은 선거에서 표의 등가성 실현을 목적으로 한다.
② 의회 제도는 ㉡을 실현하기 위한 것이다.
③ 정책 결정 과정에서 국민의 의사가 왜곡될 수 있는 것은 ㉢의 사례가 될 수 없다.
④ 우리나라에서 ㉣에 대한 부의권은 대통령과 국회에 있다.
⑤ 우리나라는 ㉶을 실시하고 있지만 ㉤은 실시하고 있지 않다.

03 다음 자료에 대한 옳은 설명만을 〈보기〉에서 있는 대로 고른 것은?
[24020-0003]

법의 이념 A는 (가)와 (나)로 구분을 할 수 있는데, (가)는 모든 사람이 균등한 능력이 있다는 전제하에 개인 간의 평등한 대우로서 조화를 이루는 것이다. 반면 (나)는 능력과 상황 등의 차이가 있는 사람에게는 그에 맞게 차별적으로 대우함으로써 공평함을 이루는 것이다.

● 보기 ●
ㄱ. A는 법이 실현하고자 하는 궁극적 목표이다.
ㄴ. 소득에 따라 세율을 달리 적용하는 것은 (가)가 적용된 사례이다.
ㄷ. 회사 이익에 기여도가 높은 사원에게 더 많은 성과급을 지급하는 것은 (나)가 적용된 사례이다.
ㄹ. (가)와 달리 (나)는 형식적 평등을 추구한다.

① ㄱ, ㄴ ② ㄱ, ㄷ ③ ㄴ, ㄹ
④ ㄱ, ㄷ, ㄹ ⑤ ㄴ, ㄷ, ㄹ

04 법치주의의 유형 A, B에 대한 옳은 설명만을 〈보기〉에서 고른 것은?
[24020-0004]

법치주의는 A와 B로 구분한다. 그중 A는 국가 작용이 법률에 합치하여야 한다는 것으로 법률의 내용은 문제 삼지 않는다. 이에 비해 B는 법률이 절차적 정당성을 갖추어야 할 뿐만 아니라 법률의 내용이 자유와 평등을 구현하는 것이어야 한다거나 또는 정의에 합치할 것을 요청한다.

● 보기 ●
ㄱ. A는 합법적 독재를 정당화하는 논리로 악용될 수 있다.
ㄴ. B는 기본권 보장을 위하여 위헌 법률 심사제의 필요성을 강조한다.
ㄷ. A는 B와 달리 국가 권력의 자의적 행사를 방지하기 위해서 통치자가 법의 구속을 받아야 한다고 본다.
ㄹ. A, B는 모두 법의 목적과 내용이 정의에 부합할 때 법의 권위가 발생한다는 점을 간과한다.

① ㄱ, ㄴ ② ㄱ, ㄷ ③ ㄴ, ㄷ
④ ㄴ, ㄹ ⑤ ㄷ, ㄹ

[24020-0005]

05 다음 근대 정치 사상가의 주장에 대한 설명으로 옳은 것은?

> 자연 상태에서는 모든 인간이 평등한 상태이지만, 자기 이익만을 추구하기 때문에 풍요로운 상황에서조차 다른 사람이 가진 것을 빼앗으려는 전쟁과 같은 상황에 처해 있다. 이러한 서로의 생존을 위협하는 상황에서 벗어나려면 자신에게 부여된 자유와 권리를 포기해야 하는데, 이 자유와 권리를 힘이 센 누군가에게 보호해 달라고 요청하는 것이 합리적이다.

① 인간의 본성은 이기적이라고 본다.
② 시민이 선출한 대표가 정치를 해야 한다고 본다.
③ 국가 권력이 입법권과 행정권으로 분리되어야 한다고 본다.
④ 자연 상태에서 개인들의 권리가 안정적으로 보장된다고 본다.
⑤ 일반 의지에 의한 통치를 통해서 치자와 피치자가 일치된다고 본다.

[24020-0006]

06 정치를 바라보는 갑, 을의 관점에 대한 설명으로 옳은 것은?

> ◇◇ 신문
>
> ### ○○ 선수 협의회, 총회 개최
> ○○ 선수 협의회는 이번 총회 개최를 통해서 선수들의 권익 향상을 위해 선수들의 의견을 모아 각 구단에 전달하기로 하였다.

교사: 위 기사 내용을 정치의 사례로 볼 수 있나요?
갑: 정치는 국가 수준에서 나타나는 특유의 현상이기 때문에 정치로 볼 수 없습니다.
을: 정치는 국가뿐만 아니라 모든 사회 집단에서 나타나는 현상이므로 정치로 볼 수 있습니다.

① 갑의 관점은 국가 통치 행위와 관련이 없는 현상도 정치로 본다.
② 을의 관점은 국회 상임 위원회의 활동을 정치로 보지 않는다.
③ 갑의 관점은 을의 관점에 비해 정치의 의미를 넓게 이해한다.
④ 을의 관점은 갑의 관점과 달리 시민 단체 대표를 선출하는 과정을 정치로 본다.
⑤ 갑, 을의 관점은 모두 국가 형성 이전의 정치 현상을 설명하기에 적합하다.

[24020-0007]

07 A~C에 대한 설명으로 옳은 것은? (단, A~C는 각각 고대 아테네 민주 정치, 근대 민주 정치, 현대 민주 정치 중 하나임.)

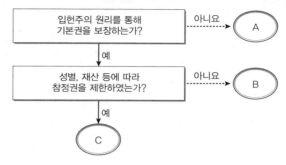

① A에서는 모든 사람들에게 공직 참여의 기회가 부여되었다.
② B에서는 국민의 인간다운 생활 보장을 위한 기본권이 확립되었다.
③ C에서는 보통 선거에 기반을 둔 대의제가 확립되었다.
④ B에서는 A, C에서와 달리 천부 인권 사상을 국가 통치의 기본 바탕으로 하였다.
⑤ C에서는 A, B에서와 달리 국민 주권주의를 바탕으로 하였다.

[24020-0008]

08 다음 글에서 파악할 수 있는 정치의 기능으로 가장 적절한 것은?

> 계약과 같이 사인(私人) 간에 이루어지는 행위는 당사자 간 자유롭게 이루어지는 것을 원칙으로 한다. 하지만 당사자의 궁박, 경솔 또는 무경험으로 인하여 계약이 현저하게 공정을 잃게 될 경우에 어느 일방이 매우 불리할 수 있어 민법은 불공정한 법률 행위에 관한 규정을 두고 있는데, 정치는 이러한 규정을 마련하는 기능을 한다.

① 치안을 유지하여 사회 질서를 확립한다.
② 사회 구성원의 인권을 보장하기 위해 노력한다.
③ 행위 규범의 정립을 통하여 사회 질서를 유지한다.
④ 권력에 대한 견제와 감시를 통해 정부의 권한을 통제한다.
⑤ 사회 구성원들의 다양한 의견이 정책 결정에 반영될 수 있도록 한다.

[24020-0009]

1 다음 자료에 대한 설명으로 옳은 것은?

수행 평가

- 정치를 바라보는 관점 중 A는 정치를 정치권력의 획득·유지·행사를 위한 활동으로서 국가 차원에서 나타나는 고유한 현상이라고 보는 반면, B는 국가를 포함한 모든 사회 집단에서 나타나는 현상이라고 본다.
- 정치를 바라보는 관점 중 [(가)]의 사례라고 판단할 신문 기사 제목을 찾아 네 가지만 쓰시오. (답안 한 가지당 옳은 답을 쓴 경우 1점, 틀린 답을 쓴 경우 0점을 부여함.)

답안
• ○○ 아파트 입주자 대표 회의, 주민 의견 수렴하여 층간 소음 문제 해결
• △△시 의회, 주민들이 청구한 조례안 의결
• 대통령, 제□□차 국무 회의 주재
• (나)

채점 결과	㉠

---

① A는 B와 달리 국가 기관이 사회 질서 유지와 갈등을 해결해 나가는 활동을 정치라고 본다.
② B는 A에 비해 사회적 희소가치에 대한 자원 배분의 주체가 한정된다고 본다.
③ A, B는 모두 국가 형성 이전에는 정치 현상이 존재하지 않는다고 본다.
④ (가)가 'A'이고 (나)에 '☆☆ 회사, 육아 휴직 제도 개선을 위한 토론회 실시'가 들어가면, ㉠은 '2점'이다.
⑤ ㉠이 '4점'이고 (가)가 'B'라면, (나)에 '일회용품 사용 억제를 위한 ◆◆법 개정안 국회 통과'가 들어갈 수 없다.

[24020-0010]

2 표는 근대 사회 계약론자 A~C를 질문에 따라 분류한 것이다. 이에 대한 설명으로 옳지 <u>않은</u> 것은? (단, A~C는 각각 홉스, 로크, 루소 중 하나임.)

질문＼사회 계약론자	A	B	C
국민 주권론을 주장하였는가?	㉠	㉠	㉡
일반 의지에 따른 국가 운영을 주장하였는가?	㉠	㉡	㉡
(가)	㉠	㉠	㉠

* ㉠, ㉡은 각각 '예', '아니요' 중 하나임.

① ㉠은 '예', ㉡은 '아니요'이다.
② A는 주권이 대표될 수 없다고 보았다.
③ B는 자연 상태를 만인에 대한 만인의 투쟁 상태로 보았다.
④ C는 개인들이 자기 보존을 위해 상호 계약을 맺어 국가를 형성한다고 보았다.
⑤ (가)에 '국가를 목적이 아니라 수단이라고 보았는가?'가 들어갈 수 있다.

[24020-0011]

3 법의 이념 A, B에 대한 설명으로 옳은 것은?

> 갑은 야간 주거 침입 절도 혐의로 구속되어 기소되었으나 무죄 확정 판결을 받았다. 이후 갑은 형사 보상을 청구하여 형사 보상의 결정을 받았는데, 형사 보상 청구 후 보상의 결정에 대해 불복 신청할 수 없도록 한 관련 법률 조항이 기본권을 침해한다고 판단하여 헌법 소원 심판을 청구하였다. 이에 대해 헌법 재판소는 보상액의 산정에 기초되는 사실 인정이나 보상액에 관한 판단에서 오류나 불합리성이 발견되는 경우에도 그 시정을 구하는 불복 신청을 할 수 없도록 하는 것은 형사 보상 청구권 및 그 실현을 위한 기본권으로서의 본질적 내용을 침해하는 것이라고 보았다. 나아가 법을 통해 개인의 사회생활이 안정적으로 보호되는 A만을 지나치게 강조함으로써 재판의 적정성과 법이 실현하고자 하는 궁극적 목표인 B를 추구하는 사법 제도의 본질에 부합하지 않아 갑의 기본권을 침해한다고 판단하였다.

① 법의 내용이 명확하지 않아도 실현 가능하다면 A를 구현할 수 있다.
② B의 본질적 내용은 평등이다.
③ A는 B와 달리 옳고 그름의 판단 근거로 주로 사용된다.
④ A와 달리 B를 구현하기 위해서는 법이 함부로 폐지되거나 자주 변경되지 않아야 한다.
⑤ B는 A와 달리 법을 통해 개인의 사회생활이 안정적으로 보호되는 것을 의미한다.

[24020-0012]

4 다음 자료에 대한 설명으로 옳은 것은? (단, A, B는 각각 형식적 법치주의, 실질적 법치주의 중 하나임.)

> '의회에서 제정한 법률에 근거한 기본권 제한이 가능하다고 보는가?', '㉠합법적인 독재를 초래한다는 비판을 받는가?'라는 두 질문에 A의 응답은 불일치하지만, B의 응답은 일치한다.

① A는 법률 제정 과정의 합법적인 절차만을 강조한다.
② B는 법이 권위를 갖기 위해서는 법의 목적과 내용이 정의에 부합해야 한다고 본다.
③ A는 B와 달리 '사람의 지배'가 아닌 '법의 지배'를 강조한다.
④ B를 실현하기 위해서는 A와 달리 범죄와 형벌을 규정하는 법률의 내용이 실질적 정의에 합치되도록 적정할 것을 요구한다.
⑤ ㉠을 '법률에 근거하지 않은 국가 권력 행사도 정당하다고 보는가?'로 대체하면, 두 질문에 대한 A의 응답은 불일치하고, B의 응답도 불일치한다.

[24020-0013]

5 다음은 민주 정치 A~C에 대한 수행 평가 및 교사의 채점 결과이다. 이에 대한 옳은 설명만을 〈보기〉에서 있는 대로 고른 것은? (단, A~C는 각각 고대 아테네 민주 정치, 근대 민주 정치, 현대 민주 정치 중 하나임.)

• A, B, C에만 해당하는 특징을 각각 두 가지씩 서술하시오. (단, 옳은 서술 내용 하나당 1점을 부여하고, 틀리면 0점을 부여함.)

구분	특징	채점 결과
A	• 시민 혁명을 계기로 형성되었다. • (가)	1점
B	• 사회 구성원 중 일부에 대해 정치 참여에 제한을 두었다. • 직접 민주 정치의 원리에 기초한다.	1점
C	• 보통 선거 원칙이 확립되었다. • (나)	2점

● 보기 ●
ㄱ. A, C는 모두 국민 주권주의를 기초로 한다.
ㄴ. C에서는 B에서와 달리 추첨제 및 윤번제를 통해 모든 시민에게 공직 참여 기회를 부여하였다.
ㄷ. '입헌주의 원리를 바탕으로 한다.'는 (가)에는 들어갈 수 없지만, (나)에는 들어갈 수 있다.
ㄹ. '대의제의 한계를 보완하기 위하여 국민 투표와 같은 직접 민주제 요소를 도입하였다.'는 (가), (나)에 모두 들어갈 수 있다.

① ㄱ, ㄴ ② ㄱ, ㄹ ③ ㄷ, ㄹ ④ ㄱ, ㄴ, ㄷ ⑤ ㄴ, ㄷ, ㄹ

[24020-0014]

6 다음 자료에 나타난 법치주의와 민주주의의 관계에 부합하는 진술만을 〈보기〉에서 고른 것은?

본래 법치주의는 개인의 자유를 보장하려는 자유주의에 기초한 것이며 권력에 대한 통제를 본질적 속성으로 한다. 그렇기 때문에 주권 개념에 기초하여 강력한 권력 행사를 정당화하려는 취지에서 민주주의 이념이 강조되는 경우에는 법치주의가 상대적으로 중시되지 않을 수 있다. 그러나 민주주의를 단순한 다수 지배의 원리로 보지 않고 근본적으로 개인의 자유와 평등을 실현하기 위한 것으로 이해한다면 법치주의와 민주주의는 밀접히 연관된다고 할 수 있다. 법치주의가 추구하는 권력의 통제와 자유 보장은 국민이 능동적으로 권력의 형성과 행사에 참여하는 민주적 제도를 통하여 실현될 수 있기 때문이다.

● 보기 ●
ㄱ. 민주주의와 법치주의는 상호 보완 관계에 있다.
ㄴ. 민주주의를 통해 법치주의가 지향하는 목적이 구현될 수 있다.
ㄷ. 민주주의가 발전하기 위해서는 법치주의가 우선적으로 정착되어야 한다.
ㄹ. 법치주의를 실현하기 위해 시민의 의사에 따른 강력한 권력 행사가 필요하다.

① ㄱ, ㄴ ② ㄱ, ㄷ ③ ㄴ, ㄷ ④ ㄴ, ㄹ ⑤ ㄷ, ㄹ

[24020-0015]

7 법치주의의 유형 A, B에 대한 옳은 설명만을 〈보기〉에서 고른 것은?

> 법치주의의 유형은 A와 B 두 가지로 구분할 수 있다. A는 법이 제·개정되는 절차에 초점을 맞추고 법의 실질적 내용에 대해서는 판단하지 않는다. 즉 형식적 조건에 부합한다면 어떤 법이 좋은 법인지 나쁜 법인지는 문제가 되지 않는다. 반면에 B는 법의 형식적 조건을 넘어서 법의 내용이 정의에 부합하는지의 여부에 관심을 갖는다.

> ● 보기 ●
> ㄱ. A는 통치자를 제외한 모든 사람이 법에 구속되어야 한다고 본다.
> ㄴ. B는 위헌 법률 심사제의 필요성을 강조한다.
> ㄷ. B는 A와 달리 국가의 통치 행위가 절차적 정당성을 갖추어서 제정된 법률에 근거해야 한다고 본다.
> ㄹ. A, B는 모두 국가 권력의 자의적 행사를 방지하고자 한다.

① ㄱ, ㄴ ② ㄱ, ㄷ ③ ㄴ, ㄷ ④ ㄴ, ㄹ ⑤ ㄷ, ㄹ

[24020-0016]

8 다음 자료에 대한 설명으로 옳지 <u>않은</u> 것은?

> 교사: 학급 내에서 학급 회장을 선출하는 것을 정치로 볼 수 있나요?
> 갑: 정치는 국가의 운영과 관련한 공동의 의사를 결정하는 국가만의 고유한 활동이므로 정치로 볼 수 없습니다.
> 을: 아닙니다. 정치는 국가뿐만 아니라 다른 사회 집단에서도 나타나는 현상이므로 정치로 볼 수 있습니다.
> 병: [(가)]
> 교사: [(나)]의 학생은 넓은 의미로 정치를 바라보고 있네요.

① 갑의 관점과 달리 을의 관점은 국가 형성 이전의 정치 현상을 설명하는 데 적합하다.
② 을의 관점과 달리 갑의 관점은 좁은 의미로 정치를 바라보는 관점에 해당한다.
③ 갑의 관점, 을의 관점은 모두 국회에서 국회 의장을 선출하는 과정을 정치로 본다.
④ (가)에 '정치는 정치권력을 획득·유지·행사하는 국가 고유의 활동만을 의미하므로 정치로 볼 수 없습니다.'가 들어가면, (나)에는 '1명'이 들어갈 수 없다.
⑤ (나)에 '2명'이 들어가면, (가)에는 '정치는 개인이나 집단의 일상생활 영역에서 구성원들 간 다양한 이해관계를 합리적으로 조정해 나가는 과정이므로 정치로 볼 수 있습니다.'가 들어갈 수 있다.

① 입헌주의
헌법을 통해 국민의 자유와 권리를 명확히 규정하고, 국민의 자유와 권리가 국가 권력에 의해서 부당하게 침해당하지 않도록 국가 권력을 제한하는 통치 원리를 의미한다.

1. 헌법의 의의와 기능

(1) 헌법의 의미와 의의

① 헌법의 의미: 국가의 통치 조직과 통치 작용의 원리를 규정하고 국민의 자유와 권리를 보장하는 국가의 기본법이며 최고법

> **≡ 개념 플러스 ┃ 헌법의 최고 규범성**
>
> 오스트리아의 법학자인 켈젠(Kelsen, H.)은 법 규범에는 상위와 하위의 법 규범이 있으며, 하위의 법 규범은 상위의 법 규범에서 효력의 근거를 찾아야 한다고 주장하였다. 그는 헌법은 다른 모든 법적 명령의 구속력의 근원이 된다고 보았다. 이에 따르면 헌법의 하위 법으로 법률, 명령, 조례, 규칙이 존재한다.

② 헌법 의미의 변천
  - 고유한 의미의 헌법: 국가 통치 기관을 조직·구성하고 이들 기관의 권한과 상호 관계 등을 규정한 규범
  - 근대 입헌주의 헌법: 고유한 의미의 헌법에서 더 나아가 자유권을 중심으로 국민의 기본권을 보장하기 위해 국가 권력을 제한하는 규범
  - 현대 복지 국가 헌법: 근대 입헌주의 헌법에서 더 나아가 사회권을 보장하여 국민이 인간다운 생활을 영위할 수 있도록 하는 복지 국가의 이념을 추구하는 규범

③ 헌법의 의의: 한 국가의 법체계에서 가장 상위에 있는 최고법
  - 헌법은 모든 법령의 제정 근거인 동시에 법령의 정당성을 평가하는 기준이 됨.
  - 헌법에 어긋나는 법률이나 국가 권력 작용 등은 그 효력을 인정받을 수 없음.
  - 민주주의는 입헌주의를 기반으로 함.

① 수권(授權)
일정한 자격, 권한, 권리 등을 특정인이나 특정 기관에 부여하는 것을 의미한다.

(2) 헌법의 기능

① 국가 창설의 토대: 국가 성립에 필요한 국민의 자격, 영토의 범위, 국가 권력의 소재와 행사 절차 등을 규정함.
② 조직 수권: 국가 통치 조직을 구성하고 각 조직에 일정한 권한을 부여함.
③ 권력 제한: 국가 권력을 분립시키고 권력 기관 간 상호 견제가 이루어지도록 하여 권력 남용을 방지함.
④ 기본권 보장: 국민의 자유와 권리에 대한 보장 규정을 두어 국가 권력이 국민의 기본권을 함부로 침해하지 못하도록 함.
⑤ 정치 생활 주도: 정치적 의사를 결정하고 사회 문제를 해결하고자 할 때 헌법에 따라 주도되고 규제되도록 함.
⑥ 사회 통합 실현: 다원화된 이익을 합리적으로 조정할 수 있는 원리·제도 등을 포함하고 있어 이를 통해 갈등을 극복하고 사회 통합을 실현함.

2. 우리나라 헌법의 기본 원리

(1) 의의

① 헌법의 이념적 기초가 되면서 헌법을 총체적으로 지배하는 지도 원리
② 입법권의 범위나 한계, 국가 정책 결정의 기본 방향 제시

개념 체크

1. 헌법은 국가의 통치 조직과 통치 작용의 원리를 규정하고 국민의 자유와 권리를 보장하는 국가의 기본법이며 (　　　)이다.

2. 사회권을 보장하여 국민이 인간다운 생활을 영위할 수 있도록 하는 복지 국가의 이념을 추구하는 헌법을 (　　　)이라고 한다.

3. 헌법은 국민의 (　　　) 보장 규정을 두어 국가 권력이 국민의 자유와 권리를 함부로 침해하지 못하도록 하는 기능을 한다.

정답
1. 최고법
2. 현대 복지 국가 헌법
3. 기본권

(2) 우리나라 헌법의 기본 원리

① 국민 주권주의

의미	국가 의사를 결정할 수 있는 최고의 권력인 주권이 국민에게 있다는 원리
헌법 내용	제1조 ① 대한민국은 민주 공화국이다. ② 대한민국의 주권은 국민에게 있고, 모든 권력은 국민으로부터 나온다.
실현 방안	• 국민의 참정권 보장: 민주적 선거 제도, 국민 투표제 등 • 복수 정당제 및 언론·출판·집회·결사의 자유 보장

② 자유 민주주의

의미	민주적으로 구성된 정부를 바탕으로 개인의 자유와 권리를 최대한 보장해야 한다는 것으로 자유주의와 민주주의가 결합한 정치 원리
헌법 내용	• 전문: …… 자율과 조화를 바탕으로 자유 민주적 기본 질서를 더욱 확고히 하여 …… • 제8조 ② 정당은 그 목적·조직과 활동이 민주적이어야 하며 ……
실현 방안	• 국민의 기본권 명시 • 법치주의, 권력 분립, 적법 절차의 원리 • 복수 정당제를 기반으로 하는 자유로운 정당 활동 보장 등

③ 복지 국가의 원리

의미	국민에게 인간다운 생활을 할 권리를 보장하기 위하여 국가가 적극적 역할을 해야 한다는 원리
헌법 내용	• 전문: …… 안으로는 국민 생활의 균등한 향상을 기하고 …… • 제34조 ① 모든 국민은 인간다운 생활을 할 권리를 가진다.
실현 방안	• 국가에 사회 복지의 증진 의무 부여 및 사회권 보장 • 사회 보험, 공공 부조와 같은 사회 보장 제도 운영 등

④ 문화 국가의 원리

의미	국가가 문화를 보호하고 개인의 문화적 자유와 자율을 보장함으로써 문화의 발전을 지향해야 한다는 원리
헌법 내용	• 전문: 유구한 역사와 전통에 빛나는 …… • 제9조 국가는 전통문화의 계승·발전과 민족 문화의 창달에 노력하여야 한다.
실현 방안	• 전통문화의 계승·발전과 민족 문화의 창달 • 종교·학문·예술 활동의 자유와 표현의 자유 보장 • 의무 교육 제도의 시행과 평생 교육의 진흥 등

⑤ 국제 평화주의

의미	국제 질서를 존중하고 세계 평화와 인류의 번영을 위해 노력해야 한다는 원리
헌법 내용	• 제5조 ① 대한민국은 국제 평화의 유지에 노력하고 침략적 전쟁을 부인한다. • 제6조 ① 헌법에 의하여 체결·공포된 조약과 일반적으로 승인된 국제 법규는 국내법과 같은 효력을 가진다. ② 외국인은 국제법과 조약이 정하는 바에 의하여 그 지위가 보장된다.
실현 방안	• 침략적 전쟁의 부인 및 국제 평화 유지 활동 참여 • 국제법 존중 및 상호주의 원칙에 따른 외국인의 지위 보장 등

⑥ 평화 통일 지향

의미	자유 민주적 기본 질서에 입각한 평화적 통일을 추구해야 한다는 원리
헌법 내용	• 제4조 대한민국은 통일을 지향하며, 자유 민주적 기본 질서에 입각한 평화적 통일 정책을 수립하고 이를 추진한다. • 제66조 ③ 대통령은 조국의 평화적 통일을 위한 성실한 의무를 진다.
실현 방안	• 대통령 자문 기구인 민주 평화 통일 자문 회의 설치 및 운영 • 남북 교류 협력 추진 및 북한에 대한 인도적 지원 등

✪ 주권
국가 의사를 최종적으로 결정할 수 있는 최고의 권력을 의미한다. 주권은 국민적 정당성에 기초한 규범적 힘으로서 대내적으로 최고의 절대성을 띠며, 대외적으로 독립성을 가진 권력을 의미한다.

✪ 적법 절차의 원리
국민의 자유와 권리를 제한할 경우 반드시 의회에서 제정한 법률에 근거하여 정당한 절차를 따라야 한다는 원리이다.

✪ 사회 보험
국가가 국민에게 발생하는 상해, 질병, 노령, 실업, 사망 등의 위험으로부터 국민을 보호하기 위해 운영하는 보험 방식의 사회 보장 제도를 의미한다.

✪ 침략적 전쟁
국제법상 금지된 위법한 전쟁을 의미한다. 상대 국가의 공격에 대해 방어를 위한 전쟁이나 단순한 평화 유지 임무를 수행하는 것은 침략적 전쟁에 해당하지 않는다.

✪ 상호주의
국가 간 관계에 있어서 상대국의 결정이나 행동에 대하여 동등한 가치를 갖는 결정이나 행동으로 대응하는 원리를 말한다.

개념 체크

1. 국가 의사를 결정할 수 있는 최고의 권력인 주권이 국민에게 있다는 우리나라 헌법의 기본 원리는 (   )이다.
2. 전통문화의 계승과 평생 교육의 진흥 등을 실현 방안으로 들 수 있는 우리나라 헌법의 기본 원리는 (   )이다.
3. 국제 질서를 존중하고 세계 평화와 인류의 번영을 위해 노력해야 한다는 국제 평화주의에 따라 (   )을 부인한다.

정답
1. 국민 주권주의
2. 문화 국가의 원리
3. 침략적 전쟁

Theme 1   자유주의와 민주주의

자유주의와 민주주의는 이념이나 내용에 있어 다른 원리라고 볼 수 있다. 자유주의는 다양한 모습과 다의적 성격 때문에 한마디로 정의하기 어려우나 법의 지배 아래에서 개인의 자유를 보장하는 정치 이념을 의미한다고 볼 수 있다. 자유주의는 인간의 존엄, 자유, 사적 소유, 시장 경제, 입헌주의, 대의 제도 등을 내용적 특징으로 하며, 작은 정부를 추구하고 자의적 권력 행사를 금지한다. 이와 같이 이념적으로 자유주의는 권력을 제한하고 자유를 보장하는 데 중점을 둔다. 반면 민주주의는 민중의 권력 행사를 기본으로 한다. 자유주의가 국가 권력의 제한과 통제에 중점을 둔다면 민주주의는 누가 그 권력을 가지는가에 더 중점을 두게 된다. 내용적으로도 민주주의는 국민 주권, 평등의 원칙, 다수결 원칙에 중점을 둔다. 이처럼 민주주의 내용이 반드시 자유주의적인 것은 아니다. 이는 민주주의가 강조하는 다수결 원칙에서의 다수가 항상 법의 지배를 존중하거나 사유 재산을 존중한다는 보장이 없기 때문이다.

자유주의와 민주주의가 위의 내용처럼 대립하는 요소가 있지만 양자를 모순 관계로 볼 수는 없다. 왜냐하면 민주주의의 핵심적 가치인 국민 주권은 자유와 권리의 출발점이자 토대이기 때문이다. 즉 자유주의와 민주주의는 동일한 지향선상에 놓여 있어서 다음과 같은 점에서 결합될 수밖에 없다. 첫째, 국가의 주인인 국민에게 자유가 없다는 것은 의미가 없기에 민주주의는 당연히 자유주의를 그 내용으로 하여야 한다. 둘째, 자유주의는 반권력적인 성격을 지니고 있기 때문에 정치적 질서화는 국가 권력 구성의 적극적 원리인 민주주의를 통해서만 가능할 수밖에 없다. 이에 우리나라 헌법에서는 자유 민주주의를 헌법의 기본 원리로 채택하고 있다.

Theme 2   문화 국가의 원리

넓은 의미의 문화란 자연 상태에 대비되는 것으로 인간에 의해 만들어진 모든 것을 지칭한다. 그러나 헌법에서의 문화 국가라는 개념을 사용할 때의 문화란 정치, 경제, 사회 영역 등과 구별되는 좁은 의미의 문화를 의미한다. 즉 문화 국가에서의 문화란 국가와 특별한 관계를 가지고 있는 인간의 정신적·창조적 활동의 영역이라고 말할 수 있으며, 학문, 예술, 종교, 교육 등이 여기에 속한다. 이렇게 좁은 의미의 문화 개념을 전제한 헌법상 문화 국가란 국가로부터 문화 활동의 자유가 보장되고 국가에 의하여 문화 활동이 보호, 지원, 조정되어야 하는 국가를 말한다. 우리나라 헌법의 기본 원리인 문화 국가의 원리의 내용을 구체적으로 살펴보면 다음과 같다.

- 문화적 자율성 보장: 문화적 자율성이란 문화 활동에 대한 국가의 문화 정책적 중립성과 관용을 의미한다. 따라서 국가에 의한 문화 정책적 명령과 획일화의 시도 또는 학문이나 예술의 내용을 결정하는 지도 또는 지시는 허용되지 않는다. 그러나 문화 활동의 자유도 다른 기본권적 또는 법적 이익의 보호를 위해서는 제한될 수 있다.
- 문화 육성과 진흥: 국가가 문화를 육성하고 진흥한다고 하여 국가가 직접적인 문화 국가 형성의 주체가 되는 것은 아니고 단지 보조적 역할만을 수행함을 의미한다. 즉 국가는 문화의 자율성이라는 특성을 고려하여 간섭이 아니라 지원이라는 방식으로 행해져야 한다. 그 내용으로 문화 창작이나 문화 보급에 대한 국가적 보호와 보조, 문화 시설의 확충을 위한 지원 등을 들 수 있다.
- 문화적 평등 확보: 개인의 경제적 능력에 따라 문화의 향유에 있어서 실질적 차이가 발생할 수 있다. 국가는 경제적 능력이 있는 소수만을 위한 문화 정책이 아니라 모두를 위한 문화 정책을 추진해야 한다. 또한 현대 문화는 다양성을 기본으로 하므로 다양한 문화 공존이 가능하도록 해야 한다.

01 A에 대한 설명으로 옳지 않은 것은? [24020-0017]

A는 국가 생활 공동체 내에서 개인의 권리와 의무를 규정하고 국가의 통치 조직과 통치 작용 원리를 제시하는 법이다. 또한 A는 국가와 개인 간의 관계뿐만 아니라 개인과 공동체 이익의 조화 및 개인 간의 이익 조정을 위한 근본 규범으로 기능한다.

① 법체계에서 가장 상위에 있는 최고 규범이다.
② 국가 창설의 토대가 되는 원리 및 절차를 규정한다.
③ 국민이 아니라 대의 기관인 의회가 제·개정의 주체가 된다.
④ 국가 권력으로부터 국민의 자유와 권리를 보장하는 기능을 한다.
⑤ 사회 문제 해결 및 정치적 의사 결정의 근거가 되어 사회 통합 실현에 기여하는 기능을 한다.

02 다음 우리나라 헌법의 내용에서 공통적으로 부각되어 있는 헌법의 기능으로 가장 적절한 것은? [24020-0018]

• 법률안에 이의가 있을 때에는 대통령은 일정 기간 내에 이의서를 붙여 국회로 환부하고, 그 재의를 요구할 수 있다.
• 국회는 국정을 감사하거나 특정한 국정 사안에 대하여 조사할 수 있다.

① 국가 기관을 구성하는 국가 창설의 토대를 마련한다.
② 시대와 사회의 지배적 가치관을 실질적으로 실현하는 제도적 역할을 한다.
③ 사회의 다양한 이해관계를 조정하고 갈등을 극복하여 사회 통합을 유지한다.
④ 국민의 기본권을 명시하고 그 불가침성을 규정하여 국민의 자유와 권리를 보장한다.
⑤ 국가 권력의 남용을 방지하기 위해 권력 분립하에 권력 기관 간 상호 견제가 이루어지도록 한다.

03 A, B에 대한 설명으로 옳은 것은? (단, A, B는 각각 고유한 의미의 헌법, 근대 입헌주의 헌법 중 하나임.) [24020-0019]

A는 국가의 통치 기관을 조직 및 구성하고 각 국가 기관의 권한 행사 방법, 국가 기관 간 상호 관계 및 활동 범위를 규정한 규범으로 기본권 보장을 전제로 하지 않는다. 반면 B는 시민 사회의 형성을 통해 정립된 시민의 양도할 수 없는 자연적이고 신성한 권리의 보장을 전제로 한다.

① A는 적극적인 국가의 역할을 통한 국민의 삶의 질 향상을 도모한다.
② B는 국가 권력의 제한을 통한 국민의 기본권 보장을 중시한다.
③ A는 B와 달리 권력 분립의 원칙을 기반으로 국가 권력 통제를 목적으로 한다.
④ B는 A와 달리 자본주의 발달 과정에서 나타나는 문제점 해결을 목적으로 한다.
⑤ A, B는 모두 국민의 사회권 보장을 통한 복지 국가의 이념을 추구한다.

04 밑줄 친 ㉠~㉢과 관련된 우리나라 헌법의 기본 원리로 옳은 것은? [24020-0020]

〈헌법 전문〉
유구한 역사와 전통에 빛나는 우리 대한 국민은 … 정치·경제·사회·문화의 모든 영역에 있어서 각인의 기회를 균등히 하고, … ㉠안으로는 국민 생활의 균등한 향상을 기하고 ㉡밖으로는 항구적인 세계 평화와 인류 공영에 이바지함으로써 … 8차에 걸쳐 개정된 헌법을 이제 국회의 의결을 거쳐 ㉢국민 투표에 의하여 개정한다.

	㉠	㉡	㉢
①	국민 주권주의	평화 통일 지향	복지 국가의 원리
②	자유 민주주의	국제 평화주의	문화 국가의 원리
③	자유 민주주의	문화 국가의 원리	국민 주권주의
④	복지 국가의 원리	자유 민주주의	문화 국가의 원리
⑤	복지 국가의 원리	국제 평화주의	국민 주권주의

[24020-0021]

05 (가), (나)에 들어갈 내용으로 옳은 것은?

우리나라 헌법의 기본 원리	실현 방안
(가)	복수 정당제를 보장하고 적법 절차의 원리에 따라 국가 권력의 자의적 행사를 금지한다.
(나)	노인의 생활 안정을 위하여 기초 연금을 지급하고 복지를 증진하는 정책을 시행한다.

	(가)	(나)
①	국민 주권주의	국제 평화주의
②	자유 민주주의	평화 통일 지향
③	자유 민주주의	복지 국가의 원리
④	평화 통일 지향	국민 주권주의
⑤	문화 국가의 원리	복지 국가의 원리

[24020-0022]

06 그림은 질문에 따라 우리나라 헌법의 기본 원리를 구분한 것이다. 이에 대한 옳은 설명만을 〈보기〉에서 있는 대로 고른 것은? (단, A, B는 각각 자유 민주주의, 복지 국가의 원리 중 하나임.)

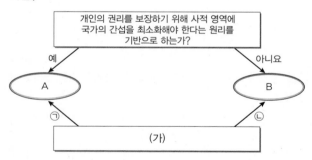

개인의 권리를 보장하기 위해 사적 영역에 국가의 간섭을 최소화해야 한다는 원리를 기반으로 하는가?

예 → A
아니요 → B

㉠ ㉡
(가)

• 보기 •

ㄱ. A의 실현 방안으로 복수 정당제의 보장을 들 수 있다.
ㄴ. B는 국가의 사회 보장과 사회 복지 증진 노력 의무의 근거가 되는 원리이다.
ㄷ. (가)에 '자본주의로 인해 사회 불평등이 심화되면서 강조된 원리인가?'가 들어가면, ㉠은 '예', ㉡은 '아니요'이다.
ㄹ. ㉠이 '아니요'이고 ㉡이 '예'라면, (가)에는 '실현 방안으로 국가 기관 간 상호 견제와 균형 유지를 위한 제도 마련을 들 수 있는가?'가 들어갈 수 없다.

① ㄱ, ㄹ   ② ㄴ, ㄷ   ③ ㄷ, ㄹ
④ ㄱ, ㄴ, ㄷ   ⑤ ㄱ, ㄴ, ㄹ

[24020-0023]

07 다음에서 공통적으로 파악할 수 있는 우리나라 헌법의 기본 원리에 대한 설명으로 가장 적절한 것은?

• 우리나라는 국제 평화의 유지에 노력하고 침략적 전쟁을 부인한다.
• 우리나라에서 헌법에 의하여 체결·공포된 조약과 일반적으로 승인된 국제 법규는 국내법과 같은 효력을 가진다.

① 국민의 자율적인 문화 활동 보장을 중시한다.
② 경제 성장을 위해 소극적인 국가의 역할을 강조한다.
③ 상호주의 원칙에 따라 외국인의 지위를 보장함으로써 실현될 수 있다.
④ 국가의 의사를 결정할 수 있는 권한이 국민에게 있다는 점을 강조한다.
⑤ 남북 분단의 특수한 상황을 고려하여 평화적 통일을 최우선 목적으로 삼고 있다.

[24020-0024]

08 우리나라 헌법의 기본 원리 A에 대한 설명으로 가장 적절한 것은?

국가는 A를 실현하기 위해 사회적 위험의 발생을 방지하고 국민의 기본적인 생활 수준을 유지할 수 있도록 보장해 주어야 합니다. 이에 모든 국민이 인간다운 생활을 할 수 있도록 사회 보장 제도에 의한 보호를 받을 수 있도록 해 주어야 합니다.

① 근대 입헌주의 헌법에서부터 강조된 원리이다.
② 국민의 사회권 보장을 통한 실질적 평등의 실현을 강조하는 원리이다.
③ 상호주의의 원칙에 입각하여 외국인의 지위 보장을 중시하는 원리이다.
④ 국가 의사에 대한 최종적 결정권이 국민에게 있다는 것을 의미하는 원리이다.
⑤ 국가 경제 성장을 위해 경제 영역에 대한 국가 개입의 최소화를 요구하는 원리이다.

[24020-0025]

1 다음 글에서 강조하는 헌법의 기능으로 가장 적절한 것은?

> 헌법은 단순히 법의 일종이라기보다는 포괄적으로 국가의 '통치 체계'를 의미한다. 따라서 헌법이란 국가 운영을 위한 원칙에 해당한다. 헌법이 국가 운영을 위한 원칙에 해당한다는 것은 바로 헌법이 정치적 권력 구조에 대한 내용을 포함하기 때문이다. 권력 구조는 통치 구조라고도 하고, 통치 구조는 결국 정부를 말하는 것이므로 정부 형태라는 표현도 가능하다. 따라서 국가 통치 구조나 정부 형태와 관련된 권력 구조는 헌법적 권력 구조라고 할 수 있다.

① 국가 공동체의 법적 안정성과 평화가 유지되도록 한다.
② 개인의 자유와 권리를 보장하기 위해 국가 권력의 남용을 방지한다.
③ 정치적 혼란을 막고 힘의 논리에 의한 정치적 지배 현상을 방지한다.
④ 다원화된 현대 사회에서의 다양한 이익을 조정하여 사회 통합을 실현한다.
⑤ 국가 통치 기구에 대한 권한을 부여하고 국가 조직 운영에 대한 정당성의 근거가 된다.

[24020-0026]

2 우리나라 헌법의 기본 원리 A에 대한 설명으로 가장 적절한 것은?

> 직업 공무원에게는 정치적 중립성과 더불어 효율적으로 업무를 수행할 수 있는 능력이 요구되므로 직업 공무원으로의 공직 취임권을 규율함에 있어서는 임용 희망자의 능력, 전문성, 적성, 품성을 기준으로 하는 이른바 능력주의 또는 성과주의를 바탕으로 하여야 한다. 다만, 우리나라 헌법의 기본 원리인 A에 비추어 보면 능력주의 원칙에 대한 예외를 인정할 수도 있다. 여자 · 연소 근로자의 보호, 국가 유공자 · 상이군경 및 전몰군경의 유가족에 대한 우선적 근로 기회의 보장과 여자 · 노인 · 신체 장애자 등에 대한 사회 보장 의무를 규정하고 있는 것이 헌법의 기본 원리인 A를 실현하기 위한 예외를 인정하는 것이다. 우리나라 헌법에서는 이와 같은 헌법적 요청이 있는 경우에는 합리적 범위 안에서 능력주의가 제한될 수 있다.

① 근대 입헌주의 헌법에서부터 강조되어 왔다.
② 국가의 통일과 관련된 정책 추진의 근거가 된다.
③ 실현 방안으로 보통 선거 제도의 확립을 들 수 있다.
④ 국민이 국민 투표를 통해 국가 안위에 관한 중요 정책을 결정할 수 있는 근거가 된다.
⑤ 국민의 인간다운 생활 보장을 위해 경제 활동에 대한 국가의 적극적인 개입을 요구한다.

[24020-0027]

3 우리나라 헌법의 기본 원리 A, B에 대한 설명으로 가장 적절한 것은? (단, A, B는 각각 국민 주권주의, 문화 국가의 원리 중 하나임.)

교사
> 갑은 우리나라 헌법의 기본 원리 A의 실현 방안, 을은 B의 실현 방안을 각각 두 가지씩 말해 보세요.

> 문화재 발굴 및 보존과 평생 교육의 진흥을 들 수 있습니다.

갑

> 보통 선거권의 보장과 국민 투표와 같은 직접 민주주의 제도의 확충을 들 수 있습니다.

을

교사
> 두 학생 모두 옳게 대답했네요.

① A는 국가가 국민의 문화 활동을 보장하고 지원하는 근거가 된다.
② A를 실현하기 위해 법률로 재외 국민의 선거권을 보장하고 있다.
③ B는 국민 생활의 실질적 평등 실현을 최우선적으로 추구한다.
④ A는 B와 달리 국회의 입법 및 정부의 정책 결정 방향의 기준이 되는 원리이다.
⑤ B는 A와 달리 현대 복지 국가 헌법에서부터 강조된 원리이다.

[24020-0028]

4 표는 우리나라 헌법의 기본 원리 A~C에 대한 질문과 답변을 나타낸 것이다. 이에 대한 설명으로 옳은 것은? (단, A~C는 각각 국민 주권주의, 복지 국가의 원리, 국제 평화주의 중 하나임.)

질문	A	B	C
복수 정당제를 실현 방안으로 제시하기에 적절한 원리인가?	아니요	예	㉠
상호주의 원칙에 따라 외국인의 지위를 보장하는 근거가 되는 원리인가?	㉡	㉢	예
(가)	예	아니요	아니요

① A는 고유한 의미의 헌법에서부터 강조된 원리이다.
② A와 달리 B는 국민 생활에 대한 국가의 적극적 역할을 강조하는 원리이다.
③ A~C는 모두 국가 정책 결정과 법률 제정의 내용과 방향을 제시하는 원리이다.
④ ㉠~㉢ 중 '예'에 해당하는 것은 1개이다.
⑤ (가)에는 '국민의 동의와 지지를 국가 권력의 원천으로 보는 원리인가?'가 들어갈 수 있다.

[24020-0029]

5 그림에 대한 옳은 설명만을 〈보기〉에서 있는 대로 고른 것은? (단, A, B는 각각 복지 국가의 원리, 국제 평화주의 중 하나임.)

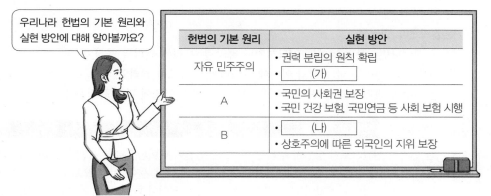

우리나라 헌법의 기본 원리와 실현 방안에 대해 알아볼까요?

헌법의 기본 원리	실현 방안
자유 민주주의	• 권력 분립의 원칙 확립 • (가)
A	• 국민의 사회권 보장 • 국민 건강 보험, 국민연금 등 사회 보험 시행
B	• (나) • 상호주의에 따른 외국인의 지위 보장

● 보기 ●

ㄱ. A는 국민의 인간다운 생활을 보장하기 위한 국가의 역할을 강조한다.
ㄴ. B와 관련된 우리나라 헌법 내용으로 '일반적으로 승인된 국제 법규는 국내법과 같은 효력을 가진다.'를 들 수 있다.
ㄷ. (가)에 '법치주의의 실질적 실현'이 들어갈 수 있다.
ㄹ. (나)에 '모든 전쟁 금지'가 들어갈 수 있다.

① ㄱ, ㄹ   ② ㄴ, ㄷ   ③ ㄷ, ㄹ   ④ ㄱ, ㄴ, ㄷ   ⑤ ㄱ, ㄴ, ㄹ

[24020-0030]

6 우리나라 헌법의 기본 원리 A, B에 대한 설명으로 가장 적절한 것은? (단, A, B는 각각 복지 국가의 원리, 문화 국가의 원리 중 하나임.)

사회생활에 필요한 최소한의 문화적 유산을 공유하지 못하는 등 문화적 소양이 부족한 개인은 정치적 주장이나 이념을 정확히 이해할 수 없고 그 결과 정치적 공동체 생활에 참여할 수 없습니다. 개인의 권리 존재 여부, 권리 침해에 대한 인식은 사회·문화적 상황 속에서 이루어지므로 최소한의 문화생활에의 참여가 보장되어야 합니다. 이에 우리나라 헌법은 A를 추구하고 있습니다. 또한 최소한의 문화생활에의 참여는 인간으로서 누려야 할 기본적 생활의 바탕이 되므로 국민의 인간다운 생활의 보장을 국가에 요구하는 우리나라 헌법의 기본 원리인 B를 실현하기 위한 기본적인 요소이기도 합니다.

① A는 권력 분립에 의한 국가 권력의 남용 방지를 강조한다.
② B는 실질적 평등을 실현하기 위한 사회 보장 제도 실시의 근거가 된다.
③ A는 B와 달리 국가 운영 원리의 기준이 되어 법률 제정과 정책 시행의 방향을 제시한다.
④ B는 A와 달리 상호주의 원칙에 따라 외국인의 지위를 보장하는 근거가 된다.
⑤ A, B는 모두 개인의 사적 영역에 대한 국가의 간섭 최소화를 요구한다.

❖ 합리적 차별
선천적 조건과 후천적 차이를 고려한 차별로, 평등의 원칙에 위배되지 않는다.

1. 기본권의 의의

(1) 기본권의 의미: 헌법에 의해 보장된, 인간이라면 누구나 기본적으로 누려야 하는 권리

(2) 기본권의 천부 인권성
① 인간은 태어나면서부터 남에게 양도하거나 빼앗길 수 없는 권리를 가짐.
② 인간의 자유와 권리는 국가 성립 이전에 존재하는 초국가적 권리임.
③ 국가는 천부 인권의 보장을 위해 헌법을 만들고 기본적 인권에 관한 규정을 둠.

> **📋 자료 플러스** **인권과 기본권**
>
> 인권이란 인간이 인간으로서 당연히 누리는 권리, 즉 인간이 태어남으로써 개인에게 귀속되는 생래적·천부적 권리를 말한다. 인권은 법질서의 성립 이전에 이미 존재하는 것으로서, 국가가 인권을 규범화하고 있는지와 관계없이 국가 권력에 의하여 존중되어야 한다. 반면 기본권은 헌법이 보장하는 국민의 기본적 권리를 말한다. 헌법은 생래적·천부적 성격을 가지는 인간의 권리 외에도 국가 내적인 성격을 가지는 국민의 권리도 규정하고 있다. 따라서 헌법에 규정된 기본권은 인권에 국한된 것이 아니므로 엄밀한 의미에서 인권과 기본권은 동일한 개념이 아니다. 그러나 오늘날 헌법에서 보장하는 자유권적 기본권뿐만 아니라 그 밖의 정치적·청구권적·사회권적 기본권 등도 인간의 권리와 보완 관계에 있기 때문에 인권과 기본권을 동일시하기도 한다.

❖ 사회적 특수 계급 제도의 금지
사회적 특수 계급이란 봉건 제도에서의 신분처럼 자신의 노력과는 무관하게 결정되는 계급을 말한다. 사회적 특수 계급 제도의 금지는 신분제를 타파함으로써 국민의 평등권을 보장하기 위한 것이다.

2. 기본권의 유형

(1) 인간의 존엄과 가치 및 행복 추구권
① 인간의 존엄과 가치
• 헌법이 추구하는 최고의 원리이며, 국가 권력 행사의 기준이자 한계
• 성격: 다른 모든 기본권 조항에 적용되는 일반 원칙
② 행복 추구권
• 물질적·정신적으로 안락하고 만족스러운 삶을 살 수 있는 권리
• 성격: 행복 추구에 필요한 모든 자유와 권리의 내용을 담고 있는 포괄적 권리

(2) 평등권
① 의미
• 모든 국민을 원칙적으로 평등하게 대우하고 합리적 이유 없이 차별적 대우를 하지 않을 것을 국가에 요구할 수 있는 권리
• 일체의 차별적 대우를 부정하는 절대적·형식적 평등이 아니라 같은 것은 같게 다른 것은 다르게 취급하는 상대적·실질적 평등을 의미함.
② 성격: 다른 모든 기본권 보장의 전제가 되는 권리
③ 내용: 법 앞의 평등, 사회적 특수 계급 제도의 금지, 교육의 기회균등, 근로관계에서의 양성평등, 가족생활에서의 양성평등 등

(3) 자유권
① 의미: 개인의 자유로운 생활에 대하여 국가 권력에 의한 간섭이나 침해를 받지 않을 권리
② 등장 배경: 절대 군주의 억압에서 벗어나기 위한 노력에서 자유권 형성

■ 개념 체크

1. 기본권은 (   )에 의해 보장된, 인간이라면 누구나 기본적으로 누려야 하는 권리이다.
2. 행복 추구권은 행복 추구에 필요한 모든 자유와 권리의 내용을 담고 있는 (   )이다.
3. 평등권에서의 평등은 절대적·형식적 평등을 의미하는 것이 아니라 (   )을 의미한다.

정답
1. 헌법
2. 포괄적 권리
3. 상대적·실질적 평등

③ 성격
- 역사적으로 가장 오래된 기본권
- 국가 권력에 의한 간섭이나 침해를 배제하는 소극적·방어적 권리
- 구체적인 내용이 헌법에 열거되지 않아도 보장되는 포괄적 성격의 권리

④ 내용
- 신체의 자유: 죄형 법정주의, 적법 절차의 원리, 고문 금지 및 진술 거부권(묵비권), 영장 제도, 체포·구속의 이유 및 변호인의 조력을 받을 권리 고지, 체포·구속 적부 심사제, 자백의 증거 능력과 증명력 제한, 소급효 금지의 원칙, 일사부재리의 원칙, 연좌제 금지 등
- 정신적 자유: 양심의 자유, 종교의 자유, 언론·출판·집회·결사의 자유, 학문·예술의 자유 등
- 사회적·경제적 자유: 거주·이전의 자유, 주거의 자유, 사생활의 비밀과 자유, 통신의 자유, 직업 선택의 자유, 재산권 행사의 자유 등

> **≡ 개념 플러스 양심의 자유**
>
> 양심의 자유는 양심 형성의 자유와 양심적 결정을 외부로 표현하고 실현하는 양심 실현의 자유로 구분된다. 양심 형성의 자유란 외부로부터의 부당한 간섭이나 강제를 받지 않고 개인의 내심 영역에서 양심을 형성하고 양심상의 결정을 내리는 자유를 말한다. 그리고 양심 실현의 자유란 형성된 양심을 외부로 표명하고 양심에 따라 삶을 형성할 자유, 구체적으로는 양심을 표명하거나 또는 양심을 표명하도록 강요받지 아니할 자유, 양심에 반하는 행동을 강요받지 않을 자유, 양심에 따른 행동을 할 자유를 포함한다.

(4) 참정권
① 의미: 국민이 주권자로서 국가 기관의 형성과 정치적 의사 결정 과정에 참여할 수 있는 권리
② 등장 배경
- 근대 시민 혁명 이전: 신분, 계급 등에 따라 참정권 제한
- 근대 시민 혁명 이후: 재산, 성별 등에 따라 참정권 제한
- 선거권 확대 운동 전개 결과 보통 선거가 실시됨. → 모든 국민의 참정권 보장
③ 성격
- 국민 주권의 원리를 실현하는 정치적 기본권
- 국가 기관의 형성과 국가의 정치적 의사 결정 과정에 적극적으로 참여할 수 있는 능동적 권리
④ 내용
- 선거권: 국민이 대표자를 선출할 수 있는 권리
- 공무 담임권: 국가 및 공공 단체의 구성원으로서 직무를 담당할 수 있는 권리(피선거권, 공직 취임권 등)
- 국민 투표권: 헌법 개정안 확정이나 국가의 중요 정책을 결정할 때 국민이 직접 투표할 수 있는 권리

(5) 사회권
① 의미: 모든 국민의 인간다운 생활 보장과 실질적 평등의 실현을 국가에 요구할 수 있는 권리

> **≡ 개념 플러스 사회권의 어원**
>
> 사회권(사회적 기본권)은 원래 독일 바이마르 헌법의 '인간다운 생존' 보장 조항 문구의 예에 따라 '생존권'으로 지칭되기도 했고, 1962년 우리나라 헌법에서 처음 삽입된 '인간다운 생활을 할 권리' 조항 문구의 예에 따라 '생활권'으로 지칭되기도 했다. 그러나 독일 기본법의 '사회 국가' 조항 문구의 예를 따른 '사회권(사회적 기본권)'이라는 용어가 현재 학술상 일반적인 용어로 받아들여지고 있다.

❂ 신체의 자유

불법적인 체포 및 감금을 당하지 않고 신체의 안전을 보장받으며 국가 권력의 간섭 없이 자율적으로 활동할 수 있는 자유를 의미한다.

❂ 소급효 금지의 원칙

행위 시의 법률에 의하여 범죄를 구성하지 아니하는 행위로 소추되지 않는다는 원칙이다. 즉 형법은 그 법률이 제정되기 이전의 행위에 대해 소급하여 적용될 수 없다는 원칙이다.

❂ 연좌제

자기의 행위가 아닌 친족 등 특정한 관계에 있는 사람의 행위로 인해 형사 처벌이나 불이익한 처분을 받게 되는 제도를 말한다.

❂ 피선거권

선거에 의해 국가 기관의 구성원으로 선출될 수 있는 국민의 기본권이다.

개념 체크

1. (　　　)은 국가 권력에 의한 간섭이나 침해를 배제하는 소극적·방어적 권리이다.
2. 참정권은 국가 기관의 형성과 국가의 정치적 의사 결정에 참여할 수 있는 (　　　) 권리이다.
3. 사회권은 모든 국민의 인간다운 생활 보장과 (　　　)의 실현을 국가에 요구할 수 있는 권리이다.

정답
1. 자유권
2. 능동적
3. 실질적 평등

★ 바이마르 헌법
제1차 세계 대전에서 패한 독일이 독일 공화국으로 거듭나면서 제정한 헌법이다. 고전적인 자유 민주주의를 기초로 삼으면서도 소유권의 사회성, 재산권 행사의 공공성, 인간다운 생활을 보장하는 사회권을 규정한 헌법이다.

★ 불기소 처분
형사 사건으로 수사를 받았으나 범죄의 혐의가 없거나 있더라도 재판까지 진행할 필요가 없을 경우 검사가 판단하여 형사 재판에 넘기지 않고 사건의 수사를 종결하는 처분이다.

★ 과잉 금지의 원칙
기본권을 제한할 때는 첫째, 그 목적이 정당해야 하고, 둘째, 방법이 적절해야 하며, 셋째, 그 수단은 국민의 피해가 가장 적은 방법이어야 하며, 넷째, 기본권 제한을 통해 보호하려는 공익이 침해되는 사익보다 커야 한다는 원칙이다.

② 등장 배경
• 자본주의 경제의 급속한 성장으로 인한 사회 불평등 심화 → 모든 사회 구성원에게 최소한의 인간다운 생활과 실질적 평등을 보장해야 할 필요성 제기
• 1919년 독일의 바이마르 헌법에서 사회권을 처음으로 규정
③ 성격
• 가장 최근에 등장한 현대적 권리
• 적극적 권리: 국민이 국가에 인간다운 생활 보장을 요구, 국가의 적극적 노력이 있어야 보장
• 복지 국가와 밀접한 연관이 있는 권리
④ 내용: 인간다운 생활을 할 권리, 교육을 받을 권리, 근로의 권리, 근로(노동) 3권(단결권, 단체 교섭권, 단체 행동권), 환경권, 보건권 등

(6) 청구권
① 의미: 국민이 국가에 적극적으로 일정한 행위를 요구하거나 국민의 기본권이 국가나 타인에 의해 침해당하였을 때 그 구제를 청구할 수 있는 권리
② 성격
• 적극적 권리
• 다른 기본권을 보장하기 위한 수단적 권리
• 실체적 기본권을 실현하기 위한 절차적 권리
③ 내용

청원권	국가 기관이 권리를 침해하였을 때 그에 대한 구제를 요청하거나 국가 기관의 권한에 속하는 사항에 대해 문서로 의견을 진술하고 적절한 처리를 요구할 수 있는 권리
재판 청구권	헌법과 법률이 정한 법관에 의해 법률에 의한 재판을 받을 수 있는 권리
범죄 피해자 구조 청구권	타인의 범죄 행위로 생명이나 신체에 대한 피해를 입은 국민이 국가에 대해 법률이 정하는 바에 의하여 일정 한도의 구조금 지급을 요청할 수 있는 권리
형사 보상 청구권	형사 피의자 또는 형사 피고인으로 구금되었던 자가 법률이 정하는 불기소 처분 또는 불송치 처분이 확정되거나 무죄 판결이 확정된 경우에 법률이 정하는 바에 의하여 국가에 정당한 보상을 청구할 수 있는 권리
국가 배상 청구권	공무원의 직무상 불법 행위나 공공시설의 설치 또는 관리의 잘못으로 손해를 입은 국민이 법률이 정하는 바에 의하여 국가 또는 공공 단체에 정당한 배상을 청구할 수 있는 권리

3. 기본권의 제한
(1) 관련 헌법 조항: 국민의 모든 자유와 권리는 국가 안전 보장·질서 유지 또는 공공복리를 위하여 필요한 경우에 한하여 법률로써 제한할 수 있으며, 제한하는 경우에도 자유와 권리의 본질적인 내용을 침해할 수 없다(제37조 제2항).
(2) 기본권 제한의 요건
① 목적 요건: 국가 안전 보장·질서 유지 또는 공공복리를 위한 목적 외에는 제한할 수 없음.
② 형식 요건: 국민의 대표 기관인 국회가 제정한 법률에 의거하여 제한 → 국민의 기본권이 함부로 국가에 의해 침해당하지 않도록 보장
③ 방법 요건: 과잉 금지의 원칙(비례의 원칙) → 기본권을 제한할 때는 정당한 목적을 달성하는 데 필요한 범위 안에서만 제한하여야 함.
(3) 기본권 제한의 내용상 한계: 자유와 권리의 본질적인 내용 침해 금지 → 개별 기본권이 기본권으로서의 기능을 상실하게 될 정도로 본질적인 내용을 침해할 수 없음.
(4) 의의: 헌법에 제시된 목적, 형식, 방법, 내용상 한계에 부합하지 않게 기본권을 제한하는 것을 막아 국민의 기본권을 보장하기 위함.

개념 체크

1. 사회권은 1919년 독일의 (   )에서 처음으로 규정되었다.
2. 청구권은 다른 기본권을 보장하기 위한 (   ) 권리이면서 실체적 기본권을 실현하기 위한 (   ) 권리이다.
3. 국민의 모든 자유와 권리는 국가 안전 보장·질서 유지 또는 공공복리를 위하여 필요한 경우에 한하여 (   )로써 제한할 수 있다.

정답
1. 바이마르 헌법
2. 수단적, 절차적
3. 법률

Theme 1 행복 추구권

행복 추구권에 관해서는 그것이 개별적 권리를 의미하는지, 포괄적 권리를 의미하는지 문제가 된다. 행복 추구권은 헌법에 규정된 기본권 중에서 행복 추구의 수단이 될 수 있는 기본권은 물론이고 그 외에도 행복을 추구하는 데 필요한 것이면 헌법에 열거되지 아니한 자유와 권리까지도 그 내용으로 하는 포괄적 기본권으로 이해된다.

이와 같은 행복 추구권의 포괄적 권리성에 대해 행복 추구권은 일반적인 행동의 자유이며, 또한 개성이나 인격의 자유로운 발현권이라고 보아야 하므로 포괄적 자유권으로 보아야 한다는 견해가 있다. 이 견해는 행복 추구권을 포괄적 기본권으로서 인정하더라도 행복 추구권이 자유권적 기본권과 같이 소극적, 방어적인 권리만을 의미하는 것이라는 입장이다. 반면 행복 추구권은 인간의 행복을 위한 모든 조건에 대해 추구할 수 있는 권리이므로 국가에게 행복을 추구하기 위한 적극적인 행동을 요청하는 헌법적 근거로 보아야 한다는 견해도 있다. 이 견해는 사회적 기본권처럼 적극적인 권리까지도 행복 추구권에 포함된다고 본다.

이와 관련하여 우리 헌법 재판소는 '헌법 제10조의 행복 추구권은 국민이 행복을 추구하기 위하여 필요한 급부를 국가에 적극적으로 요구할 수 있는 것을 내용으로 하는 것이 아니라, 국민이 행복을 추구하기 위한 활동을 국가 권력의 간섭없이 자유롭게 할 수 있다는 포괄적인 의미의 자유권으로서의 성격을 가진다.'라고 하여 행복 추구권에 사회권 등 적극적 권리까지 포함되는 것을 부정하고 있다.

Theme 2 기본권 제한의 목적

우리나라 헌법 제37조 제2항에 의하면 국민의 자유와 권리는 국가 안전 보장, 질서 유지 또는 공공복리를 위하여 필요한 경우에 법률로써 제한할 수 있다고 명시하고 있다. 국가 안전 보장, 질서 유지, 공공복리의 의미를 구체적으로 살펴보면 다음과 같다.

- 국가 안전 보장: 국가 안전 보장은 국가의 존립, 헌법의 기본 질서의 유지 등을 포함하는 개념으로서 결국 국가의 독립, 영토의 보전, 헌법과 법률의 기능, 헌법에 의하여 설치된 국가 기관의 유지 등의 의미로 이해될 수 있다. 실정법을 중심으로 보면 '국가 보안법'이 국가 안전 보장을 이유로 개인의 기본권을 제한하는 대표적인 법률이라고 할 수 있다. 반국가 단체와의 관계에서 일반적인 행동의 자유, 결사의 자유, 거주·이전의 자유, 표현의 자유, 통신의 자유, 양심의 자유 등이 제한된다.
- 질서 유지: 질서 유지의 개념을 넓게 해석하는 경우에는 국가 질서나 민주적 기본 질서가 포함될 수 있지만, 국가 질서나 민주적 기본 질서는 국가의 안전 보장에 속하므로 여기서의 질서 유지는 협의로 보아 공공의 안녕과 공동체의 평화를 위하여 개인 혹은 집단 간의 조화로운 생활을 보장하기 위한 규칙의 형성과 유지라고 이해될 수 있다. 도로 교통법 및 형법상 각종 금지 규정을 통하여 일반적인 행동의 자유를 제한하는 것이 그 예라고 할 수 있다.
- 공공복리: 공공복리 개념은 개인적 이익을 초월하여 국가적 차원에서 결정되는 전체적 이익인 국가 절대주의적 공공복리 개념이 아니라 개개인의 사적 이익에 비해 우월하면서 개개인에게 공통된 이익을 의미하는 국민 공동의 공공복리 개념으로 보아야 한다. '균형 있는 국민 경제의 성장과 안정, 적정한 소득의 분배, 시장의 지배와 경제력 남용의 방지, 경제 주체 간 조화를 통한 경제의 민주화, 균형 있는 지역 경제의 육성, 중소기업의 보호 육성, 소비자 보호 등' 헌법의 경제적 과제는 '공익' 개념을 구체화한 것으로 볼 수 있다. 하지만 공익이 헌법에 명시적으로 규정된 목표에 한정되는 것은 아니다. 국민 모두의 사회 보장을 위하여, 혹은 녹지 공간 등 환경 보전을 위하여 재산권을 제한하는 조치 역시 공공복리의 목적에 의하여 정당화될 수도 있다. 즉, 공공복리는 사회 공동생활의 지표인 동시에 국가적 이념이라고 할 수 있다. 다만 긴급 명령이나 긴급 재정 경제 명령은 공공복리와 같은 적극적인 행정 목적의 달성을 위해서는 행사될 수 없기 때문에 긴급 명령이나 긴급 재정 경제 명령을 발한 경우에는 공공복리를 위해서 기본권을 제한할 수 없다는 견해도 있다.

[24020-0031]

01 A에 대한 설명으로 가장 적절한 것은?

'인권'이 인간이기 때문에 당연히 누리는 생래적 권리 즉, 국가 성립 이전의 불가침적 자연권으로서의 성격에 중점을 둔 용어라면, A는 국가법인 헌법에서 확인되어 그 최고법적 효력으로써 보장되는 규범화된 실정권으로서의 성격에 중점을 둔 권리를 지칭한다.

① 모든 국민에게 보장되는 권리이다.
② 국가에 의해 제한될 수 없는 권리이다.
③ 헌법에 열거되어 있어야만 보장되는 권리이다.
④ 국가 권력 행사의 절대성을 보장해 주는 권리이다.
⑤ 국가의 성립 이전에 존재하던 자연권을 제외한 권리이다.

[24020-0033]

03 표는 기본권 유형 A, B에 관한 우리나라 헌법 조항 중 일부를 나타낸 것이다. 이에 대한 설명으로 옳은 것은? (단, A, B는 각각 자유권, 참정권 중 하나임.)

기본권 유형	관련 헌법 조항
A	모든 국민은 법률이 정하는 바에 의하여 선거권을 가진다.
B	모든 국민은 학문과 예술의 자유를 가진다.

① A는 국민 주권주의를 실현하는 권리이다.
② B는 역사적으로 가장 최근에 등장한 현대적 권리이다.
③ A는 B와 달리 소극적·방어적 권리이다.
④ B는 A와 달리 다른 기본권 보장을 위한 수단적 권리이다.
⑤ A, B는 모두 헌법에 열거되어 있어야만 보장되는 권리이다.

[24020-0032]

02 그림의 A~C에 해당하는 기본권 유형으로 옳은 것은? (단, A~C는 각각 자유권, 청구권, 사회권 중 하나임.)

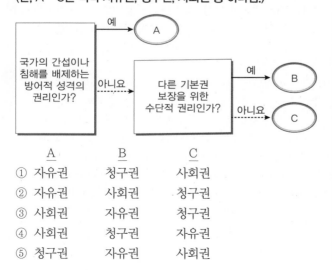

	A	B	C
①	자유권	청구권	사회권
②	자유권	사회권	청구권
③	사회권	자유권	청구권
④	사회권	청구권	자유권
⑤	청구권	자유권	사회권

[24020-0034]

04 기본권 유형 A에 대한 설명으로 옳은 것은?

갑은 정당 설립과 관련하여 시·도의 인구 규모를 고려하지 않고 일률적으로 시·도당 창당을 위해 1,000명 이상의 당원을 요구하는 ○○법 조항이 다른 대도시에 비해 인구가 현저하게 적은 지역의 당원을 합리적 이유 없이 차별하여 이러한 차별을 금지하는 A를 침해한다고 주장하였다.

① 법률로써 제한할 수 없는 권리이다.
② 다른 기본권 보장의 전제가 되는 권리이다.
③ 독일의 바이마르 헌법에서 처음으로 규정된 권리이다.
④ 국가의 정치 과정에 참여할 수 있는 능동적 권리이다.
⑤ 국가 권력에 의한 간섭이나 침해의 배제를 내용으로 하는 권리이다.

[24020-0035]

05 그림에서 갑과 을이 공통적으로 행사한 기본권 유형에 대한 설명으로 옳은 것은?

지방 의회 의원 선거
갑
기표소 기표소
투표함

○○정당 대통령 후보자 선출 대회
을

① 모든 차별 금지의 전제가 되는 권리이다.
② 기본권 중 가장 최근에 등장한 현대적 권리이다.
③ 인간다운 생활을 국가에 요구할 수 있는 권리이다.
④ 국가의 정치 과정에 참여할 수 있는 능동적 권리이다.
⑤ 국가에 특정한 행위를 요구할 수 있는 절차적 권리이다.

[24020-0037]

07 기본권 유형 A, B에 대한 설명으로 옳은 것은? (단, A, B는 각각 자유권, 사회권 중 하나임.)

• 편의점에서 아르바이트를 하고 있던 갑은 법정 근로 시간보다 많은 시간의 일을 하였지만 최저 임금보다 적은 임금을 받는 등 A를 침해당했다.
• 을은 범죄 혐의로 경찰관에게 체포되는 과정에서 변호인의 조력을 받을 권리를 고지받지 못했고, 신문 과정에서도 진술 거부권 등을 고지받지 못하는 등 B를 침해당했다.

① A는 다른 기본권 보장을 위한 수단적 권리이다.
② B는 법률로도 제한할 수 없는 절대적 권리이다.
③ A는 B와 달리 근대 입헌주의 헌법에서부터 보장된 권리이다.
④ B는 A와 달리 소극적이고 방어적인 성격을 갖는 권리이다.
⑤ A, B는 모두 헌법에 열거되어야만 보장되는 권리이다.

[24020-0036]

06 다음 자료에 대한 옳은 설명만을 〈보기〉에서 고른 것은?

◇◇ 신문

헌법 재판소는 국회 의장 공관으로부터 100m 이내에서 야외 집회와 시위를 일률적으로 금지한 ⊙○○법 조항이 헌법에 위배된다고 판단하였다. 헌법 재판소는 심판 대상 조항이 국회 의장 공관 일대를 광범위하게 전면적인 집회 금지 장소로 설정하여 입법 목적 달성에 필요한 범위를 넘는 과도한 제한을 하고 있다고 지적했다.

• 보기 •
ㄱ. ⊙이 침해한 기본권은 국가의 간섭을 배제해야 보장되는 권리이다.
ㄴ. 헌법 재판소는 ⊙이 과잉 금지의 원칙에 어긋난다고 판단하였다.
ㄷ. 헌법 재판소는 기본권 제한에 있어서 형식적인 요건의 충족을 강조하였다.
ㄹ. ⊙이 침해한 기본권은 현대 복지 국가 헌법에서부터 보장된 현대적 권리이다.

① ㄱ, ㄴ   ② ㄱ, ㄷ   ③ ㄴ, ㄷ
④ ㄴ, ㄹ   ⑤ ㄷ, ㄹ

[24020-0038]

08 다음 자료에 대한 옳은 설명만을 〈보기〉에서 있는 대로 고른 것은?

갑은 고등학교 졸업 학력 검정고시에 응시하여 합격하고 같은 해 ○○대학교 수시 모집에 응시하였으나 검정고시 평균 점수가 대학에서 정한 합격 기준에 미달되어 불합격되자 차년도 검정고시에 응시하려고 준비하였다. 그러나 △△ 교육청 공고에서 검정고시 합격자의 경우 검정고시 응시 자격을 제한하여 더 이상 검정고시에 응시할 수 없게 되자 갑은 해당 공고가 자신의 ⊙교육을 받을 권리 등을 침해한다고 ⓒ헌법 소원 심판을 청구하였다. 이에 헌법 재판소는 응시 자격 제한은 정규 교육 과정의 학생이 검정고시 제도를 입시 전략에 활용하는 것을 방지하는 등 입법 목적의 정당성은 인정할 수 있으나, 응시 자격을 단번에 영구히 박탈하는 것은 피해의 최소성 원칙에 위배되고 법익의 균형성도 상실하고 있으므로 (가) 에 위배된다고 판단하였다.

• 보기 •
ㄱ. ⊙의 보장은 실질적 평등의 실현에 기여한다.
ㄴ. ⓒ은 위헌 심사형 헌법 소원 심판이다.
ㄷ. (가)에 '과잉 금지의 원칙'이 들어갈 수 있다.

① ㄱ   ② ㄴ   ③ ㄱ, ㄷ
④ ㄴ, ㄷ   ⑤ ㄱ, ㄴ, ㄷ

[24020-0039]

1 표는 기본권 유형 A~C를 질문과 답변으로 구분한 것이다. 이에 대한 설명으로 옳은 것은? (단, A~C는 각각 자유권, 참정권, 사회권 중 하나임.)

질문	예	아니요
국가 권력의 간섭 및 침해를 받지 않아야 실현될 수 있는 권리인가?	A	B, C
(가)	B	A, C
(나)	㉠	㉡

① A는 다른 기본권 보장을 위한 수단이 되는 권리이다.
② (가)에 '원칙적으로 외국인에게도 인정되는 권리인가?'가 들어갈 수 있다.
③ (가)에 '국민이 국가 기관 구성에 참여하거나 국가 기관의 구성원으로 선임될 수 있는 권리인가?'가 들어가면, C의 보장은 실질적 평등의 실현에 기여한다.
④ (나)에 '국가의 존재를 전제로 보장되는 권리인가?'가 들어가면, ㉠은 'A, B, C'이다.
⑤ ㉡이 'B, C'라면, (나)에 '자본주의의 문제점을 해결하는 과정에서 등장한 권리인가?'가 들어갈 수 있다.

[24020-0040]

2 다음 자료에서 갑과 을이 공통적으로 침해받았다고 주장하는 기본권 유형에 대한 설명으로 옳은 것은?

> • 갑은 범죄 행위가 인정되어 법원으로부터 3,000만 원의 추징금을 내라는 결정을 받았다. 그러나 갑은 이를 납부하지 않은 상태에서 해외 출장을 위해 출국 수속을 밟았으나, 추징금이 미납되었다는 이유로 출국이 금지되어 해외 출장을 갈 수 없었다. 이에 갑은 출국 금지 조치가 자신의 기본권을 침해한다며 헌법 소원 심판을 청구하였다.
> • 을은 ○○ 신병 훈련소에 입소하여 기초 군사 훈련을 받았다. 그러나 훈련 기간 중 일요일에 분대장으로부터 ○○ 신병 훈련소 내에서 개최되는 종교 행사 중 하나를 선택하여 참석하라는 권유를 받았다. 을은 본인이 원하지 않는 종교 행사에 참석하고 싶지 않다는 의사를 밝혔으나 분대장은 재차 을에게 참석 의사를 확정적으로 밝히라는 취지로 말하였다. 이에 을은 신병 훈련소의 일요일 종교 행사 참석 조치가 자신의 기본권을 침해한다며 헌법 소원 심판을 청구하였다.

① 독일 바이마르 헌법에서 처음으로 규정된 권리이다.
② 다른 기본권을 보장하기 위한 수단적·절차적 권리이다.
③ 국민 주권주의를 실현하기 위한 기본적인 수단이 되는 권리이다.
④ 실질적 평등을 실현하기 위한 국가의 의무를 강조하는 권리이다.
⑤ 자유로운 개인의 생활을 국가 권력 행사로 인하여 침해받지 않을 권리이다.

[24020-0041]

3 기본권 유형 A, B에 대한 설명으로 옳은 것은? (단, A, B는 각각 청구권과 사회권 중 하나임.)

우리나라 헌법에서 명시하고 있는 범죄 피해자 구조 청구권의 성격에 대해서 말씀해 주시기 바랍니다.

우리나라 헌법에서 명시하고 있는 범죄 피해자 구조 청구권은 두 가지의 기본권적 성격을 지니고 있다고 볼 수 있습니다. 우선 범죄로 인해 발생한 생명 및 신체 피해에 대한 구조금 등을 국가에 요구할 수 있는 절차적 권리인 A의 한 유형으로 볼 수 있습니다. 그리고 한편으로는 범죄 피해자의 생계 보장과 같이 국민의 인간다운 생활 보장을 핵심적인 내용으로 하는 B로서의 성격도 가지고 있다고 볼 수 있습니다.

① A는 다른 기본권을 보장하기 위한 수단적 권리이다.
② B는 헌법에 열거되지 않아도 보장되는 포괄적 권리이다.
③ A는 B와 달리 국민의 인간다운 생활을 보장하기 위한 권리이다.
④ B는 A와 달리 국가의 존재를 전제로 성립하는 권리이다.
⑤ A, B는 모두 근대 입헌주의 헌법에서부터 보장된 권리이다.

[24020-0042]

4 다음 자료에 대한 옳은 설명만을 〈보기〉에서 고른 것은?

형성 평가

다음 사례에서 기본권 유형 A와 구별되는 기본권 유형 B의 특징을 두 가지만 서술하시오. (단, A, B는 각각 평등권과 사회권 중 하나이며, 서술 내용 1개당 옳으면 1점, 틀리면 0점을 부여함.)

> 공무원인 갑은 근로자의 날이 일반 근로자의 유급 휴일로 지정된 반면 관공서의 공휴일로는 지정되지 않아서 일반 근로자와 달리 공무원들은 근로자의 날에 출근하게 되므로 공무원인 자신이 일반 근로자와 달리 합리적인 이유 없이 차별을 당하여 A를 침해당했다고 주장하였다. 또한 근로자의 날에 출근을 하게 되어 다른 근로자들과 노동조합 설립과 관련된 의사 교환의 기회가 박탈되고 노동조합 집회를 통한 소통의 시간이 봉쇄되어 집회의 자유와 B가 침해당했다고 주장하였다.

답안 내용	점수
1. 다른 모든 기본권 보장의 전제가 되는 권리이다.	㉠ 점
2. (가)	

● 보기 ●

ㄱ. A는 소극적·방어적 권리이다.
ㄴ. B는 인간다운 생활에 필요한 급부를 국가에 요구할 수 있는 권리이다.
ㄷ. (가)에 '국가의 정치 활동에 참여할 수 있는 능동적 권리이다.'가 들어가면, ㉠은 '2'이다.
ㄹ. ㉠이 '1'이면, (가)에 '국가의 성립을 전제로 보장되는 권리이다.'가 들어갈 수 있다.

① ㄱ, ㄴ   ② ㄱ, ㄷ   ③ ㄴ, ㄷ   ④ ㄴ, ㄹ   ⑤ ㄷ, ㄹ

[24020-0043]

5 다음 자료에 대한 옳은 설명만을 〈보기〉에서 고른 것은?

> 우리나라 헌법의 기본 원리인 A는 그 과제 영역에 따라 차이는 있지만 문화의 자율성을 보장하면서 문화의 육성, 진흥의 과제를 수행해야 하고 문화를 향유할 수 있는 권리를 보장하여야 달성할 수 있다. 이에 헌법 재판소는 문화는 개별성·고유성·다양성으로 표현되는 등 사회의 자율 영역을 바탕으로 하므로 양심의 자유, 종교의 자유, 학문 예술의 자유와 같은 ㉠기본권의 보장은 사상의 다양성을 그 본질로 하는 우리나라 헌법의 기본 원리인 A를 실현하기 위한 불가결의 조건이라고 보고 있다.

● 보기 ●
ㄱ. A를 실현하기 위한 방안으로 상호주의 원칙에 따른 외국인의 지위 보장을 들 수 있다.
ㄴ. A는 국가가 국민의 자율적인 문화 활동을 보장하고 문화를 보호하고 지원하는 근거가 된다.
ㄷ. ㉠은 국가 권력에 의한 침해를 배제하는 소극적·방어적 권리이다.
ㄹ. ㉠은 A뿐만 아니라 국민 주권주의를 실현하는 능동적 권리이다.

① ㄱ, ㄴ   ② ㄱ, ㄷ   ③ ㄴ, ㄷ   ④ ㄴ, ㄹ   ⑤ ㄷ, ㄹ

[24020-0044]

6 다음 자료에 대한 설명으로 옳은 것은?

> 〈자료 1〉은 기본권 유형 A~C가 침해당했다고 주장하는 각각의 사례를 나타낸 것이고, 〈자료 2〉는 기본권 유형 A~C에 대한 질문과 응답을 나타낸 것이다. (단, A~C는 각각 자유권, 참정권, 사회권 중 하나임.)

〈자료 1〉

기본권 유형	침해 사례
A	갑은 수사 기관이 자신의 수사 서류에 대한 열람을 허용하였지만 복사를 허용하지 않아 자신에게 유리한 수사 서류를 자신의 변호인이 법원에 제출할 수 없었기 때문에 충분하게 변호인의 조력을 받을 권리를 침해당했다고 주장하였다.
B	을은 국가가 기초 생활 수급자에게 제공하는 급여가 너무 적어서 자신의 기본적인 생활을 유지하기 어려워 인간다운 생활을 할 권리가 침해당했다고 주장하였다.
C	(가)

〈자료 2〉

질문	A	B	C
국가의 정치 과정에 참여할 수 있는 능동적 권리인가?	아니요	아니요	예
(나)	아니요	예	아니요
(다)	예	아니요	㉠

① A는 국가에 일정한 급부를 요구할 수 있는 적극적 권리이다.
② B는 자본주의의 문제점을 해결하는 과정에서 등장한 권리이다.
③ (가)에 시각 장애인만 안마 시술소를 운영할 수 있도록 한 법률 조항에 의하여 침해당했다고 주장하는 비시각 장애인의 기본권과 관련된 사례가 들어갈 수 있다.
④ (나)에 '국가의 간섭이나 침해를 받지 않을 방어적 권리인가?'가 들어갈 수 있다.
⑤ ㉠이 '예'이면, (다)에 '다른 기본권 보장의 전제가 되는 권리인가?'가 들어갈 수 있다.

7 기본권 유형 A~C에 대한 설명으로 옳은 것은? (단, A~C는 각각 평등권, 자유권, 사회권 중 하나임.)

헌법 재판소는 △△ 법률의 시행령 조항에서 정한 ○○ 공로자에 대한 공로 수당의 월 지급액이 과소하여 자신의 기본권이 침해받고 있다는 갑의 주장을 받아들이지 않았다. 헌법 재판소는 애국지사와 ○○ 공로자가 같은 종류와 등급의 서훈을 받았다 하더라도 국가에 대한 희생과 공헌 정도에 차등을 인정하여 애국지사와 ○○ 공로자를 달리 보상하는 것이 합리적 이유 없는 차별이라고 볼 수 없으므로 A를 침해하지 않는다고 보았다. 또한 공로 수당은 국가 유공자에 대한 예우의 의미가 있으며, 유공자로서의 보훈 혜택 이외에 다른 법률에서 생계가 곤란한 자에게 최소한의 물질적 필요를 보장하고 있으므로 공로 수당 지급액이 과소하여 B가 침해받고 있다는 주장도 받아들이지 않았다. 또한 행복 추구권은 국민이 행복을 추구하기 위하여 필요한 급부를 국가에 적극적으로 요구할 수 있는 것을 내용으로 하는 B로서의 성격을 가지는 것이 아니라, 국민이 행복을 추구하기 위한 활동을 국가 권력의 간섭 없이 자유롭게 할 수 있다는 포괄적인 의미의 C로서의 성격을 가지므로 청구인들의 행복 추구권도 침해하지 않는다고 보았다.

① A는 다른 기본권을 보장하기 위한 수단적 권리이다.
② B는 다른 모든 기본권을 보장하는 데 전제가 되는 권리이다.
③ C는 헌법이 추구하는 최고 가치로서 모든 기본권의 근거가 되는 권리이다.
④ A는 B와 달리 국민의 실질적·상대적 평등 실현에 기여하는 권리이다.
⑤ C는 B와 달리 국가 권력에 의한 침해를 배제하는 소극적·방어적 권리이다.

8 밑줄 친 ㉠의 이유로 가장 적절한 것은?

갑은 집회를 하기 위해 집회 신고서를 관할 경찰서장에게 접수하였다. 하지만 관할 경찰서장은 갑의 집회 신고와 다른 단체가 신고한 집회 신고가 경합된다는 이유를 들어 아무런 법률상 근거도 없이 두 집회 신고를 반려하였다. 관할 경찰서장은 집회 신고로 인한 폭력 사태 발생 우려와 두 집회 신고자들의 안전과 질서 유지 및 경찰 업무의 원활한 수행을 위하여 부득이하게 양자의 집회 신고서를 동시에 접수하였지만, 두 집회 신고자 간의 상호 충돌을 피하기 위하여 어쩔 수 없이 두 개의 집회 신고를 모두 반려할 수밖에 없었다고 주장하였다. 이에 헌법 재판소는 집회의 자유는 법률에 의하여만 제한할 수 있으므로 법률에 정하여지지 않은 방법으로 이를 제한할 경우에는 그것이 과잉 금지의 원칙에 위배되었는지 여부를 판단할 필요 없이 ㉠헌법에 위배된다고 판단하였다.

① 기본권 제한으로 기본권의 본질이 훼손되었다.
② 기본권 제한의 형식적 요건이 충족되지 않았다.
③ 기본권 제한으로 인한 피해가 최소화되지 않았다.
④ 기본권 제한의 필요 범위를 넘어서 기본권을 제한하였다.
⑤ 기본권 제한으로 달성되는 이익보다 제한되는 개인의 희생이 컸다.

01 법치주의의 유형 A, B에 대한 설명으로 옳은 것은? 2024학년도 6월 모의평가

> 인류는 명목상 법률에 의하기만 하면 법치주의를 준수한 것으로 보는 A로 인해 독재가 합법화되고 기본권을 유린당한 역사적 경험을 한 바 있다. 이에 대한 반성으로 국가 작용이 법률에 근거해야 할 뿐만 아니라 법률의 목적과 내용도 정의에 부합해야 한다는 B가 등장하게 되었다.

① A는 국가 권력 행사 시 법률에 근거해야 함을 간과한다.
② B는 헌법보다 법률이 우위에 있음을 강조한다.
③ 우리나라에서 기본권을 제한할 때 준수해야 하는 과잉 금지의 원칙은 B의 실현에 기여한다.
④ A와 달리 B는 통치의 형식적 합법성을 확보해야 함을 강조한다.
⑤ B와 달리 A는 국가 권력으로부터 시민의 기본권을 보장하는 것을 목적으로 한다.

02 정치를 바라보는 갑의 관점에 대한 설명으로 옳은 것은? 2024학년도 9월 모의평가

> 갑: 정치를 정치권력의 획득과 유지를 위한 국가의 고유한 활동만으로 한정하여 생각한다면 정치의 본질을 설명하는 데 한계가 있습니다. 정치는 서로 대립적인 이해관계를 조정하고 적절한 수준의 타협점을 찾아가는 과정으로, 국가를 포함한 모든 사회 집단에서 나타나기 때문입니다.

① 국가라는 정치 주체에 국한하여 정치의 의미를 규정한다.
② 다원화된 현대 사회의 정치 현상을 설명하기에 적합하지 않다.
③ 국회가 국가 예산안을 심의·확정하는 과정을 정치로 보지 않는다.
④ 국가가 형성되기 이전의 정치 현상에 대해 설명할 수 없다는 한계를 가진다.
⑤ 국가와 국가 이외의 다양한 사회 집단에서 나타나는 정치 현상은 본질적으로 다르지 않다고 본다.

03 기본권 유형 A, B에 대한 설명으로 옳은 것은?　2024학년도 9월 모의평가

> A는 국가 권력에 의해 침해되지 않음으로써 보장되는 소극적인 성격을 가지고 있기 때문에 사적 영역에 대한 국가 개입의 배제가 요구된다. 이에 반해 실질적 평등의 실현을 목적으로 하는 B는 국가의 적극적 급부와 배려를 통해 비로소 보장될 수 있기 때문에 오히려 국가의 개입을 필요로 한다.

① A는 헌법에 열거되지 않더라도 보장되는 포괄적 권리이다.
② B는 국민이 국가 기관의 형성에 참여할 수 있는 권리이다.
③ A와 달리 B는 인간의 존엄과 가치를 보장하기 위한 권리이다.
④ B와 달리 A는 자본주의의 문제점을 해결하는 과정에서 등장한 권리이다.
⑤ A와 B 모두 다른 기본권을 보장하기 위한 수단적 권리이다.

04 우리나라 헌법의 기본 원리 A에 대한 설명으로 가장 적절한 것은?　2024학년도 수능

> A는 국제 평화주의와 관련됩니다. 대한민국은 국제 평화의 유지에 노력하고 침략적 전쟁을 부인한다고 규정한 헌법 조항은 우리나라가 A를 추구하고 있음을 간접적으로 보여줍니다. 한편, 대통령은 조국의 평화적 통일을 위한 성실한 의무를 진다고 규정한 헌법 조항은 A를 직접적으로 나타냅니다.

① 국가의 의사를 결정하는 주권이 국민에게 있다는 원리이다.
② 국가 권력의 창설이 국민의 합의에 기초해야 한다는 원리이다.
③ 자유 민주적 기본 질서에 입각한 평화적 통일 정책을 수립하고 추진하는 근거가 된다.
④ 국가가 경제 문제를 해결하기 위하여 경제에 관한 규제와 조정을 할 수 있는 근거가 된다.
⑤ 학문과 예술 및 문화 활동의 자유를 보장하고 국가가 문화 발전을 지향해야 한다는 원리이다.

04 정부 형태

❖ 다수당
의회에서 가장 많은 의석을 차지하고 있는 정당을 의미한다. 양당제 국가보다 다당제 국가에서 과반 의석을 차지하는 정당의 존재 가능성이 적은데, 다당제 국가에서는 일반적으로 '다수당'보다는 '제1당'이라는 표현을 사용한다.

❖ 연립 내각
의원 내각제에서 둘 이상의 정당이 연합하여 내각을 구성하는 것을 말한다. 일반적으로 과반 의석을 차지한 정당이 없을 때 연립 내각을 구성한다.

❖ 국가 원수
헌법상 국가의 통일성과 항구성을 상징하며, 외국에 대해서는 국가를 대표하고, 국내에 있어서는 최고의 통치권을 행사하는 기관을 말한다. 우리나라는 헌법 제66조 제1항 "대통령은 국가의 원수이며, 외국에 대하여 국가를 대표한다."에서 알 수 있듯이 대통령이 국가 원수이다.

1. 의원 내각제

(1) **의미**: 입법부인 의회에 의해 행정권을 담당하는 내각이 구성되어 국정을 운영하는 정부 형태

(2) **발달 배경**: 17세기 영국에서 의회를 통해 절대 군주의 권한을 제한하는 과정에서 의회 중심의 정부 형태가 발달하게 됨.

(3) **정부 구성 방식**
① 의회 의원 총선거 → 의회 구성 → 일반적으로 의회에서 과반수 의석을 확보한 다수당의 대표를 행정부 수반인 총리(수상)로 선출 → 총리가 각료를 추천하여 내각 구성
② 총선거 결과 의회 과반수 의석을 확보한 정당이 없는 경우 2개 이상의 정당이 연립 내각을 구성할 수 있음.

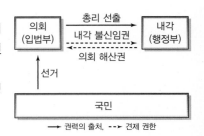

(4) **특징**
① 의회와 내각의 긴밀한 협조를 통해 국정을 운영하는 권력 융합형 정부 형태임.
② 의회는 국민에 대하여 정치적 책임을 지고, 내각은 연대하여 의회에 대하여 정치적 책임을 짐.
③ 의회 의원이 총리 또는 각료를 겸직할 수 있음.
④ 내각도 법률안 제출권을 가짐.
⑤ 의회는 내각 불신임권, 총리는 의회 해산권을 가짐.
⑥ 국가 원수와 행정부 수반이 불일치함. → 국왕 등 국가 원수가 명목상 존재함.

> **≡ 개념 플러스   내각 불신임권과 의회 해산권**
>
> 내각 불신임권은 의회가 내각에 대하여 총사퇴를 요구할 수 있는 권한을 의미한다. 의회에서 내각 불신임이 의결되면 내각은 연대 책임을 지고 모두 사퇴하거나 의회 해산을 단행한다. 의회 해산권은 총리가 의회 의원 임기 만료 전에 의회를 해산시킬 수 있는 권한을 의미한다. 이로 인해 의원 내각제에서는 의회 의원의 임기가 엄격하게 보장되지 않는다. 의회가 해산되면 조기 총선거를 통해 새로운 의회를 구성하는데, 의회 다수당이 바뀔 경우 총리 및 내각도 모두 교체된다.

개념 체크

1. 의원 내각제에서 의회는 내각에 대해 총사퇴를 요구할 수 있는 권한인 (　　　)을 통해 내각을 견제할 수 있다.
2. 의원 내각제는 의회와 내각 간 긴밀한 협조를 추구하는 권력 (　　　)정 부 형태이다.
3. 의원 내각제에서 총선 결과 과반수 의석을 확보한 정당이 출현하지 않을 경우 2개 이상의 정당이 (　　　)을 구성할 수 있다.

정답
1. 내각 불신임권
2. 융합형
3. 연립 내각

(5) **장점과 단점**

장점	• 입법부와 행정부 간의 긴밀한 협조를 통한 능률적인 국정 수행에 유리함. • 책임 정치의 구현에 유리함. → 내각의 존속이 의회의 신임 여부에 달려 있으므로 내각이 의회와 국민의 요구에 민감할 수밖에 없음. • 입법부와 행정부 간 심각한 정치적 대립을 제도적으로 해소하는 데 유리함. → 내각 불신임권, 의회 해산권
단점	• 다수당의 횡포 가능성 → 다수당이 입법부와 행정부를 모두 담당하여 다수당에 대한 견제가 곤란할 수 있음. • 정국 불안정의 발생 가능성 → 내각 불신임과 의회 해산, 조기 총선거가 반복될 경우 심각한 정국 불안이 나타날 수 있고, 총선 결과 군소 정당 난립 시 연립 내각의 구성과 국정 운영 과정에서 정치적 혼란이 발생할 가능성이 큼.

2. 대통령제

(1) **의미**: 입법권을 갖는 의회와 행정권을 갖는 대통령이 독립적으로 구성되며, 대통령이 국가 원수로서 국정의 중심이 되는 정부 형태

(2) **발달 배경**: 영국의 식민지였던 미국이 1776년 독립하면서 절대 군주가 아닌 국민이 선출하는 국가 원수, 즉 대통령을 중심으로 한 정부 형태가 발달함.

(3) **정부 구성 방식**: 의회 구성을 위한 선거와 대통령 선출을 위한 선거가 별도로 실시됨. → 입법부와 행정부가 각각 국민으로부터 국가 권력을 위임받아 독립적으로 구성됨.

권력의 출처. --- 견제 권한

(4) **특징**
① 입법부와 행정부 간 엄격한 권력 분립형 정부 형태임.
② 대통령과 의회는 각각 국민에 대하여 정치적 책임을 짐.
③ 의회 의원의 각료 겸직은 금지됨.
④ 행정부가 법률안 제출권을 갖지 않음.
⑤ 대통령은 의회에 대하여 법률안 거부권, 의회는 대통령에 대하여 탄핵 소추권과 동의 및 승인권을 가짐.
⑥ 대통령이 국가 원수와 행정부 수반으로서의 지위를 동시에 가짐.

(5) **장점과 단점**

장점	• 국정 수행의 안정성과 정책의 지속성 확보에 유리함. → 대통령과 의회 의원의 엄격한 임기 보장의 순기능 • 대통령의 법률안 거부권을 통해 의회 다수당의 횡포 방지
단점	• 책임 정치의 구현에 불리함. → 엄격한 임기 보장의 역기능 • 독재가 나타날 우려가 있음. → 막강한 권한을 가진 대통령을 견제하기 어려움. • 대통령(행정부)과 의회 간 심각한 정치적 대립을 해소하기 곤란함. → 의회 내 여소야대(與小野大) 상황에서 발생할 가능성이 높은 문제

≡ **개념 플러스** | **탄핵 제도**

탄핵은 일반적인 사법 절차나 징계 절차에 따라 징계하기 곤란한 고위 공무원이나 법관 등 신분이 보장된 공무원이 직무상 중대한 비위를 범한 경우에 의회가 이들을 소추하여 파면하는 제도이다. 우리나라의 경우 탄핵 소추권은 국회가 갖고 있으며, 최종적인 심판권은 헌법 재판소가 갖고 있다.

3. 우리나라의 정부 형태

(1) **대통령제를 기반으로 하는 정부 형태**
① 국회 구성과 대통령 선출을 위한 선거가 각각 별도로 실시됨.
② 대통령은 국회에 대하여 법률안 거부권을, 국회는 대통령에 대한 탄핵 소추권과 대통령의 주요 권한 행사에 대한 동의 및 승인권을 가짐.
③ 대통령은 국가 원수와 행정부 수반의 지위를 동시에 가짐.
④ 대통령의 국회 해산권과 국회의 행정부 불신임권은 인정되지 않음.

(2) **의원 내각제 요소가 가미된 정부 형태**
① 국무총리를 두어 행정 각부를 통할하게 함.
② 행정부의 법률안 제출권이 인정됨.
③ 국회 의원이 국무총리나 국무 위원을 겸할 수 있음.
④ 국회가 대통령에게 국무총리나 국무 위원의 해임을 건의할 수 있음.
⑤ 대통령이 국회 임시회 집회 요구권을 가짐.
⑥ 국회가 국무총리나 국무 위원에 대하여 국회 출석 요구 및 질문권을 가짐.

❖ **법률안 거부권**
대통령제에서 의회가 의결한 법률안을 행정부 수반이 그에 대한 재가 또는 승인을 거부함으로써 법률로서의 성립을 결정적 또는 잠정적으로 저지하는 권한을 말한다.

❖ **의회의 동의 및 승인권**
동의는 사전에, 승인은 사후에 인정하는 의사 표시이다. 의회의 동의를 필요로 하는 대통령의 권한은 사전에 의회의 동의를 받지 않으면 행사할 수 없다. 이와 달리 의회의 승인을 필요로 하는 대통령의 권한 행사는 사후에 의회가 승인하지 않으면 효력을 상실한다.

❖ **여소야대(與小野大)**
행정부 수반이 속한 집권 정당을 여당(與黨), 집권하지 못한 정당을 야당(野黨)이라고 하는데, 의회에서 야당의 의석수가 여당보다 많은 상황을 여소야대 상황이라고 부른다.

▶ **개념 체크**
1. ( )는 입법부와 행정부 간 견제와 균형이 중시되는 권력 분립형 정부 형태이다.
2. 대통령제에서 ( ) 제도는 신분이 보장된 공무원이 직무상 중대한 비위를 범한 경우에 의회가 이들을 소추하여 파면하는 제도이다.
3. 우리나라에서 행정부가 법률안 제출권을 가지는 것은 ( ) 요소이다.

정답
1. 대통령제
2. 탄핵
3. 의원 내각제

Theme 1 **의원 내각제의 내각 불신임권 및 의회 해산권**

△△ 신문

영국 존슨 총리, 불신임 투표 부결 … 자진 사퇴 압박은 거세질 듯

보리스 존슨 영국 총리가 6일 불신임 투표에서 간신히 살아남았다. 그러나 그에 대한 지지가 매우 취약해 총리 자리를 유지한다고는 해도 심각한 반대 속에 입지는 더 좁아지게 됐다. 영국 정국이 불안해지고, 이에 따라 경제적 충격 역시 가중될 것이란 우려가 높아지고 있다. 외신에 따르면 존슨은 이날 불신임 표결에서 여당인 보수당 의원 359명 가운데 절반을 조금 넘는 단 211명의 지지를 받는 데 그쳤다. 과반수만 넘기면 되는 표결이어서 그가 총리 자리를 지키는 데는 문제가 없다. 그러나 여당 의원 가운데 148명이 반대표를 던져 그가 추진하는 정책들이 앞으로 의회에서 험로를 걸을 것임을 예고했다. 존슨에게 신임을 보낸 의원들도 그가 좋아서 그랬던 것만은 아니다. 그를 이을 확실한 후계자가 없었다는 점도 한몫했다.

전형적인 의원 내각제가 의회와 내각의 긴밀한 협조를 통해 국정을 운영하는 권력 융합형 정부 형태라고 하더라도 입법부와 행정부 간 상호 견제를 할 수 있는 권한이 존재함으로써 책임 정치를 구현할 수 있도록 한다. 의회는 내각에 대하여 총사퇴를 요구할 수 있는 내각 불신임권을 가진다. 의회에서 내각 불신임권이 의결되면 내각은 모두 사퇴하거나 총리가 의회를 해산시킨다. 총리는 의회 의원 임기 만료 전에 의회를 해산시킬 수 있는 의회 해산권을 가진다. 의회가 해산되면 다시 총선거를 치르게 되며 결과적으로 새로운 의회를 구성하게 된다. 위 자료에서 영국의 의회는 보리스 존슨 총리에 대해 불신임 투표를 진행하였지만 부결되어 총리직을 유지할 수 있게 된 것이다. 존슨은 비록 총리직을 유지하였지만 심각한 권력 누수에 직면하게 되었고, 결국 약 한 달 후에 총리를 자진 사임하겠다고 발표하였다.

Theme 2 **우리나라 헌법에 나타난 대통령제 요소 및 의원 내각제 요소**

대통령제 요소	제53조 ② 법률안에 이의가 있을 때에는 대통령은 제1항의 기간 내에 이의서를 붙여 국회로 환부하고, 그 재의를 요구할 수 있다. … 제65조 ① 대통령 … 법률이 정한 공무원이 그 직무 집행에 있어서 헌법이나 법률을 위배한 때에는 국회는 탄핵의 소추를 의결할 수 있다. 제66조 ① 대통령은 국가의 원수이며, 외국에 대하여 국가를 대표한다. ④ 행정권은 대통령을 수반으로 하는 정부에 속한다. 제67조 ① 대통령은 국민의 보통 · 평등 · 직접 · 비밀 선거에 의하여 선출한다.
의원 내각제 요소	제52조 국회 의원과 정부는 법률안을 제출할 수 있다. 제63조 ① 국회는 국무총리 또는 국무 위원의 해임을 대통령에게 건의할 수 있다. 제86조 ① 국무총리는 국회의 동의를 얻어 대통령이 임명한다. 제88조 ① 국무 회의는 정부의 권한에 속하는 중요한 정책을 심의한다.

우리나라 현행 헌법은 대통령제를 근간으로 하면서도 의원 내각제 요소를 일부 가미하고 있다. 대통령이 국가를 대표하는 국가 원수이며 행정부 수반인 것, 대통령이 국민에 의하여 직접 선출되는 것, 대통령이 법률안에 대하여 이의가 있을 때에 국회의 재의를 요구할 수 있는 것, 대통령에 대한 국회의 탄핵 소추권 등은 대통령제 요소이다. 반면 정부가 법률안을 제출할 수 있는 것, 국회가 국무총리 또는 국무 위원에 대한 해임을 건의할 수 있는 것, 국무 위원의 국회 의원 겸직 허용 등은 의원 내각제 요소이다. 다만, 국무 위원의 국회 의원 겸직 허용은 헌법에 구체적으로 명시되어 있는 것은 아니며, 헌법 제43조에 '국회 의원은 법률이 정하는 직을 겸할 수 없다.'라고 되어 있으며, 국회법 제29조 제1항에 '의원은 국무총리 또는 국무 위원 직 외의 다른 직을 겸할 수 없다.'라고 되어 있다.

[24020-0047]

01 (가)에 들어갈 수 있는 옳은 답변만을 〈보기〉에서 고른 것은? (단, A, B는 각각 전형적인 의원 내각제와 대통령제 중 하나임.)

A는 국민의 선거로 행정부 수반을 선출하는 B와 달리 의회에서 행정부 수반을 선출합니다. B는 A와 비교하여 어떤 특징을 가지고 있나요?

.(가)

● 보기 ●
ㄱ. 행정부가 법률안을 제출할 수 없습니다.
ㄴ. 의회 의원이 각료를 겸직할 수 있습니다.
ㄷ. 행정부 수반이 법률안 거부권을 갖습니다.
ㄹ. 행정부 수반이 의회를 해산할 수 있습니다.

① ㄱ, ㄴ ② ㄱ, ㄷ ③ ㄴ, ㄷ
④ ㄴ, ㄹ ⑤ ㄷ, ㄹ

[24020-0049]

03 (가), (나)에 들어갈 수 있는 내용으로 옳은 것은? (단, A, B는 각각 전형적인 의원 내각제와 대통령제 중 하나임.)

A는 입법부와 행정부가 엄격하게 분리된 정부 형태로서, 행정부 수반이 의회로부터 분리되어 독립적으로 권한을 행사한다. 하지만 행정부 수반의 권한이 남용되면 국민의 기본권이 침해될 수도 있기 때문에 의회는 (가) 행사를 통해 행정부 수반을 견제할 수 있다. 반면, B는 입법부와 행정부의 관계가 상호 의존적인 정부 형태로서, 행정부가 연대하여 의회에 정치적 책임을 진다. 하지만 내각의 실정이나 무능에 대해서 정치적 책임을 묻지 않는다면 국민의 요구에 부응하지 못할 수 있다. 따라서 의회는 (나) 행사를 통해 내각에 대해 정치적 책임을 지게 할 수 있다.

	(가)	(나)
①	탄핵 소추권	법률안 거부권
②	탄핵 소추권	내각 불신임권
③	내각 불신임권	동의 및 승인권
④	법률안 거부권	탄핵 소추권
⑤	법률안 거부권	내각 불신임권

[24020-0048]

02 정부 형태 A, B에 대한 설명으로 옳은 것은? (단, A, B는 각각 전형적인 의원 내각제와 대통령제 중 하나임.)

A는 군주와 시민 계급의 대립을 전제로 하여 시민 계급이 의회에 의하여 대표되며 군주의 정부 권력이 의회에 의하여 제한되어야 할 필요가 있다는 사고에 기초하고 있다. 따라서 A는 행정부가 그 구성에 있어서 의회의 신임에 의존하여 의회에 대하여 지속적으로 정치적 책임을 진다. 반면, 행정부 수반이 권한 행사에 있어서 국민의 대표인 의회에 대하여 책임을 지지 않는 B는 행정부의 독자적인 지위를 통하여 권력 분립의 원리를 보다 강하게 실현하고자 한다.

① A에서는 의회 의원이 각료를 겸직할 수 있다.
② B에서는 행정부 수반이 의회를 해산할 수 있다.
③ A에서는 B와 달리 의회 의원을 국민의 선거로 선출한다.
④ B에서는 A와 달리 행정부 수반의 임기가 보장되지 않는다.
⑤ A, B에서는 모두 의회가 내각을 불신임할 수 있는 권한을 갖는다.

[24020-0050]

04 다음 자료에 대한 설명으로 옳은 것은? (단, A, B는 각각 전형적인 의원 내각제와 대통령제 중 하나임.)

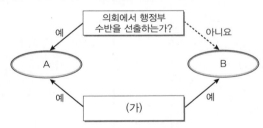

① A에서 행정부 수반은 의회 해산권을 가진다.
② B에서는 행정부가 의회에 법률안을 제출할 수 있다.
③ 우리나라에서 대통령의 법률안 거부권은 A에 해당하는 요소이다.
④ 우리나라에서 사법부의 독립 보장은 B에만 해당하는 요소이다.
⑤ (가)에 '국민의 선거로 의회 의원을 선출하는가?'가 들어갈 수 없다.

[24020-0051]

1 갑국과 을국의 정부 형태에 대한 설명으로 옳은 것은? (단, 갑국과 을국의 정부 형태는 각각 전형적인 의원 내각제와 대통령제 중 하나임.)

> 갑국에서는 다음 주 수요일에 국민의 선거로 행정부 수반을 선출할 예정이어서 한참 선거 운동이 진행되고 있어. 너희 을국에서는 행정부 수반 선출이 어떻게 진행되고 있니?

> 우리나라에서는 며칠 전 의회 의원 선거를 치렀어. 조만간 의회에서 A당 대표를 행정부 수반으로 선출하게 될 거야.

① 갑국의 행정부 수반은 법률안 거부권을 갖는다.
② 갑국의 의회는 불신임권을 통해 내각을 견제할 수 있다.
③ 을국의 의회 의원은 각료를 겸직할 수 없다.
④ 을국의 행정부 수반은 국가 원수로서의 지위도 갖는다.
⑤ 갑국, 을국의 내각은 모두 법률안 제출권을 갖는다.

[24020-0052]

2 다음 자료에 대한 설명으로 옳지 <u>않은</u> 것은? (단, A, B는 각각 전형적인 의원 내각제와 대통령제 중 하나임.)

학습 활동지

3학년 ○반 ○○○

◇ 정부 형태 A, B의 특징을 각각 두 가지씩 작성하시오.

구분	A	B
특징	• 행정부 수반은 법률안 거부권을 갖는다. • (가)	• 의회는 내각 불신임권을 갖는다. • (나)

◇ 교사 평가: 세 가지는 옳게 작성하였지만, 나머지 하나는 옳지 않은 내용을 작성했네요.

---

① A에서 법률안 제출은 의회 의원만이 가능하다.
② B에서 내각은 연대하여 의회에 대해 정치적 책임을 진다.
③ '국민의 선거로 의회가 구성되는가?'라는 질문으로 A와 B를 구분할 수 없다.
④ (가)에 '행정부 수반이 국가 원수로서의 지위를 동시에 가진다.'가 들어가면, (나)에 '의회 의원이 각료를 겸직할 수 있다.'가 들어갈 수 있다.
⑤ (나)에 '행정부 수반이 의회를 해산할 수 있다.'가 들어가면, (가)에 '행정부 수반의 임기가 보장된다.'가 들어갈 수 없다.

[24020-0053]

3 다음 자료에 대한 설명으로 옳은 것은?

서술형 문제

갑국과 을국은 각각 전형적인 의원 내각제와 대통령제 중 하나를 채택하고 있다. 표는 갑국과 을국의 T 시기 정당별 의회 의석률과 행정부 수반 소속 정당을 나타낸 것이다. 을국과 구분되는 갑국 정부 형태의 특징을 세 가지만 서술하시오. (각 1점, 총 3점)

구분	갑국				을국			
정당별 의회 의석률(%)	A당	B당	C당	D당	a당	b당	c당	d당
	14	7	26	53	21	55	14	10
행정부 수반 소속 정당	C당				b당			

* 갑국, 을국 모두 T 시기 행정부 수반의 소속 정당은 변경 없음.

학생 답안	점수
정부가 의회에 법률안을 제출할 수 있다.	
(가)	ⓐ
행정부 수반이 국민의 선거로 선출된다.	

* 각 답안 내용별로 채점하고, 답안 한 가지당 맞으면 1점, 틀리면 0점을 부여함.

---

① ⓐ은 '3점'이 될 수 있다.
② 갑국 의회는 을국과 달리 내각 불신임권을 갖는다.
③ 을국 의회는 갑국과 달리 행정부 수반에 대하여 탄핵 소추권을 갖는다.
④ (가)에 '행정부 수반이 국가 원수로서의 지위를 동시에 갖는다.'가 들어가면, ⓐ은 '1점'이다.
⑤ ⓐ이 '2점'이면, (가)에 '행정부 수반은 의회에서 의결한 법률안에 대해 재의를 요구할 수 있다.'가 들어갈 수 있다.

[24020-0054]

4 다음 자료에 대한 설명으로 옳은 것은? (단, A, B는 각각 전형적인 의원 내각제와 대통령제 중 하나임.)

17세기 영국에서 의회를 통해 절대 군주의 권한을 제한하는 과정에서 의회 중심의 정부 형태가 발달하게 되면서 입법부와 행정부의 관계가 상호 의존적인 A가 등장하게 되었다. 이후 의회의 권력을 견제하기 위해 권력 분립과 견제의 원리에 좀 더 충실한 B가 등장하였다. 현재 우리나라는 B를 기반으로 하고 있지만 A의 요소가 가미된 정부 형태이다. 우리나라 정부 형태에서 (가) 등은 B의 요소이고, (나) 등은 A의 요소이지만 (다) 등은 우리나라 정부 형태에서는 존재하지 않는 A의 요소이다.

---

① A에서는 행정부 수반의 임기가 보장된다.
② B에서는 국가 원수와 행정부 수반이 일치하지 않는다.
③ (가)에 '행정부의 법률안 제출권 인정'이 들어갈 수 있다.
④ (나)에 '국회가 국무총리나 국무 위원을 해임시킬 수 있음'이 들어갈 수 있다.
⑤ (다)에 '총리의 의회 해산권'이 들어갈 수 있다.

[24020-0055]

5 다음 자료에 대한 옳은 설명만을 〈보기〉에서 있는 대로 고른 것은? (단, A, B는 각각 전형적인 의원 내각제와 대통령제 중 하나임.)

> 교사: 우리나라 정부 형태에서 A, B의 요소를 설명해 보세요.
> 갑: 국무총리를 두어 행정 각부를 통할하게 하는 것은 A의 요소에 해당합니다.
> 을: 행정부가 법률안을 제출할 수 있는 것은 B의 요소에 해당합니다.
> 병: ⎢ (가) ⎢ 것은 A의 요소에 해당합니다.
> 정: ⎢ (나) ⎢ 것은 B의 요소에 해당합니다.
> 교사: ㉠2명만 옳게 설명하였습니다.

보기

ㄱ. ㉠이 갑, 병이라면, (나)에 '국무 회의를 구성하여 운영하는'이 들어갈 수 있다.
ㄴ. ㉠에 갑이 포함되어 있다면, A와 달리 B에서는 내각이 연대하여 의회에 대하여 정치적 책임을 진다.
ㄷ. ㉠이 을, 병이라면, (가)에 '국민의 선거로 대통령을 선출하는'이 들어갈 수 없다.
ㄹ. ㉠에 을이 포함되어 있다면, B와 달리 A에서는 행정부 수반이 의회에서 의결한 법률안에 대해 재의를 요구할 수 있다.

① ㄱ, ㄴ   ② ㄱ, ㄹ   ③ ㄴ, ㄷ   ④ ㄱ, ㄷ, ㄹ   ⑤ ㄴ, ㄷ, ㄹ

[24020-0056]

6 다음 자료에 대한 옳은 설명만을 〈보기〉에서 고른 것은?

> 갑국과 을국은 각각 전형적인 의원 내각제와 대통령제 중 하나를 채택하고 있으며, 갑국, 을국 모두 무소속 의원은 존재하지 않고, 갑국, 을국 모두 총의석은 101석이다. 표는 질문에 따라 갑국과 을국을 비교한 것이다.

구분	갑국	을국
행정부 수반의 소속 정당이 의회 의석의 과반을 차지하였는가?	예	아니요
(가)	아니요	예

보기

ㄱ. 갑국, 을국 모두 의회 의석을 확보한 정당이 3개만 존재하고 갑국이 입법부와 행정부가 독립된 정부 형태라면, 을국에서는 연립 내각이 구성된다.
ㄴ. 갑국, 을국 모두 의회 의석을 확보한 정당이 2개만 존재하면, 을국은 갑국과 달리 국민의 선거로 행정부 수반을 선출한다.
ㄷ. 을국이 갑국보다 책임 정치에 유리한 정부 형태라면, (가)에 '의회 의원이 각료를 겸직할 수 있는가?'가 들어갈 수 없다.
ㄹ. (가)에 '의회가 내각 불신임권을 갖는가?'가 들어가면, 갑국은 을국과 달리 국가 원수와 행정부 수반이 일치하지 않는다.

① ㄱ, ㄴ   ② ㄱ, ㄷ   ③ ㄴ, ㄷ   ④ ㄴ, ㄹ   ⑤ ㄷ, ㄹ

05 우리나라의 국가 기관

1. 국회

(1) 국회의 구성
① 국회 의원
  - 선출과 임기: 국민의 직접 선거로 선출하며 임기는 4년임.
  - 정수(定數): 헌법에 따라 200인 이상으로 하되 현재 정수는 300명임.
  - 유형: 지역구 국회 의원, 비례 대표 국회 의원
② 주요 기관: 국회 의장 1인, 부의장 2인, 위원회(상임 위원회, 특별 위원회), 교섭 단체 등

> **≡ 개념 플러스 국회의 위원회**
>
> 국회의 위원회는 상임 위원회와 특별 위원회로 구분된다. 교육 위원회, 외교 통일 위원회, 법제 사법 위원회 등 분야별로 구성되는 상임 위원회는 해당 위원회에 속하는 의안을 전문적으로 심사하는 역할을 담당한다. 특별 위원회는 둘 이상의 상임 위원회와 관련되거나 특히 필요하다고 인정한 안건을 효율적으로 심사하기 위하여 구성된다. 국회에 위원회를 두는 것은 의안에 대한 전문적인 심사뿐만 아니라 국회 의사 진행의 효율성을 높이는 것을 목적으로 한다.

(2) 국회의 회의와 의사 결정
① 회의: 정기회(매년 1회 집회), 임시회(대통령 또는 국회 재적 의원 1/4 이상의 요구로 집회)
② 회의 원칙: 회의 공개의 원칙, 회기 계속의 원칙, 일사부재의의 원칙
③ 일반적인 의사 결정 절차: 의안 제출 → 위원회 심사 → 본회의 의결
④ 일반적인 의사 결정 기준: 재적 의원 과반수의 출석과 출석 의원 과반수의 찬성

(3) 국회의 권한
① 입법에 관한 권한: 헌법 개정에 관한 권한(헌법 개정안 제안 및 의결권), 법률 제정 및 개정권, 대통령의 주요 조약 체결 및 비준에 대한 동의권 등
② 국가 기관 구성 권한: 대통령의 주요 국가 기관(국무총리, 대법원장 및 대법관, 헌법 재판소장, 감사원장) 구성 시 임명 동의권, 헌법 재판소 재판관 3인 선출권, 중앙 선거 관리 위원회 위원 3인 선출권 등
③ 국정 감시 및 통제 권한: 국정 감사권, 국정 조사권, 대통령의 주요 권한 행사에 대한 동의 및 승인권, 대통령·국무총리·행정 각부의 장·법관·헌법 재판소 재판관 등에 대한 탄핵 소추권, 국무총리 또는 국무 위원 해임 건의권, 국무총리·국무 위원에 대한 국회 출석 요구 및 질문권 등
④ 재정에 관한 권한: 국가 예산안 심의·확정권, 예산 결산 심사권 등

> **📋 자료 플러스 국정 감사 및 국정 조사**
>
> 헌법 제61조 ① 국회는 국정을 감사하거나 특정한 국정 사안에 대하여 조사할 수 있으며, 이에 필요한 서류의 제출 또는 증인의 출석과 증언이나 의견의 진술을 요구할 수 있다.
>
> 국정 감사는 국회가 국가 기관과 각 시·도, 정부 투자 기관 등을 대상으로 국정 전반에 관하여 감사하는 것으로, 소관 상임 위원회별로 이루어진다. 국정 조사는 특별한 국정 사안이 발생했을 때 국회 재적 의원 4분의 1 이상의 요구로 상임 위원회 또는 특별 위원회에서 실시된다.

⊕ 교섭 단체
국회 의사 진행의 효율성을 확보하기 위한 단체로서 국회 의사 진행에 필요한 주요 안건을 협의한다. 국회법에 따라 20명 이상의 소속 의원을 가진 정당은 하나의 교섭 단체가 된다. 다만, 다른 교섭 단체에 속하지 않는 20명 이상의 의원으로 따로 교섭 단체를 구성할 수 있다.

⊕ 회기 계속의 원칙
한 회기 중에 의결되지 못한 의안은 폐기되지 않고 다음 회기에 이어서 심의하는 원칙을 말한다.

⊕ 일사부재의의 원칙
한 번 부결된 안건을 같은 회기 중에 다시 발의하거나 제출할 수 없다는 원칙을 말한다.

⊕ 조약의 비준
국가 원수와 같은 조약 체결권자가 조약에 대하여 최종적으로 확인하고 승인하는 행위를 말한다.

> **개념 체크**
>
> 1. 국회의 (   )는 대통령 또는 국회 재적 의원 1/4 이상의 요구로 집회된다.
> 2. 국회는 대통령의 국무총리 임명에 대한 (   )을 가진다.
> 3. (   )에 관한 국회의 권한에는 국가 예산안 심의·확정권, 예산 결산 심사권 등이 있다.
>
> 정답
> 1. 임시회
> 2. 동의권
> 3. 재정

✪ 공포
새로 제정된 법령이나 조약 등을 국민에게 알리는 공식적인 절차를 말한다. 법률은 특별한 규정이 없는 한 공포한 날로부터 20일을 경과함으로써 효력이 발생한다.

✪ 법제 사법 위원회
국회의 상임 위원회 중 하나로서 법률안의 위헌 여부나 다른 법률과의 충돌 여부 등을 다루는 체계·형식 심사와 용어의 명확성이나 적합성 등을 다루는 자구 심사를 담당한다.

✪ 국정 조정권
원활한 국정 운영 및 사회 통합 등을 위해 입법, 행정, 사법 영역을 초월하여 국정에 관여할 수 있는 권한을 말한다.

✪ 사면
일반 사면과 특별 사면으로 구분된다. 일반 사면은 죄의 종류를 정하여 형을 선고받은 사람에 대하여는 형 선고의 효력을 상실시키고, 형을 선고받지 않은 사람에 대하여는 공소권을 상실시키는 행위를 말한다. 이와 달리 특별 사면은 형을 선고받은 사람에 대하여 형의 집행을 면제해 주는 행위를 말한다. 대통령이 일반 사면을 명하려면 국회의 동의를 얻어야 한다.

---

(4) 입법 절차

① 헌법 개정 절차

② 법률 제·개정 절차

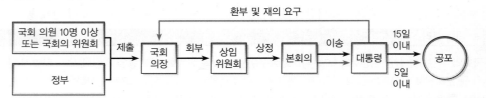

법률안 제출		국회 의원 10명 이상 또는 국회의 위원회, 정부는 법률안을 제출할 수 있음.
상임 위원회 심사	소관 상임 위원회	법률안의 내용에 대하여 전문적인 심사를 담당함.
	법제 사법 위원회	법률안의 체계·형식과 자구(字句)에 대한 심사를 담당함.
본회의 의결		재적 의원 과반수의 출석과 출석 의원 과반수의 찬성으로 의결함.
정부 이송 및 공포		• 정부로 이송된 법률안은 일정 기간 내에 대통령이 공포함. • 확정된 법률을 대통령이 공포하지 않을 경우 국회 의장이 공포함.
대통령의 법률안 거부권 행사와 국회의 재의결		• 대통령은 법률안에 대하여 이의가 있는 경우 국회로 환부하고 재의를 요구할 수 있음. • 국회 재의결의 경우 재적 의원 과반수의 출석과 출석 의원 3분의 2 이상의 찬성으로 의결함. → 법률로서 확정됨.

2. 대통령과 행정부

(1) 행정의 의미
① 고전적 의미: 입법부가 만든 법률을 집행하는 국가 작용
② 현대적 의미: 법률을 집행하고 공익을 실현하기 위하여 정책을 수립하고 실행하는 적극적인 국가 작용

(2) 대통령
① 선출과 임기: 국민의 직접 선거로 선출, 임기는 5년이며 중임할 수 없음.
② 지위: 행정부 수반과 국가 원수의 지위를 동시에 가짐.
③ 권한
• 국가 원수로서의 권한

대외적 국가 대표권	조약의 체결 및 비준권, 외교 사절 신임·접수 또는 파견권, 선전 포고 및 강화권 등
국가와 헌법 수호권	긴급 재정·경제 처분 및 명령권, 긴급 명령권, 계엄 선포권 등
국가 기관 구성권	대법원장, 대법관, 헌법 재판소장, 헌법 재판소 재판관 등 임명권
국정 조정권	국회 임시회 집회 요구권, 헌법 개정안 제안권, 국민 투표 부의권, 사면권 등

• 행정부 수반으로서의 권한: 행정부 지휘·감독권, 공무원 임면권, 대통령령 발포권, 법률안 거부권 등
④ 대통령의 국법상 행위는 문서로써 하고, 국무총리와 관계 국무 위원이 부서(副署)함.

---

(3) 국무총리
① 구성: 국회의 동의를 얻어 대통령이 임명함.
② 권한: 행정 각부 통할권, 총리령 발포권, 국무 위원 임명 제청권 및 해임 건의권 등

(4) 국무 회의
① 구성: 의장인 대통령과 부의장인 국무총리, 국무 위원으로 구성됨.
② 지위: 행정부 최고 심의 기관
③ 권한: 정부의 권한에 속하는 중요 정책에 대한 심의 → 국무 회의의 의결은 대통령에 대하여 구속력이 없음.

(5) 행정 각부
① 구성: 국무 위원 중에서 국무총리의 제청으로 대통령이 행정 각부의 장을 임명함.
② 권한: 대통령이 결정하는 정책과 행정부의 권한에 속하는 사무를 집행함.

(6) 감사원
① 구성: 감사원장은 국회의 동의를 얻어 대통령이 임명하고, 감사 위원은 감사원장의 제청으로 대통령이 임명함.
② 지위: 대통령 소속 기관이지만 직무에 관해서는 독립적인 지위를 가짐.
③ 권한: 국가의 세입·세출의 결산 검사, 국가 및 법률이 정한 단체의 회계 검사, 행정 기관 및 공무원의 직무에 관한 감찰 등

3. 법원

(1) 사법(司法)
① 의미: 국가와 개인, 개인과 개인 간의 분쟁에 법을 적용하여 적법과 위법, 권리관계 등을 판단하고 선언하는 국가 작용
② 목적: 국가의 법질서 수호 및 국민의 기본권 보장

(2) 공정한 재판을 위한 장치
① 사법권의 독립
• 법원의 독립: 헌법과 법률로 법원의 조직을 규정하고, 법관 임명에 있어서 다른 국가 기관의 간섭을 배제함.
• 법관의 독립: 법관은 다른 국가 기관뿐만 아니라 법원 내부의 간섭을 받지 않고 헌법과 법률에 의하여 양심에 따라 독립하여 심판하며, 헌법으로 임기와 신분이 보장됨.
② 심급 제도: 하급 법원의 판결이나 결정, 명령에 불복하는 경우 상소하여 상급 법원의 재판을 받을 수 있도록 보장하는 제도로서 원칙적으로 3심제를 적용함.

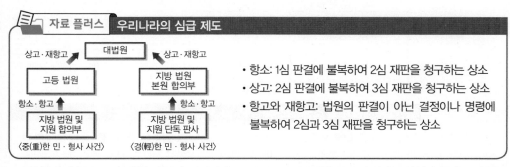

자료 플러스   우리나라의 심급 제도

• 항소: 1심 판결에 불복하여 2심 재판을 청구하는 상소
• 상고: 2심 판결에 불복하여 3심 재판을 청구하는 상소
• 항고와 재항고: 법원의 판결이 아닌 결정이나 명령에 불복하여 2심과 3심 재판을 청구하는 상소

③ 공개 재판의 원칙: 재판의 심리와 판결은 공개해야 함. 단, 심리는 일정한 경우 법원의 결정으로 공개하지 않을 수 있음.

⊙ 국무 회의 심의 사항
헌법 개정안·국민 투표안·조약안·법률안 및 대통령령안, 예산안, 사면권 행사, 국가 긴급권 행사, 정당 해산의 제소 등 헌법 제89조에 규정된 사항은 반드시 국무 회의의 심의를 거쳐야 한다.

⊙ 법관의 신분 보장
법관은 탄핵 또는 금고 이상의 형의 선고에 의하지 않고는 파면되지 않으며, 법관 징계 위원회의 징계 처분에 의하지 않고는 정직·감봉되거나 불리한 처분을 받지 않음으로써 그 신분을 보장받고 있다.

⊙ 3심제의 예외
심급 제도는 3심제를 원칙으로 하지만 예외도 있다. 예를 들어 대통령 선거 소송이나 국회 의원 선거 소송은 대법원을 전속 관할로 하는 단심제가 적용된다.

개념 체크

1. (   )는 정부의 권한에 속하는 중요 정책에 대한 최고 심의 기관이다.
2. (   )은 대통령에 소속되지만 직무에 관해서는 독립적인 지위를 가지는 국가 기관으로서 공무원의 직무를 감찰한다.
3. 하급 법원의 판결이나 결정, 명령에 불복하는 경우 상소하여 상급 법원의 재판을 받을 수 있도록 보장하는 제도를 (   )라고 한다.

정답
1. 국무 회의
2. 감사원
3. 심급 제도

○ **법원의 조직**
법원은 최고 법원인 대법원과 고등 법원, 지방 법원 등의 각급 법원으로 구성된다.

(3) 법원의 조직과 역할

① 대법원
- 구성: 국회의 동의를 얻어 대통령이 임명하는 대법원장과 대법원장의 제청으로 국회의 동의를 얻어 대통령이 임명하는 대법관으로 구성됨.
- 권한: 최고 법원으로서 상고·재항고 사건의 최종심 관할권, 명령·규칙 또는 처분의 위헌성 및 위법성에 대한 최종 심사권 등

② 고등 법원: 원칙적으로 제2심에 해당하는 항소·항고 사건을 담당함.

③ 지방 법원: 원칙적으로 제1심을 담당함(지방 법원 본원 합의부는 지방 법원 및 지원 단독 판사의 판결에 대한 항소 사건과 결정·명령에 대한 항고 사건의 제2심을 담당함.).

④ 기타 각급 법원: 고등 법원급인 특허 법원, 지방 법원급인 가정 법원과 행정 법원 등이 있음.

⑤ 위헌 법률 심판 제청권: 법률이 헌법에 위반되는 여부가 재판의 전제가 된 경우에 대법원 및 각급 법원은 직권 또는 재판 당사자의 신청에 의한 결정으로 헌법 재판소에 위헌 법률 심판을 제청할 수 있음.

○ **명령·규칙 또는 처분의 위헌성 및 위법성에 대한 심사권**
명령·규칙 또는 처분이 헌법이나 법률에 위반되는 여부가 재판의 전제가 된 경우 법원은 이를 심사할 수 있는데, 최종 심사권은 대법원이 가진다.

4. 헌법 재판소

(1) **지위**: 국가의 사법 작용 중 헌법 재판을 담당함으로써 헌법 질서와 국민의 기본권을 수호하는 국가 기관

(2) **구성과 권한**

① 구성: 대통령이 임명하는 9인의 재판관(재판관 중 3인은 국회에서 선출하는 자를, 3인은 대법원장이 지명하는 자를 임명)으로 구성되며, 헌법 재판소장은 국회의 동의를 얻어 재판관 중에서 대통령이 임명함.

② 권한

○ **헌법 재판**
헌법 해석을 통해 헌법과 관련된 분쟁을 해결하고 헌법의 내용을 확정하는 재판을 말한다.

헌법 소원 심판	권리 구제형	공권력의 행사 또는 불행사(법원의 재판 제외)로 인하여 헌법상 보장된 기본권을 침해받은 자의 청구에 의해 해당 공권력의 행사 또는 불행사가 기본권을 침해하는지 여부를 결정하는 심판
	위헌 심사형	법률의 위헌 여부가 재판의 전제가 되어 재판 당사자가 법원에 위헌 법률 심판 제청 신청을 하였으나 기각된 경우에 제청 신청을 한 당사자의 청구에 의해 해당 법률의 위헌 여부를 결정하는 심판
위헌 법률 심판		법률이 헌법에 위반되는 여부가 재판의 전제가 된 경우에 법원의 제청에 의해 해당 법률의 위헌 여부를 결정하는 심판
탄핵 심판		대통령, 국무총리, 행정 각부의 장, 법관, 헌법 재판소 재판관 등이 그 직무 집행에서 헌법이나 법률을 위반한 경우 국회의 탄핵 소추에 의해 해당 공무원의 파면 여부를 결정하는 심판
정당 해산 심판		정당의 목적이나 활동이 민주적 기본 질서에 위배될 때 정부의 청구에 의해 해당 정당의 해산 여부를 결정하는 심판
권한 쟁의 심판		국가 기관 상호 간, 국가 기관과 지방 자치 단체 간, 지방 자치 단체 상호 간에 권한의 유무 또는 범위에 관하여 다툼이 있을 때 해당 국가 기관 또는 지방 자치 단체의 청구에 의해 권한의 유무 또는 범위를 결정하는 심판

개념 체크

1. (   )은 최고 법원으로서 상고·재항고 사건의 최종심 관할권, 명령·규칙 또는 처분의 위헌성 및 위법성에 대한 최종 심사권 등을 갖는다.

2. 법원은 법률이 헌법에 위반되는 여부가 재판의 전제가 된 경우 헌법 재판소에 (   )을 제청할 수 있다.

3. 대통령, 국무총리 등이 그 직무 집행에서 헌법이나 법률을 위반한 경우 국회의 소추에 의해 헌법 재판소는 해당 공무원의 파면 여부를 결정하는 (   ) 심판을 할 수 있다.

정답
1. 대법원
2. 위헌 법률 심판
3. 탄핵

> ≡ **개념 플러스** **권리 구제형 헌법 소원 심판의 청구**
>
> 권리 구제형 헌법 소원 심판은 다른 법률에 구제 절차가 있는 경우 그 절차를 모두 거친 후에 청구할 수 있다. 예를 들어 행정청이 식당을 운영하는 국민에게 위법한 영업 정지 처분을 내린 경우, 해당 국민은 행정 심판이나 행정 소송을 통해 위법한 영업 정지 처분으로 침해된 권리를 구제받을 수 있으므로 이러한 절차를 거치지 않고 영업 정지 처분을 사유로 권리 구제형 헌법 소원 심판을 청구할 수 없다.

Theme 1   우리나라 국가 기관 간의 견제와 균형

> 제53조 ② 법률안에 이의가 있을 때에는 대통령은 제1항의 기간 내에 이의서를 붙여 국회로 환부하고, 그 재의를 요구할 수 있다. 국회의 폐회 중에도 또한 같다.
>
> 제61조 ① 국회는 국정을 감사하거나 특정한 국정 사안에 대하여 조사할 수 있으며, 이에 필요한 서류의 제출 또는 증인의 출석과 증언이나 의견의 진술을 요구할 수 있다.
>
> 제65조 ① 대통령·국무총리·국무 위원·행정 각부의 장·헌법 재판소 재판관·법관·중앙 선거 관리 위원회 위원·감사원장·감사 위원 기타 법률이 정한 공무원이 그 직무 집행에 있어서 헌법이나 법률을 위배한 때에는 국회는 탄핵의 소추를 의결할 수 있다.
>
> 제104조 ① 대법원장은 국회의 동의를 얻어 대통령이 임명한다.
>
> ② 대법관은 대법원장의 제청으로 국회의 동의를 얻어 대통령이 임명한다.
>
> 제107조 ① 법률이 헌법에 위반되는 여부가 재판의 전제가 된 경우에는 법원은 헌법 재판소에 제청하여 그 심판에 의하여 재판한다.
>
> ② 명령·규칙 또는 처분이 헌법이나 법률에 위반되는 여부가 재판의 전제가 된 경우에는 대법원은 이를 최종적으로 심사할 권한을 가진다.

우리나라 헌법은 권력 분립의 원리에 따라 국가 기관 상호 간 견제 장치를 다양하게 마련해 두고 있다. 예를 들어 제53조 제2항은 행정부가 입법부를, 제61조 제1항과 제65조 제1항은 입법부가 행정부와 사법부를, 제104조는 행정부와 입법부가 사법부를, 입법부가 행정부를, 제107조 제1항은 사법부가 입법부를, 제107조 제2항은 사법부가 행정부를 견제할 수 있는 장치에 대해 규정하고 있다. 이러한 국가 기관 상호 간의 견제 장치들은 국가 기관의 권력 오남용을 방지함으로써 국민의 기본권 보장에 기여한다.

Theme 2   위헌 법률 심판

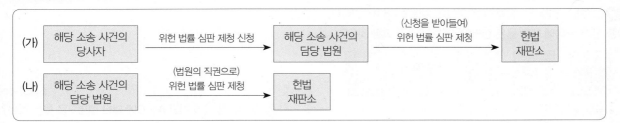

위헌 법률 심판은 법률의 위헌 여부가 재판의 전제가 된 경우 해당 소송 사건을 담당하는 법원의 제청에 따라 헌법 재판소가 법률의 위헌 여부를 결정하는 심판이다. 위헌 법률 심판은 우선 (가)와 같이 제청될 수 있다. 소송 당사자가 해당 법률이 위헌이라고 판단하여 해당 소송 사건의 담당 법원에 그 법률에 대한 위헌 법률 심판 제청을 신청하면, 법원은 신청이 타당하다고 판단할 경우 신청을 받아들여 헌법 재판소에 위헌 법률 심판 제청을 하고 그렇지 않은 경우에는 신청을 기각한다. 위헌 법률 심판 제청을 신청했으나 신청이 기각된 소송 당사자는 헌법 재판소에 직접 해당 법률의 위헌 여부를 묻는 위헌 심사형 헌법 소원 심판을 청구할 수 있다. 다음으로 위헌 법률 심판은 소송 당사자의 신청이 없는 경우에도 (나)와 같이 제청될 수 있다. 즉, 해당 소송 사건을 담당하는 법원이 직권으로 재판의 전제가 된 해당 법률의 위헌 여부 확인을 헌법 재판소에 구하는 것이다.

[24020-0057]

01 우리나라 국가 기관 A에 대한 설명으로 옳은 것은?

• 헌법 제48조 A는 의장 1인과 부의장 2인을 선출한다.
• 헌법 제63조 ① A는 국무총리 또는 국무 위원의 해임을 대통령에게 건의할 수 있다.

① 행정부의 최고 심의 기관이다.
② 헌법 재판소 재판관 3인 선출권을 가진다.
③ 대통령은 A 임시회의 집회를 요구할 수 없다.
④ 체결된 조약을 비준할 수 있는 권한을 가진다.
⑤ 탄핵 심판권을 행사하여 행정부를 견제할 수 있다.

[24020-0058]

02 그림은 우리나라 헌법 개정 절차의 일부를 나타낸 것이다. 밑줄 친 ㉠~㉣에 대한 옳은 설명만을 〈보기〉에서 고른 것은?

보기
ㄱ. ㉠은 대통령이 아닌 국회 의원의 권한에 해당한다.
ㄴ. ㉡에서 헌법 개정안은 국회 재적 의원 과반수의 찬성으로 의결한다.
ㄷ. ㉢에서 국회 의원 선거권자 과반수가 투표하고 투표자 과반수가 찬성하면 헌법 개정이 확정된다.
ㄹ. ㉢에서 확정된 헌법 개정안에 대해 대통령은 ㉣을 거부하고 국회에 재의를 요구할 수 없다.

① ㄱ, ㄴ   ② ㄱ, ㄷ   ③ ㄴ, ㄷ
④ ㄴ, ㄹ   ⑤ ㄷ, ㄹ

[24020-0059]

03 밑줄 친 ㉠~㉣에 대한 설명으로 옳지 <u>않은</u> 것은?

우리나라 대통령은 행정부 수반이자 국가 원수로서 강력한 ㉠권한을 갖고 있다. 따라서 우리나라 헌법은 대통령이 권한을 남용하지 않고 신중하게 행사하도록 하기 위하여 ㉡행정부 내부에 의한 통제 수단은 물론 ㉢입법부에 의한 통제 수단, ㉣사법부에 의한 통제 수단 등을 함께 명시하고 있다.

① ㉠에는 사면권이 포함된다.
② ㉡에는 대통령이 국무 회의의 심의 결과를 따라야 하는 것이 포함된다.
③ ㉡에는 대통령의 국법상 행위에 관한 문서에 국무총리와 관계 국무 위원이 부서하도록 하는 것이 포함된다.
④ ㉢에는 국무총리 임명 시 국회의 동의를 받아야 하는 것이 포함된다.
⑤ ㉣에는 대통령령의 위법성을 법원이 심사할 권한을 갖는 것이 포함된다.

[24020-0060]

04 우리나라 국가 기관 A~C에 대한 설명으로 옳은 것은?

• A는 국가 세입·세출의 결산을 검사하여 확인하고 그 결과를 B와 C에 보고하였다.
• B는 C의 동의를 얻어 A의 장(長)을 임명하였다.

① A는 국정 감사권 및 국정 조사권을 가진다.
② B는 조약 체결에 대한 동의권을 가진다.
③ B는 국가 예산안의 심의·확정권을 가진다.
④ C는 국가 세입·세출의 결산 심사권을 가진다.
⑤ A는 C의 직속 기관이지만 독립적으로 직무를 수행한다.

[24020-0061]

05 밑줄 친 ㉠의 내용으로 가장 적절한 것은?

> 사법권의 독립은 법원 자체의 독립과 법관의 독립을 그 내용으로 하고, 법관의 독립은 법관의 신분상 독립과 재판상 독립으로 이루어진다. 사법권의 독립은 그 자체가 목적이 아니라 ㉠궁극적 목적을 위한 실현 수단이라는 데에 그 의미가 있다. 신분이 두텁게 보장되는 법관일수록, 그리고 재판에서 다른 사회적 세력이나 상급 재판 기관으로부터 독립되어 재판을 할 수 있을수록 직무상의 양심과 소신에 입각한 재판이 이루어질 가능성이 크기 때문이다.

① 행정권에 대한 사법권의 우위를 확보한다.
② 신속한 재판으로 사법 절차의 효율성을 높인다.
③ 공정한 재판을 통하여 국민의 기본권을 보장한다.
④ 국민의 재판 참여로 사법의 민주적 정당성을 높인다.
⑤ 법관의 오심으로 인해 침해된 국민의 권익을 구제한다.

[24020-0062]

06 그림은 우리나라 민·형사 사건의 심급 제도를 나타낸 것이다. 이에 대한 옳은 설명만을 〈보기〉에서 고른 것은?

> **● 보기 ●**
> ㄱ. 하급심 판결에 불복하는 경우 (가)는 항고, (나)는 재항고이다.
> ㄴ. ㉠ 판결 선고 후 상소 없이 일정 기간이 경과하면 판결이 확정된다.
> ㄷ. ㉡은 모두 고등 법원이 담당한다.
> ㄹ. ㉢을 담당하는 법원의 장(長)은 국회의 동의를 얻어 대통령이 임명한다.

① ㄱ, ㄴ   ② ㄱ, ㄷ   ③ ㄴ, ㄷ
④ ㄴ, ㄹ   ⑤ ㄷ, ㄹ

[24020-0063]

07 다음 자료에 대한 옳은 설명만을 〈보기〉에서 고른 것은?

> **우리나라 국가 기관 A의 권한**
> ···(중략)···
> • ____(가)____ : 정당의 목적이나 활동이 민주적 기본 질서에 위배될 때 B의 청구에 의해 그 정당의 해산 여부를 결정하는 심판
> • ____(나)____ : 대통령, 국무총리, 행정 각부의 장(長), 법관 등이 그 직무 집행에서 헌법이나 법률을 위반하였을 때 C의 소추에 의해 그 공무원의 파면 여부를 결정하는 심판

> **● 보기 ●**
> ㄱ. (가)는 정당 해산 심판, (나)는 탄핵 심판이다.
> ㄴ. A는 재판의 상고심을 담당한다.
> ㄷ. A의 재판관은 모두 대통령이 임명한다.
> ㄹ. B는 법원, C는 국회이다.

① ㄱ, ㄴ   ② ㄱ, ㄷ   ③ ㄴ, ㄷ
④ ㄴ, ㄹ   ⑤ ㄷ, ㄹ

[24020-0064]

08 다음 자료에 대한 설명으로 옳은 것은?

> 헌법 재판소는 갑이 청구한 A에 대해 합헌 결정을 하였다. 갑은 ○○법 일부 조항의 위반을 이유로 재판을 받던 중 △△ 지방 법원에 B 제청을 신청하였는데, △△ 지방 법원이 이를 기각하자 헌법 재판소에 직접 해당 법률 조항의 위헌 확인을 요구하는 A를 청구했었다.

① 갑은 헌법 재판소의 결정에 불복할 경우 대법원에 재항고할 수 있다.
② 해당 법률 조항의 위헌 여부에 대해 △△ 지방 법원과 헌법 재판소의 의견이 달랐다.
③ 헌법 재판소의 결정으로 갑은 해당 법률 조항의 위반을 이유로 재판을 받지 않게 되었다.
④ △△ 지방 법원은 갑의 신청이 없어도 B를 제청할 수 있는 권한이 있다.
⑤ A는 권리 구제형 헌법 소원 심판, B는 위헌 심사형 헌법 소원 심판이다.

[24020-0065]

1 다음 자료에 대한 옳은 설명만을 〈보기〉에서 고른 것은?

서술형 문제

우리나라 ㉠법률 개정 절차와 ㉡헌법 개정 절차의 공통점을 세 가지만 쓰시오. (답안의 진술 한 가지당 옳은 답을 쓴 경우 1점, 옳지 않은 답을 쓴 경우 0점을 부여함.)

학생 갑의 답안	채점 결과
• 국민 투표를 통한 주권자의 의사 확인이 필수적이다. • 국회 의원 외에도 개정안을 발의하거나 제출할 수 있는 주체가 있다. • _____(가)_____	2점

● 보 기 ●

ㄱ. ㉠의 국회 본회의 의결 정족수와 ㉡의 국회 의결 정족수는 같다.
ㄴ. ㉡과 달리 ㉠에서는 국회 의원 10명의 찬성으로 개정안을 발의할 수 있다.
ㄷ. (가)에 '대통령이 공포할 권한을 가진다.'가 들어갈 수 있다.
ㄹ. (가)에 '대통령은 공포를 앞둔 개정안에 대해 국회에 재의를 요구할 수 있다.'가 들어갈 수 있다.

① ㄱ, ㄴ　　② ㄱ, ㄷ　　③ ㄴ, ㄷ　　④ ㄴ, ㄹ　　⑤ ㄷ, ㄹ

[24020-0066]

2 다음 자료에 대한 설명으로 옳지 않은 것은?

우리나라 국가 기관 A의 주간 주요 일정	
(가)	대법관에게 임명장을 수여함.
(나)	국무 회의에 참석하여 회의를 주재함.
(다)	외국 정상과 회담을 갖고 자유 무역 협정을 체결함.
(라)	교육부·통일부 장관으로부터 새해 부처 업무 계획 보고를 받음.

① A는 행정부 수반과 국가 원수의 지위를 동시에 가진다.
② (가)에 나타난 A의 권한은 국회의 동의를 얻어야 행사할 수 있다.
③ (나)에는 행정부 최고 심의 기관의 의장으로서 A의 권한이 나타나 있다.
④ (다)에는 국가 원수로서 A의 국가 기관 구성에 관한 권한이 나타나 있다.
⑤ (라)에는 행정부 수반으로서 A의 행정부 지휘·감독 권한이 나타나 있다.

[24020-0067]

3 우리나라 국가 기관 A~D에 대한 설명으로 옳은 것은? (단, A~D는 각각 국회, 대통령, 국무총리, 대법원장 중 하나임.)

- '국무 회의를 구성하는가?'라는 질문으로 A, B와 C, D를 구분할 수 있다.
- '국무 위원의 해임 건의권을 갖고 있는가?'라는 질문으로 A, C와 B, D를 구분할 수 있다.
- '탄핵 소추권을 갖고 있는가?'라는 질문으로 A, C, D와 B를 구분할 수 있다.

① A는 B의 동의를 얻어 D가 임명한다.
② B는 C의 동의를 얻어 조약을 체결한다.
③ C는 A의 명을 받아 행정 각부를 통할한다.
④ 행정부 최고 심의 기관에서 D는 의장이고, C는 부의장이다.
⑤ 헌법 재판소의 재판관 중 3인은 A가 지명하고, 3인은 B에서 선출한다.

[24020-0068]

4 다음 자료에 대한 옳은 설명만을 〈보기〉에서 고른 것은?

△△ 고등 법원
제□민사부
판결

【사건】20＊＊나＊＊＊ 손해 배상
【원고, 피항소인】○○○
【피고, 항소인】◇◇◇

…(중략)…

【주문】
　1. 제1심 판결을 취소한다.
　2. 원고의 청구를 기각한다.
　3. 소송 총비용은 원고가 부담한다.
【청구 취지 및 항소 취지】
　1. 청구 취지
　　피고는 원고에게 손해 배상액 100,000,000원을 지급하라.
　2. 항소 취지
　　주문과 같다.
【이유】
　…(중략)… 그렇다면 원고의 이 사건 청구는 이유 없어 이를 기각할 것이다. 이와 결론을 달리한 제1심 판결은 부당하므로 제1심 판결을 취소하고 원고의 청구를 기각하기로 하여, 주문과 같이 판결한다.

● 보기 ●

ㄱ. 원고는 항소심 판결에 불복할 경우 대법원에 재항고할 수 있다.
ㄴ. 해당 사건의 1심 재판은 지방 법원 또는 지원의 합의부에서 담당하였다.
ㄷ. 피고의 손해 배상액 지급에 대한 1심 법원과 항소심 법원의 판단이 달랐다.
ㄹ. 피고로부터 손해 배상액을 받게 해 달라는 원고의 청구는 항소심 판결로 기각이 확정되었다.

① ㄱ, ㄴ　　　② ㄱ, ㄷ　　　③ ㄴ, ㄷ　　　④ ㄴ, ㄹ　　　⑤ ㄷ, ㄹ

[24020-0069]

5 교사의 질문에 옳게 응답한 학생만을 〈보기〉에서 있는 대로 고른 것은?

(가) 감사원, ○○ 사건 국정 조사 기간 연장
(나) 국무총리, 대법원장으로 △△△ 임명 제청
(다) 국회, 대통령에게 헌법 재판소장 해임 건의
(라) 대법원, ◇◇ 법률 일부 조항 위헌 결정

우리나라 국가 기관에 대해 학습한 내용을 바탕으로 (가)~(라)의 잘못된 부분을 고쳐 보세요.

● 보기 ●
갑: (가)는 '국정 조사'를 '국정 감사'로 바꾸면 됩니다.
을: (나)는 '대법원장'을 '국무 위원'으로 바꾸면 됩니다.
병: (다)는 '헌법 재판소장'을 '국무총리'로 바꾸면 됩니다.
정: (라)는 '법률'을 '규칙'으로 바꾸면 됩니다.

① 갑, 병　　　② 갑, 정　　　③ 을, 병　　　④ 갑, 을, 정　　　⑤ 을, 병, 정

[24020-0070]

6 다음 자료에 대한 옳은 설명만을 〈보기〉에서 고른 것은?

헌법 재판소는 월급 근로자로서 6개월이 되지 못한 자를 해고 예고 제도의 적용 대상에서 제외한 ㉠법률 조항에 대해 위헌 결정을 내렸다. 6개월 미만 근무한 월급 근로자 또한 새 직장을 찾을 시간적 여유를 갖거나 실직으로 인한 경제적 곤란으로부터 보호받아야 할 필요성이 있음에도 불구하고, 합리적 이유 없이 해고 예고 제도의 적용 대상에서 제외한 것은 근로의 권리 침해라고 본 것이다. 갑은 학원에서 영어 강사로 근무하다가 두 달 만에 예고 없이 해고된 후 학원장을 상대로 해고 예고 수당의 지급을 구하는 소송을 제기하여 재판을 받던 중, 재판의 전제가 된 해당 법률 조항에 대하여 □□ 지방 법원에 A를 제청해 달라는 신청을 하였으나 □□ 지방 법원이 이를 기각하자 헌법 재판소에 B를 청구했었다.

● 보기 ●
ㄱ. B는 A와 달리 소송 당사자의 신청이 없어도 법원이 직권으로 청구할 수 있다.
ㄴ. A는 위헌 법률 심판, B는 위헌 심사형 헌법 소원 심판이다.
ㄷ. □□ 지방 법원과 헌법 재판소는 ㉠의 위헌 여부에 대한 판단이 달랐다.
ㄹ. 헌법 재판소는 근로의 권리가 법률로써 제한할 수 없는 권리라는 점을 근거로 ㉠에 대해 위헌 결정을 내렸다.

① ㄱ, ㄴ　　　② ㄱ, ㄷ　　　③ ㄴ, ㄷ　　　④ ㄴ, ㄹ　　　⑤ ㄷ, ㄹ

[24020-0071]

7 우리나라 국가 기관 A, B에 대한 설명으로 옳은 것은?

□□ 신문
A는 헌법 소원 심판 사건에서 법무부가 공고한 '코로나19 관련 제10회 변호사 시험 응시자 유의 사항 등 알림' 중 코로나19 확진 환자의 시험 응시를 금지한 부분이 청구인들의 직업 선택의 자유를 침해하고 있으므로 위헌임을 확인하는 인용 결정을 내렸다.

△△ 신문
B는 피고인이 자신의 온라인 채널에 갑의 방송 영상을 게시하면서 갑의 얼굴에 동물의 얼굴을 합성하는 방법으로 갑을 모욕하였다는 내용으로 기소된 사건에서, 무죄를 선고한 1심 판결을 그대로 유지한 원심 판단을 받아들여 검사의 상고를 기각하였다.

① A는 하급 법원의 결정이나 명령에 불복하여 청구하는 재항고심을 관할한다.
② B는 명령의 위헌·위법 여부에 대한 최종 심사권을 가진다.
③ B의 재판관 중 3인은 A의 장(長)이 지명한다.
④ B의 장(長)은 A의 장(長)과 달리 임명 시 국회의 동의가 필요하다.
⑤ A, B 모두 위헌 법률 심판을 제청할 수 있다.

[24020-0072]

8 표는 우리나라 국가 기관 간의 견제 수단의 특징을 묻는 질문과 응답을 나타낸 것이다. 이에 대한 설명으로 옳은 것은? (단, A~C는 각각 탄핵 소추권, 대법원장 임명 동의권, 위헌 법률 심판 제청권 중 하나이고, 응답은 '예', '아니요' 중 하나임.)

질문	A	B	C
권리 행사 주체가 국회인가?	㉠	㉡	㉢
권리 행사로 견제를 받는 대상이 법률안 거부권의 견제 대상과 일치하는가?	㉣	㉤	㉥
(가)	예	㉦	아니요

① ㉠~㉢ 중 '예'는 1개이다.
② ㉣~㉥ 중 '아니요'는 1개이다.
③ ㉠이 '아니요'라면, ㉣도 '아니요'이다.
④ (가)에 '권리 행사 주체가 사면권의 행사 주체와 일치하는가?'가 들어갈 수 있다.
⑤ (가)에 '법원과 대통령이 모두 견제 대상에 포함되는가?'가 들어가면, ㉦은 '예'이다.

❂ 풀뿌리 민주주의
주민들이 정치의 주체임을 인식하고 자치 과정에 적극적으로 참여함으로써 민주주의를 지탱하는 뿌리와 같은 역할을 하는 정치 형태를 가리킨다.

❂ 자치구와 행정구
지방 자치 단체로서 자치구는 특별시나 광역시에 속한 구만을 가리킨다. 특별시나 광역시가 아닌 인구 50만 명 이상의 시에 둘 수 있는 구는 행정구이다. 행정구의 경우 시장이 구청장을 임명하고 기초 지방 의회를 구성하지 않는다.

1. 지방 자치

(1) **의미**: 일정한 지역의 주민들이 단체를 구성해 자신들의 의사와 책임하에 해당 지역의 정치와 행정을 처리하는 제도

(2) **의의**

① 중앙 정부와 상호 보완적인 역할 수행: 중앙 정부와 지방 자치 단체가 각자에게 적합한 사무를 처리함으로써 상호 보완적인 관계를 이루고 있음.

② 중앙 정부와 수직적인 권력 분립 관계 형성: 중앙 정부는 법령을 통해 지방 자치 단체를 지도·감독할 수 있고, 지방 자치 단체는 자치를 통해 중앙 정부로의 권력 집중을 견제하는 역할을 함.

③ 국민의 자유와 권리 보장: 중앙 정부의 한계 보완 및 견제를 통해 국민의 자유와 권리 보장에 기여할 수 있음.

④ 민주주의 발전에 기여: 주민의 정치 참여를 활성화함으로써 민주 시민 및 정치 지도자 양성 → 민주주의의 학교, 풀뿌리 민주주의

(3) **유형**

① 주민 자치: 지역 주민들이 해당 지역의 문제에 관한 정책을 스스로 결정하고 집행하는 지방 자치

② 단체 자치: 지방 자치 단체가 중앙 정부로부터 자치권을 인정받아 스스로 지역 사무를 처리하는 지방 자치

≡ **개념 플러스** | **지방 자치권**

지방 자치권은 지방 자치 단체가 그 존립 목적을 실현하기 위하여 가지는 일정한 범위의 권리 또는 권한을 의미한다. 지방 자치권은 국가 주권 아래의 권한이며, 그 범위는 법률에 의하여 형성되므로 권한의 배분과 행사에 있어 국가의 일정한 감독과 통제를 받게 된다. 반면 지방 자치권은 국가의 통치권으로부터 어느 정도 독립성을 가지므로 일정 범위 안에서 자주적으로 입법, 조직, 재정의 운영상 자율권을 가진다고 할 수 있다. 지방 자치권의 내용으로는 자치 입법권, 자치 행정권, 자치 조직권, 자치 재정권, 자치 사법권이 있으며, 외교나 국방 등은 국가의 권한으로 일반적으로 자치권의 범주에 들어가지 않고 우리나라의 경우에는 자치 사법권은 부여하고 있지 않다.

개념 체크

1. 일정한 지역의 주민들이 단체를 구성해 자신들의 의사와 책임하에 해당 지역의 정치와 행정을 처리하는 제도를 (　　　)라고 한다.

2. 지방 자치 단체가 중앙 정부로부터 자치권을 인정받아 스스로 지역 사무를 처리하는 지방 자치의 유형은 (　　　)이다.

3. 특별시, 광역시, 특별자치시, 도, 특별자치도는 우리나라 지방 자치 단체 중 (　　　)에 해당한다.

정답
1. 지방 자치
2. 단체 자치
3. 광역 자치 단체

2. 우리나라의 지방 자치 단체

(1) **지방 자치 단체의 구분**

구분		의결 기관	집행 기관	
			일반 사무	교육 · 학예 사무
광역 자치 단체	특별시, 광역시, 특별자치시, 도, 특별자치도	시 · 도 의회	시장 · 도지사	교육감
기초 자치 단체	시 · 군 · 구(자치구)	시 · 군 · 구 의회	시장 · 군수 · 구청장	–

(2) **지방 자치 단체의 기관**

① 의결 기관: 지방 의회

구성	주민의 선거로 선출된 지방 의회 의원(지역구 의원, 비례 대표 의원)으로 구성됨.

권한	조례 제·개정 및 폐지권, 예산 심의 및 확정권, 예산 결산 승인권, 기타 주민 부담에 관한 사항의 심의 및 의결권, 지방 자치 단체의 사무 전반에 대한 감사권 및 지방 자치 단체의 사무 중 특정 사안에 관한 조사권, 주민 청원에 대한 수리 및 처리권 등

② 집행 기관: 지방 자치 단체의 장

선출	주민의 선거를 통해 선출
권한	해당 지방 자치 단체의 통할 대표권(지방 자치 단체를 대표하고 사무를 총괄하는 권한), 지방 자치 단체 사무의 관리 및 집행권, 소속 직원에 대한 임면권 및 지휘·감독·징계권, 규칙 제·개정 및 폐지권, 조례안 제출권, 조례안 환부 및 재의 요구권(조례안 거부권) 등

3. 우리나라 지방 자치의 현실과 과제

(1) 우리나라의 주민 참여 제도

주민 투표 제도	주민에게 과도한 부담을 주거나 중대한 영향을 미치는 지방 자치 단체의 주요 결정 사항 등을 주민 투표로 결정하는 제도
주민 소환 제도	지방 자치 단체의 장이나 지방 의회 의원(비례 대표 지방 의회 의원 제외)을 임기 중에 주민이 투표를 통해 그 직을 상실시키는 제도
조례의 제정과 개정·폐지 청구 제도	주민이 지방 의회에 조례를 제정하거나 개정 또는 폐지할 것을 청구할 수 있는 제도
주민 참여 예산 제도	주민이 지방 자치 단체의 예산 편성 과정에 참여하여 사업 제안 등 의견을 제시할 수 있는 제도
주민 감사 청구 제도	지방 자치 단체와 그 장의 권한에 속하는 사무의 처리가 법령에 위반되거나 공익을 현저히 해친다고 인정될 때 주민이 감사를 청구할 수 있는 제도
주민 소송 제도	지방 자치 단체 재정 등에 대한 감사를 청구한 주민이 감사 결과나 지방 자치 단체의 장의 이행 조치 등에 불복하는 경우 법원에 소송을 제기할 수 있는 제도

> **≡ 개념 플러스 ▌주민 청구 조례안의 심사 절차(주민 조례 발안에 관한 법률 제13조)**
>
> 지방 의회는 주민 청구 조례안이 수리된 날로부터 1년 이내에 주민 청구 조례안을 의결해야 한다. 또한 지방 의회는 심사 안건으로 부쳐진 주민 조례 청구안을 의결하기 전에 대표자를 회의에 참석시켜 그 청구 취지를 들을 수 있다. 그리고 주민 청구 조례안은 주민 청구 조례안을 수리한 당시의 지방 의회 의원의 임기가 끝나더라도 다음 지방 의회 의원의 임기까지는 의결되지 못한 것 때문에 폐기되지 않는다.

(2) 우리나라 지방 자치의 문제점
① 지방 자치 단체의 독립성과 자율성 부족: 중앙 정부와 지방 자치 단체 간 권한의 불균형
② 지방 자치 단체 간 갈등 조정 곤란: 지역 이기주의, 갈등 조절 장치 미흡
③ 지방 자치 단체의 낮은 재정 자립도와 지역 간 경제력 격차
④ 지방 정치의 중앙 정치에의 종속
⑤ 지방 자치에 대한 주민의 관심과 참여 부족

(3) 우리나라 지방 자치의 발전 방안
① 중앙 정부와 지방 자치 단체 간 조화로운 역할 분담과 협력 관계 구축
② 지방 분권 및 지방 자치 단체의 자율성 강화
③ 지방 자치 단체 간 갈등 조정을 위한 제도 강화
④ 지방 자치 단체의 재정 자립도 향상 및 지역 간 균형 발전 도모
⑤ 주민 참여 활성화를 위한 제도 강화

✪ 조례
지방 자치 단체가 특정 사무에 관하여 법령의 범위 내에서 지방 의회의 의결을 거쳐 제정한 법규이다.

✪ 규칙
지방 자치 단체의 장이 그 권한에 속하는 사항에 관하여 법령 또는 조례가 위임한 범위 안에서 제정하는 자치 법규이다.

✪ 조례안 거부권
지방 자치 단체의 장이 지방 의회에서 의결된 조례안에 대하여 이의가 있을 경우, 지방 의회로 환부하고 재의를 요구할 수 있는 권한을 가리킨다. 지방 의회가 예산 심의 및 확정권, 지방 자치 단체 사무 감사권 등을 통해 지방 자치 단체의 장을 견제할 수 있다면, 지방 자치 단체의 장은 조례안 거부권을 통해 지방 의회를 견제할 수 있다.

▌ 개념 체크

1. 지방 자치 단체 기관 중 의결 기관은 (　　)이고, 집행 기관은 (　　)이다.
2. (　　)는 지방 자치 단체의 장이나 지방 의회 의원을 임기 중에 주민이 투표를 통해 그 직을 상실시키는 제도이다.
3. 조례의 제정과 개정·폐지 청구 제도는 주민이 (　　)에 조례를 제정하거나 개정 또는 폐지할 것을 청구할 수 있는 제도이다.

정답
1. 지방 의회, 지방 자치 단체의 장
2. 주민 소환 제도
3. 지방 의회

Theme 1 지방 자치의 유형

- 단체 자치: 유럽의 단체 자치는 지방 자치 단체가 국가로부터 상대적으로 독립된 지위를 가지고 일정한 권한을 부여받아 국가의 간섭을 받지 않고 지방과 관련된 사무를 자주적으로 처리하는 것을 법률에서 보장하기 때문에 법률적 의미의 자치 행정으로 인식된다. 단체 자치는 국가로부터 부여받은 권한의 범위 내에서 국가의 간섭을 배제하며 행정을 수행한다는 점에서 지방 분권 사상을 강조한다. 중앙과 지방과의 관계는 중앙 정부의 권력이 지방 자치 단체를 지휘 및 감독하는 권력적 감독 관계이다. 지방 정부의 형태는 주로 의결 기관과 집행 기관을 분리하는 형태를 띠고 있고 사무에서는 자치 사무와 위임 사무를 구별하는데 지방 자치 단체는 자치 사무를 처리할 때에는 자치 단체의 지위를, 국가의 위임 사무를 처리할 때에는 국가의 하급 행정 기관의 지위를 가지게 되므로 이중적인 성격을 갖는다.
- 주민 자치: 영국을 중심으로 하는 주민 자치는 자기 통치 사상에 기반하여 지방의 모든 행정 사무를 주민들이 자주적으로 처리한다는 점에서 정치적 의미의 자치 행정이다. 또한 주민 자치는 주민들이 자신의 사무 처리를 할 때 스스로 대표자를 선출하여 처리한다는 민주주의 이념을 강조한다. 이는 주민들의 참여를 강조하게 되어 주민의 권리를 중요시한다. 주민 자치에서 중앙 정부와 지방 자치 단체의 관계는 대등적 협력 관계이다. 지방 정부의 형태는 주로 의결 기관과 집행 기관이 통합된 형태를 띠고 있으며 사무에서는 자치 사무와 위임 사무를 구별하지 않는 단일적인 성격을 갖는다.

– 이승철, 『지방 자치론』, 윤성사, 2023.

지방 자치의 유형은 직접 민주주의 정신을 강조하며 지방 행정에 주민 참여를 중시하는 영국의 사례와 같은 주민 자치와 간접 민주주의 정신을 강조하며 중앙 정부와 지방 정부 간의 관계를 중시하는 프랑스·독일의 사례와 같은 단체 자치로 구분할 수 있다. 우리나라의 경우 1948년 정부 수립 이후 지방 정부는 단체 자치 성격을 강하게 가지고 있었지만, 2003년 이후부터 주민 자치 요소도 강조되기 시작하였다. 이와 같이 우리나라의 지방 자치는 단체 자치와 주민 자치를 모두 포함한다.

Theme 2 지방 자치법 전부 개정 일부 내용

구분	이전	개정
목적 규정	목적 규정에 주민 참여에 관한 규정 없음.	목적 규정에 '주민의 지방 자치 행정 참여에 관한 사항' 추가
주민 조례 발안제 도입	지방 자치 단체의 장에게 조례안 제정, 개·폐 청구	지방 의회에 조례안을 제정, 개·폐 청구(주민 조례 발안에 관한 법률 별도 제정)
청구권 기준 연령 완화	19세 이상 주민 청구 가능	18세 이상 주민 청구 가능(조례 발안, 주민 감사, 주민 소송)
주민 참여 권한 강화	주민 권리 제한적: 자치 단체 재산과 공공시설 이용권, 균등한 행정의 혜택을 받을 권리, 참정권	주민 권리 확대: 주민 생활에 영향을 미치는 정책 결정 및 집행 과정에 참여할 권리 신설
지방 의회 인사권 독립	의회 사무처 소속 사무 직원에 대한 임용권은 지방 자치 단체장의 권한	지방 의회 소속 사무 직원 임용권을 지방 의회 의장에게 부여
정보 공개 확대	지방 자치 단체의 정보 공개 의무·방법 등 미규정	의회 의정 활동, 집행부 조직·재무 등 정보 공개 의무·방법 등에 관한 일반 규정 신설

지방 자치법 개정안이 2020년 12월 9일 국회 본회의를 통과하였다. 32년 만에 대대적인 개정이 이루어진 지방 자치법이 2022년 1월 13일에 시행되었다. 전면 개정된 지방 자치법은 주민의 지방 자치 참여를 강화하고 지방 자치 단체의 자치권 부족과 책임성 및 투명성 부족 문제를 해결하고자 하였다.

[24020-0073]

01 다음 자료에 대한 옳은 설명만을 〈보기〉에서 있는 대로 고른 것은?

> 헌법 재판소는 A에 대해 일정한 지역을 단위로 하여 이러한 지역의 주민이 그 지방에 관한 여러 가지 사무를 자신들이 ㉠선출한 기관을 통하여 주민 자신들의 책임하에 지역 사무를 직접 처리하게 함으로써 ㉡지방 자치 행정의 민주성과 능률성을 제고하고, 지방의 균형 있는 발전과 아울러 국가의 민주적 발전을 도모하는 제도라고 정의하고 있다.

● 보기 ●

ㄱ. A는 '지방 자치'이다.
ㄴ. 지방 의회는 지방 자치 단체의 장과 달리 ㉠에 해당한다.
ㄷ. ㉡은 중앙 정부와 지방 자치 단체 간의 수평적 권력 분립을 기반으로 한다.

① ㄱ
② ㄴ
③ ㄱ, ㄷ
④ ㄴ, ㄷ
⑤ ㄱ, ㄴ, ㄷ

[24020-0074]

02 다음은 우리나라 지방 자치법의 일부 내용이다. 밑줄 친 ㉠, ㉡에 대한 설명으로 옳은 것은?

> • 지방 자치 단체에 주민의 대의 기관인 ㉠의회를 둔다.
> • ㉡지방 자치 단체의 장은 주민이 보통·평등·직접·비밀 선거로 선출한다.

① ㉠은 지역구 의원으로만 구성된다.
② ㉡은 지방 자치 단체를 대표하고 사무를 총괄하는 권한을 갖는다.
③ ㉠의 의원은 ㉡과 달리 주민의 간접 선거에 의해 선출된다.
④ ㉡은 ㉠과 달리 지방 자치 단체 예산에 대한 심의 및 확정권을 갖는다.
⑤ ㉠, ㉡은 모두 조례에 대한 제정 및 개정·폐지권을 갖는다.

[24020-0075]

03 표는 우리나라 지방 자치 단체 기관에 대한 질문과 응답을 나타낸 것이다. 이에 대한 설명으로 옳은 것은? (단, A, B는 각각 지방 의회, 지방 자치 단체의 장 중 하나임.)

질문	A	B
주민의 직접 선거로 선출 또는 구성되는가?	예	㉠
지방 자치 단체의 예산에 대한 심의 및 확정권을 가지는가?	예	아니요

① ㉠은 '아니요'이다.
② A는 지방 자치 단체 사무의 집행 기관이다.
③ B는 주민 소환의 대상이 될 수 있다.
④ B는 A와 달리 조례 및 규칙 제정권을 가진다.
⑤ A와 B 간에 수직적 권력 분립이 나타난다.

[24020-0076]

04 다음 글에 나타난 우리나라 지방 자치의 문제점에 대한 해결 방안으로 가장 적절한 것은?

> ◇◇ 신문
>
> 주민 발안 제도는 주민들이 스스로 권익을 증진하고 정책 참여에 이바지할 기회를 제공하기 위해 마련되었다. 그러나 ○○ 지방 의회 홈페이지에는 해당 제도에 대한 안내 페이지가 마련되어 있지만 이를 제외한 다른 홍보 시스템이 없다. 또한 주민이 직접 조례안을 만들기 위해서는 전문 지식이 필요할 뿐만 아니라 기초 자치 단체에 조례 제정, 개정 등을 청구할 경우 3개월 이내, 광역 자치 단체에 청구할 경우 6개월 안에 일정 이상의 주민 서명을 받아야 하는 등 주민들이 주민 발안 제도를 활용하기에는 진입 장벽이 너무 높다는 지적이 제기되고 있다.

① 지방 자치 단체의 자율성 확보 방안을 강구한다.
② 지역 이기주의를 해결하기 위한 기준을 마련한다.
③ 지방 자치 단체의 권한 행사를 지속적으로 감시한다.
④ 지방 자치 단체 간 권한 분쟁을 해결할 수 있는 제도를 마련한다.
⑤ 주민 참여 제도에 대한 주민의 접근성을 강화할 수 있도록 관련 제도를 보완한다.

[24020-0077]

1 밑줄 친 ㉠~㉢에 대한 설명으로 옳은 것은?

> 지방 자치의 유형은 단체 자치와 주민 자치로 구분할 수 있다. ㉠단체 자치가 일정한 지역적 단체에 자치권을 부여하는 것을 특징으로 하는 개념으로서 중앙 정부로부터 지방 정부의 독립을 중시하는 것이라면, ㉡주민 자치는 그 중심축을 주민 중심으로 옮겨서 주민이 행정 참여를 통해 지역의 문제를 자율적으로 해결하는 것이다. 지방 자치 제도의 헌법적 보장의 의미가 국민 주권의 원리에서 출발하여 주권의 지역적 주체인 주민에 의한 자기 통치의 실현이라고 본다면, 지방 자치 제도의 본질에 근접하기 위해서는 ㉢주민 자치적 요소가 강화되어야 한다.

① ㉠은 중앙 정부와 지방 정부 간 수직적 권력 분립에 기반을 둔다.
② ㉡은 주민의 직접적인 지방 자치 참여만 보장한다.
③ ㉡과 달리 ㉠의 강화를 통해 '풀뿌리 민주주의'가 실현된다.
④ ㉡은 ㉠과 달리 지방 자치 단체의 고유 사무에 관한 자치권 강화를 통해 실현된다.
⑤ ㉢을 위해 우리나라에서는 주민이 예산을 편성하고 편성된 예산안을 확정하도록 하고 있다.

[24020-0078]

2 밑줄 친 ㉠~㉢에 대한 설명으로 옳은 것은?

> 지방 자치는 일정한 지역 범위를 관할 구역으로 하는 ㉠지방 자치 단체가 중앙 정부로부터 부여받은 권한의 범위 내에서 주민의 의사를 반영하여 그 사무를 처리하는 국가 경영 방식을 말한다. 지방 자치는 법적으로 평등한 주민의 총의에 의하여 지방 자치 단체의 의사가 결정되고 행정이 운영되는 직접 민주제적 자치 제도가 이상적이라고 하겠으나, 방대한 구역과 많은 주민을 기반으로 주민의 복잡하고 다양한 행정 수요를 해결해야 하는 오늘날의 지방 자치 단체에서 직접 민주제적 자치 제도의 운영은 곤란한 측면이 많다. 이에 따라 오늘날에는 주민이 선출한 ㉡지방 의회 의원으로 구성되는 지방 의회와 지방 행정을 집행하는 ㉢지방 자치 단체의 장을 통해 주민 의사가 간접적으로 반영되는 이른바 대의제적 지방 자치 제도가 보편화되었으며, ㉣직접 민주제적 자치 제도가 보완적으로 운영된다.

① ㉠은 지방 자치 단체가 중앙 정부와 수평적 권력 분립 관계에 있음을 나타낸다.
② ㉡은 우리나라에서 지역구 의원만 선출된다.
③ ㉢은 우리나라에서 주민의 직접 선거에 의해 선출된다.
④ ㉢은 ㉡과 달리 우리나라에서 주민 소환의 대상이 되지 않는다.
⑤ ㉣의 방안으로 우리나라에서는 주민이 조례를 제정 및 개정할 수 있도록 하고 있다.

[24020-0079]

3 교사의 질문에 대한 적절한 답변만을 〈보기〉에서 고른 것은?

우리나라에서 시행 중인 주민 참여 제도입니다.
각 제도에 대해 한 가지씩만 설명해 보세요.

〈지방 자치 제도의 이해〉
• 우리나라 지방 자치의 주민 참여 제도
    1. 주민 투표 제도
    2. 주민 소환 제도
    3. 주민 참여 예산 제도
    4. 조례의 제정과 개정·폐지 청구 제도

● 보 기 ●
ㄱ. 모든 지방 의회 의원이 주민 소환의 대상이 되는 것은 아닙니다.
ㄴ. 지방 자치 단체의 모든 결정 사항이 주민 투표의 대상이 됩니다.
ㄷ. 주민은 예산 편성 과정에 참여할 수 있지만 예산을 심의·확정할 수 없습니다.
ㄹ. 조례의 제정과 개정 및 폐지에 대한 청구는 지방 자치 단체의 장에게 해야 합니다.

① ㄱ, ㄴ   ② ㄱ, ㄷ   ③ ㄴ, ㄷ   ④ ㄴ, ㄹ   ⑤ ㄷ, ㄹ

[24020-0080]

4 다음 글에 나타난 필자의 주장을 통해 파악할 수 있는 지방 자치 제도의 문제점으로 가장 적절한 것은?

지방 자치가 순기능적으로 작동하기 위해서는 지방 자치 단체의 책임성을 강화해야 한다. 외부 자원의 유입은 지역 발전의 윤활유가 되지만 장기적 시각에서 볼 때 안정성에 문제가 있을 뿐만 아니라 지방 자치 단체의 잠재력 발현을 저해하는 요인이 될 수 있다. 일례로 우리 사회에는 중앙 정부와의 강한 연계를 갖고 경제적 지원을 확보하는 지방 자치 단체의 장들이 유능한 지도자로 평가받는 분위기가 나타나고 있다. 그러나 유능한 지도자는 장기적 시각에서 지방 자치 단체에 내재하는 자생적 역량을 발굴하는 지도자여야 할 것이다. 지방 자치 단체 스스로의 역량으로 문제를 책임 있게 해결하는 자세가 무엇보다 필요하다.

① 지방 자치에 대한 주민의 관심과 참여가 부족하다.
② 주민의 의견이 직접적이면서 정확하게 전달되는 제도가 부족하다.
③ 지방 자치 단체 간 갈등 발생 시 이를 중재하기 위한 제도가 미흡하다.
④ 지방 자치 단체 기관의 권한 행사를 감시하고 견제하는 장치가 미흡하다.
⑤ 중앙 정부와의 관계에서 지방 자치 단체의 독립성과 자율성 확보가 어렵다.

01 다음 자료에 대한 설명으로 옳은 것은? (단, A, B는 각각 지방 자치 단체의 장, 지방 의회 중 하나임.)

2024학년도 6월 모의평가

조례로 정한 특정한 사항에 관하여 반드시 주민 투표를 실시하도록 규정한 ○○ 조례안이 의결되자 A는 재의를 요구하였다. 그러나 B는 ○○ 조례안을 원안대로 재의결하였고, A는 ○○ 조례안에 대한 재의결은 효력이 없다며 대법원에 소를 제기하였다. 이에 대법원은 A의 재량으로 주민 투표 실시 여부를 결정할 수 있도록 한 ⊙지방 자치법에 반하는 ○○ 조례안의 일부 규정은 지방 자치 단체의 사무를 총괄하는 A의 고유 권한을 침해하는 규정이며, ○○ 조례안에 대한 B의 재의결은 효력이 없다고 판단하였다.

① A는 주민 소환의 대상이 될 수 없다.
② B는 ⊙을 개정할 수 있는 권한을 가진다.
③ A와 달리 B는 지방 자치 단체의 사무에 관한 규칙을 제정할 수 있는 권한을 가진다.
④ B와 달리 A는 지방 자치 단체의 행정 사무를 감사하는 권한을 가진다.
⑤ B는 A가 편성한 지방 자치 단체의 예산안을 심의·의결한다.

02 우리나라 헌법 기관 A~F에 대한 설명으로 옳은 것은?

2024학년도 9월 모의평가

A는 헌법에 규정된 주요 국가 기관 구성에 관한 권한 행사 시 B의 동의, C의 장(長)의 제청, D의 제청 등의 견제를 받는다. A는 E를 임명할 때 C의 장(長)의 제청을, 국무 위원 임명 시 D의 제청을 받아야 한다. 또한 헌법은 C의 장(長), F의 장(長), D, E 임명에 대한 동의권을 B에게 부여하여 A의 권한 행사를 견제하면서 각 기관에 간접적으로나마 민주적 정당성을 부여하고자 하였다. 한편, A와 B, 그리고 C의 장(長)이 F의 구성에 참여하도록 하여 헌법 재판을 담당하는 F가 헌법 수호 기관으로서 정치적 중립성을 확보하도록 하였다.

① A는 B에게 임시회 집회를 요구하여 국정 감사를 실시한다.
② B는 A의 발의로 제안된 헌법 개정안에 대한 의결권을 가진다.
③ C는 A 선거의 효력을 다투는 선거 소송 사건에 대한 상고심을 관할한다.
④ D는 국무 회의의 부의장으로 국무 위원을 겸직할 수 있다.
⑤ E는 F의 탄핵 결정 이외에는 파면되지 않는다.

03 다음 자료에 대한 설명으로 옳은 것은?

2024학년도 9월 모의평가

○○ 시장은 대기 오염 물질 배출 시설 설치가 금지된 지역에 배출 시설을 설치 및 운영하였다는 이유로 갑에게 배출 시설에 대한 폐쇄 명령을 내렸다. 이에 갑은 폐쇄 명령의 취소를 구하는 소를 제기하였으나 기각되자 항소하였다. 이후 갑은 항소심 계속 중 폐쇄 명령의 근거가 되는 해당 법률 조항이 자신의 재산권을 침해한다며 A에 ⎡(가)⎤ 제청 신청을 하였으나 A가 갑의 신청을 기각하자, 갑은 B에 ⎡(나)⎤을/를 청구하였다. 이에 B는 해당 법률 조항이 국민 건강이나 환경에 관한 위해를 예방하려는 입법 목적 달성을 위한 적합한 수단이고 침해의 최소성을 갖추지 못하였다고 보기 어려우며, 해당 법률 조항을 통해 달성하고자 하는 공익이 배출 시설 설치 · 사용자가 입게 되는 손해에 비해 작다고 할 수 없다고 판단하였다.

① A는 1심 법원의 결정 · 명령에 대한 항소 사건을 심판한다.
② B의 결정으로 갑의 배출 시설에 대한 폐쇄 명령은 취소된다.
③ B와 달리 A는 명령 · 규칙의 위헌 · 위법성에 대한 최종 심사권을 가진다.
④ A는 직권으로 B에 (나)를 청구할 수 없다.
⑤ (가)와 달리 (나)는 법률의 위헌 여부가 재판의 전제가 된 경우에 이루어진다.

04 다음 자료에 대한 분석 및 추론으로 옳은 것은?

2024학년도 수능

갑국의 시기별 정부 형태는 전형적인 대통령제 또는 전형적인 의원 내각제 중 어느 하나에 해당한다. t 시기의 정부 형태는 직전 시기의 정부 형태와 동일하고, t~$t+2$ 시기 중 정부 형태는 1회 변경되었다. 갑국의 t 시기 의회를 구성하기 위한 선거는 국민이 직접 행정부 수반을 선출하는 선거와 동시에 각각 실시되었다. 표는 갑국에서 각 시기의 정당별 의회 의석률과 행정부 수반 소속 정당을 나타낸다.

시기	정당별 의회 의석률(%)				행정부 수반 소속 정당
	A당	B당	C당	D당	
t	32	58	7	3	㉠
$t+1$	63	27	8	2	㉡
$t+2$	38	54	6	2	㉢

*각 시기의 정부 형태는 해당 시기 내에서 동일하며, 각 시기 내 정당별 의회 의석률 변화와 행정부 수반의 당적 변화는 없음.

① t 시기에 국정 운영의 효율성을 위해 의회 의원이 각료를 겸직할 수 있다.
② $t+2$ 시기에 행정부 수반은 법률안 거부권을 통해 입법 과정에 관여한다.
③ ㉠이 'B당'이라면, t 시기에 행정부 수반이 제출한 법률안이 의회에서 통과될 가능성이 높다.
④ ㉡과 ㉢이 동일하다면, $t+1$ 시기에 행정부 수반은 국가 원수로서의 지위도 가진다.
⑤ ㉠, ㉡, ㉢이 모두 동일하다면, t 시기와 달리 $t+1$ 시기에는 행정부와 입법부 간 대립 시 잦은 불신임 결의로 국정 불안이 초래될 가능성이 높다.

07 선거와 선거 제도

1. 선거의 의미와 기능
(1) **선거의 의미**: 국민이 절차에 따라 국가나 지방 자치 단체의 공직자를 투표로 선출하는 행위

(2) 선거의 의의와 기능
① 정치 참여 수단 및 국민 주권 실현: 선거는 정책 결정에 참여하는 가장 기본적인 행위이며, 주권 행사의 구체적인 방법임.
② 대표자 선출: 국민이 투표라는 행위를 통해 국가와 국민을 위한 정치적 대표자를 선출함.
③ 정치권력에 대한 통제: 선거를 통해 대표자(공직자)를 재신임하거나 교체함.
④ 정치권력에 정당성 부여: 합법적인 선거 절차를 거쳐 구성된 정치권력은 국민의 동의와 지지를 기반으로 하므로 민주적 정당성을 가지게 됨.
⑤ 여론 형성 및 반영: 국민은 선거를 통해 자신들의 이익을 표출·집약하여 여론을 형성하고, 여론이 반영된 정책이 시행되도록 함.
⑥ 주권 의식의 신장 및 정치 교육의 장(場) 제공: 선거 참여 과정에서 자신이 국가의 주권자임을 인식할 수 있으며, 선거 과정에서 다양한 정치 제도와 구조를 배울 수 있음.

2. 민주 선거의 원칙

원칙	의미	반대 개념
보통 선거	재산, 학력, 성별, 종교, 인종 등을 이유로 선거권을 제한하지 않고 일정 연령에 도달한 모든 국민에게 선거권을 부여한다는 원칙	제한 선거
평등 선거	각 유권자에게 부여하는 표의 수 및 각 유권자가 행사하는 한 표의 가치를 동등하게 해야 한다(표의 등가성)는 원칙	차등 선거
직접 선거	유권자가 대리인(중간 선거인)을 거치지 않고 대표자를 직접 투표하여 선출해야 한다는 원칙	간접 선거
비밀 선거	유권자가 투표한 후보자의 성명이나 정당명에 관한 비밀이 보장되어야 한다는 원칙	공개 선거

자료 플러스 — 제한 선거와 차등 선거 사례

• 제한 선거 사례: 시민 혁명 이후 19세기 초 프랑스의 하원 의원 선거에서 선거권은 300프랑 이상의 직접세를 납부하는 부유한 남성들에게만 주어졌다. 이로 인해 1848년까지 프랑스의 유권자 수는 전체 인구의 1%도 되지 않았다.
• 차등 선거 사례: 1893년 벨기에의 선거법은 각 유권자에게 1표의 투표권을 부여하고 교육, 재산 등의 조건에 따라 다시 1표 또는 그 이상의 투표권을 추가적으로 인정하였다. 당시 벨기에는 세금을 많이 낸 사람 또는 교육을 많이 받은 사람에게 2~3표의 투표권을 허용하였다.

3. 선거 제도

(1) 선거구 제도

① 선거구의 의미: 선거를 통해 대표자를 선출하는 지역적 단위

② 선거구 제도의 유형

구분	소선거구제	중·대선거구제
의미	한 선거구에서 1인의 대표자 선출	한 선거구에서 2인 이상의 대표자 선출
장점	• 선거 관리가 용이함. • 유권자가 후보자를 파악하기 용이함.	• 사표 발생이 상대적으로 적음. • 국민의 다양한 의사 반영에 유리함.
단점	• 사표 발생이 상대적으로 많음. • 소수당 후보자들의 의회 진출에 불리함. • 정당별 득표율과 의석률 간의 불일치가 크게 나타날 수 있음.	• 유권자가 후보자를 파악하기 어려움. • 군소 정당 난립 시 정국 불안정 우려가 있음. • 동일 선거구 내 당선자 간 유권자의 투표 가치 차등 문제가 발생할 수 있음.

☼ 결선 투표제

1차 투표 결과 일정 비율 이상의 표를 얻은 후보자가 없으면 일반적으로 상위 1위와 2위 득표를 얻은 후보자를 대상으로 2차 투표를 실시하여 당선자를 결정하는 제도이다.

(2) 대표 결정 방식

① 다수 대표제: 다른 후보자보다 많은 득표를 한 후보자(다수 득표자)가 당선되는 방식으로, 단순 다수 대표제와 절대다수 대표제로 나눌 수 있음.

구분	단순(상대) 다수 대표제	절대다수 대표제
의미	당선에 필요한 득표 기준 없이 다른 후보자에 비해 상대적으로 많은 표를 얻은 후보자가 미리 정해져 있는 당선자 수만큼 대표로 당선되는 방식	과반수 득표와 같이 당선에 필요한 다수 득표 기준에 부합하는 후보자가 당선되는 방식 (예 결선 투표제, 선호 투표제)
장점	당선자 결정이 용이함.	당선자의 대표성을 높일 수 있음.
단점	당선자의 대표성이 낮을 수 있음.	당선자 결정에 시간과 비용이 많이 듦.

≡ 개념 플러스   선호 투표제

유권자가 모든 후보자들에게 선호 순위를 표시하여 투표하고 다음과 같은 방식으로 당선자를 결정하는 제도이다. 투표 후 1순위표를 집계하여 일정 비율 이상 득표한 후보자가 있으면 당선자가 결정된다. 그러나 1차 집계 결과 일정 비율 이상 득표한 후보자가 없으면 1순위표가 가장 적은 후보자를 탈락시키고, 그 후보자를 1순위로 표시한 유권자의 표를 그 유권자가 2순위로 표시한 후보자에게 넘겨주어 다시 득표를 집계한다. 이 과정을 일정 비율 이상 득표한 후보자가 나올 때까지 반복한다.

② 비례 대표제: 정당 투표에서 각 정당이 획득한 득표율에 비례하여 의석수를 할당하고 당선자를 결정하는 방식

장점	단점
• 사표 발생을 줄일 수 있음. • 정당의 득표율과 의석률 간 격차를 줄일 수 있음. • 소수당의 의석 확보 가능성이 높음. • 국민의 다양한 의사 반영에 유리한 의회를 구성할 수 있음.	• 군소 정당 난립으로 인한 정국 불안정 문제가 발생할 수 있음. • 비례 대표 후보자의 명부를 정당이 결정할 경우 후보자에 대한 유권자의 선호가 정확히 반영되기 어려움.

개념 체크

1. (　　)는 한 선거구에서 1인의 대표자를 선출하는 제도이고, (　　)는 한 선거구에서 2인 이상의 대표자를 선출하는 제도이다.

2. 당선에 필요한 득표 기준 없이 상대적으로 많은 표를 얻은 후보자를 당선자로 결정하는 방식은 (　　)이고, 당선에 필요한 일정 비율의 표를 얻은 후보자를 당선자로 결정하는 방식은 (　　)이다.

3. 각 정당이 획득한 득표율에 비례하여 의석수를 할당하고 당선자를 결정하는 방식을 (　　)라고 한다.

정답
1. 소선거구제, 중·대선거구제
2. 단순(상대) 다수 대표제, 절대다수 대표제
3. 비례 대표제

4. 우리나라의 선거 제도

(1) 대통령 선거
① 5년마다 실시함.
② 전국을 하나의 선거구로 하고 단순 다수 대표제를 적용함.
③ 대통령은 중임이 불가능함.

(2) 국회 의원 선거
① 4년마다 실시함.
② 지역구 의원 선거와 비례 대표 의원 선거를 동시에 실시함.
③ 지역구 의원 선거는 소선거구제와 단순 다수 대표제를 적용함.
④ 비례 대표 의원 선거는 전국을 단위로 한 정당 명부식 비례 대표제를 채택하고 있음.

(3) 지방 선거
① 4년마다 실시함.
② 지방 자치 단체장 선거와 지방 의회 의원 선거, 교육감 선거를 동시에 실시함.
③ 선거별 선거구 제도와 대표 결정 방식

지방 자치 단체장	• 시장·도지사(광역), 시장·군수·구청장(기초)을 선출함. • 단순 다수 대표제가 적용되며, 연임은 3기로 제한함.
광역 의회 의원	• 지역구 시·도 의원과 비례 대표 시·도 의원을 선출함. • 지역구 시·도 의원은 소선거구제, 단순 다수 대표제가 적용됨. • 비례 대표 시·도 의원은 정당 명부식 비례 대표제가 적용됨.
기초 의회 의원	• 지역구 시·군·구 의원과 비례 대표 시·군·구 의원을 선출함. • 지역구 시·군·구 의원은 중·대선거구제, 단순 다수 대표제(2명 이상 선출)가 적용됨. • 비례 대표 시·군·구 의원은 정당 명부식 비례 대표제가 적용됨.
교육감	• 광역 자치 단체 단위에서 교육감을 선출함. • 단순 다수 대표제가 적용되며, 정당 공천이 없고 연임은 3기로 제한함.

(4) 우리나라 선거 제도 및 선거 문화의 과제
① 소선거구제 및 단순 다수 대표제의 한계 보완 필요
 • 사표가 많이 발생하며 당선자의 대표성에 대한 논란이 나타나기도 함.
 • 소수당의 국회(또는 지방 의회) 의석 확보가 어려워 현대 사회의 다원화된 이익을 반영하는 데 한계가 있음.
 • 의회 의석률과 정당 득표율(또는 정당 지지율) 간의 괴리가 나타나기도 함.
② 지역감정 조장, 후보자 간 흑색선전 등 잘못된 선거 문화 개선 필요
 • 정당이나 후보자가 정책 대결을 하는 것이 아니라 의도적으로 지역감정을 조장하기도 함.
 • 언론을 활용하여 상대 정당이나 후보자에 대한 흑색선전이나 가짜 뉴스를 유포하기도 함.

(5) 공정한 선거를 위한 제도 및 기관

선거구 법정주의	• 선거구를 법률로 획정하는 제도 • 선거구를 특정 인물 또는 정당에 유리하게 자의적으로 획정하는 게리맨더링 방지
선거 공영제	• 선거 과정을 국가가 관리하고, 선거 비용의 일부를 국가나 지방 자치 단체가 부담하는 제도 • 선거 운동 기회의 균등 보장, 선거 과열 방지, 재력이 부족한 사람에게도 입후보 기회 보장
선거 관리 위원회	• 선거와 국민 투표를 공정하게 관리 • 정당에 관한 사무를 처리하는 독립된 국가 기관

➕ 정당 명부식 비례 대표제
각 정당이 선거 전에 비례 대표 의원 후보자 명부를 작성하여 제출하고 비례 대표 의원 선거의 정당 득표율에 따라 의석을 배분받는 방식이다.

➕ 게리맨더링
1812년 미국 매사추세츠주의 주지사였던 게리(Gerry, E.)가 자기가 속한 정당에 유리하도록 선거구를 자의적으로 분할하였는데, 그 모양이 그리스 신화에 나오는 괴물인 샐러맨더(Salamander)를 닮아서 이후에 게리와 샐러맨더를 합성하여 게리맨더링(Gerrymandering)이라고 부르게 되었다.

➕ 선거와 국민 투표
선거는 국민의 대표자를 선출하는 역할을 하며, 국민 투표는 국가의 중대한 사안 또는 안건에 대하여 국민이 직접 정치적 의사를 결정하도록 하는 역할을 한다.

개념 체크
1. 국회 의원 선거에서 (   ) 의원 선거와 (   ) 의원 선거를 동시에 실시한다.
2. 광역 의회 지역구 의원 선거의 선거구 제도는 (   ), 기초 의회 지역구 의원 선거의 선거구 제도는 (   )이다.
3. (   )는 선거와 국민 투표를 공정하게 관리하고 정당에 관한 사무를 처리하는 독립된 국가 기관이다.

정답
1. 지역구, 비례 대표
2. 소선거구제, 중·대선거구제
3. 선거 관리 위원회

Theme 1 | 보통 선거의 실현

- 선거권의 제한은 그 제한을 불가피하게 요청하는 사유가 명백하게 존재할 때에만 정당화될 수 있으며, 막연한 위험이라든지 국가의 노력에 의해 극복될 수 있는 기술상의 어려움이나 장애 등의 사유로는 그 제한이 정당화될 수 없다. 단지 주민 등록이 되어 있는지 여부에 따라 선거인 명부에 오를 자격을 결정하여 그에 따라 선거권 행사 여부가 결정되도록 함으로써, 주민 등록법상 주민 등록을 할 수 없는 재외 국민의 선거권 행사를 전면적으로 부정하는 것은 그에 대한 정당한 목적을 찾기 어렵다.
- 대한민국 국외의 구역을 항해하는 선박에 장기 체류하는 선원들의 선거권 행사 방법을 마련하고 있지 않은 것은, 선거 관리가 사실상 곤란하고 선거의 공정성을 확보할 수 있는 적정한 방법이 없다는 판단에 근거하여 청구인들과 같은 선원들이 선거권을 행사할 수 있는 방법의 마련을 포기하고 있는 것으로 볼 수 있다. 오늘날 선거에 관한 이러한 원칙적인 요구를 효과적으로 담보하면서도 해상의 선원들이 투표를 할 수 있게 하는 방법은 얼마든지 상정할 수 있다.

헌법 재판소는 2007년 6월 28일 두 가지 헌법 소원 심판 결정을 통해 우리나라 국민임에도 불구하고 재외 국민들이나 해상의 원양 어선 선원들이 선거권을 행사할 수 없는 것은 보통 선거에 위반됨을 확인하였다. 주민 등록법상 주민 등록을 할 수 없는 재외 국민들은 당시 주민 등록 여부에 따라 선거인 명부에 오를 자격이 결정되었기 때문에 선거권 행사가 불가능하였다. 또한 부재자 투표나 거소 투표의 대상과 방법을 규정한 내용에 따르면 해상에 장기 체류하는 원양 어선의 선원들은 선거권을 행사할 수 있는 방법이 없는 것이나 마찬가지였다. 헌법 재판소는 이러한 상황을 개선하여 보통 선거를 충실히 구현해야 한다고 본 것이다.

Theme 2 | 공직 선거 절차와 선거 관리 위원회의 역할

예비 후보자 등록 〉 선거인 명부 작성·감독 〉 후보자 등록 〉 선거 운동 관리 〉 투표·개표 관리 〉 당선인 결정

우리나라 헌법은 제114조 제1항에 선거의 공정한 관리를 위하여 선거 관리 위원회의 설치를 규정하고 있다. 이를 근거로 하여 선거 관리 위원회는 '공직 선거법'에 규정된 대통령 선거, 국회 의원 선거, 지방 의회 의원 및 지방 자치 단체장 선거가 공정하게 치러질 수 있도록 공직 선거 절차 전반을 관리한다. 선거 관리 위원회는 첫째, 각종 선거가 깨끗한 가운데 유권자의 적극적인 참여가 이루어질 수 있도록 다양한 방법으로 공직 선거 홍보 활동을 전개한다. 정당과 후보자가 선거법을 준수하면서 실현 가능한 정견·정책을 제시하여 경쟁하고 유권자도 후보자의 정견·정책을 비교·평가하여 선택할 수 있도록 정책·공약 등의 선거 정보를 신속하게 전달하며, 정책 토론회 등의 각종 토론회를 개최한다. 둘째, 모든 정당·후보자에게 균등한 기회를 보장하고 선거가 공정하게 진행될 수 있도록 선거법 위반 행위를 예방하는 활동을 하면서 동시에 선거법 위반 행위를 감시하고 단속한다. 선거법 위반 행위에 대해서는 중지·경고·시정 명령과 함께 과태료를 부과하고, 필요시 고발 또는 수사 의뢰를 하기도 한다. 셋째, 선거별로 허용된 선거 운동에 소요되는 비용을 선거 때마다 결정하여 공고하고, 정당·후보자에게 선거 비용 수입·지출 요령 등을 안내한다. 정당과 후보자가 보고한 선거 비용 수입·지출에 대한 사실 여부를 확인·조사하여 만약 위반 사항이 있으면 고발하거나 수사를 의뢰한다.

[24020-0081]

01 (가), (나)에서 설명하고 있는 선거의 기능으로 가장 적절한 것은?

> (가) 선거를 통해 선출된 대표자는 국민의 동의와 지지를 받은 것으로 인정되기 때문에 정기적으로 선거가 치러지는 국가에서는 정치가 안정적으로 이루어질 수 있다.
> (나) 선거 과정에서 유권자들은 주권자로서 권리를 행사하는 데 필요한 정치 제도 등에 관한 지식이나 다양한 정보를 습득할 수 있다.

	(가)	(나)
①	정치권력 통제	여론 형성 및 반영
②	정치권력 통제	정치 교육의 장(場) 제공
③	정치 교육의 장(場) 제공	여론 형성 및 반영
④	정치권력에 대한 정당성 부여	정치권력 통제
⑤	정치권력에 대한 정당성 부여	정치 교육의 장(場) 제공

[24020-0082]

02 갑, 을이 공통적으로 실현하고자 하는 민주 선거의 원칙으로 옳은 것은?

 성별이나 인종, 종교 등을 이유로 선거권을 부여받지 못하는 국민들이 있어서는 안 됩니다.

 유학이나 취업 등의 목적으로 외국에 거주하고 있는 국민들이 선거권을 행사할 수 있도록 방법을 마련해야 합니다.

갑 / 을

① 보통 선거
② 평등 선거
③ 직접 선거
④ 비밀 선거
⑤ 간접 선거

[24020-0083]

03 선거구 제도 (가), (나)에 대한 옳은 설명만을 〈보기〉에서 고른 것은? (단, (가), (나)는 각각 소선거구제, 중·대선거구제 중 하나임.)

> 지역구 의회 의원 선거의 선거구 제도로 A국은 (가) , A국과 달리 B국은 (나) 를 채택하고 있다. 표는 A국의 한 선거구에서 나타난 지역구 의회 의원 선거 결과이다.

구분	X당		Y당		Z당
후보자	갑	을	병	정	무
득표율(%)	31	16	24	15	14
결과	당선	당선	당선	낙선	낙선

◆ 보기 ◆
ㄱ. (가)는 (나)에 비해 사표가 많이 발생한다.
ㄴ. (가)는 (나)에 비해 소수당 후보자들의 의회 진출에 유리하다.
ㄷ. (나)는 (가)에 비해 유권자의 후보자 파악이 용이하다.
ㄹ. (나)는 (가)와 달리 동일 선거구 내 당선자 간 유권자의 투표 가치 차등 문제가 발생할 수 있다.

① ㄱ, ㄴ ② ㄱ, ㄷ ③ ㄴ, ㄷ
④ ㄴ, ㄹ ⑤ ㄷ, ㄹ

[24020-0084]

04 대표 결정 방식 A, B에 대한 설명으로 옳은 것은? (단, A, B는 각각 단순 다수 대표제, 절대다수 대표제 중 하나임.)

> 갑국은 A를 채택한 지난 대통령 선거에서 38%의 득표율로 1위를 차지한 후보자를 당선자로 결정하였다. 그러나 이번 대통령 선거에서는 B에 속하는 제도를 시행하여, 1차 투표에서 과반 득표자가 없자 득표율 1, 2위 후보자를 대상으로 한 2차 투표를 통해 당선자를 결정하였다.

① A의 사례로 선호 투표제를 들 수 있다.
② A는 B에 비해 사표를 줄이는 데 효과적이다.
③ B는 A와 달리 소선거구제에 적용될 수 없다.
④ B는 A에 비해 당선자의 대표성을 높이는 데 효과적이다.
⑤ A는 절대다수 대표제, B는 단순 다수 대표제이다.

05 밑줄 친 ㉠에 대한 설명으로 가장 적절한 것은?

> 기존에 전국을 100개의 선거구로 나누고 선거구당 1명씩 의원을 선출하여 의회를 구성했던 갑국은 차기 선거를 앞둔 시점에 ㉠선거 제도 개편을 하였다. 개편안에 따르면 전국이 하나의 선거구가 되고, 유권자는 지지하는 정당에 투표하며, 의회의 전체 의석은 정당별 득표율에 따라 각 정당에 배분된다.

① ㉠ 이전에는 중·대선거구제가 시행되었다.
② ㉠으로 사표 발생이 줄어들 것이다.
③ ㉠으로 군소 정당의 의회 진출이 어려워질 것이다.
④ ㉠으로 각 정당 후보자의 선거 비용이 증가할 것이다.
⑤ ㉠으로 갑국에서 의회 의원 당선자는 지역 대표로서의 위상이 강화될 것이다.

06 다음 자료에 대한 분석으로 옳은 것은?

> 표는 A당, B당, C당만 존재하는 갑국의 의회 의원 선거 결과이다. 갑국 의회는 지역구 의원 200명과 비례 대표 의원 100명으로 구성된다. 지역구 의원은 100개의 선거구에서 선거구당 동일한 수로 선출되며, 갑국의 비례 대표 의원은 전국을 하나의 선거구로 한 정당 투표 득표율에 따라 각 정당에 의석이 배분된다.

정당	총의석수(석)	비례 대표 의원	
		의석수(석)	정당 투표 득표율(%)
A당	180	60	59
B당	90	40	39
C당	30	0	2
합계	300	100	100

① 갑국의 비례 대표 의원 선거에서는 사표가 발생하지 않았다.
② A당은 지역구 의석률이 비례 대표 의석률보다 높다.
③ B당은 지역구 득표율이 정당 투표 득표율보다 높다.
④ 지역구 의원 선거에서 C당 후보자가 1위를 차지한 지역구는 30개이다.
⑤ B당은 A당, C당과 달리 정당 투표 득표율이 총의석률보다 높다.

07 표는 우리나라의 선거 A~C에 대한 질문과 답변을 나타낸 것이다. (가)에 들어갈 수 있는 질문으로 옳은 것은? (단, A~C는 각각 국회 의원 선거, 광역 의회 의원 선거, 기초 의회 의원 선거 중 하나임.)

질문	답변		
	A	B	C
탄핵 소추권을 갖는 기관을 구성하는가?	예	아니요	아니요
(가)	예	예	아니요

① 유권자가 1인 2표를 행사하는가?
② 조례를 제정할 수 있는 기관을 구성하는가?
③ 지역구 의원을 절대다수 대표제로 선출하는가?
④ 법률 개정안을 발의할 수 있는 기관을 구성하는가?
⑤ 지역구 의원 선거에 소선거구제를 적용하고 있는가?

08 다음은 선거와 관련된 내용을 규정하고 있는 우리나라 헌법 조항이다. 이에 대한 옳은 설명만을 〈보기〉에서 고른 것은?

> 제116조 ① 선거 운동은 각급 ㉠선거 관리 위원회의 관리하에 법률이 정하는 범위 안에서 하되, 균등한 기회가 보장되어야 한다.
> ② 선거에 관한 경비는 법률이 정하는 경우를 제외하고는 정당 또는 후보자에게 부담시킬 수 없다.

● 보기 ●
ㄱ. ㉠은 선거에 출마할 후보자를 공천한다.
ㄴ. ㉠은 선거구 획정에 관한 법률을 제·개정한다.
ㄷ. 국가의 재정 부담이 발생하는 내용을 포함하고 있다.
ㄹ. 공정한 선거의 실현을 위한 선거 공영제를 규정하고 있다.

① ㄱ, ㄴ   ② ㄱ, ㄷ   ③ ㄴ, ㄷ
④ ㄴ, ㄹ   ⑤ ㄷ, ㄹ

[24020-0089]

1 다음 글에서 강조하고 있는 선거의 기능으로 가장 적절한 것은?

> 국민은 지난 선거에서 선출되어 국정을 담당하고 있는 대표자를 다시 선거를 통해 평가할 수 있다. 만일 대표자가 직무를 잘 수행하지 못하였다면, 유권자들은 다른 후보자에게 투표함으로써 그에게 정치적 책임을 물을 것이다. 국민이 통치에 직접 나서지는 않지만, 선거를 통해 평화적으로 그리고 규칙적으로 정부를 심판하고 대표자를 해고할 수 있는 것이다. 그러므로 선거는 정치권력이 국민의 의사와 다른 방향으로 행사되는 것을 막고, 대표자들이 국민의 목소리에 귀를 기울이게 만든다.

① 국민의 주권 의식을 신장한다.
② 대표자 및 정치권력을 통제한다.
③ 정치권력에 민주적 정당성을 부여한다.
④ 국민들에게 정치 교육의 기회를 제공한다.
⑤ 사회적 쟁점에 대한 다양한 의견 표출의 장(場)을 제공한다.

[24020-0090]

2 다음 자료에 대한 옳은 설명만을 〈보기〉에서 고른 것은? (단, A, B는 각각 소선거구제, 중·대선거구제 중 하나임.)

> **서술형 평가**
>
> A와 비교하여 B가 갖는 특징만 세 가지 쓰시오. (답안의 내용 한 가지당 옳은 답을 쓴 경우 1점, 옳지 않은 답을 쓴 경우 0점을 부여함.)
>
> 〈갑의 답안〉
>
> | 구분 | 내용 | 점수 |
> |---|---|---|
> | 1 | 선거 관리가 용이하다. | |
> | 2 | 유권자가 후보자를 파악하기 어렵다. | ㉠ |
> | 3 | 동일 선거구 내 당선자 간 유권자의 투표 가치 차등 문제가 발생할 수 있다. | |
>
> 〈을의 답안〉
>
> | 구분 | 내용 | 점수 |
> |---|---|---|
> | 1 | 사표가 적게 발생한다. | |
> | 2 | 소수당의 의석 확보에 유리하다. | 2점 |
> | 3 | (가) | |

● 보기 ●
ㄱ. ㉠은 '2점'이다.
ㄴ. A는 B와 달리 단순 다수 대표제를 채택할 수 있다.
ㄷ. 우리나라에서 광역 의회의 지역구 의원 선거에는 A, 기초 의회의 지역구 의원 선거에는 B가 도입되어 있다.
ㄹ. (가)에 '정당별 득표율과 의석률 간 차이가 크다.'가 들어갈 수 없다.

① ㄱ, ㄴ   ② ㄱ, ㄷ   ③ ㄴ, ㄷ   ④ ㄴ, ㄹ   ⑤ ㄷ, ㄹ

[24020-0091]

3 민주 선거의 원칙 (가), (나)에 대한 설명으로 옳은 것은?

원칙	위반 사례
(가)	A국에서는 인종, 피부색, 이전의 노예 상태 등을 이유로 선거권을 인정하지 않는 차별이 존재하였다. 이후 법이 개정되었음에도 불구하고 일부 지역에서는 문자 해독 시험을 통과한 사람이나 세금을 납부한 사람에게만 선거권을 주는 방식으로 선거권에 대한 차별이 지속되었다.
(나)	B국에서는 대학 졸업생과 대학 교수는 주소지를 기준으로 한 지역 선거구에서의 1표에 더해 별도의 대학 선거구에서 1표를 더 행사할 수 있었으며, 사업체를 소유한 사람은 지역 선거구에서의 1표와는 별도로 해당 사업체가 있는 선거구에서 1표를 더 행사할 수 있었다.

① (가)는 모든 유권자에게 동일한 수의 표를 부여한다는 원칙이다.
② (가)에 따라 선거 시 투표용지에 유권자의 이름을 쓰게 하는 것은 금지된다.
③ (나)에 반대되는 원칙은 제한 선거이다.
④ (나)의 적용 대상을 확대하기 위한 방안으로 선거권 연령 조정을 들 수 있다.
⑤ (나)는 각 유권자가 행사하는 한 표의 가치가 동등해야 한다는 내용을 포함한다.

[24020-0092]

4 다음은 갑국의 비례 대표제 개편을 위한 공청회에서 나온 발언의 일부이다. 이를 통해 파악할 수 있는 B의 제안 취지로 가장 적절한 것은?

의회 의원 수는 총 100명이며, 각 지역구에서 소선거구제로 선출되는 의원 60명과 별도의 정당 투표를 통해 선출되는 비례 대표 의원 40명으로 구성된다고 가정해 보겠습니다. 현행 A에 따르면, 각 정당은 정당 투표에서 각 정당이 획득한 표의 비율에 전체 비례 대표 의석수를 곱하여 나온 수만큼 비례 대표 의석을 배분받습니다. 예를 들어 어떤 정당이 정당 투표에서 20%의 득표율을 기록한다면 '40×0.2=8'의 계산에 따라 8석의 비례 대표 의석을 배분받는 것입니다. 이렇게 배분받은 비례 대표 의석과 지역구 의원 선거에서 획득한 의석을 더하여 각 정당의 총 의석수가 결정됩니다. 앞의 사례에서 비례 대표 의석 8석을 배분받은 정당이 지역구 의원 선거에서 2석을 획득하였다면, 총의석률은 정당 투표 득표율의 절반인 10%가 됩니다. 그러나 현재 제안된 B는 각 정당별로 획득한 지역구 의석수와 비례 대표 의석수가 연동됩니다. 정당 투표 득표율을 기준으로 각 정당의 총의석수가 먼저 결정되기 때문에, 지역구 의석수에 따라 각 정당은 비례 대표 의석을 배분받을 수도 있고 배분받지 못할 수도 있습니다. 예를 들어 어떤 정당이 정당 투표 득표율이 30%인데 지역구 의석수가 20석이라면 '100×0.3=30'의 계산에 따라 결정된 총의석수가 30석이므로 총의석수에서 지역구 의석수를 뺀 10석만큼 비례 대표 의석을 배분받을 수 있지만, 정당 투표 득표율이 40%인데 지역구 의석수가 40석이라면 같은 계산 방식에 따라 결정된 총 의석수가 40석이므로 비례 대표 의석을 배분받지 못합니다.

① 군소 정당의 난립을 막아 정국을 안정시킨다.
② 다양한 직업적 이익을 대변할 수 있는 의원을 선출한다.
③ 비례 대표 의원 당선자를 확정하는 절차의 복잡성을 개선한다.
④ 비례 대표 의원 당선자를 정당이 아니라 유권자가 직접 결정하도록 한다.
⑤ 정당 투표 득표율을 기준으로 거대 정당의 과대 대표 및 소수 정당의 과소 대표 문제를 완화한다.

[5~6] 다음 자료를 읽고 물음에 답하시오.

갑국은 대통령제를 채택하고 있고, 현재 대통령은 의회 과반 의석을 차지하고 있는 B당 소속이다. 갑국은 다음 대통령 선거를 앞두고 대통령 선출 방식을 〈현행안〉으로 유지할지 〈개편안〉으로 변경할지 논의를 진행하고 있다.

> 〈현행안〉 유권자는 후보자 중 1명에게 투표를 하고, 그 표를 집계한 결과 다른 후보자에 비해 상대적으로 많은 표를 획득한 후보자가 당선자로 결정된다.
> 〈개편안〉 유권자는 모든 후보자에게 선호 순위를 표시하는 투표를 실시하여 1순위표를 집계한다. 그 결과 1순위표 최다 득표자가 유효 투표 총수의 과반을 득표하지 못한 경우, 1순위표 최소 득표자는 탈락하고 이 후보자를 1순위로 표시한 표는 그 표에서 유권자가 2순위로 표시한 후보자에게 1순위표로 넘겨주어 집계한다. 이러한 1순위표 집계 방식으로 유효 투표 총수의 과반을 득표한 후보자가 나올 때까지 이 과정을 반복한다.

차기 대통령 선거 전까지 의회 의원 선거가 없으며, 차기 대통령 선거 결과는 아래 표를 근거로 판단한다.

〈유권자 유형별 정당 선호 순위〉

구분	유권자 유형									
	(가)	(나)	(다)	(라)	(마)	(바)	(사)	(아)	(자)	(차)
A당	1	1	1	1	2	2	3	4	4	4
B당	2	2	3	4	1	1	2	1	2	2
C당	3	4	4	2	3	4	4	2	1	3
D당	4	3	2	3	4	3	1	3	3	1

* 후보자는 A당~D당이 공천하는 4명뿐이고, 유권자는 정당 선호 순위에 따라 투표함.
** (가)~(차) 유형별 유권자 수는 모두 동일하고, 투표율은 100%이며, 무효표는 없음.

[24020-0093]

5 〈현행안〉과 〈개편안〉에 대한 옳은 설명만을 〈보기〉에서 고른 것은?

● 보기 ●
ㄱ. 〈현행안〉은 우리나라 대통령 선거에 채택되어 있다.
ㄴ. 〈현행안〉은 〈개편안〉과 달리 절대다수 대표제에 해당한다.
ㄷ. 〈개편안〉은 〈현행안〉에 비해 당선자의 대표성을 높이는 데 적합하다.
ㄹ. 〈개편안〉은 〈현행안〉과 달리 한 번의 투표로 당선자 결정이 불가능하다.

① ㄱ, ㄴ   ② ㄱ, ㄷ   ③ ㄴ, ㄷ   ④ ㄴ, ㄹ   ⑤ ㄷ, ㄹ

[24020-0094]

6 차기 대통령 선거 결과에 대한 옳은 분석만을 〈보기〉에서 있는 대로 고른 것은?

● 보기 ●
ㄱ. 〈현행안〉을 적용할 경우 사표가 유효 투표 총수의 과반을 차지한다.
ㄴ. 〈현행안〉을 적용할 경우 〈개편안〉을 적용할 경우와 달리 여소야대 상황이 발생한다.
ㄷ. 〈개편안〉을 적용할 경우 〈현행안〉을 적용할 경우와 달리 (가) 유형 유권자의 표는 사표가 된다.
ㄹ. 〈현행안〉, 〈개편안〉을 적용할 경우 모두 (자) 유형 유권자의 표는 사표가 된다.

① ㄱ, ㄴ   ② ㄴ, ㄹ   ③ ㄷ, ㄹ   ④ ㄱ, ㄴ, ㄷ   ⑤ ㄱ, ㄷ, ㄹ

[7~8] 다음 자료를 읽고 물음에 답하시오. (단, (가), (나)는 각각 소선거구제, 중·대 선거구제 중 하나임.)

갑국의 의회 의원은 총 10명이다. 현재 갑국은 (가)와 단순 다수 대표제를 적용하여 5개 선거구에서 선거구마다 최다 득표자 2명을 의원으로 선출하고 있다. 그러나 차기 선거를 앞두고 의회 의원 정수를 10명으로 유지하면서 다음과 같이 선거 제도를 개편하려 한다.

〈개편안〉 의회 의원 10명 중 5명은 기존 선거구에서 (나)와 결선 투표제를 도입하여 선출한다. 1차 투표에서 유효 투표 총수의 과반을 획득한 후보자가 나오지 않으면 득표 순위 1위, 2위 후보자 2명을 놓고 2차 투표를 실시하여 이 중 최다 득표자를 당선자로 결정한다. 단, 2차 투표에서 동률이 발생하면 추첨으로 당선자를 결정한다. 다른 5명은 전국을 하나의 선거구로 하는 다음과 같은 비례 대표제를 도입하여 선출한다. 유권자가 지지하는 정당에 1표를 행사하는 별도의 정당 투표를 실시한 후 각 정당의 득표율에 의회 전체 의석수(10)를 곱하여 산출된 수에서 각 정당의 지역구 당선자 수를 뺀 수만큼 의석을 각 정당에 배분한다.

아래 표는 현행 선거 제도로 실시된 최근 갑국의 의회 의원 선거 결과이다.

(단위: 표)

구분	제1선거구	제2선거구	제3선거구	제4선거구	제5선거구
A당	60	20	40	25	55
B당	25	60	5	55	5
C당	10	15	30	15	30
D당	5	5	25	5	10

* 〈개편안〉의 경우 위 표를 근거로 차기 선거 결과를 판단함.
** 정당은 A당~D당만 존재하고, 무소속 후보자는 없으며, 각 정당은 선거구별로 1명의 후보자를 공천함.
*** 유권자는 지역구 의원 선출을 위해 지지하는 정당에 대한 순위를 기준으로 후보자에 1표를 행사하고, 투표율은 100%이며 무효표는 없음.

[24020-0095]

7 (가), (나)에 대한 옳은 설명만을 〈보기〉에서 고른 것은?

● 보기 ●
ㄱ. (가)는 (나)에 비해 사표가 많이 발생한다.
ㄴ. (가)는 (나)와 달리 우리나라 기초 의회 의원 선거에 적용되고 있다.
ㄷ. (나)는 (가)에 비해 유권자의 후보자 파악이 용이하다.
ㄹ. (나)는 (가)와 달리 동일 선거구 내 당선자 간 유권자의 투표 가치 차등 문제가 발생할 수 있다.

① ㄱ, ㄴ   ② ㄱ, ㄷ   ③ ㄴ, ㄷ   ④ ㄴ, ㄹ   ⑤ ㄷ, ㄹ

[24020-0096]

8 차기 선거에 〈개편안〉을 적용할 경우에 대한 분석으로 옳은 것은?

① 지역구 의원 선거에서 2차 투표가 진행되는 선거구는 3개이다.
② 지역구 의원 선거의 2차 투표 결과에 따라 정당별 총의석수가 달라진다.
③ B당은 지역구 의석률이 현재와 같다.
④ 비례 대표 의석수는 C당이 A당보다 많다.
⑤ A당, D당과 달리 B당, C당은 총의석수가 현재와 같다.

08 정치 과정과 정치 참여

✪ 정책 결정 기구
공공의 문제에 대한 정책을 결정하고 집행할 수 있는 기관이다. 기본적으로 입법부, 행정부, 사법부에 해당하는 국가 기관을 의미하며, 지방 자치 단체의 장이나 지방 의회도 해당한다.

✪ 정치적 효능감
정치 과정에 시민이 참여하면서 정책 결정에 영향을 미칠 수 있다는 인식 또는 기대감을 말한다.

✪ 대의 민주제와 시민의 직접 참여
대의 민주제는 시민의 대표에 의해 이루어지는 정치를 의미하며, 오늘날 대부분의 민주 국가가 채택하고 있다. 그러나 대의 민주제는 시민의 대표가 시민들의 의사를 충분히 반영하지 못할 수 있기 때문에 국민 투표나 국민 발안 등의 방식으로 시민들이 직접 정치에 참여할 수 있는 방법이 보장되어야 한다.

1. 정치 과정과 정치 참여

(1) 정치 과정의 의미: 사회 구성원의 요구와 지지가 정책 결정 기구에 투입되어 정책의 결정과 집행이 산출되고 정치 주체에 의한 평가 및 재투입 등 환류가 이루어지는 일련의 과정

(2) 정치 과정의 체계

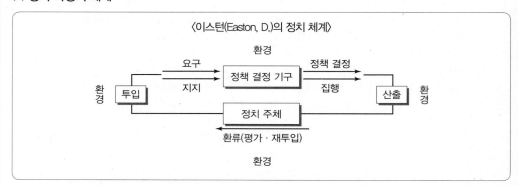

⟨이스턴(Easton, D.)의 정치 체계⟩

① 투입: 개인, 집단이 정책 결정 기구를 대상으로 정책을 요구하거나 기존의 정책에 대하여 지지 또는 불만을 표출하는 과정
② 산출: 정책 결정 기구가 정책을 결정하고 집행
③ 환류: 정책을 평가하고, 평가에 기반하여 수정·보완 또는 새로운 정책을 요구하는 과정
④ 환경: 경제·사회·문화·생태 등의 정치 외적 요소

> **≡ 개념 플러스 민주적 정치 과정**
>
> 민주주의 사회에서 정치 과정은 투입, 산출, 환류의 과정이 시민의 적극적이고 자발적인 정치 참여에 의해 활발하게 작동한다. 이 과정에서 정당, 이익 집단, 시민 단체, 언론 등 다양한 정치 집단도 자유롭게 정치 과정에 참여한다. 이러한 정치 과정을 통해 자연스럽게 시민들의 다양한 이해와 요구가 정책에 반영된다. 따라서 민주주의 사회에서는 다양한 시민들의 목소리가 표출되고 다양한 집단 간 갈등이 나타나며, 이를 해결해 나가는 과정이 정치 과정의 모습이다.

(3) 시민의 정치 참여

의미	시민들이 사회 문제나 국가 기관의 정책을 결정하는 과정에 있어서 영향력을 행사하는 직·간접적인 모든 활동
의의	• 국가 기관의 정책 결정에 대한 정당성을 부여함. • 정치권력을 감시하고 통제함으로써 정치권력의 남용을 방지함. • 정치적 의견의 반영으로 정치적 효능감을 높일 수 있음. • 직접 민주주의 방식으로 참여할 경우 대의 민주제의 한계를 보완하며 직접적으로 국민 주권을 실현하는 과정이 됨.

(4) 시민의 정치 참여 유형
① 개인적 정치 참여와 집단적 정치 참여
 • 개인적 정치 참여

선거 및 투표 참여	각종 선거에서 투표권을 행사하거나 특정 사안에 대한 찬반 의견을 표시하는 투표에 참여

개념 체크

1. (   )은 정책을 중심으로 투입, 산출, 환류가 이루어지는 일련의 과정을 의미한다.
2. 정책을 수립하고 시행하는 (   )에는 국가 기관인 입법부, 행정부, 사법부가 포함된다.
3. 개인, 집단이 정책 결정 기구를 대상으로 정책을 요구하거나 여론을 표출하는 과정을 (   )이라고 하고, 정책 결정 기구가 정책을 결정하고 집행하는 것을 (   )이라고 한다.

정답
1. 정치 과정
2. 정책 결정 기구
3. 투입, 산출

공무 담임권 행사	국가 시험 등에 응시하여 공무원이 되거나 공직 선거 등을 통해 선출직 공직자가 될 수 있음.
청원 및 의견 제출	국가 기관에 문서로 청원하고 전화, 우편, 전자 우편 등을 통해 의견을 개진하거나 국가 기관 누리집(홈페이지)에 의견 개진
독자 투고	언론사를 통하여 정책에 대한 자신의 의견 제시
기타	누리 소통망(SNS) 및 누리방(blog) 등에 의견 개진, 집회 및 시위, 서명 운동 등에 개인적으로 참여, 인터넷 기사 댓글 달기 등

- 집단적 정치 참여
  - 정당, 이익 집단, 시민 단체 등의 구성원이 되어 그 집단의 활동에 참여
  - 의견을 같이하는 사람들과 함께 단체를 결성하여 서명 운동을 전개하거나 집회나 시위에 참여
  - 개인적인 정치 참여 방식보다 지속성이 더 높은 편이며, 목적 달성에도 더 효과적일 수 있음.
② 일회적 정치 참여와 지속적 정치 참여
- 정치 참여의 양상은 일회적으로 이루어지는 경우도 있고 지속적으로 이루어지는 경우도 있음.
- 정치 발전을 위해서는 지속적인 정치 참여가 필요함.

> **자료 플러스** **정보 사회와 시민의 정치 참여**
>
> 정보 사회에서는 시민들의 정치 참여에서 시간과 공간의 제약이 완화되고 있다. 다양한 정보 통신 매체를 이용하여 전자 투표, 전자 공청회, 누리 소통망(SNS) 등을 통해 시민들이 정치 과정에 참여하기가 쉬워졌다. 정보 사회의 이러한 측면은 민주적 정치 과정을 활성화시켜 민주주의의 실현에 기여할 것으로 기대되고 있다. 그러나 가짜 뉴스 등 잘못된 정보의 유통은 이러한 기대를 가로막는 요인이 되고 있다.

(5) 바람직한 정치 참여 태도
① 합법적이고 민주적인 절차 준수
② 타인의 의견을 존중하고 배려하는 자세
③ 개인적·집단적 이기주의를 지양하고 사익과 공익의 조화 추구
④ 정치적 무관심이 발생하지 않도록 정치에 관심을 갖고 능동적으로 참여

> **개념 플러스** **현대의 정치적 무관심**
>
> 현대의 정치적 무관심은 정치에 관심을 가지고 있으면서도 그것을 구체적인 행동이나 선택에 관련시키지 않으려는 수동적인 자세라고 말할 수 있다. 기본적으로 정치에 대한 무관심은 자신이 정치에 참여하지 않는다 해도 별다른 변화 없이 잘 되어 가리라고 믿는 낙관적인 입장, 그리고 방대한 정치 과정에서 이루어지고 있는 일이 자신의 행동 하나로 영향을 별로 받지 않을 것이라는 무력감 등에서 비롯된다. 정치적 무관심의 요인으로 현대 정치 기구의 거대화·복잡화 현상, 현대 사회의 관료화, 정치에 대한 불신 등이 있다.

2. 다양한 정치 참여 주체 및 시민 참여
(1) 정당과 시민 참여
① 정당의 의미: 정치적 견해를 같이하는 사람들이 정권의 획득과 유지를 통해서 자신들의 정강을 실현하기 위해 조직한 단체

○ 선출직 공직자와 임명직 공직자

선출직 공직자는 선거를 통해 당선된 공직자를 의미하고, 임명직 공직자는 임명권자의 선택에 의해 임명된 공직자를 의미한다.

○ 청원권

국민이 국가 기관에 법률이 정하는 바에 의하여 문서로 의견을 청원할 수 있는 권리로, 국가는 청원에 대하여 심사할 의무를 진다.

○ 정강(政綱)

'정치적 강령'의 줄임말로, 정당이 내세운 정책의 큰 줄기를 말한다.

> **개념 체크**
>
> 1. 선거나 투표에 참여하는 것은 (   ) 정치 참여 방법에 해당한다.
> 2. 정당, 이익 집단, 시민 단체 등의 구성원이 되어 그 집단의 활동에 참여하는 것은 (   ) 정치 참여 방법에 해당한다.
> 3. (   )은 정치적 견해를 같이하는 사람들이 정강을 실현하기 위해 조직한 단체이다.
>
> 정답
> 1. 개인적
> 2. 집단적
> 3. 정당

★ 공천(公薦)
공공성을 갖는 단체인 정당이 공직 선거에 후보자를 추천하는 행위를 말한다.

② 정당의 특징
- 정권 획득을 목적으로 선거에 후보자를 공천함.
- 공익을 도모하여 국민의 지지를 확보함.
- 선거에서 공약을 제시하고, 이것의 실천과 정책에 대한 국민의 평가를 받아 정치적 책임을 짐.
- 다양한 분야에서 정책을 개발하고 수립하여 정부의 정책 결정에 영향력을 행사함.

③ 정당의 기능
- 정치적 충원: 각종 공직 선거에 후보자 공천, 대표자 배출, 정치 지도자 육성
- 여론 형성 및 조직화: 국민의 의견을 수렴하고 이를 조직화하여 정부에 전달
- 정치 사회화: 각종 강연회, 토론회, 대중 집회 등을 통해 정치에 대한 국민의 지식과 관심 증진
- 정부와 의회의 매개: 당정 협의회 등을 통해 정부와 의회를 연결함으로써 양자 간의 매개 역할을 수행
- 정부 감시: 정부 정책에 대한 건전한 비판과 견제 기능 수행

★ 정치 사회화
사회의 구성원이 그 사회의 일반적인 정치적 가치관이나 태도 등의 정치 문화를 학습하는 과정을 의미한다.

④ 정당 제도의 유형
- 일당제(단일 정당제)

의미	정권 획득 가능성이 있는 정당이 하나만 존재하는 정당 제도
문제점	• 민주적인 정권 교체가 불가능하고 독재의 가능성 높음. • 국민의 다양한 의사를 국가 정책에 반영하기가 곤란함.

★ 당정 협의회
여당과 정부가 정책 수립 및 조정을 위해 협의하는 회의체를 말한다.

- 복수 정당제

구분	양당제	다당제
의미	정권 교체가 가능한 대표적인 두 정당이 존재	실질적으로 경쟁할 수 있는 정당이 세 개 이상 존재
장점	• 정국 안정에 기여 • 강력한 정책 추진 가능 • 정치적 책임 소재 명확 • 유권자의 정당 선택 용이	• 다양한 국민의 의견 반영 • 소수의 이익 보호 • 정당 간 대립 시 중재 용이 • 유권자의 정당 선택 범위 넓음.
단점	• 다양한 국민 의견 반영 곤란 • 다수당의 횡포로 소수의 이익 무시 우려 • 양당 간 대립 시 중재 어려움. • 유권자의 정당 선택 범위 좁음.	• 군소 정당 난립으로 정국 불안정 우려 • 강력한 정책 추진 곤란 • 정치적 책임 소재 불분명

개념 체크

1. (　　)은 당정 협의회 등을 통해 정부와 의회를 연결함으로써 양자 간의 매개 역할을 수행하기도 한다.

2. 정당의 기능 중 각종 공직 선거에 후보자를 공천하는 것은 (　　) 기능에 해당한다.

3. 복수 정당제는 정권 교체가 가능한 대표적인 두 정당이 존재하는 경우인 (　　)와 경쟁할 수 있는 정당이 세 개 이상 존재하는 경우인 (　　)로 구분할 수 있다.

정답
1. 정당
2. 정치적 충원
3. 양당제, 다당제

⑤ 정당을 통한 시민 참여의 방법과 한계
- 정당을 통한 시민 참여의 방법
  - 정당 지도부 선출에 참여하거나 정당 소속 후보자로 공직 선거에 출마
  - 정당의 정책 입안이나 의사 결정 과정에 참여
  - 정당의 공직 선거 후보자 공천 과정에 참여하여 일반 국민 자격으로 투표
  - 정당 주최의 공청회나 집회 등에 참여하여 특정 정책에 대한 의견 표명
- 정당을 통한 시민 참여의 한계
  - 정당의 거대화·관료제화로 인한 문제: 하향식 의사 결정 구조가 나타나면서 당원과 국민의 다양한 이익과 요구가 반영되기 어려울 수 있음.
  - 지역 연고주의 등을 벗어나지 못할 경우 불필요한 갈등을 유발할 수 있음.
  - 일반직 공무원 등 특정 신분을 가진 국민은 정당 가입이 불가능함.

(2) 이익 집단과 시민 참여

① 이익 집단의 의미: 특정한 이해관계를 같이하는 사람들이 집단의 특수 이익을 실현하기 위해 결성한 집단으로, 압력 단체라고도 함.

② 이익 집단의 특징과 기능
- 자기 집단의 특수 이익을 추구함.
- 국민의 다양한 정치적 의사의 표출 통로가 되어 대의제와 정당 정치의 한계를 보완할 수 있음.
- 정부 정책에 대한 감시와 비판 기능도 있음.

③ 이익 집단을 통한 시민 참여의 장점과 한계
- 이익 집단에 가입하여 집단적인 목소리를 낼 경우 더 효과적으로 목적을 달성할 수도 있음.
- 이익 집단의 경쟁적 압력 행사로 사회 혼란이나 공익 저해 등의 결과를 초래하기도 함.
- 이익 집단이 정치권력과 결탁할 경우 오히려 부정부패를 조장하기도 함.

(3) 시민 단체와 시민 참여

① 시민 단체의 의미: 공익 실현을 목적으로 시민들이 자발적으로 참여하여 구성한 단체

② 시민 단체의 특징과 기능
- 비영리성을 바탕으로 공익을 추구하여 사회의 건전한 발전을 주도함.
- 사회 문제 등에 대한 비판과 해결책을 제시하여 대의제 및 정당 정치의 한계를 보완할 수 있음.

③ 시민 단체를 통한 시민 참여의 장점과 한계
- 시민 단체에 가입하여 집단적인 목소리를 낼 경우 더 효과적으로 목적을 달성할 수도 있음.
- 시민 단체에 대한 시민 참여도가 낮을 경우 시민 단체의 자율성이 훼손되고 정부와 기업에 대한 감시가 소홀해지는 현상이 나타날 수 있음.

≡ 개념 플러스 NGO와 NPO

시민 단체는 공익 실현을 위해 정부의 간섭을 받지 않고 회원들이 자발적으로 결성한 단체로 NGO(Non-Governmental Organization, 비정부 기구)라고 한다. 시민 단체는 경제적 이익을 추구하지 않고 자선 사업, 구호 활동 등을 위해 기금을 마련한다는 측면에서 NPO(Non-Profit Organization, 비영리 기구)라고도 한다.

(4) 언론과 시민 참여

① 언론의 의미: 신문이나 텔레비전, 인터넷 등 대중 매체를 통해 사실을 알리거나 어떤 문제에 대하여 여론을 형성하는 활동 또는 그 활동을 하는 주체

② 언론의 특징과 기능
- 공공의 문제에 대한 다양한 주장과 생각이 모이고 공유되는 사회의 공기(公器)임.
- 국민의 알 권리 보장: 시민의 정치적 의사 결정에 도움을 줌.
- 권력 남용에 대한 견제: 정치 참여자에 대한 비판과 견제 및 감시를 함.
- 의제 설정 및 여론 형성: 특정 사건이나 쟁점을 중점적으로 보도하여 사회적 의제를 설정하거나 여론을 형성함.

③ 언론을 통한 시민 참여의 장점과 한계
- 언론의 구성원이 되어 여론 형성을 주도할 수 있음(예 기자, PD 등).
- 언론을 활용하여 정치적 견해를 제시할 수 있음(예 독자 투고, 제보 등).
- 언론이 사유화되거나 스스로 권력화하거나 정치권력과 결탁한 경우 민주주의 실현의 저해 요인이 되기도 함.
- 언론을 통해 가짜 뉴스나 잘못된 정보가 제공될 경우 잘못된 여론이 형성될 수 있음. → 언론이 제공하는 정보를 비판적으로 평가·수용하고, 잘못된 정보에 대해 적극적으로 대응해야 함.

✪ 비영리성
재산상의 이익을 꾀하지 않는 성질을 의미한다.

✪ 공기(公器)
개인의 소유물이 아니라 사회의 모든 사람이 공동으로 쓰는 물건으로서, 널리 일반 사회 전반에 영향을 미치는 기관을 말한다.

✪ 알 권리
국민이 정치적·사회적 문제에 관한 정보에 쉽게 접근하고 알 수 있는 권리로서, 대중 매체를 통해 타인의 의사나 정보에 접근할 수 있는 권리, 국민 각자가 국정에 관한 정보를 청구할 수 있는 권리 등이 이에 해당한다.

개념 체크

1. (   )은 특정한 이해관계나 목표를 같이하는 사람들이 집단의 특수 이익을 실현하기 위해 결성한 집단을 의미한다.

2. (   )는 공익 실현을 목적으로 시민들이 자발적으로 참여해 구성한 단체이다.

3. 대중 매체를 통해 사실을 알리거나 어떤 문제에 대하여 여론을 형성하는 활동 또는 그 활동을 하는 주체를 (   )이라고 한다.

정답
1. 이익 집단
2. 시민 단체
3. 언론

Theme **1**   정당 제도

> 헌법 제8조 ① 정당의 설립은 자유이며, 복수 정당제는 보장된다.
>   ② 정당은 그 목적·조직과 활동이 민주적이어야 하며, 국민의 정치적 의사 형성에 참여하는 데 필요한 조직을 가져야 한다.
> 정당법 제1조 이 법은 정당이 국민의 정치적 의사 형성에 참여하는 데 필요한 조직을 확보하고 정당의 민주적인 조직과 활동을 보장함
>   으로써 민주 정치의 건전한 발전에 기여함을 목적으로 한다.
> 헌법 재판소법 제55조 정당의 목적이나 활동이 민주적 기본 질서에 위배될 때에는 정부는 국무 회의의 심의를 거쳐 헌법 재판소에 정
>   당 해산 심판을 청구할 수 있다.

정당은 국민의 다양한 정치적 의사가 국가의 정책에 반영될 수 있도록 국민의 의사와 국가의 정책을 이어 주는 역할을 하는 정치 단체이다. 정당은 국가 기관은 아니지만, 정치적 중요성을 갖는 국가 기관의 구성과 조직에 직접 참여하거나 간접적으로 영향을 미치므로 헌법은 정당을 특별히 보호하고 있다. 정당은 법률이 정하는 내용에 따라 국가의 보호를 받고, 국가는 정당 운영에 필요한 자금을 보조할 수 있다. 단, 정당의 목적이나 활동이 민주적 기본 질서에 위배될 때에는 헌법 재판소의 심판에 의하여 해산될 수 있다.

Theme **2**   이익 집단의 영향력 행사 방법

민주주의 국가에서 정당과 마찬가지로 이익 집단은 사회와 정부 사이의 중요한 소통 채널이다. 그러나 정당은 공익을 위한 활동을 하지만 이익 집단은 특화된 이익을 추구하며, 정부에 참여하지 않으면서 정부에 대한 영향력 행사를 시도한다. 일반적으로 이익 집단이 주로 활동하는 통로는 정책 결정자에게 직접 연결되는 통로, 정당이나 여론을 통해서 영향력을 행사하는 간접적인 통로가 있다.

• 정책 결정자에게 직접 영향: 대부분의 이익 집단은 궁극적으로 정책을 수립하고 집행하는 사람들을 표적으로 한다. 정부 부처의 장관과 직접 대화하는 것이 이상적이며, 특정 정책이 확정되기 전에 장관과 대화하는 것은 정책의 형성 단계에 참여할 수 있는 것이기 때문에 특히 가치가 높다. 그러나 그러한 특권은 대체로 인맥이 좋은 소수의 사람들로 제한되며, 이익 집단 활동의 초점은 현실적으로 정부 관료, 입법부, 사법부에 맞추어진다. 이 중 정부 관료에게 이익 집단은 주된 압력을 행사한다. 이익 집단은 권력에 민감한데, 이는 정책의 세부적인 결정이 일반적으로 관료 조직에서 이루어지기 때문이다.
• 정당을 통한 간접적 영향: 이익 집단은 그 구성원들의 특정 관심사에 집중하게 되면서 역할이 더욱 특화된 반면, 정당은 보다 넓은 의제를 가지고 있다. 따라서 정당은 정권을 추구하지만, 이익 집단은 자신들의 사적인 이익을 추구한다. 그러므로 대부분의 이익 집단은 특정 정당과 밀접한 관계를 구축하기보다는 여러 정당과 관계를 맺으려 한다. 이익 집단과 정당 사이에 실용적인 연계가 일상이 되었으며, 이러한 정당을 통해서 이익 집단들은 자신들의 이익을 추구하기 위해 영향력을 행사하기도 한다.
• 여론을 통한 간접적 영향: 여론은 이익 집단의 중요한 표적이며, 정책의 변화를 요구하면서 정부에 압력을 가하기 위해 공공의 인식을 형성하고 관심을 동원하는 두 가지 목표로 활용한다. 이 광범위한 대중을 상대하는 데는 유료 광고를 이용하고, 전통적 매체의 호의적인 보도를 촉진하고(홍보), 아이디어를 확산하고, 동조자들을 모으기 위해 SNS를 활용한다.

[24020-0097]
01 다음 자료에 대한 설명으로 옳은 것은?

> 민주주의 국가에서 정치 과정이란 사회의 다양한 문제를 둘러싼 요구가 ㉠정책 결정 기구에 반영되어 정책으로 나타나는 모든 과정을 말한다. 이러한 정치 과정은 사회의 다양한 요구가 표출되는 A , 정책 결정 기구가 정책을 수립하고 집행하는 B , 집행된 정책에 대해 ㉡정치 주체 등 사회의 평가가 재투입되는 C 과정을 의미한다.

① 개인과 사회 집단은 모두 ㉠, ㉡에 해당한다.
② 이익 집단이 정책 결정 과정에 영향력을 행사하는 것은 A에 해당한다.
③ 정치 과정에서 언론은 C에만 참여한다.
④ 개인이 선거에 참여하는 것은 C가 아닌 B의 사례에 해당한다.
⑤ A는 B, C와 달리 경제, 사회, 문화, 생태 등 정치 외적 요소의 영향을 받는다.

[24020-0098]
02 갑, 을의 정치 참여 방법에 대한 옳은 설명만을 〈보기〉에서 있는 대로 고른 것은?

교사
우리 지역의 영유아 보육 시설이 확충되기 위해서 어떤 활동을 하였습니까?

갑
저는 우리 지역 지방 자치 단체 홈페이지 게시판에 민원을 제기하였습니다.

을
저는 학부모들과 시민 단체를 결성하여 회원들과 같이 거리에서 보육 시설 확충을 위한 캠페인을 전개하였습니다.

• 보기 •
ㄱ. 갑의 정치 참여 방법은 을에 비해 시공간적 제약이 적다.
ㄴ. 을의 정치 참여 방법은 갑과 달리 개인적 정치 참여에 해당한다.
ㄷ. 을의 정치 참여 방법은 갑과 달리 정치 과정에서 투입에 해당한다.
ㄹ. 갑, 을의 정치 참여 방법은 모두 정치 참여 주체의 정치적 효능감을 향상시키는 기능을 한다.

① ㄱ, ㄴ   ② ㄱ, ㄹ   ③ ㄷ, ㄹ
④ ㄱ, ㄴ, ㄷ   ⑤ ㄴ, ㄷ, ㄹ

[24020-0099]
03 다음 사례에서 파악할 수 있는 정당의 기능만을 〈보기〉에서 고른 것은?

> ○○당은 이번 의회 의원 선거에서 새로운 인물이 의회 의원이 되어야 한다는 생각에 정치 신인을 여러 명 공천하였으며, 이 중 대다수가 당선되었다. 이후 ○○당은 정부가 추진하고 있는 △△ 정책이 국민의 경제적 부담을 과도하게 증가시킨다고 판단하여 반대를 하고 있다. 정부가 △△ 정책을 계속 추진하자 ○○당은 관련법 개정을 통해 △△ 정책 추진을 중지시키려 하고 있다.

• 보기 •
ㄱ. 정치적 충원 기능을 한다.
ㄴ. 공공 정책을 결정하고 집행한다.
ㄷ. 정부 정책에 대한 비판과 견제 기능을 수행한다.
ㄹ. 정치에 대한 국민의 지식과 관심을 증진시키는 정치 사회화 기능을 한다.

① ㄱ, ㄴ   ② ㄱ, ㄷ   ③ ㄴ, ㄷ
④ ㄴ, ㄹ   ⑤ ㄷ, ㄹ

[24020-0100]
04 그림은 정치 참여 집단 A, B를 구분한 것이다. 이에 대한 설명으로 옳지 <u>않은</u> 것은? (단, A, B는 각각 정당, 이익 집단 중 하나임.)

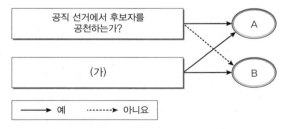

① (가)에 '정치 과정에서 투입 기능을 수행하는가?'가 들어갈 수 있다.
② A는 자신들의 행위에 정치적 책임을 진다.
③ B의 활동은 사회적 혼란이나 공익 저해 등의 결과를 초래할 수 있다.
④ A는 B와 달리 대의제의 한계를 보완하는 역할을 한다.
⑤ A, B는 모두 정치 사회화 기능을 담당한다.

[24020-0101]

1 밑줄 친 ㉠~㉺에 대한 옳은 설명만을 〈보기〉에서 있는 대로 고른 것은?

㉠◆◆당이 수술실에 CCTV(폐쇄 회로 TV)를 설치하는 내용의 ○○법 개정을 추진하려고 하자 각 단체별로 의견이 대립되었다. ㉡△△ 단체는 의료 사고 등을 예방하기 위해 수술실에 CCTV 설치에 대한 찬성 의견을, □□ 단체는 의료진의 인권 침해 등을 이유로 반대 의견을 각각 국회에 제출하였다. 이에 ㉢국회는 의견을 수렴하여 ○○법을 개정하였으며, 이에 따라 수술실에 CCTV를 설치하게 되었다. 법 시행 이후 수술실 CCTV 운영에 대한 다양한 의견이 조성되었으며, ㉣△△ 단체, □□ 단체는 ㉤법 개정 이후 수술실 CCTV 운영에 대한 평가를 한 후 각각의 평가 내용을 ㉥국회 및 관련 부처에 제출하였다.

● 보기 ●

ㄱ. ㉡은 참여자의 정치적 효능감 향상에 기여할 수 있다.
ㄴ. ㉣은 정치 과정에서 정치 주체에 해당한다.
ㄷ. ㉠, ㉥은 모두 정치 과정에서 정책 결정 기구에 해당한다.
ㄹ. ㉢은 ㉤과 달리 정치 과정에서 산출에 해당한다.

① ㄱ, ㄴ   ② ㄱ, ㄷ   ③ ㄷ, ㄹ   ④ ㄱ, ㄴ, ㄹ   ⑤ ㄴ, ㄷ, ㄹ

[24020-0102]

2 표는 정치 참여 집단 A~C를 질문 (가)~(다)에 따라 구분한 것이다. 이에 대한 옳은 설명만을 〈보기〉에서 고른 것은? (단, A~C는 각각 정당, 이익 집단, 시민 단체 중 하나임.)

구분	(가)	(나)	(다)
A	예	아니요	예
B	아니요	아니요	아니요
C	아니요	예	예

● 보기 ●

ㄱ. A가 '정당', B가 '시민 단체'라면, (나)에 '자기 집단의 특수한 이익을 우선시하는가?'가 들어갈 수 있다.
ㄴ. B가 '이익 집단', C가 '시민 단체'라면, (다)에 '정부와 의회를 매개하는 기능을 하는가?'가 들어갈 수 있다.
ㄷ. (나)에 '정치적 책임을 지는가?'가 들어가고, A가 '시민 단체'라면, (다)에 '공익과 공공선을 추구하는가?'가 들어갈 수 있다.
ㄹ. (가)에 '공직 선거에서 후보자를 공천하는가?'가 들어가고, (나)에 '특정 직업인으로 구성되어 자신들의 이익을 실현하는가?'가 들어가면, (다)에 '대의제의 한계를 보완하는 기능을 하는가?'가 들어갈 수 있다.

① ㄱ, ㄴ   ② ㄱ, ㄷ   ③ ㄴ, ㄷ   ④ ㄴ, ㄹ   ⑤ ㄷ, ㄹ

[24020-0103]

3 다음 자료에 대한 분석 및 추론으로 옳은 것은?

> 표는 전형적인 의원 내각제를 채택하고 있는 갑국의 t 시기~t+2 시기 의회의 정당별 의석수
> 를 나타낸 것이다. t 시기~t+2 시기에서 의석을 차지한 정당은 A당~D당뿐이며, 무소속 의
> 원은 없다.
>
> (단위: 석)

구분	A당	B당	C당	D당
t 시기	102	92	5	1
t+1 시기	96	98	5	1
t+2 시기	61	66	48	25

① t 시기의 정당 제도는 t+1 시기에 비해 다양한 민의를 국정에 반영하기가 용이하다.

② t+1 시기의 정당 제도는 t+2 시기에 비해 민주적 정권 교체가 어렵다.

③ t+2 시기의 정당 제도는 t 시기에 비해 정치적 책임 소재가 불명확하다.

④ t+2 시기는 t 시기에 비해 행정부 수반의 강력한 정책 추진이 가능하다.

⑤ 의회 내에서 C당의 영향력은 t 시기에 비해 t+1 시기에는 감소하였고, t+1 시기에 비해
t+2 시기에는 증가하였을 것이다.

[24020-0104]

4 다음 자료에 대한 설명으로 옳은 것은?

> 학교 주변에서 보행자 교통사고가 많이 발생하자 갑은 학교 주변에 과속 단속 카메라를 현재보
> 다 더 많이 설치해 달라고 자신이 살고 있는 지방 자치 단체의 홈페이지에 민원을 제기하였다.
> 또한 갑은 과속 단속 카메라가 부족한 이유는 지방 자치 단체의 예산이 부족하다고 판단하여
> 주민 참여 예산 제도를 활용하여 지방 자치 단체의 홈페이지에 ㉠주민 참여 예산 제안을 하였
> 다. 한편 을은 학교 주변 과속 단속 카메라 증설에 대한 여론 확산을 위하여 자신이 속해 있는
> ㉡시민 단체 회원들과 함께 시민들을 만나면서 꾸준히 서명 운동에 참여하였으며, 시민들에게
> 받은 서명지를 병이 대표로 있는 ㉢○○당에 전달하였다.

① 갑의 정치 참여 방법은 을의 정치 참여 방법에 비해 시공간 제약이 적다.

② 을의 정치 참여 방법은 갑의 정치 참여 방법보다 정치적 효능감 향상에 기여하는 정도가
크다.

③ 병은 갑, 을과 달리 정치 참여 주체에 해당한다.

④ ㉠은 정치 과정에서 산출에 해당한다.

⑤ ㉢은 ㉡과 달리 정치 과정에서 정책 결정 기구에 해당한다.

[24020-0105]

5 정치 참여 집단 A~C에 대한 설명으로 옳은 것은? (단, A~C는 각각 정당, 이익 집단, 시민 단체 중 하나에 해당하는 집단임.)

자가용을 이용하여 영업 행위를 하는 사업에 대해 각 단체는 어떤 입장을 취하고 있는지 말씀해 주시기 바랍니다.

해당 사업을 허용하게 되면 합법적으로 대중교통 영업을 하는 우리 A의 회원들의 이익이 크게 침해됩니다. 따라서 우리는 회원들의 이익을 위해서 해당 사업에 대해 반대를 합니다.

우리 C는 해당 사업으로 A의 이익도 침해되지 않고 시민들의 대중교통도 확보될 수 있는 공약을 개발하여 다음 선거에 제시하도록 하겠습니다.

사회자

현재 야간에 대중교통이 현저히 부족한 상태입니다. 공익적 가치를 위해 활동해 온 우리 B는 A의 이익 확보와 시민들의 대중교통 확보가 모두 충족될 수 있는 공약을 C가 다음 선거에서 제시할 수 있도록 요구하겠습니다.

① A는 B와 달리 자신들의 활동에 대해 정치적 책임을 진다.
② B는 C와 달리 정부 정책에 대한 비판과 견제 기능을 수행한다.
③ C는 A와 달리 정부와 의회를 매개한다.
④ A, B는 C와 달리 정치 과정에서 투입 기능을 담당한다.
⑤ B, C는 A와 달리 대의제의 한계를 보완하는 역할을 한다.

[24020-0106]

6 다음은 정당 제도 A, B의 일반적 특징을 비교한 것이다. 이에 대한 설명으로 옳은 것은? (단, A, B는 각각 양당제, 다당제 중 하나임.)

> • A는 B에 비해   (가)   이/가 높다.
> • B는 A에 비해   (나)   이/가 높다.

① A가 양당제라면, (가)에 '정치적 책임 소재의 명확성'이 들어갈 수 있다.
② B가 다당제라면, (나)에 '다수당의 횡포 가능성'이 들어갈 수 있다.
③ (가)에 '다양한 민의 반영 용이성'이 들어가면, B는 A에 비해 유권자의 정당 선택 범위가 넓다.
④ (나)에 '소수의 이익 보호 가능성'이 들어가면, A가 B보다 민주적 정당 제도에 부합한다.
⑤ (가)에 '강력한 정책 추진 가능성'이 들어가면, (나)에 '정당 간 대립 시 중재 용이성'이 들어갈 수 없다.

[24020-0107]

7 갑~병의 정치 참여 방법에 대한 설명으로 옳은 것은?

> 갑: 며칠 전 자동차 급발진 의심 사고에 관련된 TV 뉴스를 보게 되었어. 자동차 급발진 의심 사고가 발생하면 자동차에 결함이 있다는 것을 전문성이 낮은 피해자가 입증하는 것은 너무 어렵다고 생각해. 그래서 TV 뉴스 보도 이후 국회 홈페이지에 들어가 관련법 개정을 위한 국민 동의 청원에 참여하였어.
> 을: 나도 자동차 급발진 여부를 제조 회사가 입증하도록 하기 위해서는 관련법 개정이 필요하다고 생각해. 마침 이번 국회 의원 선거에서 관련법 개정을 공약으로 내세운 후보자에게 투표하였어.
> 병: 관련법 개정을 위해서는 여론이 형성되어야 한다고 생각해. 따라서 관련 기사를 더 많이 보도할 수 있도록 신문사 홈페이지 게시판에 글을 남겼어.

① 갑의 정치 참여 방법은 개인의 정치적 중립성이 유지되어야 한다.
② 병의 정치 참여 방법은 사회적 의제를 설정하는 데 기여할 수 있다.
③ 을의 정치 참여 방법은 갑과 달리 집단적 정치 참여에 해당한다.
④ 갑, 병의 정치 참여 방법은 모두 언론을 통한 정치 참여에 해당한다.
⑤ 을의 정치 참여 방법은 병과 달리 시공간의 제약이 적다.

[24020-0108]

8 정치 참여 주체 A~D에 대한 설명으로 옳은 것은? (단, A~D는 각각 정당, 시민 단체, 이익 집단, 언론 중 하나임.)

> A는 현대 사회의 다원화와 복잡화에 따라 다양한 이해관계가 발생하게 됨으로써 보다 더 큰 정치적 영향력을 행사하기 위해 등장하였고, 이로 인해 자신들의 특수한 이익을 좀 더 적극적으로 실현하고자 하였다. 반면 B는 시민의 정치 참여가 활성화되면서 시민의 요구가 정치뿐만 아니라 경제, 환경, 인권 등 다양한 분야로 확대되었고, 이러한 요구를 정부가 모두 충족시키기에는 한계에 달하자 시민이 직접 자발적으로 단체를 조직해 정치 과정에 참여함으로써 등장하게 되었다. A, B는 자신들이 추구하는 이익을 실현하기 위해 C를 통해 정치 과정에 영향력을 행사하며, C는 A, B의 요구를 자신들의 정치적 이념에 맞게 공직 선거에서 공약으로 내세워 시민들의 선택을 받아 정책으로 실현하고자 한다. 시민들은 자신들의 상황에 맞게 A, B, C에 가입하여 정치적 활동을 하기도 하지만, 신문, 텔레비전 등의 대중 매체를 통해 정보를 알리는 D에 독자 투고, 제보 등을 함으로써 정치적 견해를 제시하기도 한다.

① A는 C와 달리 정치권력을 감시하고 견제하는 기능을 한다.
② C는 D와 달리 법률안을 발의함으로써 정치 과정에서 산출을 담당한다.
③ D는 A, B와 달리 대의 민주주의의 한계를 보완하는 역할을 한다.
④ A, B는 C와 달리 자신들의 행위에 정치적 책임을 지지 않는다.
⑤ B, C는 A와 달리 자신들의 정치적 이익을 실현하기 위해 여론을 형성한다.

01 밑줄 친 ⊙~@에 대한 옳은 설명만을 〈보기〉에서 고른 것은? 2024학년도 6월 모의평가

⊙○○ 사건의 피해자 단체는 ○○ 사건 발생의 책임이 정부에 있다며 ⓒ거리에 모여 시위를 진행하였다. 선거를 앞두고 국회는 유사 사건의 재발 방지를 목적으로 하는 ⓒ△△법을 제정하였다. △△법 시행 후, 이 단체는 피해자 보호 강화를 위해 국민 참여 입법 센터 홈페이지에 @△△법 개정을 위한 의견을 온라인으로 제출하였다.

• 보기 •
ㄱ. ⊙은 정책 결정 기구이다.
ㄴ. ⓒ은 정치 과정에서 투입에 해당한다.
ㄷ. ⓒ에 비해 @은 정치 참여의 시·공간적 제약을 완화할 수 있는 방법이다.
ㄹ. ⓒ과 달리 @은 정치 과정에서 산출에 해당한다.

① ㄱ, ㄴ   ② ㄱ, ㄷ   ③ ㄴ, ㄷ   ④ ㄴ, ㄹ   ⑤ ㄷ, ㄹ

02 정치 참여 집단 A~C에 대한 설명으로 옳은 것은? (단, A~C는 각각 정당, 이익 집단, 시민 단체 중 하나임.) 2024학년도 수능

관광 개발 사업이 예정된 ○○ 지역의 상가 이익 증대를 위해 조직된 A는 상권이 확대될 것으로 기대하며 해당 사업의 빠른 추진을 요구하고 있다. 반면, 공익 추구를 목적으로 결성되어 환경 보호 활동에 앞장서 온 B는 생태계 파괴 우려가 있다며 해당 사업에 반대하고 있다. 한편, C는 A와 B의 의견을 수렴한 후 친환경 개발 분야 전문가를 이번 공직 선거에 후보자로 공천하였다.

① A는 의회와 행정부를 매개하기 위해 당정 협의회를 구성한다.
② B는 국정 감사권을 행사하여 행정부를 견제·감시한다.
③ B는 정치 과정에서 산출을 담당하는 정책 결정 기구이다.
④ C는 공익보다 사익을 우선시하며 정치적 책임을 지지 않는다.
⑤ C는 정권 획득을 목적으로 하며 정치적 충원 기능을 담당한다.

03 (가)에 들어갈 수 있는 옳은 내용만을 〈보기〉에서 있는 대로 고른 것은?　　　2024학년도 9월 모의평가

교사

> 우리나라의 선거 제도를 이해하기 위해 갑국의 선거 제도 개편안을 살펴보려 합니다. 현재 갑국 의회는 지역구 의원으로만 구성되며, 80개의 선거구에서 선거구별로 최다 득표한 후보자가 의회 의원으로 선출됩니다. 또한 갑국 대통령은 국민의 직접 선거를 통해 선출되며, 선거에서 최다 득표한 후보자가 당선됩니다. 갑국에서는 의회 의석을 확보한 5개 정당 중 특정 정당이 의회 내 과반 의석을 차지하고 있으며, 의회 의원 선거와 대통령 선거 모두에서 사표가 많이 발생한다는 지적이 있습니다. 〈자료 1〉은 갑국 의회 의원 선거 제도 개편안이고, 〈자료 2〉는 갑국 대통령 선거 제도 개편안입니다. 이에 대해 분석해 볼까요?

〈자료 1〉 갑국 의회 의원 선거 제도 개편안

- 의회 의원 정수(定數) 80명과 유권자 1인이 1표를 행사하는 방식은 유지하지만, 선거구를 20개로 축소하고 각 정당이 선거구별로 최대 2인까지 후보자로 공천할 수 있도록 함. 선거구별로 같은 수의 의회 의원을 득표순으로 선출함.
- 선거구 간 인구 편차의 허용 기준을 현재의 전국 선거구 평균 인구수 기준 '상하 33% 인구 편차'에서 '상하 20% 인구 편차'로 변경함.

〈자료 2〉 갑국 대통령 선거 제도 개편안

> 당선을 위한 조건으로 유효 투표 총수의 과반 득표라는 제한을 둠. 1차 투표에서 이 조건을 충족시킨 후보자가 있으면 당선자로 확정하고, 당선자가 없을 경우 1위와 2위 득표자만을 상대로 2차 투표를 실시함.

　　　　　　　　　　　　　　　　　(가)　　　　　　　　　　　　　　

학생

● 보 기 ●
- ㄱ. 갑국의 개편안에는 의회 의원 선거에서 선거구 간 '표의 등가성'이 강화되는 내용이 포함되어 있습니다.
- ㄴ. 갑국의 의회 의원 선거에서 현행과 달리 개편안은 특정 정당이 의회 의석의 50%를 차지할 수 없도록 제한합니다.
- ㄷ. 갑국 의회 의원 선거 제도 개편안의 선거구제는 우리나라 지역구 광역 의회 의원 선거의 선거구제와 동일합니다.
- ㄹ. 갑국의 개편안 적용 시 대통령 선거에서 전체 유권자 과반의 표를 얻지 못한 후보자의 당선 가능성을 배제할 수 없습니다.

① ㄱ, ㄷ　　　　② ㄱ, ㄹ　　　　③ ㄴ, ㄷ　　　　④ ㄱ, ㄴ, ㄹ　　　　⑤ ㄴ, ㄷ, ㄹ

09 민법의 기초

◆ 금전 대차 계약
당사자의 일방이 금전의 소유권을 상대방에게 이전할 것을 약정(約定)하고 상대방은 일정한 기일에 금전을 반환할 것을 약정함으로써 성립하는 계약을 말한다.

1. 민법의 의미와 기능

(1) 민법의 의미

① 의미: 개인과 개인 간의 법률관계에서 발생하는 권리와 의무의 종류 및 내용을 다루는 대표적인 사법(私法)

② 사법으로서의 민법: 법을 공법과 사법으로 분류하면 민법은 사법에 해당

구분	사법(私法)	공법(公法)
의미	개인 간의 사적 생활 관계를 규율하는 법	개인과 국가 기관 간 또는 국가 기관 간의 공적 생활 관계를 규율하는 법
적용 사례	• 갑은 A와 금전 대차 계약을 체결하였다. • 운송업자 을은 B에게 운송물 멸실에 대한 손해를 배상하였다.	• 병은 공권력에 의해 기본권을 침해받았다고 주장하며 헌법 소원 심판을 청구하였다. • 경찰관 정이 적법한 절차를 거쳐 범죄 혐의자를 연행하였다.
종류	민법, 상법 등	헌법, 형법 등

★ 공권력
국가나 공공 단체가 국민에 대해 우월한 의사 주체로서 명령·강제하는 권력을 말하며, 그러한 권력을 행사하는 국가 그 자체를 의미하는 경우도 있다.

③ 민법의 규율 대상: 재산 관계와 가족 관계 등 사적 법률관계 전반

구분	재산 관계	가족 관계
의미	• 재산과 관련된 권리와 의무 관계 • 재산권의 종류, 계약의 유형과 내용, 채무 불이행, 불법 행위, 손해 배상 등	• 부부나 자녀 등 가족과 관련된 권리와 의무 관계(친족 관계와 상속 관계) • 혼인, 이혼, 친권, 유언, 상속 등
사례	• 갑은 자신의 땅을 A에게 팔기로 하는 매매 계약을 체결하였다. • 을은 은행에서 돈을 빌리면서 자신의 주택을 담보로 제공하였다.	• 미성년자인 병(18세)이 부모의 동의를 얻어 여자 친구(20세)와 혼인하였다. • 정이 갑작스러운 사고로 유언 없이 사망하자 상속이 이루어졌다.

(2) 민법의 기능

① 재산 관계의 규율: 재산권의 개념과 대상, 계약, 불법 행위 등을 규정 → 개인의 경제 활동과 경제적 권리를 둘러싼 법률관계의 합리적 조정

② 가족 관계의 규율: 부부 관계, 부모와 자녀 관계, 가족 간의 권리와 의무 등을 규정 → 가족, 친족과 관련된 법률관계의 안정적 유지

③ 법의 일반 원칙 제시: 신의 성실의 원칙, 권리 남용 금지의 원칙 등 법의 일반 원칙 규정 → 법적 생활 관계의 행위 기준 제시

개념 체크

1. 개인 간의 사적 생활 관계를 규율하는 법을 (   )이라고 한다.
2. 헌법, 형법은 공적 생활 관계를 규율하는 (   )에 해당한다.
3. 민법은 재산권의 개념과 대상, 계약, 불법 행위 등과 같은 (   )를 규율하고, 부부 관계, 부모와 자녀 관계 등과 같은 (   )를 규율한다.

정답
1. 사법(私法)
2. 공법(公法)
3. 재산 관계, 가족 관계

> **📑 자료 플러스 ┃ 권리 남용 금지의 원칙**
>
> 민법 제2조 ② 권리는 남용하지 못한다.
>
> 권리 남용이 인정되기 위해서는 권리의 행사가 있고, 그 권리 행사로 인하여 자신이 얻는 이익과 상대방이 입는 불이익 사이에 불균형이 있어야 하며, 권리 행사가 오직 상대방을 해하거나 고통을 가할 목적으로 이루어져야 한다. 권리 남용에 해당하면 권리 행사의 효과가 발생하지 않는다. 다만, 권리 남용에 해당한다고 하더라도 권리 자체가 소멸되지는 않으며, 행사가 제한될 뿐이다.

2. 근대 민법의 세 가지 기본 원칙

(1) 근대 민법의 기본 이념: 개인주의, 자유주의

(2) 근대 민법의 기본 원칙

사유 재산권 존중의 원칙 (소유권 절대의 원칙)	• 개인 소유의 재산에 대한 사적 지배를 인정하고 국가나 다른 개인이 함부로 이를 간섭하거나 제한하지 못한다는 원칙 • 재산에 대한 소유권을 내세워 '소유권 절대의 원칙'이라고도 함.
사적 자치의 원칙 (계약 자유의 원칙)	• 개인은 자율적인 판단에 기초하여 법률관계를 형성해 나갈 수 있다는 원칙 • 개인 간의 법률관계 중 가장 대표적인 것이 계약이기 때문에 '계약 자유의 원칙'이라고도 함.
과실 책임의 원칙 (자기 책임의 원칙)	• 자신의 고의나 과실에 따른 행위로 타인에게 손해를 끼친 경우에만 책임을 진다는 원칙 • 자신의 행동에 고의 또는 과실이 없다면 책임을 질 필요가 없다는 의미에서 '자기 책임의 원칙'이라고도 함.

3. 근대 민법의 기본 원칙에 대한 수정·보완

(1) 수정 배경

① 자본주의 발달 과정에서 나타난 문제점: 19세기 말경부터 자본주의 발달에 따라 빈부 격차, 환경 오염, 독과점 등의 부작용 발생

② 근대 민법의 기본 원칙에 따른 법 적용의 문제점: 사회·경제적 강자가 약자를 지배하거나 자신의 책임을 회피하는 수단으로 악용되기도 함. → 사회적 약자의 보호 필요성 대두

(2) 수정·보완된 민법의 기본 원칙

소유권 공공복리의 원칙	• 소유권에 공공의 개념을 접합하여 소유권은 공공복리에 적합하도록 행사해야 한다는 원칙 • 개인의 소유권도 공공복리를 위하여 필요한 경우에 한하여 법률로써 제한될 수 있는 상대적 권리임을 의미함.
계약 공정의 원칙	• 계약의 내용이 사회 질서에 위반되거나 현저하게 공정하지 못한 경우 법적 효력이 발생하지 않는다는 원칙 • 경제적 약자에게 일방적으로 불리한 내용의 계약이 체결되는 것을 방지함.
무과실 책임의 원칙	• 가해자의 고의나 과실이 없어도 일정한 요건이 충족되면 그 행위로 발생한 손해에 대해 배상 책임이 인정될 수 있다는 원칙 • 제조물의 결함이나 환경 오염 등으로 인해 일정한 손해가 발생할 경우 그 원인을 제공한 자에게 무과실 책임의 원칙이 적용될 수 있음.

자료 플러스　환경 오염으로 인한 손해(무과실 책임)

> 환경 정책 기본법 제44조(환경 오염의 피해에 대한 무과실 책임) ① 환경 오염 또는 환경 훼손으로 피해가 발생한 경우에는 해당 환경 오염 또는 환경 훼손의 원인자가 그 피해를 배상하여야 한다.

환경 정책 기본법 제44조 제1항은 무과실 책임의 원칙이 적용된 조항이다. 대법원은 "환경 정책 기본법 제44조 제1항은 환경 오염 또는 환경 훼손으로 피해가 발생한 경우에는 해당 환경 오염 또는 환경 훼손의 원인자가 그 피해를 배상하여야 한다고 정하고 있다. 이는 민법의 불법 행위 규정에 대한 특별 규정으로서, 환경 오염 또는 환경 훼손의 피해자가 원인자에게 손해 배상을 청구할 수 있는 근거 규정이다. 따라서 환경 오염 또는 환경 훼손으로 피해가 발생한 때에는 원인자는 환경 정책 기본법 제44조 제1항에 따라 귀책 사유가 없더라도 피해를 배상하여야 한다."라고 판시하였다.

✪ 고의와 과실

고의란 자기 행위로 인해 일정한 결과가 발생한다는 것을 인식하면서도 그 행위를 하는 것이고, 과실은 자기의 행위로부터 일정한 결과가 생길 것을 인식했어야 함에도 불구하고 부주의로 말미암아 인식하지 못하면서 그 행위를 하는 것이다.

✪ 제조물 책임

제조물 책임은 제조되어 시장에 유통된 상품(제조물)의 결함으로 인하여 소비자의 생명, 신체나 재산에 손해가 발생한 경우에 제조업자 등 제조물의 생산, 판매 과정에 관여한 자의 과실 유무에 관계없이(무과실) 제조업자 등이 그러한 손해에 대하여 지는 책임을 말한다.

개념 체크

1. 개인 소유의 재산에 대한 사적 지배를 인정하고 국가나 다른 개인은 함부로 이를 간섭하거나 제한하지 못한다는 원칙은 (　　　)이다.

2. 과실 책임의 원칙은 자신의 행동에 충분한 주의를 기울였다면 책임을 질 필요가 없다는 의미에서 (　　　)이라고도 한다.

3. 계약의 내용이 사회 질서에 위반되거나 현저하게 공정하지 못한 경우 법적 효력이 발생하지 않는다는 원칙은 (　　　)이다.

정답
1. 사유 재산권 존중의 원칙
2. 자기 책임의 원칙
3. 계약 공정의 원칙

Theme 1   신의 성실의 원칙

사회 공동생활의 일원으로서 서로 상대방의 신뢰를 헛되이 하지 않도록 성의 있게 행동하여야 한다는 원칙을 신의 성실의 원칙 또는 신의칙이라고 한다. 즉, 신의 성실의 원칙은 법률관계의 당사자가 상대방의 이익을 배려하여 형평에 어긋나거나, 신뢰를 저버리는 내용 또는 방법으로 권리를 행사하거나 의무를 이행하여서는 안 된다는 추상적 규범이다. 가령 경매 목적이 된 부동산의 소유자가 배당 기일에 자신의 배당금을 이의 없이 수령하고 매수인에게 부동산을 임의로 *명도해 준 후 경매 절차가 무효라고 주장하는 것은 신의 성실의 원칙에 위반된다.

헌법 제23조 제2항은 '재산권의 행사는 공공복리에 적합하도록 하여야 한다.'라고 규정하고 있는데, 민법 제2조는 이러한 정신을 이어받아 권리 행사의 한계를 규정하고 있다. 즉, 민법 제2조 제1항에서는 '권리의 행사와 의무의 이행은 신의에 좇아 성실히 하여야 한다.'라는 신의 성실의 원칙을 규정하고 있다. 권리의 행사가 신의 성실의 원칙에 반할 때에는 권리 남용이 되어 권리 행사 본래의 효과를 거둘 수 없게 된다. 의무의 이행이 신의 성실의 원칙에 반할 때에는 의무 이행으로 인정되지 않아 채무 불이행이 된다.

* 명도: 건물, 토지, 선박 따위를 남에게 주거나 맡김. 또는 그런 일.

Theme 2   과실 책임의 원칙과 무과실 책임의 원칙

타인의 권리 내지 법익을 침해하는 위법 행위가 있고 그로 인해 타인에게 손해를 입힌 때에도 가해자에게 손해 배상 책임을 지우기 위해서는 그를 비난할 만한 사유가 따로 있어야만 한다. 피해자가 손해를 입은 점은 문제가 있지만 그렇다고 해서 가해자에게 잘못을 물을 수 없는데도 그 책임을 지우는 것은 가해자에게 가혹한 것이 되기 때문이다. 민법은 가해자에게 책임을 물을 만한 귀책사유 즉, 고의 또는 과실이 있는 경우에만 그 배상 책임을 지우는 과실 책임의 원칙을 정하고 있다.

근대 이후 과학 기술이 발달하면서 철도, 자동차, 항공기 등의 교통 기관이 등장하였고, 광업, 전기 사업, 원자력 산업과 같은 위험한 설비를 갖춘 기업이 나타났다. 이러한 기업은 타인에게 손해 발생의 가능성이 매우 크고 그러면서 많은 수익을 올리는데, 과실 책임의 원칙만을 관철하면 피해자가 구제받을 수 없는 경우가 있게 된다. 가령 어느 기업이 생산 과정에서 오염 물질을 방출하여 주민이 피해를 입었는데 그 오염 물질의 방출이 그 당시의 과학 기술 수준으로는 피할 수 없는 것이라면, 오염 물질 배출 기업의 과실은 없게 된다. 그러나 기업은 피해자에게 손해를 주면서까지 영업을 하여 수익을 올리는 점을 감안한다면, 기업 측의 배상 책임을 인정하는 것이 손해의 공평·타당한 부담이라는 지도 원리에 부합한다. 그래서 가해자에게 과실이 없더라도 일정한 경우에 한해서는 그 책임을 인정하자는 것이 무과실 책임의 취지이다.

그러나 과실 책임의 원칙은 개인 활동의 자유를 보장하는 것이므로 그러한 자유를 위험하게 하더라도 배상 책임을 인정하여야 할 특별한 사유가 있는 때에만 무과실 책임을 인정하여야 한다. 민법은 불법 행위에서 과실 책임의 원칙을 취하므로 무과실 책임은 예외적인 경우에만 인정된다.

[24020-0109]

01 표는 A, B에 대한 질문과 학생 갑, 을의 답변 및 채점 결과를 나타낸 것이다. 이에 대한 옳은 설명만을 〈보기〉에서 고른 것은? (단, A, B는 각각 공법, 사법 중 하나임.)

질문	갑	을
A는 개인 간의 사적 생활 관계를 규율하는 법인가?	예	ⓒ
B는 계약의 종류와 내용, 불법 행위 책임을 규정한 법률이 포함되는가?	ⓐ	예
헌법은 B가 아닌 A에 해당하는가?	ⓑ	ⓓ
점수	3점	2점

* 각 학생의 답변별로 채점하며 옳으면 1점, 틀리면 0점임.

◆ 보기 ◆

ㄱ. A의 예로 민법, 형법이 있다.
ㄴ. 개인 간에 금전 대차 계약을 체결한 것은 A가 아닌 B에 의해 규율된다.
ㄷ. ⓐ과 ⓑ의 답변은 서로 같다.
ㄹ. ⓒ과 ⓓ의 답변은 서로 다르다.

① ㄱ, ㄴ   ② ㄱ, ㄷ   ③ ㄴ, ㄷ
④ ㄴ, ㄹ   ⑤ ㄷ, ㄹ

[24020-0110]

02 밑줄 친 ⓐ에 해당하는 사례로 가장 적절한 것은?

민법은 사인(私人) 간의 관계를 다루는 가장 대표적인 법이다. 우리나라 민법은 법의 일반 원칙을 제시하고, 재산 관계와 ⓐ가족 관계를 규율한다. 이를 통해 개인은 원만하게 상호 작용을 할 수 있고, 자신의 권리를 보장받을 수 있다.

① A가 친구에게 선물을 주기 위해 서점에서 책 매매 계약을 체결하였다.
② B가 회사 동료와 함께 살 집을 마련하기 위해 은행에서 돈을 빌렸다.
③ C가 오토바이를 타고 운동을 하러 가던 중 행인을 실수로 치어 다치게 하였다.
④ D가 유언을 남기고 사망하자 자녀들이 유언에 따라 D의 재산을 받았다.
⑤ E가 실수로 친구의 노트북을 파손하여 E가 수리비를 배상하였다.

[24020-0111]

03 A, B에 대한 설명으로 옳은 것은?

민법의 기본 원칙	적용된 법 조항
A	환경 오염 또는 환경 훼손으로 피해가 발생한 경우에는 해당 환경 오염 또는 환경 훼손의 원인자가 그 피해를 배상하여야 한다.
B	재산권의 행사는 공공복리에 적합하도록 하여야 한다.

① A는 법률관계를 형성하는 것은 개인의 자유로운 의사에 맡겨야 하고 국가가 개입하면 안 된다는 원칙이다.
② 제조물의 결함으로 인한 소비자의 신체상 손해에 대해 제조물 책임법에 따라 제조업자가 지는 손해 배상 책임에는 A가 적용된다.
③ B에 따르면 현저히 불공정한 내용의 계약은 무효이다.
④ B는 국가나 사회보다 개인의 자유를 우선시하는 사상에 기초한다.
⑤ B에 따라 개인의 사유 재산권에 대한 절대적 지배가 인정되어 국가나 다른 개인은 이를 함부로 간섭하거나 제한할 수 없다.

[24020-0112]

04 민법의 기본 원칙 A에 부합하는 진술로 옳은 것은?

A는 계약의 체결에서부터 종결에 이르기까지 모든 단계에서 자신의 자유의사에 따라 계약 관계를 형성할 수 있다는 원칙이다. 이는 계약의 내용, 이행의 상대방 및 방법의 결정 또한 당사자 의사로 결정하는 자유를 말한다.

① 개인 간에 체결된 계약의 내용은 존중되어야 한다.
② 재산권은 공공복리에 적합하도록 행사되어야 한다.
③ 국가는 개인의 재산권을 함부로 제한해서는 안 된다.
④ 고의나 과실이 없는 개인도 손해 배상 책임을 질 수 있다.
⑤ 가해자는 고의나 과실이 인정되는 경우에만 손해 배상 책임을 진다.

05 다음은 A법의 일부 조항이다. 이에 대한 옳은 설명만을 〈보기〉에서 고른 것은? [24020-0113]

> (가) 친권을 행사하는 부 또는 모는 미성년자인 자의 법정 대리인이 된다.
> (나) 고의 또는 과실로 인한 위법 행위로 타인에게 손해를 가한 자는 그 손해를 배상할 책임이 있다.

● 보기 ●
ㄱ. A법은 재산 관계와 가족 관계를 규율하는 내용을 포함하고 있다.
ㄴ. A법은 자본주의 발달 과정에서 발생하는 사회 문제를 해결하기 위해 등장하였다.
ㄷ. (가)는 가족과 관련된 권리와 의무 관계를 규율하는 조항이다.
ㄹ. (나)는 사회적 약자의 보호를 위해 국가의 적극적 역할을 강조하는 조항이다.

① ㄱ, ㄴ ② ㄱ, ㄷ ③ ㄴ, ㄷ
④ ㄴ, ㄹ ⑤ ㄷ, ㄹ

06 밑줄 친 ㉠에 해당하는 내용으로 옳은 것은? [24020-0114]

> 자본주의가 발달함에 따라 부익부 빈익빈, 독과점 등 여러 가지 문제점이 나타났다. 이를 해결하기 위해 현대 민법은 기존의 개인주의, 자유주의 사상을 원칙으로 하면서도 ㉠근대 민법의 기본 원칙을 수정·보완한 원칙을 포함하고 있다.

① 개인의 소유권을 절대적 권리로 본다.
② 사회 질서에 반하는 내용의 법률 행위도 유효하다.
③ 과실이 아닌 고의에 의한 경우에만 손해 배상 책임을 인정한다.
④ 국가의 간섭 없이 자신의 의사에 따라 상대방과 자유롭게 법률관계를 형성할 수 있다.
⑤ 타인에게 끼친 손해에 대해서 자신에게 고의나 과실이 없을 경우에도 일정한 요건에 따라 법적 책임을 질 수 있다.

07 다음 자료의 약관 조항이 시정된 이유로 가장 적절한 것은? [24020-0115]

> 강설, 폭우, 안개 등의 천재지변이나 불가항력적인 사유로 골프장 이용이 불가한 경우에도 이용자에게 이용하지 않은 홀의 요금을 청구하거나 이용 요금의 환불을 제한하는 약관 조항이 시정 조치되었다. ○○ 위원회의 시정 조치 후 해당 약관 조항은 악천후나 천재지변 등 불가항력적인 사유로 골프장 이용이 중단된 경우 이용 요금의 정산은 모든 이용자가 이용을 마친 홀을 기준으로 1홀 단위로 요금을 정산할 수 있도록 하였다.

① 약관 조항의 내용이 모호하고 불명확하다.
② 약관 조항의 내용이 이용객에게 부당하게 불리하다.
③ 해당 계약 체결 시 계약 당사자가 행위 능력을 갖추지 못했다.
④ 계약 당사자의 자유로운 의사에 기초하여 형성될 수 없는 내용의 계약이다.
⑤ 골프장 업체에 부당하게 과중한 손해 배상 의무를 부담시키는 약관 조항이다.

08 표는 근대 민법의 기본 원칙에 대한 수정·보완 원칙과 관련 법규를 나타낸 것이다. A에 부합하는 진술로 옳은 것은? [24020-0116]

근대 민법의 기본 원칙에 대한 수정·보완 원칙	관련 법규
A	공익 사업을 위한 토지 등의 취득 및 보상에 관한 법률 제1조 이 법은 공익 사업에 필요한 토지 등을 협의 또는 수용에 의하여 취득하거나 사용함에 따른 손실의 보상에 관한 사항을 규정함으로써 공익 사업의 효율적인 수행을 통하여 공공복리의 증진과 재산권의 적정한 보호를 도모하는 것을 목적으로 한다.

① 사회 질서에 반하는 내용의 법률 행위도 유효하다.
② 개인의 재산권은 공공복리에 적합하게 행사되어야 한다.
③ 개인 간 자유로운 의사 표시의 합치에 의한 계약은 계약 당사자를 구속한다.
④ 경제적 강자가 경제적 약자에게 부당한 계약을 강제하는 수단으로 악용될 수 있다.
⑤ 고의나 과실이 없더라도 일정한 요건이 충족되면 관계되는 자가 손해 배상 책임을 진다.

[24020-0117]

1 다음 자료에 대한 옳은 분석만을 〈보기〉에서 고른 것은?

민법의 일반적인 특징 한 가지와 민법이 적용되는 생활 관계의 사례 두 가지를 서술하시오. (답안별로 채점하며, 옳으면 1점, 틀리면 0점이고, 총점은 3점임.)

문항	답안	점수
1. 민법의 일반적인 특징을 서술하시오.	(가)	1점
2. 민법이 적용되는 생활 관계의 사례를 서술하시오.	갑은 을과 성격 차이로 이혼하였다.	㉠
	(나)	1점

● 보기 ●

ㄱ. (가)에 '개인 간의 사적 생활 관계를 규율한다.'가 들어갈 수 있다.
ㄴ. (가)에 '자본주의 발달 과정에서 나타난 문제점을 해결하기 위해 등장하였다.'가 들어갈 수 없다.
ㄷ. (나)에 '병은 적법한 절차를 거쳐 수사를 받았다.'가 들어갈 수 있다.
ㄹ. ㉠에 '0점'이 들어간다.

① ㄱ, ㄴ　　　② ㄱ, ㄷ　　　③ ㄴ, ㄷ　　　④ ㄴ, ㄹ　　　⑤ ㄷ, ㄹ

[24020-0118]

2 민법의 기본 원칙 A에 부합하는 진술로 옳은 것은?

구 실화(失火) 책임에 관한 법률의 입법 목적은 실화로 인하여 화재가 발생한 경우에는 실화자 자신도 피해를 입을 뿐만 아니라 부근 가옥 및 기타 물건에 연소함으로써 그 피해가 예상외로 확대되어 실화자의 책임이 과다하게 되는 점을 고려하여 그 손해 배상 책임을 중과실로 인한 실화의 경우에 한정함으로써 경과실로 인한 실화자를 지나치게 가혹한 부담으로부터 구제하려는 것이다. 그러나 실화는 우연한 사정에 의해 발생하는 것이 아니라 실화자의 과실에 의하여 발생하는 것을 전제로 하는 것이다. 구 실화 책임에 관한 법률은 경과실로 인한 실화의 경우 실화자의 손해 배상 책임을 부정하여 시민법 질서의 근간이 되는 행위 책임 내지 [A]에 정면으로 위배된다. 이에 구 실화 책임에 관한 법률은 실화가 중대한 과실로 인한 것이 아닌 경우 그로 인한 손해의 배상 의무자는 법원에 손해 배상액의 경감을 청구할 수 있는 것으로 개정되었다.

① 개인의 재산에 대해 국가의 간섭이 없는 사적 지배를 인정한다.
② 개인은 소유권을 행사함에 있어서 공공복리에 적합하도록 해야 한다.
③ 개인은 자유로운 의사에 기초하여 타인과 법률관계를 형성할 수 있다.
④ 계약의 내용이 현저하게 공정성을 잃으면 법적 효력이 인정되지 않는다.
⑤ 개인은 타인에게 손해를 끼친 행위에 대하여 자신에게 고의나 과실이 있는 경우에만 배상 책임을 진다.

[24020-0119]

3 다음 자료에서 강조하는 내용으로 가장 적절한 것은?

> 토양 환경 보전법 ○○조항은 면책 사유에 해당하지 않는 한 신속하고 확실하게 토양 오염에 대한 책임자를 특정하고 그에 따른 책임 이행을 확보할 수 있도록 정화 책임자의 범위를 오염 토지의 소유자로 확장하여 이들에게 공법상 무과실의 책임을 부담시키고 있다. 이는 경제적인 능력이 있는 것으로 추정되는 토지 소유자에게 정화 책임 등을 부과하는 것으로 입법 목적 달성에 적합한 수단이 된다. 토지 소유자가 토양 오염 발생자 등에게 토지의 사용을 허용한 경우에는 해당 토지를 환경적 위험과 결부된 토지 이용에 제공함으로써 토양 오염의 발생에 관여하거나 위험을 인수한 것이므로, 이 경우 토지 소유자에게 토양 오염에 대하여 책임을 지우는 것은 정당한 근거가 있고, 토지 소유자는 토양 오염의 발생이라는 상태에 가장 근접해 있는 자로서 토양 오염을 효과적으로 제거할 수 있는 법적·사실적 지위에 있다.

① 토지 소유자는 자신의 의사에 따라 자유롭게 계약을 맺을 권리를 침해당하고 있다.
② 토지 소유자는 본인이 소유하는 토지를 배타적으로 사용·수익 또는 처분할 권리를 가진다.
③ 오염 토지 소유자는 직접적인 고의나 과실이 없더라도 일정한 요건에 따라 법적 책임을 질 수 있다.
④ 토양 환경 보전법은 토지 소유자와 토양 오염 발생자 간의 불공정한 계약 방지를 목적으로 제정되었다.
⑤ 오염 토지 소유자와 토양 오염 발생자 모두 자신의 행위로 인한 결과를 의도할 경우에만 손해 배상 책임을 진다.

[24020-0120]

4 다음 자료에서 ○○ 위원회의 판단에 근거가 되는 민법의 기본 원칙에 대한 진술로 가장 적절한 것은?

> 사업자의 고의 또는 과실로 인한 행위로 고객에게 손해가 발생하였다면 사업자는 손해 배상 책임을 져야 하는 것이 민법상 기본 원칙이다. 따라서 고객의 고의나 과실로 인하여 손해가 발생하더라도 사업자의 귀책사유가 있다면 그에 따른 책임을 져야 한다. 그러나 '수취인의 이름 및 계좌 번호 등 제7조에서 정한 바에 따라 등록한 정보의 오류 등으로 송금이 지연되는 경우 이로 인하여 발생하는 손실은 은행이 책임지지 않습니다.'라는 약관 조항은 고의 또는 과실 여부를 불문하고 은행의 모든 책임을 배제하고 있다. 따라서 '상당한 이유 없이 사업자의 손해 배상 범위를 제한하거나 사업자가 부담해야 하는 위험을 고객에게 떠넘기는 조항이므로 무효이다.' 라고 ○○ 위원회는 판단하였다.

① 개인은 각자의 자율적인 판단에 기초하여 법률관계를 형성할 수 있다.
② 계약 내용이 사회 질서에 반하거나 현저하게 공정성을 잃으면 법적 효력이 인정되지 않는다.
③ 개인은 자신이 소유하는 재산을 공공의 이익에 부합하도록 사용·수익 또는 처분하여야 한다.
④ 개인 소유의 재산에 대한 사적 지배를 인정하여 국가는 이를 함부로 간섭하거나 제한하지 못한다.
⑤ 타인에게 끼친 손해에 대해서 자신에게 고의나 과실이 없을 경우에도 일정한 요건에 따라 법적 책임을 질 수 있다.

[24020-0121]

5 다음 자료에 대한 옳은 설명만을 〈보기〉에서 있는 대로 고른 것은?

> 개인이 자신의 의사대로 자유롭게 법률관계를 맺을 수 있다는 A, 개인의 사유 재산에 대한 지배권을 보장하는 B, 위법한 행위로써 타인에게 손해를 입힌 경우에 자신의 고의나 과실에 따른 경우에만 책임을 진다는 C는 모두 근대 민법의 3대 원칙이다. A는 시장 경제의 발달에 결정적 기여를 하였다고 평가받지만, 산업화가 진행되면서 사회적 약자들이 보호받지 못하는 문제가 발생하자 사회적 책임을 강조하는 방향으로 수정되었다. 즉, A는 계약 내용이 사회 질서에 반하지 않고 공정해야 한다는 D로 보완되었다. 이는 계약 당사자 간에 평등하지 못한 관계에서 부당한 계약이 발생하는 것을 막기 위한 노력이다.

> ● 보기 ●
> ㄱ. A는 경제적 강자의 책임 회피를 방지하려는 목적으로 도입되었다.
> ㄴ. C는 근대 사회에서 개인이 불합리한 연대 책임으로부터 벗어날 수 있도록 해 주는 근거가 되었다.
> ㄷ. A~C는 모두 개인주의, 자유주의를 이념적 기반으로 한다.
> ㄹ. A~C는 D와 달리 현대 사회에서 민법의 기본 원칙으로 적용되지 않는다.

① ㄱ, ㄷ　　② ㄱ, ㄹ　　③ ㄴ, ㄷ　　④ ㄱ, ㄴ, ㄹ　　⑤ ㄴ, ㄷ, ㄹ

[24020-0122]

6 (가)에 들어갈 수 있는 내용으로 가장 적절한 것은?

> 권리 남용이란 권리자가 그 권리를 행사함으로 인하여 사회적·경제적으로 얻는 이익보다 상대방에게 과대한 손해를 입히는 결과가 됨에도 불구하고, 권리자가 권리 행사라는 구실로 상대방에게 손해를 가할 것만을 목적으로 하거나 객관적으로 우리의 통념상 도저히 용인될 수 없는 부당한 결과를 자아내는 등 공공복리를 위한 권리의 사회적 기능을 무시하고 신의 성실의 원칙과 국민의 건전한 권리 의식에 반하는 행위를 하는 것을 뜻한다. 어떤 권리 행사가 권리 남용이 되는가의 여부는 각 개별적이고 구체적인 사안에 따라 판단되어야 한다. ○○ 법원은 토지 소유자가 자신의 토지 위에 설치된 수로를 폐쇄하는 것으로 소유권을 행사하는 것은 자신에게는 큰 이익이 없는 반면에 농지 개량 조합에는 새로운 수로 개설을 위한 막대한 시간과 비용이 필요하여 그 피해가 극심할 뿐만 아니라 민법의 기본 원칙인 ┌─── (가) ───┐에도 반하므로 권리 남용에 해당한다고 판단하였다.

① 국가는 개인 소유의 재산에 함부로 간섭하지 못한다
② 재산권의 행사는 공공복리에 적합하도록 하여야 한다
③ 개인은 자율적인 판단에 기초하여 법률관계를 형성할 수 있다
④ 계약의 내용이 사회 질서에 반하거나 현저하게 공정하지 못한 경우 법적 효력이 발생하지 않는다
⑤ 타인에게 끼친 손해에 대해서 자신에게 고의나 과실이 없을 경우에도 일정한 요건에 따라 법적 책임을 질 수 있다

10 재산 관계와 법

청약과 승낙

청약은 상대방에게 일정한 내용의 계약을 체결할 것을 제의하는 확정적 의사 표시이며, 승낙은 청약에 대응하여 계약을 성립시킬 목적으로 청약자에게 하는 의사 표시이다. 청약과 승낙의 의사 표시가 합치한 때에 계약이 성립한다.

의사 능력

자기 행위의 의미나 결과를 인식·판단함으로써 법률 행위를 하는 데 필요한 정상적인 의사 결정을 할 수 있는 정신 능력 또는 판단 능력을 의미한다. 유아(幼兒)나 만취 등으로 혼수상태에 있는 사람과 같이 의사 능력이 결여된 자를 의사 무능력자라고 한다.

강행 법규

당사자의 의사 여부와 관계없이 강제적으로 적용되는 규정을 의미한다.

1. 계약의 이해

(1) 계약의 의미와 효력

의미	일정한 법률 효과를 발생시킬 목적으로 당사자 간 합의에 의해 성립하는 법률 행위 예 부동산 매매, 주택 임대차, 사용자의 근로자 채용 등
효력	• 계약을 체결한 양 당사자에게 일정한 권리와 의무가 발생함. • 채무를 불이행할 경우 손해 배상과 같은 법적 책임이 발생함.

개념 플러스 채무 불이행

채무자가 자기의 책임 있는 사유로 채무의 내용에 따른 이행을 하지 않은 것을 채무 불이행이라고 한다. 이에는 이행 불능, 이행 지체 등이 있으며, 채무 불이행이 있을 경우 채권자는 법률에 따라 계약을 해제할 수 있다. 또한 이로 인해 손해가 발생한 경우에는 손해 배상을 청구할 수 있다.

(2) 계약의 성립과 요건

① 성립 시점: 일반적으로 계약을 체결하고 싶다는 의사 표시인 청약과 이를 받아들이겠다는 의사 표시인 승낙이 합치된 때

② 계약이 성립하여 효력이 발생하기 위한 요건
  • 계약 당사자가 의사 능력과 행위 능력을 갖추고 있어야 함.
  • 둘 이상의 계약 당사자 간 자유로운 의사 표시(청약과 승낙)가 합치해야 함.
  • 계약의 내용이 실현 가능하고 적법해야 함.
  • 계약의 내용이 강행 법규나 선량한 풍속 기타 사회 질서에 위반되지 않아야 함.

자료 플러스 계약의 성립

(가) 갑은 을에게 1년 후에 갚을 테니 1천만 원을 빌려줄 수 있느냐고 전화로 물었고, 을은 빌려주겠다고 하였다.
(나) 갑과 을은 전화 통화를 한 다음 날에 만나 금전 차용 계약서를 작성하였다.

계약을 체결하고 싶다는 의사 표시인 청약과 이를 받아들이겠다는 의사 표시인 승낙이 합치된 때 계약이 성립한다. 따라서 (가)에서 갑의 청약과 을의 승낙이 합치되었으므로 계약이 성립하였다. (나)에서 갑과 을은 계약서를 작성하였다. 그러나 계약서는 계약의 내용을 확실히 하는 것이지 계약서를 작성해야 계약이 성립하는 것은 아니다.

③ 계약서: 계약의 내용을 명확히 하고, 다툼이 발생했을 때 증거 자료로 활용 가능함.

자료 플러스 계약서의 사례

〈금전 차용 계약서〉
1. 채권자: 갑 / 채무자: 을
2. 금액: 1억 원
3. 이자: 연 5%
4. 변제 기일: 2024. 8. 1.
…(중략)…
2021년 8월 1일
채권자 갑 (갑)   채무자 을 (을)

그림은 갑과 을의 금전 거래에 관한 계약서이다. 갑은 을에게 1억 원을 연 5%의 이자로 빌려주기로 했고, 을은 갑에게 2024년 8월 1일에 갚기로 약속하였다. 이러한 약속을 계약서에 자세히 기재해야 서로의 권리와 의무가 명확해지고, 차후의 분쟁을 예방할 수 있다.

개념 체크

1. 일정한 법률 효과를 발생시킬 목적으로 당사자 간 합의에 의해 성립하는 법률 행위를 (   )이라고 한다.
2. 계약을 체결한 양 당사자에게 일정한 권리와 (   )가 발생한다.
3. 계약은 계약을 체결하고 싶다는 의사 표시인 (   )과 이를 받아들이겠다는 의사 표시인 (   )이 합치된 때 성립한다.

정답
1. 계약
2. 의무
3. 청약, 승낙

2. 미성년자의 계약

(1) 미성년자의 의미와 법적 지위

① 미성년자: 19세 미만인 자

② 미성년자의 법률 행위 효력

- 행위 능력이 제한되므로 법률 행위를 할 경우 원칙적으로 법정 대리인의 동의를 얻어야 함.
- 미성년자가 법정 대리인의 동의를 얻지 않고 한 법률 행위도 일단 유효하지만 미성년자 본인이나 법정 대리인이 그 법률 행위를 취소할 수 있음.

③ 미성년자가 단독으로 할 수 있는 법률 행위

- 단순히 권리만을 얻거나 의무만을 면하는 행위(예 채권자로부터 채무 면제를 받는 경우)
- 법정 대리인에 의해 범위를 정하여 처분이 허락된 재산(예 용돈)의 처분 행위
- 법정 대리인에 의해 영업이 허락된 미성년자의 그 영업에 관한 행위 등

(2) 미성년자와 거래한 상대방의 보호

① 필요성: 미성년자와 거래한 상대방의 경우 계약 당사자가 미성년자라는 이유로 임의로 계약을 취소하면 손해가 발생할 수 있음.

② 미성년자와 거래한 상대방에게 인정되는 권리

- 확답을 촉구할 권리: 미성년자와 거래한 상대방은 미성년자의 법정 대리인에게 일정한 기간을 정하여 계약을 추인할 것인지의 여부의 확답을 촉구할 수 있음(특별한 절차가 필요한 행위가 아닐 경우 일정 기간 내에 확답이 없으면 확정적으로 유효한 법률 행위가 됨.).
- 철회권: 미성년자와 거래한 상대방은 해당 거래에 대한 미성년자의 법정 대리인의 추인이 있을 때까지 계약 체결의 의사 표시를 철회할 수 있음(단, 계약 체결 당시 미성년자임을 몰랐을 경우만 해당됨.).

③ 미성년자 측의 취소권 배제: 미성년자가 적극적으로 거짓말을 하거나 신분증을 위조하는 등의 속임수를 써서 자신이 행위 능력자인 것처럼 믿게 한 경우 혹은 속임수로써 법정 대리인의 동의를 받은 것처럼 믿게 한 경우 취소권이 배제됨.

자료 플러스 — 미성년자 측의 취소권 배제

민법 제17조 ① 제한 능력자가 속임수로써 자기를 능력자로 믿게 한 경우에는 그 행위를 취소할 수 없다.
② 미성년자나 피한정 후견인이 속임수로써 법정 대리인의 동의가 있는 것으로 믿게 한 경우에도 제1항과 같다.

판례에 따르면 민법 제17조의 제한 능력자가 속임수를 쓴 것이라 함은 적극적으로 사기 수단을 쓴 것(신분증 위조, 법정 대리인 동의서 위조 등)을 말하는 것이고, 단순히 자기가 능력자라 주장하는 것은 속임수를 쓴 것이라고 할 수 없다.

✪ 행위 능력
단독으로 확정적으로 유효한 법률 행위를 할 수 있는 법적 지위 내지 자격을 의미한다. 행위 능력 여부의 판단은 연령(19세) 또는 후견 개시의 심판과 같이 획일적이며 객관적인 기준에 의한다.

✪ 법정 대리인
법에 따라 당사자의 행위를 대리할 권한을 가진 사람을 의미한다. 미성년자의 경우 친권자가 법정 대리인이 되며, 친권자가 없을 때는 미성년 후견인이 법정 대리인이 된다.

✪ 추인
불완전한 법률 행위를 그 행위가 있은 뒤에 보충하여 확정적으로 유효한 법률 행위가 되게 하는 일방적인 의사 표시이다.

✪ 철회
아직 법률 행위의 효력이 발생하지 않은 의사 표시의 효력 발생을 저지시키거나, 일단 효력이 발생한 의사 표시를 소멸시키는 일방적 의사 표시이다.

개념 체크

1. 미성년자는 원칙적으로 법정 대리인의 (　　)를 얻어야 법률 행위를 할 수 있다.
2. 미성년자와 거래한 상대방은 미성년자의 (　　)에게 계약을 취소할 것인지에 대한 확답을 촉구할 수 있다.
3. 미성년자와 거래한 상대방이 (　　)을 행사하기 위해서는 거래 당시 미성년자임을 몰랐어야 한다.

정답
1. 동의
2. 법정 대리인
3. 철회권

재산 관계와 법

3. 불법 행위와 손해 배상

(1) 불법 행위

① 의미: 고의나 과실로 위법하게 타인에게 손해를 가한 행위

　　㉑ 타인을 때려서 다치게 하거나 타인의 재산을 훼손하는 것 등

② 불법 행위의 성립 요건

가해 행위	가해자가 피해자에게 손해를 발생시키는 행위를 해야 함.
고의 또는 과실	가해 행위와 관련하여 가해자에게 고의 또는 과실이 있어야 함.
위법성	• 법질서 전체에 위반되는 것으로 법이 보호할 가치가 있는 이익을 침해하거나 법이 금지한 행위를 한 경우 등에는 위법성이 추정됨. • 정당방위나 긴급 피난 등의 경우에는 위법성이 조각됨.
손해의 발생	• 가해자의 행위 때문에 피해자에게 손해가 발생해야 함. • 재산적인 손해뿐만 아니라 타인의 신체, 자유 또는 명예를 침해하거나 기타 정신상 고통을 가한 경우 정신적 손해도 포함됨.
인과 관계	가해 행위와 피해자의 손해 사이에 상당 인과 관계가 있어야 함.
책임 능력	• 행위자에게 자신의 행위로 인해 일정한 결과(법률상 책임)가 발생한다는 것을 인식(변식)할 수 있는 능력이 있어야 하는데, 책임 능력은 행위 당시를 기준으로 구체적·개별적으로 판단함. • 심신 상실자는 책임 능력이 없다고 봄.

◆ 추정
명확하지 않은 사실을 일단 존재하는 것으로 정하여 법률 효과를 발생시키는 것을 의미한다.

◆ 상당 인과 관계
일반인의 일반적인 생활 경험에 비추어 A라는 행위로부터 B라는 결과가 발생하는 것에 개연성이 있다면 상당 인과 관계가 있다고 본다. 이때 상당성의 기준은 일반인의 통념상 상당성이다.

◆ 심신 상실자
심한 정신 기능의 장애로 사물을 변별하거나 의사를 결정할 능력이 없는 상태에 있는 사람을 말한다.

자료 플러스 ▎불법 행위의 성립 요건

(가) 전동 킥보드의 기기 자체 결함이 없는 상황에서 전동 킥보드 대여 업체가 안전모 착용 등 안전 수칙을 충분히 설명하였으나 고객이 안전모를 쓰지 않고 전동 킥보드를 타다 다친 경우 법원은 대여 업체에게 불법 행위 책임이 없다고 판단하였다. 그 이유가 무엇일까?

(나) 자장면을 빨리 배달해 달라는 독촉 전화를 받고 종업원이 급히 배달하다가 교통사고를 냈다면, 주문한 고객에게 손해 배상 책임을 물을 수 있을까?

(다) 밤중에 집에 침입한 강도가 흉기로 위협하자 막대기를 휘둘러 강도에게 상처를 입혔다면, 불법 행위가 성립할까?

(라) 어린이(6세)가 돌멩이를 남의 자동차에 던져서 손해를 입혔을 때, 어린이의 행위는 불법 행위에 해당되는 것일까?

(가) 법원은 고객이 전동 킥보드를 타다가 다친 사안에서 전동 킥보드 대여 업체의 과실이 없다고 판단하였다. 전동 킥보드 대여 업체는 고객에게 안전 수칙을 충분히 설명하는 등 업무상 고지 의무를 이행했으므로 고객이 다친 것은 고객의 잘못이라는 것이다. 따라서 법원은 전동 킥보드 대여 업체의 불법 행위는 성립하지 않으므로 배상 책임도 없다고 보았다.

(나) 종업원이 고객의 독촉 전화를 받고 급히 배달하다가 교통사고를 냈다고 하더라도 고객의 독촉 행위와 교통사고 발생 사이에 직접적인 인과 관계가 있다고 볼 수 없으므로 고객에게 책임을 묻기 어렵다.

(다) 강도에게 상처를 입힌 행위가 정당방위로 인정되면 위법성이 조각되므로 불법 행위로 성립되지 않고, 손해 배상 책임이 인정되지 않는다.

(라) 6세의 어린이는 책임 능력이 없으므로 불법 행위 책임이 인정되지 않는다. 그러나 이 어린이를 감독할 법정 의무자인 부모는 특수 불법 행위의 책임을 질 수 있다.

개념 체크

1. 불법 행위가 성립하기 위해서는 가해 행위와 관련하여 가해자에게 고의 또는 (　　)이 있어야 한다.
2. 손해에는 재산적 손해뿐만 아니라 (　　) 손해도 포함된다.
3. 심신 상실자는 불법 행위의 성립 요건 중 (　　)이 없다.

정답
1. 과실
2. 정신적
3. 책임 능력

(2) 특수 불법 행위

① 의미: 일반 불법 행위의 성립 요건과는 달리 특수한 성립 요건이 정해져 있는 불법 행위

② 유형

책임 무능력자의 감독자 책임	• 책임 능력이 없는 미성년자나 심신 상실자가 타인에게 손해를 가한 경우 이를 감독할 법정 의무가 있는 자가 손해 배상 책임을 짐. • 감독자가 감독 의무를 게을리하지 않았음을 증명하면 책임이 면제됨. • [사례] 마트에 간 갑이 한눈을 판 사이 갑의 아들 A(6세)가 을의 차량에 돌을 던져 차량 앞 유리가 파손된 경우 갑의 불법 행위 책임
사용자의 배상 책임	• 피용자가 업무와 관련하여 타인에게 손해를 가한 경우 피용자가 불법 행위 책임을 지면 사용자는 피용자의 선임 및 그 사무 감독상의 과실에 대해 손해 배상 책임을 짐. • 사용자가 피용자의 선임 및 그 사무 감독에 상당한 주의를 다하였음을 증명하면 책임이 면제됨. • [사례] 갑이 운영하는 피자 가게의 직원 을(20세)이 피자 배달을 위해 오토바이를 운행하던 중 운전 부주의로 지나가는 행인 병을 치어 부상을 입힌 경우 갑의 불법 행위 책임
공작물 등의 점유자·소유자 책임	• 공작물 등의 설치 또는 보존상의 하자로 타인에게 손해가 발생한 경우 공작물 등의 점유자가 1차적으로 손해 배상 책임을 짐. • 공작물 등의 점유자가 손해 방지를 위한 주의를 다하였음을 증명하면 책임이 면제되고, 공작물 등의 소유자가 면책이 인정되지 않는 무과실 책임을 짐. • [사례] 갑 소유의 건물을 임차하여 을이 식당을 운영하고 있는 상황에서 식당 창틀이 떨어져 지나가던 병이 다친 경우 1차적으로는 점유자인 을이 책임을 지지만, 을이 건물 외벽 관리에 주의를 다하였음을 증명하면 소유자 갑이 무과실 책임을 짐.
동물의 점유자 책임	• 점유하는 동물이 타인에게 손해를 가한 경우 동물의 점유자가 손해 배상 책임을 짐. • 점유자가 동물의 종류와 성질에 따라 그 보관에 상당한 주의를 기울였음을 증명하면 책임이 면제됨. • [사례] 개를 데리고 산책하던 갑(25세)이 개의 목줄을 놓쳐 개가 을에게 부상을 입힌 경우 갑의 불법 행위 책임
공동 불법 행위자의 책임	• 여러 사람이 공동으로 타인에게 손해를 가한 경우 연대하여 손해 배상 책임을 짐. • 누구의 가해 행위로 인해 피해자에게 손해가 발생하였는지 명확하지 않은 경우에도 가해에 참여한 자들이 연대하여 손해 배상 책임을 짐. • [사례 1] 갑(19세), 을(20세), 병(18세)이 공터에 세워 놓은 A의 자동차를 공동으로 파손한 경우 갑, 을, 병의 불법 행위 책임 • [사례 2] 혼내 줄 사람이 있으니 도와 달라는 갑(38세)의 부탁을 받은 을(30세)이 갑이 A를 폭행하는 동안 폭행 현장에서 망을 본 경우 갑과 을의 불법 행위 책임

(3) 손해 배상

① 의미: 발생한 손해를 전보(塡補)해 주는 것

② 손해 배상 방식

• 금전 배상이 원칙이며 재산적 손해뿐만 아니라 정신적 손해(위자료)도 배상해야 함.

• 타인의 명예를 훼손한 경우 법원은 피해자의 청구에 의하여 손해 배상에 대신하거나 손해 배상과 함께 명예 회복에 적당한 처분을 명할 수 있음.

> **≡ 개념 플러스 정신적 손해(위자료)**
>
> 불법 행위에 의한 정신적 손해는 재산적 손해와 별개로 다루어진다. 그러나 정신적 손해는 무형적인 것이기는 하지만 배상금을 받음으로써 피해자가 위안을 얻을 수 있게 된다는 점에서 손해 배상의 대상이 되며, 손해 배상은 금전적 배상을 원칙으로 하므로 위자료도 금전으로 산정된다. 타인의 신체·자유·명예를 해하거나 정신상 고통을 가한 자는 재산 이외의 손해에 대하여도 배상할 책임이 있다. 이 경우에는 신체·자유·명예의 침해 이외에 정조의 침해, 사생활의 침해, 소음·진동에 의한 일상생활 방해, 재산권의 침해와 더불어 약혼의 해제, 혼인의 무효·취소, 재판상 이혼, 협의상 이혼, 사실혼의 파탄, 입양의 무효·취소, 재판상 파양 등의 원인이 포함된다.

❖ 공작물

인공적 작업에 의해 제작된 물건으로 건물, 담장, 굴뚝, 도로, 광고탑, 철탑, 창틀 등이 이에 해당한다.

❖ 점유자

어떤 물건을 사실상 지배하고 있는 사람을 의미한다. 다른 사람 소유의 집을 빌려 사용하는 임차인은 그 집의 점유자가 된다.

❖ 연대 책임

두 사람 이상이 책임을 함께 지는 것을 의미한다. 공동 불법 행위자의 책임에서 연대 책임은 피해자에 대해서 가해자 1인이 전부 책임을 지거나 가해자들이 나누어 손해 배상을 하는 경우를 말한다.

> **▶ 개념 체크**
>
> 1. (   )이 없는 미성년자나 심신 상실자가 타인에게 손해를 가한 경우 이를 감독할 법정 의무가 있는 자가 손해 배상 책임을 진다.
> 2. 공작물 등의 설치 또는 보존상의 하자로 타인에게 손해를 가한 경우 (   )가 1차적으로 손해 배상 책임을 진다.
> 3. 손해 배상 방식은 (   )이 원칙이다.
>
> **정답**
> 1. 책임 능력
> 2. 점유자
> 3. 금전 배상

Theme 1 계약

> 갑이 을에게 자신의 X부동산을 팔겠다는 의사를 표시하고(청약), 을이 갑이 제시한 가격에 X부동산을 사겠다는 의사를 표시하면(승낙) 갑과 을 사이에 부동산 매매 계약이 성립된다.

계약은 위 사례와 같이 계약 당사자 사이의 서로 대립하는 의사 표시가 내용상 합치함으로써 이루어지는 법률 행위를 말한다. 계약은 서로 대립하는 두 개 이상의 의사 표시를 기초로 하는 합의이기 때문에 유언이나 채무 면제와 같이 하나의 의사 표시만으로 성립하는 단독 행위와 구별된다. 계약은 채권·채무의 발생을 목적으로 하는 채권 계약 이외에 혼인과 같은 가족법상의 계약 등을 모두 포함하는 개념이다.

계약은 서로 대립하는 두 개 이상의 의사 표시가 합치되어야 성립하므로 당사자 사이의 대등하고도 자유로운 지위가 전제된다. 따라서 개인의 자유와 평등을 기초로 하는 근대 시민 사회의 생활 관계는 계약이라는 수단을 통하여 형성되었다. 즉, 계약을 통하여 사람들 사이에 재화와 용역이 유통되고, 각자는 자신의 생활 영역을 자유롭게 전개하며 사회 공동체 내에서 더불어 살아갈 수 있는 것이다.

Theme 2 불공정한 법률 행위

> 민법 제104조(불공정한 법률 행위) 당사자의 궁박, 경솔 또는 무경험으로 인하여 현저하게 공정을 잃은 법률 행위는 무효로 한다.

민법 제104조에 규정된 불공정한 법률 행위는 객관적으로 급부와 반대급부 사이에 현저한 불균형이 존재하고, 주관적으로 그와 같이 균형을 잃은 거래가 피해 당사자의 궁박, 경솔 또는 무경험을 이용하여 이루어진 경우에 성립하는 것이다. 이는 약자적 지위에 있는 자의 궁박, 경솔 또는 무경험을 이용한 폭리 행위를 규제하려는 데 그 목적이 있고, 불공정한 법률 행위가 성립하기 위한 요건인 궁박, 경솔, 무경험은 모두 구비되어야 하는 요건이 아니라 그중 일부만 갖추어져도 충분하다. 여기에서 '궁박'이라 함은 '급박한 곤궁'을 의미하는 것으로서 경제적 원인에 기인할 수도 있고 정신적 또는 심리적 원인에 기인할 수도 있다. 그리고 '무경험'이라 함은 일반적인 생활 체험의 부족을 의미하는 것으로서 어느 특정 영역에 있어서의 경험 부족이 아니라 거래 일반에 대한 경험 부족을 뜻한다. 이때 당사자가 궁박 또는 무경험의 상태에 있었는지 여부는 그의 나이와 직업, 교육 및 사회 경험의 정도, 재산 상태 및 그가 처한 상황의 절박성 정도 등 제반 사정을 종합하여 구체적으로 판단하여야 한다. 한편 피해 당사자가 궁박, 경솔 또는 무경험의 상태에 있었다고 하더라도 그 상대방 당사자에게 그와 같은 피해 당사자 측의 사정을 알면서 이를 이용하려는 의사 즉, 폭리 행위의 악의가 없었다거나 또는 객관적으로 급부와 반대급부 사이에 현저한 불균형이 존재하지 아니한다면 불공정한 법률 행위는 성립하지 않는다.

[24020-0123]

01 ㉠, ㉡에 대한 옳은 설명만을 〈보기〉에서 고른 것은?

〈민법〉

• 제5조(미성년자의 능력)
① 미성년자가 법률 행위를 함에는 법정 대리인의 동의를 얻어야 한다. 그러나 권리만을 얻거나 의무만을 면하는 행위는 그러하지 아니하다.
② 전항의 규정에 위반한 행위는 ㉠ 할 수 있다.
• 제103조(반사회 질서의 법률 행위)
선량한 풍속 기타 사회 질서에 위반한 사항을 내용으로 하는 법률 행위는 ㉡ (으)로 한다.

• 보기 •

ㄱ. ㉠은 특정인의 주장을 필요로 하지 않고 당연히 그 효력이 없다.
ㄴ. 의사 무능력자의 법률 행위는 ㉡이다.
ㄷ. 당사자의 무경험으로 인하여 현저하게 공정을 잃은 법률 행위는 ㉡이다.
ㄹ. ㉡에 해당하는 법률 행위는 ㉠을 할 수 있는 법률 행위와 달리 일단 법률 행위가 유효하게 성립한다.

① ㄱ, ㄴ   ② ㄱ, ㄷ   ③ ㄴ, ㄷ
④ ㄴ, ㄹ   ⑤ ㄷ, ㄹ

[24020-0124]

02 밑줄 친 ㉠~㉣에 대한 설명으로 옳은 것은?

2024년 1월 5일 ㉠회사원 갑은 고등학교 동창 을에게 2,000만 원을 빌려 달라고 전화로 부탁했다. 다음날 ㉡을은 갑에게 2,000만 원을 빌려주겠다고 하였고, 갑이 고맙다고 말했다. ㉢2024년 1월 8일 갑과 을은 만나서 금전 차용 계약서를 썼고, 을은 갑에게 2,000만 원을 건네주었다. 그런데 ㉣갑은 돈을 갚기로 한 날짜로부터 두 달이 지나도록 을에게 돈을 전혀 갚지 않고 있다.

① ㉠으로 인해 갑에게 권리와 의무가 발생하였다.
② ㉡은 을의 청약에 해당한다.
③ ㉢ 단계가 없었다면 갑과 을이 체결한 계약의 효력은 발생하지 않는다.
④ ㉢ 단계에서 갑과 을 간에 의사 표시의 합치가 이루어져 계약이 성립되었다.
⑤ ㉣의 경우 을은 갑의 채무 불이행으로 자신에게 손해가 발생하면 갑에게 손해 배상을 청구할 수 있다.

[24020-0125]

03 다음 자료에 대한 설명으로 옳은 것은?

학습 주제: ㉠계약의 성립 요건

• ㉡계약 당사자가 의사 능력과 단독으로 확정적으로 유효한 법률 행위를 할 수 있는 법적 지위인 (가) 을/를 갖추고 있어야 함.
• 둘 이상의 계약 당사자 간 자유로운 의사 표시의 합치가 있어야 함.
• 계약의 내용이 실현 가능하고 적법해야 함.
…(후략).

① 미성년자는 (가)가 제한된다.
② ㉡ 중 한쪽이라도 (가)가 제한되는 경우 ㉠은 무효이다.
③ 도박에 필요한 금전을 차용하는 ㉠은 내용이 적법하지 않으므로 취소할 수 있다.
④ ㉠이 성립하기 위해서 ㉡ 간에는 반드시 서면으로 의사 표시의 합치가 이루어져야 한다.
⑤ ㉡이 의사 능력과 (가)를 갖춘 상태라면 사기 또는 강박에 의해 의사 표시를 하더라도 ㉠을 취소할 수 없다.

[24020-0126]

04 (가)에 들어갈 수 있는 내용으로 옳은 것은?

대학생 갑(20세)은 을의 음식점에서 자전거로 음식 배달 아르바이트를 하고 있었다. 갑은 음식 배달 아르바이트를 마친 후 집에 귀가해서 본인 소유의 자전거를 타던 중 실수로 병(8세)을 자전거로 치어 다치게 하였다. 병의 법정 대리인이 제기한 손해 배상 청구 소송에서 ○○ 법원은 (가) 라는 이유로 을의 손해 배상 책임을 인정하지 않았다.

① 갑의 행위가 불법 행위에 해당한다
② 갑이 고의로 가해 행위를 하지 않았다
③ 갑에게 특수 불법 행위 책임이 성립한다
④ 갑의 행위와 병의 손해 간에 상당 인과 관계가 존재한다
⑤ 갑이 배달 업무와 관련하여 병에게 손해를 가한 경우가 아니다

[24020-0127]

05 밑줄 친 ㉠~㉣에 대한 옳은 설명만을 〈보기〉에서 고른 것은?

> • 제750조(㉠불법 행위의 내용) 고의 또는 과실로 인한 위법 행위로 타인에게 손해를 가한 자는 그 ㉡손해를 배상할 책임이 있다.
> • 제911조(미성년자인 자의 법정 대리인) 친권을 행사하는 부 또는 모는 ㉢미성년자인 자의 ㉣법정 대리인이 된다.

● 보 기 ●

> ㄱ. 책임 능력은 ㉠의 성립 요건이다.
> ㄴ. ㉠은 채무자가 자기의 책임 있는 사유로 채무의 내용에 따른 이행을 하지 않는 것을 의미한다.
> ㄷ. ㉡은 재산적 손해뿐만 아니라 정신적 손해도 포함한다.
> ㄹ. ㉢이 불법 행위를 한 경우 ㉣은 무과실 책임을 진다.

① ㄱ, ㄴ   ② ㄱ, ㄷ   ③ ㄴ, ㄷ
④ ㄴ, ㄹ   ⑤ ㄷ, ㄹ

[24020-0128]

06 (가)~(다) 사례에 대한 법적 판단으로 옳은 것은?

> (가) 갑(16세)은 법정 대리인으로부터 받은 자신의 용돈 범위 안에서 법정 대리인의 동의를 얻지 않고 서점에서 소설책을 구매하였다.
> (나) 을(17세)은 법정 대리인의 동의서를 위조하여 전자 대리점 사장이 법정 대리인의 동의가 있다고 믿게 한 후 고가의 노트북 매매 계약을 체결하였다.
> (다) 병(18세)은 법정 대리인의 동의를 얻어 게임기 판매점을 방문하여 게임기 판매점 사장에게서 게임기를 구매하였다.

① (가) – 갑의 법정 대리인은 소설책 구매 계약을 취소할 수 있다.
② (나) – 을은 자신의 행위 능력이 제한됨을 이유로 계약을 취소할 수 없다.
③ (나) – 을의 법정 대리인은 을이 미성년자임을 이유로 노트북 매매 계약을 취소할 수 있다.
④ (다) – 게임기 판매점 사장은 병에게 게임기 구매 계약의 취소 여부에 대한 확답을 촉구할 수 있다.
⑤ (다) – 병과 병의 법정 대리인은 모두 병이 미성년자임을 이유로 게임기 구매 계약을 취소할 수 있다.

[24020-0129]

07 교사의 질문에 법적으로 옳지 않은 내용을 발표한 학생은?

> ㉠~㉫은 불법 행위의 성립 요건입니다. 이에 대해 발표해 볼까요?

〈불법 행위의 성립 요건〉

> ㉠ 가해 행위   ㉡ 고의 또는 과실
> ㉢ 위법성   ㉣ 손해의 발생
> ㉤ 인과 관계   ㉫ 책임 능력

① 갑: ㉠은 가해자가 피해자에게 손해를 발생시키는 행위입니다.
② 을: ㉠과 관련하여 가해자에게 ㉡이 있어야 합니다.
③ 병: ㉣의 손해는 재산적인 손해뿐만 아니라 정신적 손해도 포함됩니다.
④ 정: ㉠과 피해자의 손해 사이에 상당 ㉤이 있어야 합니다.
⑤ 무: 어린아이나 심신 상실자의 행위는 ㉫이 없어서 ㉢이 조각됩니다.

[24020-0130]

08 (가), (나)에 들어갈 수 있는 내용으로 옳은 것은?

사례	법적 판단
갑의 아들 을(5세)이 자전거를 타고 놀다가 골목에 주차되어 있던 병의 차량을 파손하였다. 법원은 병이 입은 손해에 대해서 갑에게 손해 배상 책임이 있다고 판결하였다.	(가)
A는 B 소유의 건물을 임차하여 꽃가게를 운영하고 있었다. 이때 건물에 부착된 꽃가게 창틀이 떨어져 지나가던 C가 상해를 입었다. 법원은 C가 입은 손해에 대해서 B에게 손해 배상 책임이 있다고 판결하였다.	(나)

① (가) – 을의 행위는 과실에 의한 것이 아니다.
② (가) – 갑은 병에 대해 을의 법정 감독 의무자로서의 특수 불법 행위 책임을 진다.
③ (나) – B는 C에 대해 일반 불법 행위 책임을 진다.
④ (나) – A의 행위가 일반 불법 행위로 성립했기 때문에 B는 과실 책임을 진다.
⑤ (나) – A와 B는 공동 불법 행위자의 책임을 지므로 B가 손해 배상 책임을 진다.

[24020-0131]

1 다음 자료에 대한 옳은 설명만을 〈보기〉에서 고른 것은? (단, A, B는 각각 일반 불법 행위, 채무 불이행 중 하나임.)

표는 학생이 A, B 각각에만 해당하는 특징을 두 가지씩 서술한 것에 대한 교사의 평가를 나타낸 것이다.

A에만 해당하는 특징		B에만 해당하는 특징	
• 적법한 계약 관계를 전제로 한다. • (가)		• 위법 행위이다. • (나)	
점수	2점	**점수**	1점

* 답안별로 채점하며 옳으면 1점, 틀리면 0점임.

● 보기 ●
ㄱ. (가)에 '특별한 관계가 없는 자들 간의 가해 행위를 전제로 한다.'가 들어갈 수 있다.
ㄴ. (나)에 '손해 배상은 금전 배상을 원칙으로 한다.'가 들어갈 수 없다.
ㄷ. 계약 위반의 경우 원칙적으로 A가 아닌 B가 성립한다.
ㄹ. B는 가해자의 고의 또는 과실의 요건이 있어야 성립한다.

① ㄱ, ㄴ   ② ㄱ, ㄷ   ③ ㄴ, ㄷ   ④ ㄴ, ㄹ   ⑤ ㄷ, ㄹ

[24020-0132]

2 (가)에 들어갈 수 있는 내용으로 옳은 것은?

법률 상담	×	+	_ □ ×

🔍 ≡

🏠 빠른 인터넷 상담 ∨

질문	저의 고등학생 자녀 갑(17세)이 숙제를 보여 주지 않는다는 이유로 같은 반 동갑내기 친구 을과 병에게 폭행을 당했습니다. 이때 다른 반 친구 정(17세)은 망을 보고 있었다고 합니다. 저에게 법적 조언을 해 주세요.
법적 판단	(가)

① 을에게 불법 행위 책임이 인정되더라도 갑에 대한 정신적인 손해를 제외하고 재산적인 손해 배상만 을에게 청구할 수 있습니다.
② 정은 과실이 없으므로 갑에 대해 특수 불법 행위 책임을 지지 않습니다.
③ 정과 달리 을, 병은 갑에 대해 일반 불법 행위 책임을 지게 됩니다.
④ 을, 병, 정에게 불법 행위의 책임이 인정되면 을, 병, 정의 법정 대리인은 갑에 대해 특수 불법 행위 책임을 지지 않습니다.
⑤ 을, 병, 정에게 책임 능력이 인정되는 경우 을, 병, 정의 법정 대리인은 갑에 대해 손해 배상 책임을 지지 않습니다.

[24020-0133]

3 다음 자료에 대한 법적 판단으로 옳은 것은?

- 갑(17세)은 학교가 끝난 후 전자 대리점에 들러 전자 대리점 사장 병(35세)과 고가의 노트북 매매 계약을 체결하였다. 거래 당시 갑은 신분증을 위조하여 제시하였고, 병은 갑을 성년자로 믿고 계약을 체결하였다.
- 을(16세)은 주말에 전자 대리점에 들러 전자 대리점 사장 병(35세)으로부터 고가의 게임기를 구매하였다. 거래 당시 을은 법정 대리인의 동의를 얻어 병에게 법정 대리인의 동의서를 제시하고 게임기 매매 계약을 체결하였다.

① 갑은 노트북 매매 계약을, 을은 게임기 매매 계약을 취소할 수 없다.
② 병은 을과의 계약에 대해 철회권을 행사할 수 있다.
③ 을의 법정 대리인은 게임기 매매 계약을 취소할 수 있다.
④ 갑의 법정 대리인은 갑과 달리 노트북 매매 계약을 취소할 수 있다.
⑤ 병은 갑과의 계약에 대해 갑에게 계약 취소 여부에 대한 확답을 촉구할 수 있다.

[24020-0134]

4 다음 자료에 대한 옳은 설명만을 〈보기〉에서 있는 대로 고른 것은?

A는 B가 운영하는 골프장에서 동반자들, 경기 보조원과 함께 카트를 타고 이동한 다음, 공이 있는 곳으로 가기 위해 경사진 부분을 걸어 내려가다 중심을 잃고 미끄러져 다쳤다. A는 이 사고로 골절 등의 상해를 입어 수술을 받았다. 이후 A는 B를 상대로 손해 배상 청구 소송을 제기하였으나 ○○ 법원은 원고 패소 판결을 내렸다. B가 운영하는 골프장은 통상의 골프장과 같이 자연적 환경과 기상 상황을 그대로 이용 또는 감수할 것이 예정된 야외 시설물로서 일반적인 수준을 유지하고 있으며, 사고 지점은 다소 경사는 있지만 통상 성인이 스스로 사고 방지를 못할 정도의 급경사는 아니라고 설명하였다. 그러면서 "사고 당시 1명의 경기 보조원이 고객 여러 명을 보조하고 있었는데, 사고 지점처럼 스스로 주의할 것이 유의되는 장소에서까지 경기 보조원이 사고 발생 가능성을 인지하고 주의를 고지할 것을 기대하기는 어려워 사용자 책임에 대한 A의 주장을 받아들일 수 없다."라고 하였다.

● 보기 ●
ㄱ. ○○ 법원은 골프장을 운영하는 B의 공작물 등의 소유자 책임을 인정하지 않았다.
ㄴ. ○○ 법원은 경기 보조원의 불법 행위 성립 여부와 무관하게 B는 A에게 사용자로서 특수 불법 행위 책임을 진다고 판단하였다.
ㄷ. ○○ 법원은 경기 보조원의 행위로 인해 A에게 손해가 발생하였다고 판단하였다.
ㄹ. ○○ 법원의 판결로는 A는 B에게 위자료를 청구할 수 없다.

① ㄱ, ㄴ   ② ㄱ, ㄹ   ③ ㄴ, ㄷ   ④ ㄱ, ㄷ, ㄹ   ⑤ ㄴ, ㄷ, ㄹ

5 다음 사례에 대한 법적 판단으로 옳은 것은?

> 갑은 귀가하던 중 상가 환풍구 안쪽으로 추락한 후 크게 다쳤다. 이에 갑은 A를 상대로 손해 배상 청구 소송을 제기하였고 ○○ 법원은 원고 일부 승소 판결을 하였다. ○○ 법원은 "이 사건에서 환풍구는 통상 갖춰야 할 안전성을 갖추지 못했으며 A는 상가를 임대하여 사용하고 있는 상황에서 공작물 점유자로서 손해 방지에 필요한 주의를 다하지 않았다. 공작물 하자로 발생한 이번 사고에 대한 손해 배상 책임이 A에게 있다."라고 밝혔다. 특히 "사고 당시 환풍구는 인도 뒤쪽인 지상 주차장 옆에 있어 누구든지 쉽게 접근이 가능한 상태였으며 A는 환풍구 가림막 앞에 차단 시설을 설치하거나 환풍구 안쪽에 그물망 등을 설치해 가림막이 훼손되는 경우에도 사람이 추락하는 것을 방지할 구조물을 설치했어야 함에도 이 같은 조치를 하지 않았다."라고 지적하였다.

① A는 갑에게 채무 불이행 책임을 진다.
② A는 공작물 점유자로서 갑에게 특수 불법 행위 책임을 진다.
③ A는 상가 소유자와 함께 갑에게 공동 불법 행위자의 책임을 진다.
④ A가 갑을 고의로 다치게 한 것이 아니므로 갑은 A에게 위자료는 청구할 수 없다.
⑤ 상가 소유자가 공작물 관리에 소홀함이 없었음을 증명하였기 때문에 갑이 A에게 손해를 배상받을 수 있다.

6 다음 자료의 (가)~(라)에 들어갈 수 있는 내용으로 옳은 것은?

서술형 평가

다음에 제시된 특수 불법 행위 유형에 해당하는 사례를 각각 두 가지씩 쓰시오. (답안별로 채점하며 적절한 사례이면 1점, 적절하지 않은 사례이면 0점임.)

구분	학생 답안	점수
책임 무능력자의 감독자 책임	(가)	0점
	(나)	1점
공작물 등의 점유자·소유자의 책임	(다)	1점
	(라)	1점
총점		3점

① (가) – 갑의 자녀 A(5세)가 베란다에서 돌을 던져 주차되어 있던 이웃 주민의 차량이 파손된 경우 법정 감독 의무자로서 갑이 손해 배상 책임을 지는 경우
② (나) – 을의 고등학생 자녀 B(17세)에게 책임 능력이 있는 경우 B가 친구를 폭행하여 을이 손해 배상 책임을 지는 경우
③ (나) – 병이 심신 상실의 상태에서 C를 폭행한 경우 병의 법정 감독 의무자인 D가 C에 대해 손해 배상 책임을 지는 경우
④ (다) – 정이 E 소유의 건물을 임차하여 음식점을 운영하던 중 음식점 건물의 창틀이 떨어져 행인이 다쳤을 때 정이 무과실 책임을 지는 경우
⑤ (라) – 무(28세)가 F의 애완견을 데리고 산책하다가 한눈을 판 사이 애완견이 행인을 물어 다쳤을 때 무가 행인에게 손해 배상 책임을 지는 경우

[24020-0137]

7 다음 사례에 대한 법적 판단으로 옳은 것은?

> 병은 갑이 운영하는 병원의 외과 의사인 을에게 허리 디스크 수술을 받았다. 수술 직후 병은 오른쪽 발목과 발가락이 잘 움직이지 않고, 근육이 약화돼 발목을 들지 못하고 발등을 몸 쪽으로 당기지 못하며 발이 아래로 떨어지는 증상으로 고통받았다. 이에 병은 갑을 상대로 1억 원을 배상하라며 소송을 제기하였다. 이에 ○○ 법원은 을이 허리 디스크 수술 과정에서 수술 기구를 섬세하게 조작하지 못하는 등 주의 의무를 다하지 않아 환자의 신경이 손상됐으므로 해당 의료진을 고용한 사용자가 손해 배상 책임을 져야 한다고 판단하였다.

① 갑과 을은 공동 불법 행위자의 책임을 지게 된다.
② ○○ 법원은 을에게 특수 불법 행위로 인한 손해 배상 책임을 인정하였다.
③ ○○ 법원은 갑이 을의 선임 및 그 사무 감독에 과실이 있다고 판단하였다.
④ 갑이 손해 배상 책임을 지는 것은 갑에게 무과실 책임의 원칙이 적용되기 때문이다.
⑤ ○○ 법원은 을의 행위와 병이 입은 손해 발생 사이에 상당 인과 관계는 인정되지 않는다고 판단하였다.

[24020-0138]

8 자료의 사례에 대해 옳은 법적 판단을 한 모둠만을 고른 것은?

서술형 평가

다음 사례에 대한 법적 판단을 서술하시오.

사례	모둠	법적 판단
갑(17세)은 법정 대리인의 동의를 얻어 자전거 판매점 사장 을(35세)에게 법정 대리인이 작성한 동의서를 제시하고 고가의 자전거 매매 계약을 체결하였다. 계약 체결 당시 을은 자전거 브랜드를 속여 가격을 높여서 불렀고 갑은 이를 알지 못하고 구입하기로 하였다.	A	갑은 법정 대리인의 동의를 얻었으므로 을(35세)에게 사기를 이유로 자전거 매매 계약을 취소할 수 없음.
	B	을은 자전거 매매 계약에 대해 거래의 의사 표시를 철회할 수 없음.
병(17세)은 법정 대리인의 동의를 얻지 않고 전자 대리점 사장 정(28세)과 고가의 노트북 매매 계약을 체결하였다. 계약 체결 당시 정은 병이 미성년자임을 몰랐다.	C	정은 병에게 노트북 매매 계약의 추인 여부에 대한 확답을 촉구할 권리를 가짐.
	D	병이나 병의 법정 대리인은 노트북 매매 계약을 취소할 수 있음.

① A, B   ② A, C   ③ B, C   ④ B, D   ⑤ C, D

11 가족 관계와 법

1. 부부간의 법률관계

(1) 혼인

① 의미: 남녀가 부부로서의 생활 공동체를 형성하기로 하는 가족법상의 합의로 일종의 계약에 해당함.

② 혼인의 성립 요건

형식적 요건	혼인 신고가 있을 것

실질적 요건	• 당사자 간 자유로운 혼인 의사의 합치가 있을 것
	• 혼인의 장애 사유가 없을 것
	  1) 민법에 규정된 혼인 가능한 연령(18세 이상)에 해당해야 함.
	  2) 혼인 가능한 연령(18세)의 미성년자는 부모의 동의를 얻어야 함.
	  3) 일정 범위의 근친(8촌 이내의 혈족 등) 사이의 혼인이 아닐 것
	  4) 해당 혼인이 중혼(重婚)이 아니어야 함.

* 우리 민법은 법률혼주의를 채택하고 있어 일정한 요건을 충족해야 혼인의 성립을 인정함.

③ 혼인의 법률 효과
- 친족 관계(배우자, 인척 관계)의 발생
- 부부 상호 간의 동거 · 협조 · 부양의 의무
- 부부 별산제 적용, 혼인 생활 비용의 공동 부담, 일상 가사 대리권 및 일상 가사 채무 연대 책임
- 성년 의제

> **≡ 개념 플러스 일상 가사 대리권**
>
> 우리 민법에는 일상 가사 대리권에 대해 "부부는 일상의 가사에 관하여 서로 대리권이 있다."라고 규정하고 있다. '일상 가사'란 부부의 공동생활에서 필요로 하는 통상의 사무를 가리키며, 그 구체적인 범위는 부부 공동체의 사회적 지위 · 직업 · 재산 · 수입 능력 등 현실적 생활 상태뿐만 아니라 그 부부의 생활 장소인 지역 사회의 관습 등에 의하여 정해진다. 일상의 가사에 해당하는지 여부는 결국 객관적 사정 및 주관적 사정을 모두 고려하여 개별적으로 판단되어야 할 것이지만, 일반적으로 식료품 · 연료 · 의복의 구입, 주택의 임차, 방세 · 집세의 지급과 수령, 가재도구의 구입, 전기 · 수도 · 가스의 공급 계약 체결 및 비용 지급, 자녀의 양육비 · 교육비의 지급 등은 일상 가사의 범위에 속한다. 금전 차용 행위는 부부의 공동생활에 필수적인 비용으로 사용하기 위한 것이라면 일상 가사의 범위에 속하나 그렇지 않다면 제외된다.

> **≡ 개념 플러스 성년 의제**
>
> 민법에서는 18세의 미성년자가 법률혼을 하면 그때부터 성년에 달한 것으로 보는데, 이를 '성년 의제'라고 한다. 혼인한 미성년자는 성년자와 같이 단독으로 법률 행위를 할 수 있고, 아이를 낳으면 스스로 아이의 친권자가 될 수 있다. 일단 미성년자가 혼인하여 성년으로 의제가 되면 그 후 이혼, 배우자의 사망 등으로 혼인이 해소되더라도 성년 의제의 효과는 소멸하지 않는다. 하지만 성년 의제는 민법이나 상법과 같은 사법상에서만 적용되는 것으로, 사법 이외의 공법 관계에서는 적용되지 않는다. 예를 들어 혼인한 미성년자라도 19세가 되는 해의 1월 1일이 되지 않으면 청소년 보호법에 의해 술이나 담배를 살 수 없다.

(2) 이혼

① 의미: 유효하게 성립된 혼인을 인위적으로 해소시키는 것

☩ 중혼

법률혼에 따른 배우자가 있는 사람이 거듭하여 다시 혼인하는 것을 말한다.

☩ 일상 가사 채무 연대 책임

일상의 가사로 인해 발생한 채무에 대해서는 어느 한쪽이 결정하였더라도 부부가 연대하여 책임을 지도록 하고 있다.

▶ 개념 체크

1. 법률혼은 사실혼과 달리 혼인의 형식적 요건인 (　　)를 한 상태의 혼인이다.

2. (　　)세인 미성년자는 부모의 동의를 얻어 혼인 신고를 할 수 있다.

3. 법률혼으로 인해 배우자 및 (　　) 관계가 발생한다.

정답
1. 혼인 신고
2. 18
3. 인척

② 유형

• 협의상 이혼

의미	당사자 간의 합의로 이루어지는 이혼으로 이혼 사유에 제한이 없음.
절차	법원에 이혼 의사 확인 신청 → 이혼 숙려 기간 → 법원의 이혼 의사 확인 → 이혼 신고
효력 발생	가족 관계의 등록 등에 관한 법률이 정한 바에 의하여 이혼 신고를 함으로써 이혼의 효력 발생

• 재판상 이혼

의미	법이 정한 사유에 해당하는 경우 법원의 판결에 의하여 혼인 관계를 해소시킴.
절차	법원에 재판상 이혼 청구 → 이혼 조정 → 이혼 소송 → 이혼 판결 → 이혼 신고
이혼 사유	• 배우자가 부정(不貞)한 행위를 하였을 때 • 배우자 일방이 정당한 이유 없이 다른 일방을 악의로 유기한 때 • 배우자 또는 그의 직계 존속으로부터 심히 부당한 대우를 받았을 때 • 자기의 직계 존속이 배우자로부터 심히 부당한 대우를 받았을 때 • 배우자의 생사가 3년 이상 분명하지 아니한 때 • 기타 혼인을 계속하기 어려운 중대한 사유가 있을 때
효력 발생	법원의 이혼 판결이 확정되면 이혼 신고가 없더라도 이혼의 효력 발생

③ 법적 효과

• 혼인에 의해 발생한 친족 관계(배우자와 인척 관계)가 소멸됨.
• 부부 사이에 출생한 미성년인 자녀가 있는 경우 친권자나 양육자를 정해야 함.
• 미성년인 자녀를 양육하지 않는 부 또는 모 등과 그 자녀에게 면접 교섭권이 발생함.
• 이혼 당사자 중 일방은 다른 일방에게 혼인 중 취득한 재산에 대한 분할 청구권을 가짐.
• 당사자 일방은 과실이 있는 상대방에게 재산상의 손해와 정신상의 고통에 대한 손해 배상을 청구할 수 있음.

≡ 개념 플러스   이혼의 효과

이혼하면 ① 부부 사이의 배우자 관계가 종료되므로 혼인을 전제로 발생한 부부간 동거·부양·협조 등의 의무가 소멸한다. ② 상대방 배우자의 혈족과의 사이에 발생한 인척 관계가 소멸한다. 인척이란 혈족의 배우자, 배우자의 혈족, 배우자의 혈족의 배우자를 말한다. ③ 부부 관계가 해소되므로 재혼이 가능하다. 이혼으로 인해 혼인 관계가 해소되기 때문에 재혼하더라도 중혼(重婚)이 되지 않는다. ④ 이혼 후에도 부모와 자녀 사이의 혈연관계는 변하지 않으므로 자녀의 신분에는 변화가 없다. 다만, 이혼하면 미성년인 자녀에 대한 친권과 양육권을 행사할 사람을 부부간 합의 또는 법원의 판단으로 정하게 된다. 양육권이 없는 부모는 자녀를 만나거나 편지 교환, 전화 등으로 접촉할 수 있는 권리 즉, 면접 교섭권을 가진다. 양육권이 없다고 하더라도 부모의 권리와 의무에 변경을 가져오는 것은 아니므로 상속 관계 등이 그대로 유지된다.

≡ 자료 플러스   재산 분할 청구권

법률혼 부부 갑과 을은 결혼 이후 함께 장사를 하면서 재산을 모았다. 현재 모든 재산은 남편 갑의 명의로 되어 있다. 최근 갑의 부정행위로 다툼이 생겨 두 사람은 이혼하기로 했다. 그런데 재산 분할을 놓고 다툼이 생겼다. 갑은 자신의 명의로 된 재산이므로 을에게는 재산 분할 청구권이 없다고 했고, 을은 갑이 이혼의 원인을 제공한 당사자이므로 갑에게는 재산 분할 청구권이 없다고 주장한다.

재산 분할 청구권은 이혼으로 인해 혼인 관계를 해소하면서 혼인 중 부부가 서로 협력하여 모은 재산을 청산한다는 의미를 갖고 있다. 이혼의 원인이 누구에게 있는지, 그 재산이 누구의 명의로 되어 있든지 상관없다. 따라서 갑과 을은 서로 부부 공유 재산에 대한 분할 청구권을 행사할 수 있다.

◆ 이혼 숙려 기간
협의상 이혼 신청을 한 부부에게 충동적인 이혼을 막기 위해 신중하게 생각할 수 있는 시간을 주는 제도이다. 원칙적으로 양육할 자녀가 있으면 3개월, 없으면 1개월이다.

◆ 이혼 조정
재판상 이혼을 위해서는 먼저 법원의 이혼 조정 절차를 거쳐야 한다. 조정으로 당사자 간 합의가 이루어지면 이혼이 성립하고, 조정이 실패하면 이혼 소송으로 진행된다.

◆ 면접 교섭권
부부가 이혼하더라도 부모와 자녀 간의 관계는 유지된다. 따라서 자녀를 양육하지 않는 부 또는 모 등과 해당 자녀는 서로 만날 수 있는 권리를 가지는데, 이를 면접 교섭권이라고 한다.

개념 체크

1. 협의상 이혼을 신청한 부부는 신중한 결정을 위해 원칙적으로 (   )을 거쳐야 한다.
2. 협의상 이혼의 효력은 행정 기관에 (   )를 한 때에 발생한다.
3. 이혼 당사자 중 일방은 다른 일방에게 혼인 중 취득한 재산에 대한 (   ) 청구권을 가진다.

정답 _____
1. 이혼 숙려 기간
2. 이혼 신고
3. 분할

2. 부모와 자녀 간의 법률관계

(1) 친자 관계: 부모와 자녀 간의 법률관계

친생자	• 혼인 중 또는 혼인 외의 관계에서 출생한 혈연관계의 자녀 • 법률혼 관계에서 출생한 자녀는 '혼인 중의 출생자'이며, 법률혼 관계가 아닌 남녀 사이에서 태어난 자녀는 '혼인 외의 출생자'로 생모와는 출생으로 친자 관계가 형성되지만 생부와는 인지 절차를 거쳐야 친자 관계가 형성됨.
양자	• 혈연관계가 없는 사람들 사이에 인위적으로 법률상 친자 관계를 의제하는 제도 • 적법한 절차를 거쳐 일반 입양된 자는 입양된 때부터 양부모의 친생자와 같은 지위를 가지며, 미성년자인 경우 양부모가 친권자가 됨. • 일반 입양은 양자의 입양 전 친족 관계에 영향을 미치지 않아 친생부모와 양부모 모두와 상속 관계가 존속함. • 친양자 제도 　– 가정 법원에 미성년자에 대한 친양자 입양을 청구하여 받아들여지면 양부모의 혼인 중의 출생자로 간주됨. 　– 일반 입양과 달리 양부모의 성과 본을 따르고, 친양자 입양이 확정되면 특별한 경우(例) 갑의 어머니와 재혼을 한 자가 갑을 친양자로 입양할 경우에 갑과 갑의 어머니 사이에 친족 관계가 종료되지 않음)를 제외하고는 입양 전의 친족 관계가 종료됨.

자료 플러스 | 친양자 입양 신고서

양친	양부	양모
	정□□	박△△
친양자	김○○(12세)	
재판 확정 일자	2024년 1월 2일(◇◇ 가정 법원)	
친양자의 친생부모	부	모
	김◉◉	송◈◈

제시된 자료는 친양자 입양 신고서를 간략하게 나타낸 것이다. 법원은 2024년 1월 2일 김○○(12세)의 친양자 입양을 인용하였다. 이 신고서가 접수되면 김○○의 성과 본은 양부모의 성과 본으로 바뀌는 것이 원칙이다. 또한 김○○는 양부모인 정□□와 박△△의 혼인 중 출생자로 간주되며, 친생부모와의 친족 관계는 종료된다.

(2) 친권

의미	부모가 미성년 자녀에 대해 갖는 신분·재산상의 여러 권리와 의무
내용	미성년 자녀를 보호·교양할 권리임과 동시에 의무로 거소 지정권, 자녀가 자신의 명의로 취득한 재산에 대한 관리권 등을 내용으로 함.
행사	• 부모가 혼인 중인 때에는 부모가 공동으로 행사하는 것이 원칙임. • 부모 중 한쪽이 친권을 행사할 수 없을 때에는 다른 한쪽이 행사함. • 부모가 이혼하는 경우에는 부모의 협의 또는 가정 법원이 친권자를 지정함. • 부 또는 모가 친권을 남용하여 자녀의 복리를 현저히 해치거나 해칠 우려가 있는 경우에는 일정한 자의 청구에 의하여 가정 법원이 친권 상실 또는 일시 정지 등을 선고할 수 있음.

자료 플러스 | 친권 상실

민법 제924조(친권의 상실 또는 일시 정지의 선고)
① 가정 법원은 부 또는 모가 친권을 남용하여 자녀의 복리를 현저히 해치거나 해칠 우려가 있는 경우에는 자녀, 자녀의 친족, 검사 또는 지방 자치 단체의 장의 청구에 의하여 그 친권의 상실 또는 일시 정지를 선고할 수 있다.

친권은 자녀의 사망, 자녀가 성년이 된 때 등에 절대적으로 소멸하고 친권 상실의 선고를 받은 경우에 상대적으로 소멸한다. 친권 상실 선고의 효과로 자녀에 대한 보호·교양권, 재산 관리권, 대리권 등이 상실된다. 또한 친권자로서의 지위는 포괄적으로 박탈되며, 공동 친권자 중 1인의 친권 상실의 경우 나머지 1인이 단독으로 친권자가 된다.

✪ 본(本)

'본관'이라고도 하며, 통상적으로 시조의 출생지를 가리키나 어느 한 시대에 정착하였던 조상의 거주지를 가리키는 경우도 있다. 가령 어떤 사람이 '진주 강 씨'라고 할 때, '진주'가 본이다.

✪ 거소 지정권

타인이 거주할 장소를 지정할 수 있는 권리를 의미한다.

개념 체크

1. 혼인 중 또는 혼인 외 관계에서 출생한 혈연관계의 자녀를 (　　　)라고 한다.
2. (　　　)는 원칙적으로 양부모의 성과 본을 따라야 한다.
3. 부모가 미성년인 자녀에 대해 갖는 신분·재산상의 여러 권리와 의무를 (　　　)이라고 한다.

정답
1. 친생자
2. 친양자
3. 친권

● 직계 비속과 직계 존속
자기를 기준으로 수직으로 아래로 내려가는 혈족(자녀, 손자녀 등)을 직계 비속이라고 한다. 직계 존속은 자기를 기준으로 위로 올라가는 혈족(부모, 조부모 등)이다.

3. 유언과 상속

(1) 유언

① 의미: 사망과 동시에 일정한 법률 효과를 발생시키는 것을 목적으로 유언자가 하는 일방적인 의사 표시

② 유언의 방법: 자필 증서, 녹음, 공정 증서, 비밀 증서, 구수 증서

≡ 개념 플러스 **유언의 방법**

자필 증서에 의한 유언	유언자가 자필로 유언의 전문, 주소, 연월일, 이름을 정확히 기재한 후 반드시 날인해야 함.
녹음에 의한 유언	유언자가 유언의 취지, 연월일 등을 구술하면 증인이 유언의 정확함과 그 성명을 구술함.
공정 증서에 의한 유언	유언자의 유언을 공증인이 받아 적고 유언자와 증인이 서명 또는 기명 날인함.
비밀 증서에 의한 유언	유언의 내용을 기재하고 봉한 후 유언자와 증인이 서명 또는 기명 날인함.
구수 증서에 의한 유언	급박한 상황에서 유언자의 유언을 증인이 받아 적고 확인 후 유언자와 증인이 서명 또는 기명 날인함.

● 방계 혈족
자신의 형제자매, 형제자매의 직계 비속, 직계 존속의 형제자매, 그 형제자매의 직계 비속을 말한다. 상속인 4순위인 4촌 이내의 방계 혈족에는 삼촌, 고모, 4촌 형제자매 등이 있다.

(2) 상속

의미	사람이 사망한 경우에 그(피상속인)의 재산상의 권리·의무가 법률 규정에 의하여 타인(상속인)에게 포괄적으로 승계되는 것으로, 피상속인의 재산뿐만 아니라 채무도 상속됨.
상속 순위	① 혈족 상속인 • 1순위 – 피상속인의 직계 비속 • 2순위 – 피상속인의 직계 존속 • 3순위 – 피상속인의 형제자매 • 4순위 – 피상속인의 4촌 이내 방계 혈족 * 후순위 상속인은 선순위의 상속인이 없는 경우에만 상속함. ** 상속인이 여럿인 경우 동순위의 상속인 간에는 균등하게 상속함. ② 배우자 상속인 • 피상속인의 직계 비속과 공동 상속인이 되고, 직계 비속이 없는 경우에는 피상속인의 직계 존속과 공동 상속인이 됨. 피상속인에게 직계 비속과 직계 존속이 없으면 단독 상속인이 됨. • 배우자는 공동 상속인의 상속분에 50%를 가산하여 상속받음.
유류분 제도	상속인을 보호하기 위하여 상속 재산 중 일정 비율을 법적으로 보장해 주는 제도
상속 포기	상속받을 재산보다 채무가 더 많은 경우 등의 사유로 인해 상속인의 지위를 포기하는 것

개념 체크

1. 유언의 효력은 유언자가 (   )하면 발생한다.

2. 상속에 있어서 3순위 상속인은 피상속인의 (   )이다.

3. 배우자는 공동 상속인의 상속분에 (   )를 가산하여 상속받는다.

정답
1. 사망
2. 형제자매
3. 50%

📊 자료 플러스 **상속액 계산의 실제**

갑은 지병으로 얼마 전 유언 없이 사망하였다. 갑의 전 재산은 16억 원이고, 은행에서 빌린 채무가 2억 원이다. 유족으로는 갑의 아내 을, 입양한 아들 병, 결혼 뒤 이혼한 딸 정, 시골에 거주하는 노모 무가 있다.

갑의 법정 상속인은 아내 을, 아들 병, 딸 정이다. 갑의 어머니 무는 갑의 직계 존속으로서 2순위이므로 상속인이 되지 못한다. 갑의 전 재산은 16억 원이지만 채무가 2억 원이므로 상속 재산은 14억 원이다. 자녀 병과 정은 갑의 상속인으로서 동등한 자격을 가진다. 동순위의 상속인은 자연 혈족이나 법정 혈족, 남녀 등의 여부를 불문하고 동일한 비율로 상속된다. 아내 을은 공동 상속인의 상속분에 50%를 가산한다. 따라서 상속액은 을 6억 원, 병 4억 원, 정 4억 원이다.

Theme 1 일상 가사 대리권과 일상 가사 채무의 연대 책임

> **민법 제827조(부부간의 가사 대리권)**
> ① 부부는 일상의 가사에 관하여 서로 대리권이 있다.
>
> **민법 제832조(가사로 인한 채무의 연대 책임)**
> 부부의 일방이 일상의 가사에 관하여 제삼자와 법률 행위를 한 때에는 다른 일방은 이로 인한 채무에 대하여 연대 책임이 있다. 그러나 이미 제삼자에 대하여 다른 일방의 책임 없음을 명시한 때에는 그러하지 아니하다.

부부는 일상의 가사에 관하여 서로 대리권이 있으며, 부부의 일방이 일상의 가사에 관하여 제3자와 법률 행위를 한 때에는 다른 일방은 이로 인한 채무에 대하여 연대 책임이 있다. 부부간의 일상 가사 대리권은 법정 대리권으로 보는 것이 통설이다. 일상 가사란 가정 생활상 상시 행해지는 행위로 부부간 동거 생활을 유지하기 위하여 각각 필요한 범위 내의 법률 행위를 의미한다.

민법 제832조에서 말하는 일상의 가사에 관한 법률 행위라 함은 부부의 공동생활에 필요로 하는 통상의 사무에 관한 법률 행위를 말하는 것으로, 그 구체적인 범위는 부부 공동체의 사회적 지위, 직업, 재산, 수입 능력 등 현실적 생활 상태뿐만 아니라 그 부부의 생활 장소인 지역 사회의 관습 등에 의하여 정하여지지만, 당해 구체적인 법률 행위가 일상의 가사에 관한 법률 행위인지 여부를 판단함에 있어서는 그 법률 행위를 한 부부 공동체의 내부 사정이나 그 행위의 개별적인 목적만을 중시할 것이 아니라 그 법률 행위의 객관적인 종류나 성질 등도 충분히 고려하여 판단하여야 한다.

Theme 2 면접 교섭권

> **민법 제837조의2(면접 교섭권)**
> ① 자(子)를 직접 양육하지 아니하는 부모의 일방과 자(子)는 상호 면접 교섭할 수 있는 권리를 가진다.
> ② 자(子)를 직접 양육하지 아니하는 부모 일방의 직계 존속은 그 부모 일방이 사망하였거나 질병, 외국 거주, 그 밖에 불가피한 사정으로 자(子)를 면접 교섭할 수 없는 경우 가정 법원에 자(子)와의 면접 교섭을 청구할 수 있다. 이 경우 가정 법원은 자(子)의 의사(意思), 면접 교섭을 청구한 사람과 자(子)의 관계, 청구의 동기, 그 밖의 사정을 참작하여야 한다.
> ③ 가정 법원은 자의 복리를 위하여 필요한 때에는 당사자의 청구 또는 직권에 의하여 면접 교섭을 제한·배제·변경할 수 있다.

면접 교섭권이란 자녀를 직접 양육하지 않는 부 또는 모와 그 자녀가 직접 만나거나 전화, 편지 등을 통해서 교섭하는 권리를 말한다. 부부가 이혼하는 경우 자녀를 직접 양육하지 않는 부모 일방과 자녀의 상호 면접 교섭권을 인정하고 있다. 그러나 자녀를 직접 양육하지 않는 부모 일방이 사망하거나 자녀를 직접 양육하지 않은 부모 일방이 중환자실 입원, 군 복무 등 피치 못할 사정으로 면접 교섭권을 행사할 수 없는 경우에는 자녀가 오로지 친가나 외가 중 한쪽 집안과 교류하게 되어 양쪽 집안 간의 균형 있는 유대를 상실하는 경우가 많이 발생한다. 이는 자녀의 심리적 안정과 건전한 성장에도 부정적인 영향을 미치게 되며, 이러한 경우에는 조부모의 면접 교섭권을 인정하여 최소한의 교류를 이어나갈 수 있게 할 필요가 있다. 이에 자녀를 직접 양육하지 않는 부모 일방이 사망하거나 피치 못할 사정으로 면접 교섭권을 행사할 수 없을 때 그 부모 일방의 직계 존속이 가정 법원의 허가를 받아 손자녀와 면접 교섭이 가능하도록 하고 있다.

01 밑줄 친 ㉠~㉢에 대한 설명으로 옳지 <u>않은</u> 것은?

> ㉠법률혼이란 혼인의 실질적 요건과 형식적 요건을 모두 갖춘 혼인이다. 우리나라는 혼인 신고라는 명시적인 방법에 의해 부부 관계를 인정하는 법률혼주의를 채택하고 있다. ㉡혼인의 의사를 가지고 부부로서의 공동생활을 하면서도 혼인 신고를 하지 않은 상태를 ㉢사실혼이라고 한다.

① ㉠의 법률 효과로 친족 관계가 발생한다.

② ㉠ 관계에서 출생한 자녀는 '혼인 중의 출생자'이다.

③ 혼인은 ㉡의 합치를 통해 이루어지는 일종의 계약에 해당한다.

④ ㉢에서는 ㉠과 달리 배우자 간 부양 의무가 인정되지 않는다.

⑤ ㉢은 ㉠과 달리 별도의 절차 없이 일방의 의사만으로 그 관계를 해소할 수 있다.

02 (가)에 들어갈 내용으로 가장 적절한 것은?

> 갑: 제가 장기간 회사 일로 지방에 내려가 있을 때 아내 을이 여러 사람에게 돈을 빌렸습니다. 그 돈을 제가 갚아야 할까요?
> 변호사: 어떤 사유로 아내 을이 돈을 빌렸나요?
> 갑: 자녀들의 학원비와 간식비를 위해 빌렸습니다.
> 변호사: _____(가)_____ 아내 을의 채무를 갚아야 할 의무가 있습니다.

① 일상 가사로 인한 채무에 해당하므로

② 을에게 계약 당시 의사 능력이 있었으므로

③ 을에게 계약 당시 행위 능력이 있었으므로

④ 돈을 빌릴 때 을이 계약서를 작성하였으므로

⑤ 을과 사실혼 관계가 아닌 법률혼 관계이므로

03 다음 사례에 대한 법적 판단으로 옳은 것은?

> • 갑과 을은 혼인 후 자녀 병(7세)을 낳고 함께 살던 중 재판상 이혼을 하였다.
> • A와 B는 결혼식을 한 후 혼인 신고는 하지 않은 상태에서 자녀 C(5세)를 낳고 살던 중 헤어지기로 하였다.

① 갑과 을의 이혼으로 병은 혼인 외의 출생자가 된다.

② 갑과 을의 이혼은 이혼 숙려 기간을 거치지 않아도 된다.

③ 갑과 을의 이혼은 이혼 신고를 함으로써 이혼의 효력이 발생한다.

④ C는 A와 B의 혼인 중의 출생자이다.

⑤ A와 B의 혼인 관계의 해소는 법적인 절차를 거쳐야 한다.

04 다음 사례에 대한 법적 판단으로 옳은 것은?

> 법률혼 관계인 갑과 을은 A를 낳고 살던 중 적법한 절차를 거쳐 B를 친양자로 입양하였다. 그 후 갑과 을의 이혼 소송 중에 갑자기 사고로 을이 유언 없이 사망하였다. 사망 당시 을은 채무 없이 14억 원의 재산이 있었다.

① A와 B가 받는 상속액은 다르다.

② 을의 재산은 갑, A, B가 상속받는다.

③ B는 자신의 친생부모 사망 시 상속인이 될 수 있다.

④ B가 미성년자라도 을 사망 후 갑은 B에 대한 친권을 행사하지 못한다.

⑤ B는 별도의 인지 절차를 거쳐야만 갑, 을과의 친자 관계가 형성될 수 있다.

[24020-0143]

05 밑줄 친 ㉠~㉢에 대한 법적 판단으로 옳은 것은?

> 갑(남)과 을(여)은 혼인하였고, 그 사이에서 병이 태어났다. 병이 출생한 뒤 5년 후 갑과 을은 ㉠협의상 이혼을 하였다. 그 과정에서 병은 을이 양육하기로 하였다. 한편 갑은 A와 혼인 신고를 한 뒤, A의 자녀 B를 적법한 절차를 거쳐 ㉡친양자가 아닌 양자로 입양하였다. 그리고 을은 C와 혼인을 하였는데, C는 병을 적법한 절차를 거쳐 ㉢친양자로 입양하였다. 최근 ㉣갑은 지병으로, C는 사고로 모두 유언 없이 사망하였다.

① ㉠은 법원에서의 절차를 거치지 않아도 된다.
② ㉡으로 인해 원칙적으로 B의 성과 본은 갑의 성과 본으로 바뀌게 된다.
③ ㉢으로 인해 갑과 병의 친자 관계는 종료된다.
④ ㉣로 인해 갑의 재산은 A, B, 을이 상속받는다.
⑤ ㉣로 인해 을은 병에게 유류분 반환을 청구할 수 있다.

[24020-0144]

06 A에 대한 설명으로 옳은 것은?

> A는 부모가 미성년인 자녀에 대해 가지는 신분·재산상 권리와 의무를 말한다. A의 주요 내용으로는 자녀를 보호·교양할 권리와 의무, 자녀가 거주하는 장소를 지정할 수 있는 거소 지정권, 자녀가 자기 명의로 취득한 특유 재산에 관한 관리권 등이 있다. 양육권은 미성년인 자녀를 부모의 보호 하에서 양육하고 교양할 권리를 의미하지만, A는 자녀의 신분과 재산에 관한 사항을 결정할 수 있는 권리이므로 양육권보다는 A가 더 포괄적인 개념이라고 할 수 있다.

① A는 부모가 혼인 중인 때에는 부가 단독으로 행사한다.
② A를 행사하는 부모는 미성년인 자녀의 법정 대리인이 된다.
③ 부모가 이혼 시 자녀를 양육하지 않는 부 또는 모의 A는 상실된다.
④ A는 미성년인 자녀와 함께 사는 경우에만 행사할 수 있는 권리이다.
⑤ 양자의 경우 친생부모와의 친족 관계가 종료되지 않으므로 양부모가 아닌 친생부모가 A를 행사한다.

[24020-0145]

07 다음 사례에 대한 법적 판단으로 옳은 것은?

> 법률혼 관계인 갑과 을은 초등학생 자녀 병과 정, 갑의 어머니 무와 함께 살고 있었다. 가족 여행을 가던 중 사고로 갑이 사망하고 병원에서 치료를 받던 정 역시 2개월 뒤에 사망하였다. 갑의 사망 당시 갑은 채무 없이 14억 원의 재산을 남겼고, 갑의 사망 당시 정의 재산은 없었으며, 갑과 정 모두 유언을 남기지 않았다.

① 갑이 사망하면 갑의 재산은 을, 병, 무가 상속받는다.
② 갑이 사망하면 을, 병, 정이 갑의 재산을 균등하게 상속받는다.
③ 정 사망 후 정의 재산은 을이 상속받는다.
④ 정 사망 후 무는 을과 병에게 유류분 반환 청구를 할 수 있다.
⑤ 을이 상속을 포기하면 무는 갑의 재산을 상속받을 수 있다.

[24020-0146]

08 다음 자료에 대한 옳은 설명만을 〈보기〉에서 있는 대로 고른 것은?

> 갑과 을은 법률혼을 하고 자녀 A를 낳고 살다가 ㉠협의상 이혼 후 갑이 A를 양육하고 있었다. 1년이 지난 후 갑은 병과 법률혼을 하였고 병은 A를 적법한 절차를 거쳐 ㉡친양자로 입양하였다. 이 경우 A에 대한 을의 ㉢면접 교섭권이 더 이상 인정되지 않는다. A는 갑과 병의 혼인 중의 출생자로 보아 　　　(가)　　　
>
> * 갑~병의 성(姓)과 본(本)이 모두 다르다.

● 보기 ●
ㄱ. ㉠은 법률에서 정하고 있는 이혼 사유가 있는 경우에만 가능하다.
ㄴ. ㉡의 성과 본은 원칙적으로 양부모의 성과 본으로 변경된다.
ㄷ. 이혼 후 자녀를 직접 양육하지 않는 부 또는 모, 자녀는 ㉢을 가진다.
ㄹ. (가)에 '입양 전의 친족 관계가 종료되기 때문이다.'가 들어갈 수 있다.

① ㄱ, ㄴ   ② ㄱ, ㄹ   ③ ㄴ, ㄷ
④ ㄱ, ㄷ, ㄹ   ⑤ ㄴ, ㄷ, ㄹ

[24020-0147]

1 그림은 협의상 이혼의 절차를 나타낸 것이다. 이에 대한 옳은 설명만을 〈보기〉에서 있는 대로 고른 것은?

절차	관련 법적 내용
㉠이혼 의사 확인 신청	(가)
↓	
㉡이혼 숙려 기간	원칙적으로 양육할 자녀가 있으면 3개월, 없으면 1개월이다.
↓	
이혼 의사 확인	법원의 이혼 의사의 확인을 받는다.
↓	
이혼 신고	(나)

●보기●
ㄱ. ㉠은 민법에 정해진 이혼 사유에 해당해야만 가능하다.
ㄴ. ㉡은 재판상 이혼이 아닌 협의상 이혼에만 있는 절차이다.
ㄷ. (가)에 '법원에 이혼 의사 확인 신청을 한 후 이혼 조정 과정을 거친다.'가 들어갈 수 없다.
ㄹ. (나)에 '행정 기관에 이혼 신고를 해야 이혼의 효력이 발생한다.'가 들어갈 수 있다.

① ㄱ, ㄴ   ② ㄱ, ㄹ   ③ ㄴ, ㄷ   ④ ㄱ, ㄷ, ㄹ   ⑤ ㄴ, ㄷ, ㄹ

[24020-0148]

2 (가)에 들어갈 수 있는 법적 조언으로 옳은 것은?

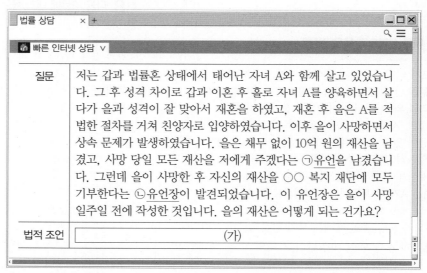

① ㉠만 효력이 있다면, 을의 사망과 동시에 ㉠에 따라 유언의 법률 효과가 발생합니다.
② ㉡만 효력이 있다면, 유언장이 작성된 시점에 유언의 법률 효과가 발생합니다.
③ ㉡만 효력이 있다면, 을의 재산은 질문자님과 A, ○○ 복지 재단이 균등하게 받게 됩니다.
④ ㉠과 ㉡이 모두 효력이 없을 경우에만 질문자님은 을의 재산을 받을 수 있습니다.
⑤ ㉠과 ㉡이 모두 효력이 있다면, 서면으로 작성된 ㉡에 따라 을의 재산은 ○○ 복지 재단에 기부됩니다.

3 다음 자료에 대한 설명으로 옳은 것은?

[24020-0149]

> ### 이혼 소송 청구
>
> 원고   갑
> 피고   을
>
> 사건 본인   병
> #### 청구 취지
> 1. 원고와 피고는 이혼한다.
> 2. 원고와 피고 사이의 자녀 병의 친권 행사자 및 양육자를 원고로 지정한다.
> 3. 피고는 원고에게 2024년 3월 10일부터 2040년 3월 10일까지 사건 본인 병에 대한 양육 비로 매달 말일 100만 원을 지급한다.
> 4. 소송 비용은 피고의 부담으로 한다.
> 라는 판결을 구합니다.
> #### 청구 원인
> 원고와 피고는 2020년 5월 10일에 혼인한 부부입니다. 그러나 피고의 가정 폭력, 일방적 가출 등을 이유로 혼인 관계가 파탄되었습니다. …(후략).

① 갑의 청구가 받아들여지면, 을과 병의 친자 관계는 종료된다.
② 갑의 청구가 받아들여지면, 을은 법원에 병에 대한 면접 교섭권을 신청해야 한다.
③ 갑과 을은 미성년 자녀 병이 있으므로 원칙적으로 이혼 숙려 기간을 거쳐야 한다.
④ 갑은 이혼의 책임이 있는 을을 상대로 정신상 고통에 대한 손해 배상을 청구할 수 있다.
⑤ 을은 이혼에 대한 책임이 있는 자로 혼인 중 공동으로 마련한 재산에 대해 분할을 청구할 수 없다.

4 다음 자료에 대한 설명으로 옳은 것은?

[24020-0150]

> 부모가 이혼하는 경우 법원이 친권 행사자를 정하거나 양육자를 정할 때 반드시 단독의 친권 행사자나 양육자를 정하도록 한 것은 아니므로 이혼하는 부모 모두를 공동 양육자로 지정하는 것도 가능하다. 그러나 ㉠재판상 이혼에서 이혼하는 부모 모두를 공동 양육자로 정할 때에는 그 부모가 첨예한 갈등으로 ㉡혼인을 계속하기 어려운 사유로 이혼하게 된 것이라는 점을 고려하여 그 허용 여부를 신중하게 판단할 필요가 있다. 재판상 이혼의 경우 부모 모두를 자녀의 공동 양육자로 지정하는 것은 부모가 공동 양육을 받아들일 준비가 되어 있고 양육에 대한 가치관에서 현저한 차이가 없는지, 부모가 서로 가까운 곳에 살고 있고 양육 환경이 비슷하여 자녀에게 경제적 · 시간적 손실이 적고 환경 적응에 문제가 없는지 등을 종합적으로 고려하여 공동 양육을 위한 여건이 갖추어졌다고 볼 수 있는 경우에만 가능하다고 보아야 한다.

① 이혼 당사자는 혼인 중 공동으로 마련한 재산과 부부 일방이 혼인 전부터 가진 고유 재산에 대해 재산 분할을 청구할 수 있다.
② 친권은 부모가 모든 연령의 자녀에 대해 갖는 신분 · 재산상의 권리이다.
③ ㉠의 경우 당사자 한쪽의 일방적인 청구에 의해서는 재판이 이루어지지 않는다.
④ ㉠의 경우 이혼에 책임이 있는 배우자는 미성년 자녀에 대한 면접 교섭권을 갖지 못한다.
⑤ ㉡이 있는 경우에도 협의상 이혼이 가능하다.

[24020-0151]

5 다음 자료에 대한 옳은 설명만을 〈보기〉에서 있는 대로 고른 것은?

구분	친양자가 아닌 양자 입양	㉠친양자 입양
공통점	• 법률적으로 부모−자녀 관계 형성 • _____(가)_____	
차이점	• _____(나)_____ 유지 • 원칙적으로 성과 본 변경 안 됨.	• _____(나)_____ 종료 • 성과 본 변경됨.

● 보기 ●

ㄱ. ㉠의 경우 양부모의 혼인 중의 출생자로 간주된다.
ㄴ. (가)에 '양자의 친권자는 양부모가 됨.'이 들어갈 수 있다.
ㄷ. (가)에 '양부모 사망 시 상속 관계 발생'이 들어갈 수 없다.
ㄹ. (나)에 '친생부모와 자녀의 친자 관계'가 들어갈 수 없다.

① ㄱ, ㄴ ② ㄱ, ㄹ ③ ㄴ, ㄷ ④ ㄱ, ㄷ, ㄹ ⑤ ㄴ, ㄷ, ㄹ

[24020-0152]

6 다음 자료에 대한 분석으로 옳은 것은?

〈사례〉에 대한 법적 판단이 옳으면 '예', 틀리면 '아니요'를 쓰시오. (답안별로 채점하며 옳으면 1점, 틀리면 0점이고, 총점은 4점임.)

〈사례〉 갑과 을은 법률혼 사이로 적법한 절차를 거쳐 을의 친구의 자녀 병을 친양자로 입양하였다. 이후 갑과 을은 협의상 이혼을 하였고 병은 을이 양육하기로 하였다. 1년 뒤, 을은 정과 혼인 후 무를 출산하였다. 무를 출산한 후 정이 병과 친자 관계가 아닌 상태에서 을은 정의 잦은 거짓말로 정과 협의상 이혼을 한 후 미성년 자녀인 병, 무와 함께 살고 있다.

〈사례〉에 대한 법적 판단	A	B
(가)	㉠	㉡
갑과 을의 이혼으로 갑과 병의 친자 관계가 즉시 종료된다.	예	㉢
을이 유언 없이 사망한다면 무와 달리 병은 을의 상속인이 되지 않는다.	아니요	아니요
정이 유언 없이 사망한다면 을과 무가 정의 상속인이 된다.	아니요	㉣
채점 결과(점수)	3점	1점

① ㉠과 ㉡에 들어갈 답변은 서로 같다.
② ㉢에 '아니요'가 들어간다.
③ ㉣에 '아니요'가 들어간다.
④ (가)에 '을과 정의 이혼은 가정 법원의 이혼 의사 확인을 받은 후, 이혼 숙려 기간을 거쳐야 한다.'가 들어가면, ㉠에 '아니요'가 들어간다.
⑤ (가)에 '갑과 을의 이혼은 행정 기관에 이혼 신고를 해야 이혼의 효력이 발생한다.'가 들어가면, ㉡에 '예'가 들어간다.

[24020-0153]

7 (가) 사례를 (나)에 적용할 경우에 대한 법적 판단으로 옳은 것은?

(가) 갑은 을과 법률혼을 한 뒤 자녀 A를 낳고, 갑의 홀어머니 병과 함께 살고 있었다. 이후 갑과 을은 이혼하고 A에 대한 친권과 양육권은 갑이 갖기로 하였다. 1년 후 갑은 정과 법률혼을 하면서 정과 전 배우자 사이에서 태어난 B를 친양자로 입양하기로 약속하였다. 그 후 갑자기 사고로 갑이 사망하였고, '전 재산을 ○○ 대학에 기부한다.'라는 갑의 유언장이 발견되었다. 사고 당시 갑은 채무 없이 35억 원의 재산이 있었다.

(나)

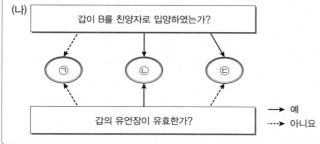

① ㉠ 상황에서 갑의 재산은 병, 정, A가 상속받는다.
② ㉠ 상황에서 정의 상속액은 A의 상속액보다 7억 원이 더 많다.
③ ㉡ 상황에서 을은 ○○ 대학을 상대로 유류분 반환을 청구할 수 있다.
④ ㉢ 상황에서 갑의 재산은 병, 정, A, B가 상속받는다.
⑤ ㉠과 ㉢ 상황에서 A가 받는 상속액은 같다.

[24020-0154]

8 다음은 대법원 판결문 중 일부이다. 이에 대한 옳은 설명만을 〈보기〉에서 고른 것은?

㉠혼인은 일생의 공동생활을 목적으로 하여 부부의 실체를 이루는 신분상 계약으로서, 그 본질은 애정과 신뢰에 바탕을 둔 인격적 결합에 있다. 부부는 ㉡동거하며 서로 부양하고 협조하여야 할 의무가 있다. ㉢민법에서 정한 이혼 사유인 '혼인을 계속하기 어려운 중대한 사유가 있을 때'란 부부간의 애정과 신뢰가 바탕이 되어야 할 혼인의 본질에 상응하는 부부 공동생활 관계가 회복할 수 없을 정도로 파탄되고 혼인 생활의 계속을 강제하는 것이 일방 배우자에게 참을 수 없는 고통이 되는 경우를 말한다. 피고가 해외 사업 추진을 위하여 해외 출국을 한 것 외에도 잦은 해외 출국을 하면서 원고에게 체류 사유 및 사업 추진 상황을 제대로 설명하지 않았고, 미성년 자녀들을 돌보지 않은 채 원고에게 양육비와 생활비를 지급하지 않았다면 원고와 피고의 혼인 관계가 피고의 책임 있는 사유로 인하여 애정과 신뢰가 상실되어 회복할 수 없을 정도로 파탄되었다고 볼 여지가 충분하다고 본다.

● 보기 ●
ㄱ. 17세 이상인 자가 법정 대리인의 동의를 얻어 ㉠을 하면 성년으로 간주된다.
ㄴ. ㉡은 사실혼과 법률혼에서 모두 적용된다.
ㄷ. 대법원은 피고의 행위가 ㉢에 해당한다고 판단하였다.
ㄹ. 원고와 피고는 법원에 이혼 의사 확인 신청을 해야만 이혼 소송을 할 수 있다.

① ㄱ, ㄴ　　② ㄱ, ㄷ　　③ ㄴ, ㄷ　　④ ㄴ, ㄹ　　⑤ ㄷ, ㄹ

01 민법의 기본 원칙 A, B에 대한 옳은 설명만을 〈보기〉에서 고른 것은? `2024학년도 6월 모의평가`

> 자기의 잘못에 대해서만 책임을 진다는 A는 개인의 책임 범위를 명확하게 함으로써 개인의 자유와 권리를 보호하였다. 그러나 A만 고집할 경우 타인의 행위로 인해 피해를 입었음에도 불구하고 구제를 받을 수 없는 억울한 피해자가 발생할 수 있다. 그리하여 오늘날 민법에는 가해자의 고의나 과실이 없어도 일정한 요건이 충족되면 그 행위로 인해 발생한 손해에 대한 배상을 인정하는 B가 도입되었다.

● 보기 ●
ㄱ. A에 기초하고 있는 우리나라 민법은 B를 적용할 수 있는 규정을 두고 있다.
ㄴ. "고의 또는 과실로 인한 위법 행위로 타인에게 손해를 가한 자는 그 손해를 배상할 책임이 있다."라는 민법 규정은 A를 설명하는 데 적합하다.
ㄷ. 환경 오염으로 인한 불법 행위 성립에 있어 B를 적용하는 경우, 환경 오염의 원인 제공자는 자신에게 고의와 과실이 없음을 입증하면 면책된다.
ㄹ. B에 따르면 자신의 행위로부터 일정한 결과가 생길 것을 인식했어야 함에도 불구하고 그러하지 못한 채 한 행위로 인한 손해에 대해서만 배상 책임이 인정된다.

① ㄱ, ㄴ   ② ㄱ, ㄷ   ③ ㄴ, ㄷ   ④ ㄴ, ㄹ   ⑤ ㄷ, ㄹ

02 다음 사례에 대한 법적 판단으로 옳은 것은? `2024학년도 수능`

> 동물 병원 원장 A(35세)는 차량의 소유자로부터 공작물인 차량을 장기간 임차하여 사용하고 있다. A는 고객 갑이 치료를 위해 입원시킨 반려견의 재활 운동을 위해 그 차량을 운전하여 직원 B(21세)와 함께 공원으로 갔다. A는 차량을 주차하고 B와 함께 반려견을 데리고 산책하던 중 B가 부주의로 반려견의 발을 밟아 상처를 입혔다. 놀란 반려견이 지나가던 을의 다리를 물어 2주간의 치료를 요하는 상처를 입혔고, 을은 이로 인해 정신적으로도 큰 충격을 받았다. 그 사이 A가 주차해 두었던 차량에서 불이 났고, 이로 인해 옆에 주차되어 있던 병 소유 차량이 파손되는 재산상 손해가 발생하였다. 사고 조사 결과, 화재의 원인은 차량에 대한 비전문가인 소유자가 해당 차량을 직접 수리하여 발생한 보존상의 하자에 의한 것으로 밝혀졌다.

① A가 B에 대한 선임 및 사무 감독에 상당한 주의를 다하였더라도, A는 갑에 대한 B의 사용자로서의 특수 불법 행위 책임을 면할 수 없다.
② 을은 치료비에 대한 배상을 받기 위해 위자료를 청구해야 한다.
③ A가 반려견의 종류와 성질에 따라 그 보관에 상당한 주의를 다하였더라도, A는 을에 대한 동물 점유자로서의 특수 불법 행위 책임을 면할 수 없다.
④ 병에게 발생한 재산상 손해에 대한 배상은 특별한 사정이 없는 한 원상회복이 원칙이다.
⑤ A가 병에게 발생한 손해의 방지에 필요한 주의를 다한 경우, A는 병에 대한 공작물 점유자로서의 특수 불법 행위 책임을 지지 않는다.

[03~04]   다음 사례를 읽고 물음에 답하시오.   2024학년도 9월 모의평가

> 법률상 혼인한 갑과 을 사이에서 태어난 A는 중학교 1학년 여름 방학에 용돈으로 마트에서 게임기를 구매
> 하였다. 한편 병은 사실혼 관계에서 자신이 낳은 B를 양육하고 있었다. B는 중학교 졸업을 앞두고 ○○ 자
> 전거 대리점(사장 정)에서 아르바이트를 하려고 정에게 가족 관계 기록 사항에 관한 증명서를 제출하였지
> 만, 정은 연령을 이유로 B와의 근로 계약 체결을 거부하였다. 그 자리에서 B는 평소 원했던 고가의 한정판
> 자전거를 보고 정에게 구매 의사를 거듭 밝혔고 정은 고민 끝에 B와 그 자전거를 매매하는 계약을 체결하
> 였다.
> 평소 성격 차이가 심했던 갑과 을은 이혼 숙려 기간을 거쳐 적법한 절차에 따라 이혼하였고, A에 대한 친권
> 과 양육권은 갑이 갖게 되었다. 얼마 후 갑과 병은 법률상 혼인을 하였고 병이 적법한 절차를 거쳐 A를 친
> 양자로 입양하였다. 갑과 병의 혼인을 반대하던 B는 친권자 병으로부터 독립하기를 원하였으나 병의 반대
> 로 독립할 수 없었다. 이후 갑과 병은 미성년자 C를 적법한 절차를 거쳐 친양자가 아닌 양자로 입양하였고,
> C는 입양된 후 고가의 자전거를 조건 없이 증정하는 정의 ○○ 자전거 대리점 경품 행사에 당첨되었다.

03   위의 사례에 나타난 계약 관계에 대한 법적 판단으로 옳은 것은?

① 갑은 A가 미성년자임을 이유로 A의 구매 계약을 취소할 수 있다.
② C가 당첨된 고가의 자전거를 수령하기 위해서는 갑 또는 병의 동의가 필요하다.
③ 정은 B의 매매 계약에 대한 병의 추인 여부와 상관없이 계약 체결의 의사 표시를 철회할 수 없다.
④ 갑과 병의 혼인 후 정은 갑에게 B와의 매매 계약의 취소 여부에 대한 확답을 촉구할 수 있다.
⑤ 정과 B의 매매 계약이 유효하게 확정된 경우, 병은 정에게 자전거 매매 대금의 지급 의무를 진다.

04   위의 사례에 나타난 가족 관계에 대한 법적 판단으로 옳은 것은?

① 갑과 을의 이혼은 법원의 이혼 의사 확인 시 그 효력이 발생한다.
② 병이 A를 입양한 이후에도 을은 A에 대한 면접 교섭권을 가진다.
③ 갑과 병의 혼인 후 갑이 사망한 경우, B는 갑의 상속인이 될 수 없다.
④ C와 달리 A의 입양 시 가정 법원의 허가가 요구된다.
⑤ C가 경품 행사에 당첨될 당시, C와 달리 A는 병의 친생자와 같은 지위를 가진다.

1. 형법의 의미와 기능

(1) 형법의 의미

① 일반적 의미: 범죄와 그에 대한 법적 효과로서 형사 제재(형벌과 보안 처분)를 규정한 법 규범의 총체
② 형식적 의미의 형법: '형법'이라는 명칭이 붙여진 법률
③ 실질적 의미의 형법: 법의 명칭·형식을 불문하고 범죄와 그에 대한 법적 효과로서 형벌과 보안 처분을 규정한 모든 법 규범
　⑩ 도로 교통법, 폭력 행위 등 처벌에 관한 법률, 근로 기준법, 조세범 처벌법 등

자료 플러스 실질적 의미의 형법

갑은 운전 부주의로 교통사고를 내어 을을 다치게 하였으나, 즉시 정차하여 을을 구호하는 등의 필요한 조치를 하지 않았다.

도로 교통법
제54조(사고 발생 시의 조치) ① 차 또는 노면 전차의 운전 등 교통으로 인하여 사람을 사상하거나 물건을 손괴(이하 "교통사고"라 한다)한 경우에는 그 차 또는 노면 전차의 운전자나 그 밖의 승무원(이하 "운전자 등"이라 한다)은 즉시 정차하여 다음 각 호의 조치를 하여야 한다.
1. 사상자를 구호하는 등 필요한 조치
2. 피해자에게 인적 사항(성명·전화번호·주소 등을 말한다. …(중략)…) 제공
제148조(벌칙) 제54조 제1항에 따른 교통사고 발생 시의 조치를 하지 아니한 사람(주·정차된 차만 손괴한 것이 분명한 경우에 제54조 제1항 제2호에 따라 피해자에게 인적 사항을 제공하지 아니한 사람은 제외한다)은 5년 이하의 징역이나 1천 500만 원 이하의 벌금에 처한다.

형식적 의미의 형법은 '형법'이라는 명칭이 붙여진 형법전(刑法典)을 의미한다. 그러나 위 사례와 같이 도로 교통법에도 범죄와 형벌이 규정되어 있는데, 이처럼 그 명칭과 형식을 불문하고 범죄와 그에 대한 법적 효과로서 형벌과 보안 처분을 규정한 모든 법 규범을 실질적 의미의 형법이라고 한다. 갑이 을을 다치게 하고도 을을 구호하는 등의 필요한 조치를 하지 않은 행위는 도로 교통법상 범죄의 구성 요건에 해당하므로 위법성 조각 사유와 책임 조각 사유가 없다면 범죄가 성립되어 형벌 부과의 대상이 된다.

(2) 형법의 필요성과 기능

① 형법의 필요성: 형법을 만들어 가해자에게 형벌을 부과함으로써 범죄 행위에 대해 개인적인 응징과 보복을 금지하여 사회적 혼란을 방지함.
② 형법의 기능

보호적 기능	개인이나 공동체의 존립을 해치거나 위협하는 행위를 범죄로 규정하여 형벌을 부과함으로써 법익과 사회 윤리적 행위 가치를 보호하는 기능을 수행함.
보장적 기능	국가 형벌권의 한계를 명확히 하여 자의적인 형벌권 남용으로부터 국민의 자유와 권리를 보장하는 기능을 수행함.

개념 플러스 형법의 규범적 성격

형법은 살인, 절도 등 일정한 행위를 금지함으로써 일반 국민에게 행위의 준칙으로 삼도록 하고 있는데, 이러한 의미에서 행위 규범이라고 할 수 있다. 또한 형법은 범죄 행위에 대해 형벌을 부과하는 근거가 되어 법관의 사법 활동을 규제하는 재판 규범으로서의 성격도 갖는다.

2. 죄형 법정주의

(1) 죄형 법정주의의 의미와 변천

① 의미: 어떤 행위가 범죄가 되고 그 범죄에 대하여 어떤 형벌을 부과할 것인가가 행위자의 행위 이전에 미리 성문의 법률에 규정되어 있어야 한다는 원칙

② 등장 배경: 국가 형벌권의 확장과 자의적 행사로부터 시민의 자유와 권리를 보장하려는 근대 인권 사상의 요청

③ 변천

근대적(형식적) 의미의 죄형 법정주의	• "법률이 없으면 범죄도 없고 형벌도 없다." • 성문의 법률이 없으면 어떠한 행위라도 범죄로 처벌할 수 없다는 원칙이지만, 법률의 내용을 문제 삼지 않아 부당한 법률에 의한 형벌권의 남용을 방지하기 어려움.
현대적(실질적) 의미의 죄형 법정주의	• "적정한 법률이 없으면 범죄도 없고 형벌도 없다." • 범죄와 형벌을 규정하는 법률의 내용이 실질적 정의에 합치되도록 적정할 것을 요구함으로써 법관의 자의뿐만 아니라 입법자의 자의로부터도 국민의 자유와 권리를 보장할 수 있게 됨.

(2) 죄형 법정주의의 내용(파생 원칙)

성문 법률주의 (관습 형법 금지의 원칙)	• 범죄와 형벌은 미리 성문의 법률로 규정되어야 한다는 원칙 • 관습법을 근거로 일정한 행위를 범죄로 인정하거나 형벌을 부과하는 것을 금지한다는 것이며, 성문의 법률은 의회가 헌법에 규정된 입법 절차에 따라 제정한 법률을 의미함.
명확성의 원칙	• 법률이 처벌하고자 하는 행위가 무엇이며 그에 대해 어떤 형벌이 부과되는지를 누구나 예견할 수 있도록 범죄의 구성 요건과 형벌을 명확하게 규정하여야 한다는 원칙 • 범죄의 구성 요건과 형사 제재에 관한 규정이 불명확할 경우 법관이 자의적으로 해석하여 행위자에게 불리하게 적용될 수 있으므로 이를 방지하고자 함.
유추 해석(적용) 금지의 원칙	법률에 규정이 없는 사항에 대해서 그것과 유사한 성질을 가지는 사항에 관한 법률을 적용하여 행위자에게 불리한 새로운 구성 요건을 만들거나 형을 가중할 수 없다는 원칙
소급효 금지의 원칙 (형벌 불소급의 원칙)	범죄와 형벌은 행위 시의 법률에 의하여 결정되어야 하기 때문에 형벌 법규는 그것이 시행된 이후의 행위에 대해서만 적용되고, 법률 시행 이전의 행위에 소급하여 적용할 수 없다는 원칙
적정성의 원칙 (비례성의 원칙)	• 범죄와 형벌을 규정하는 법률의 내용이 기본적 인권을 보장할 수 있도록 적정해야 한다는 원칙 • 범죄 행위의 경중과 행위자가 부담해야 할 형사 책임 사이에 균형을 갖추어야 한다는 원칙으로, 비례성의 원칙이라고도 함.

≡ 개념 플러스 적정성의 원칙

적정성의 원칙은 범죄와 형벌을 규정하는 법률의 내용이 인간의 존엄과 가치 및 기본적 인권을 보장하는 헌법적 가치 체계와 모순되어서는 안 된다는 원칙이다. 이러한 의미에서 적정성의 원칙을 실질적 의미의 죄형 법정주의라고 한다. 적정성의 원칙은 실질적 법치주의가 형법에 구현된 것으로서 입법자의 자의에 의한 형벌권의 남용을 방지한다. 이 원칙은 우리나라 헌법 제37조 제2항의 비례성의 원칙, 과잉 금지의 원칙에서 도출될 수 있으며, 적정성의 원칙에 반하는 범죄와 형벌 규정은 헌법상 비례성의 원칙, 과잉 금지의 원칙에도 반한다.

➕ **행위자에게 유리한 경우 죄형 법정주의의 적용**

유추 해석(적용) 금지의 원칙에 따라 법률에 명시되지 아니한 사항에 대해 유사한 사항을 규정한 법률을 확대하여 적용하는 것은 금지되지만, 행위자에게 유리한 경우에는 유추 해석이 가능하다. 또한 소급효 금지의 원칙에 따라 사후 입법에 의한 부당한 처벌은 금지되지만, 행위자에게 유리한 경우에는 소급효가 허용되기도 한다.

➕ **관습법**

사회에서 반복적으로 나타나는 관행이 사회 구성원 대다수의 법적 확신에 의하여 법 규범으로 승인되어 지켜지고 있는 것을 의미한다.

➕ **소급효**

법률이나 법률 요건의 효력이 법률 시행 전 또는 법률 요건 성립 이전으로 돌아가 생기는 것을 의미한다.

개념 체크

1. (   )는 어떤 행위가 범죄가 되고 범죄에 대하여 어떤 형벌을 부과할 것인가가 행위자의 행위 이전에 미리 성문의 법률에 규정되어 있어야 한다는 원칙이다.

2. 형벌 법규는 그것이 시행된 이후의 행위에 대해서만 적용되고, 법률 시행 이전의 행위에 소급하여 적용할 수 없다는 죄형 법정주의의 파생 원칙은 (   )이다.

3. 범죄 행위의 경중과 행위자가 부담해야 할 형사 책임 간 균형을 갖추어야 한다는 원칙으로 비례성의 원칙이라고도 하는 죄형 법정주의의 파생 원칙은 (   )이다.

정답
1. 죄형 법정주의
2. 소급효 금지의 원칙(형벌 불소급의 원칙)
3. 적정성의 원칙

3. 범죄의 의미와 성립 요건

(1) 범죄의 의미와 성립

① 범죄의 의미: 형법에 의해 금지되어 형벌의 부과 대상이 되는 행위로 법률에 규정된 구성 요건에 해당하고 위법하고 책임이 있는 행위

② 범죄의 성립 요건: 구성 요건 해당성, 위법성, 책임 → 어느 하나라도 갖추지 못한 경우 범죄가 성립되지 않음.

(2) 범죄의 성립 요건

① 구성 요건 해당성: 법률로 정해 놓은 범죄 행위의 유형을 범죄의 구성 요건이라고 하는데, 구체적인 행위가 법률에 규정된 범죄의 구성 요건에 합치하는 것을 의미함.

> **자료 플러스** **구성 요건 해당성**
>
> 군 형법 제64조 ① 상관을 그 면전에서 모욕한 사람은 2년 이하의 징역이나 금고에 처한다.
>
> 상관 면전 모욕죄는 '상관을 그 면전에서 모욕'함으로써 성립하는 범죄이다. 갑이 전화를 통하여 상관을 모욕한 행위에 대해 대법원은 '면전에서'라 함은 얼굴을 마주 대한 상태를 의미하며 전화를 통하여 통화하는 것을 면전에서의 대화라고 할 수 없다고 보아 상관 면전 모욕죄의 구성 요건에 해당하지 않는다고 판단하였다.

② 위법성
- 의미: 범죄의 구성 요건에 해당하는 행위가 객관적 법질서 전체의 관점에서 허용되지 않는다는 부정적인 가치 판단
- 위법성 조각 사유: 구성 요건에 해당하는 행위의 위법성을 배제하는 특별한 사유

정당 행위	법령에 의한 행위 또는 업무로 인한 행위 기타 사회 상규에 위배되지 않는 행위
정당방위	현재의 부당한 침해로부터 자기 또는 타인의 법익을 방위하기 위하여 한 행위로 상당한 이유가 있는 경우
긴급 피난	자기 또는 타인의 법익에 대한 현재의 위난을 피하기 위한 행위로 상당한 이유가 있는 경우
자구 행위	법률에서 정한 절차에 따라서는 청구권을 보전(保全)할 수 없는 경우에 그 청구권의 실행이 불가능해지거나 현저히 곤란해지는 상황을 피하기 위하여 한 행위로 상당한 이유가 있는 경우
피해자의 승낙	처분할 수 있는 자의 승낙에 의하여 그 법익을 훼손한 행위로 법률에 특별한 규정이 없는 경우

③ 책임
- 의미: 위법 행위를 하였다는 데 대하여 행위자에게 가해지는 법적 비난 가능성
- 책임 조각 및 감경 사유

책임 조각 사유	형사 미성년자(14세 미만) 또는 심신 상실자의 행위, 강요된 행위 등 → 범죄가 성립되지 않음.
책임 감경 사유	심신 미약자(감경 가능), 듣거나 말하는 데 모두 장애가 있는 사람의 행위(감경해야 함.) 등 → 범죄는 성립되나 형의 감경 사유에 해당함.

4. 형벌과 보안 처분

(1) 형벌

① 형벌의 의미: 범죄에 대한 법률 효과로서 범죄자에 대해 부과하는 법익의 박탈

② 형벌의 종류

생명형	사형
자유형	• 징역: 1개월 이상 교정 시설에 수용하여 집행, 정해진 노역(勞役)에 복무하게 함. • 금고: 1개월 이상 교정 시설에 수용하여 집행, 정해진 노역(勞役)을 부과하지 않음. • 구류: 1일 이상 30일 미만 교정 시설에 수용하여 집행, 정해진 노역(勞役)을 부과하지 않음.
명예형	• 자격 상실: 사형, 무기 징역 또는 무기 금고의 판결을 받은 자에게 공무원이 되는 자격이나 공법 상의 선거권과 피선거권 등의 자격을 박탈함. • 자격 정지: 법률에 특별한 규정이 없으면 유기 징역 또는 유기 금고의 판결을 받은 자에게 그 형의 집행이 종료되거나 면제될 때까지 공무원이 되는 자격이나 공법상의 선거권과 피선거권 등의 자격이 정지됨.
재산형	벌금(원칙적으로 5만 원 이상), 과료(2천 원 이상 5만 원 미만), 몰수

(2) 보안 처분

① 의미: 형벌로는 행위자의 사회 복귀와 범죄의 예방이 불가능하거나 행위자의 특수한 위험성 으로 인하여 형벌의 목적을 달성할 수 없는 경우 형벌을 대체 또는 보완하기 위하여 부과되 는 대안적 형사 제재

② 종류

치료 감호	심신 상실자 또는 심신 미약으로 금고 이상의 형에 해당하는 죄를 지은 자, 마약·알코 올 등에 중독된 자로서 금고 이상의 형에 해당하는 죄를 지은 자에 대해 재범(再犯)의 위험성이 있고 특수한 교육·개선 및 치료가 필요하다고 인정되는 경우 치료 감호 시설 에 수용하여 치료를 위한 조치를 함.
보호 관찰	형의 선고 유예를 받거나 형의 집행 유예를 선고받은 경우, 가석방되는 경우, 소년법상 보호 처분으로 보호 관찰 처분을 받은 경우 등을 대상으로 교정 시설 등에 수용하지 않 고 사회생활을 허용하면서 보호 관찰관의 지도·감독을 받으며 준수 사항 등을 지키도 록 하여 사회 복귀를 촉진함.
수강 명령	형의 집행을 유예하는 경우, 정신적·심리적 원인이나 잘못된 문제 인식과 행동 습관으 로 인해 동종의 범행을 반복하게 될 우려가 큰 마약, 음주 운전, 가정 폭력, 성폭력 등의 범죄인 등에 대해 일정한 시간 동안 지정된 장소나 기관에 출석하여 강의, 훈련 또는 상 담을 받도록 함.
사회봉사 명령	형의 집행을 유예하는 경우, 소년법상 보호 처분 등의 필요성이 인정되는 경우 일정 기 간 내에 지정된 시간 동안 무보수로 사회에 유익한 근로를 하도록 함.

📋 자료 플러스 · 형벌과 보안 처분의 관계

형벌이 행위 책임을 전제로 책임주의의 범위 내에서 부과되는 것인 반면, 보안 처분은 행위자의 사회적 위험성과 재범의 우려를 전제로 특별 예방의 관점에서 부과된다. 또한 형벌은 과거의 행위 에 대한 사회 윤리적 비난을 표현하는 제재의 성격이 있지만, 보안 처분은 장래의 위험성을 향한 순수한 예방적 성격이 강조된다. 다만, 보안 처분을 형벌과 동등한 형사 제재로 인정하는 현행 법 체계하에서는 그 부과 요건이나 절차 등에 있어서 적법 절차의 원리가 준수되어야 하며, 헌법상 기본권 제한의 한계인 비례성의 원칙이 적용되는 범위 내에서 정당화될 수 있다.

⚙ 징역

유기 징역과 무기 징역이 있다. 무기 징역은 종신형이고, 유기 징역은 1개월 이상 30년 이하이 며, 유기 징역에 대하여 형을 가 중할 때에는 50년까지로 한다.

⚙ 금고, 구류

정해진 노역에 복무하게 해야 하는 것은 아니지만 수용자의 신청에 따라 작업을 부과할 수 있다.

⚙ 몰수

범죄 행위와 관련된 재산(범죄 행위에 제공하였거나 제공하 려고 한 물건, 범죄 행위로 인 하여 생겼거나 취득한 물건 등) 을 박탈하여 국고에 귀속시키 는 형벌이다.

⚙ 가석방

징역이나 금고의 집행 중에 있 는 사람이 행동이나 태도가 양 호하여 뉘우침이 뚜렷한 때에 는 무기형은 20년, 유기형은 형기의 1/3이 지난 후 행정 처 분으로 가석방할 수 있다. 가석 방 처분을 받은 후 그 처분이 실효 또는 취소됨이 없이 가석 방 기간을 경과한 때에는 형의 집행을 종료한 것으로 본다.

개념 체크

1. 형벌의 종류 중 재산형에는 ( ), ( ), ( ) 이/가 있다.

2. 자유형 중 1개월 이상 교정 시설에 수용하여 집행하며, 정해진 노역(勞役)에 복무 하게 하는 형벌은 ( ) 이다.

3. 형벌로는 행위자의 사회 복 귀와 범죄의 예방이 불가능 하거나 행위자의 특수한 위 험성으로 인하여 형벌의 목 적을 달성할 수 없는 경우 형벌을 대체 또는 보완하기 위하여 부과되는 대안적 형 사 제재를 ( )이라고 한다.

정답 ──
1. 벌금, 과료, 몰수
2. 징역
3. 보안 처분

Theme 1   소급효 금지의 원칙

소급효 금지의 원칙은 범죄의 성립과 그 처벌은 행위 당시의 법률에 의해야 하고 행위 후에 제정된 사후 법률에 의해 이전의 행위를 처벌해서는 안 된다는 것을 말한다. 이 원칙은 법적 안정성 등의 측면에서 대단히 중요한 원칙이다. 형법 제1조 제1항에 명시되어 있는데, 이를 '행위시법주의'라고도 한다.

> 형법 제1조(범죄의 성립과 처벌)
> ① 범죄의 성립과 처벌은 행위 시의 법률에 따른다.
> ② 범죄 후 법률이 변경되어 그 행위가 범죄를 구성하지 아니하게 되거나 형이 구법(舊法)보다 가벼워진 경우에는 신법(新法)에 따른다.
> ③ 재판이 확정된 후 법률이 변경되어 그 행위가 범죄를 구성하지 아니하게 된 경우에는 형의 집행을 면제한다.

주의해야 할 것은 형법 제1조 제2항과 제3항의 취지처럼 행위자에게 유리한 경우에는 소급효가 인정된다는 것이다. 예를 들어, 갑의 행위가 법률 조항 A에 따라 범죄로 성립되어 갑이 징역 3년의 형을 받고 1년간 복역하던 중에 법률 조항 A가 개정되어 갑의 행위를 범죄로 볼 수 없게 된 경우 갑은 남은 2년의 형을 면제받게 된다. 또한 헌법 재판소의 위헌 결정으로 특정 형벌 조항의 효력이 상실되었다면 기존에 유죄 판결을 받았던 사람도 재심을 통해 무죄 판결을 받을 수 있다.

Theme 2   "정당방위, 알아야 처벌 받지 않습니다."

> 2014년 갑은 거실 서랍장을 뒤지고 있던 절도범의 얼굴을 주먹으로 수차례 가격하고, 절도범이 쓰러진 상태에서 뒤통수 등을 발로 차고 빨래 건조대와 차고 있던 허리띠를 사용해 재차 폭행하였다. 이후 그 절도범은 뇌사 상태에 빠졌다가 사망하였다. 갑은 절도범으로부터의 위협을 제거하고 안심할 수 있기 위해 행사한 물리력이므로 정당방위라고 주장하였지만, 법원은 갑의 폭행은 공격 의사가 압도적이며 사회 통념상 상당성을 갖추었다고 볼 수 없다며 정당방위를 인정하지 않았다.

위 사례를 보면 얼핏 보기에 도둑을 제압하기 위한 행동이므로 정당방위로 인정받아야 할 듯하지만 법원이 정당방위로 인정하지 않은 것처럼, 일상생활에서 정당방위처럼 보이지만 법적으로는 정당방위로 인정되지 않는 경우가 종종 발생한다.

> 형법 제21조(정당방위)
> ① 현재의 부당한 침해로부터 자기 또는 타인의 법익(法益)을 방위하기 위하여 한 행위는 상당한 이유가 있는 경우에는 벌하지 아니한다.

형법 제21조 제1항의 내용을 자세히 살펴보면 정당방위로 인정받기 위해서는 '현재의 침해일 것, 부당한 침해일 것, 자기 혹은 타인의 법익 보호를 위할 것, 방위하기 위한 행위일 것, 상당한 이유가 있을 것'이라는 조건들을 모두 만족해야 한다. 위 사례의 경우 법원은 갑의 폭행이 '방위하기 위한 행위'를 넘어선 것이며, '상당한 이유'가 없다고 본 것이다.

01 밑줄 친 ㉠~㉢에 대한 옳은 설명만을 〈보기〉에서 고른 것은? [24020-0155]

> ㉠형법은 사회 질서를 유지하기 위해 특별히 중대한 반사회적 행위를 범죄로 규정하고 이에 대해 어떠한 형벌을 부과할 것인가를 규정한 법률이다. ㉡좁은 의미의 형법은 형법전에 규정된 법률 규정만을 말하지만, ㉢넓은 의미의 형법은 범죄와 형사 제재에 관한 모든 법 규범을 포함하는 개념이다.

• 보기 •
ㄱ. ㉠의 보장적 기능은 범죄자를 포함한 모든 국민에게 적용된다.
ㄴ. ㉠은 국가와 범죄자의 관계를 규정하는 사법(私法)에 해당한다.
ㄷ. ㉢에 따르면, 도로 교통법에도 형법에 해당하는 조항이 있다.
ㄹ. ㉡은 ㉢과 달리 범죄 행위에 대해 개인적인 응징과 보복을 허용하지 않는다.

① ㄱ, ㄴ   ② ㄱ, ㄷ   ③ ㄴ, ㄷ
④ ㄴ, ㄹ   ⑤ ㄷ, ㄹ

02 밑줄 친 '이것'에 대한 옳은 설명만을 〈보기〉에서 있는 대로 고른 것은? [24020-0156]

> 이것은 어떠한 행위를 범죄로 하고 이에 대해 어떠한 형벌을 부과할 것인가는 미리 성문의 법률에 규정되어 있어야 한다는 원칙을 말한다.

• 보기 •
ㄱ. 공권력의 확립 및 강화를 목적으로 한다.
ㄴ. 법률 조항에 대한 유추 해석으로 당사자에게 불리하게 적용하는 것을 금한다.
ㄷ. 오늘날에는 형식적인 법률의 존재뿐만 아니라 법률 내용의 적정성까지 고려한다.
ㄹ. 재판 과정에서 적용되던 법률의 내용이 변경될 경우 새롭게 변경된 내용에 따르는 것을 원칙으로 한다.

① ㄱ, ㄷ   ② ㄱ, ㄹ   ③ ㄴ, ㄷ
④ ㄱ, ㄴ, ㄹ   ⑤ ㄴ, ㄷ, ㄹ

03 다음 두 판례의 (가)에 공통적으로 들어갈 말로 가장 적절한 것은? [24020-0157]

> • 군 형법 제64조 제1항의 상관 면전 모욕죄의 구성 요건의 해석에 있어 '전화 통화'를 면전에서의 대화라고 해석하여 처벌하는 것은 ___(가)___ 죄형 법정주의에 반한다.
> • 주민 등록법 제21조(구법) 제2항 제3호는 허위의 주민 등록 번호를 생성하여 자기 또는 다른 사람의 이익을 위하여 사용한 자를 처벌한다고 규정하고 있는데, 피고인이 허위의 주민 등록 번호를 생성하여 사용한 것이 아니라 타인에 의하여 이미 생성된 주민 등록 번호를 단순히 사용한 것에 불과하다면 이를 주민 등록법 위반으로 처벌하는 것은 ___(가)___ 죄형 법정주의에 반한다.

① 유추 해석에 해당되므로
② 관습 형법에 해당하므로
③ 명확성의 원칙에 반하므로
④ 적정성의 원칙에 반하므로
⑤ 소급효 금지의 원칙에 반하므로

04 표는 A~D 행위가 범죄로 성립하는지를 파악하기 위한 것이다. 이에 대해 옳게 이해한 학생만을 〈보기〉에서 있는 대로 고른 것은? [24020-0158]

질문	행위			
	A	B	C	D
구성 요건에 해당하는가?	×	○	○	○
위법성이 인정되는가?		×	○	○
행위자의 책임이 인정되는가?			×	○

* ○는 '예', ×는 '아니요'를 의미하며, ■은 해당 질문에 대해 판단하지 않음을 의미함.

• 보기 •
갑: 범죄로 성립하지 않는 행위는 A뿐이야.
을: 정당방위로 인정되는 행위는 B에 해당해.
병: C는 행위자에 대한 법적 비난 가능성을 인정할 수 없는 경우야.
정: 범죄로 성립하는 행위는 D뿐이야.

① 갑, 을   ② 갑, 정   ③ 병, 정
④ 갑, 을, 병   ⑤ 을, 병, 정

[24020-0159]

05 다음 사례에서 검사의 판단에 대한 설명으로 옳은 것은?

갑과 그의 남편이 을의 집에 찾아와 을이 갑의 자식에 관해 헛소문을 퍼뜨렸다며 먼저 갑이 을의 멱살을 잡고 밀어 넘어뜨리고 팔, 얼굴 등을 폭행하였고 갑의 남편도 가세하여 을의 얼굴에 침을 뱉으며 발로 밟아 폭행하였다. 연로한 탓에 힘에 부쳐 달리 피할 방법이 없던 을은 이를 방위하기 위해 갑의 팔을 잡아 비틀고, 다리를 물어서 갑에게 오른쪽 팔목과 대퇴부 뒤쪽에 멍이 들게 하여 약 2주간의 치료가 필요한 상해를 입혔다. 이후 갑은 을을 상해죄로 고소하였으나 검사는 을의 행위가 정당방위에 해당한다고 보았다.

① 을의 책임 조각 여부를 판단하였다.
② 을의 행위는 위법성이 조각된다고 보았다.
③ 을의 행위는 범죄로 성립되나 기소할 필요는 없다고 보았다.
④ 을의 행위가 상해죄의 구성 요건에 해당하지 않는다고 보았다.
⑤ 을의 행위를 저항할 수 없는 폭력에 의해 강요된 행위로 보았다.

[24020-0160]

06 다음 사례에 대한 법적 판단으로 옳지 않은 것은?

• 갑은 자신의 차량을 운전해 준 대리 운전 기사가 요금 문제로 다투고 내려버리자, 1차로에 있는 자신의 차를 다른 차량과의 충돌 방지를 위해 음주 상태이지만 3m 정도 운전하여 갓길로 주차시켰다. 이를 본 대리 운전 기사는 갑을 경찰에 신고하였고, 갑은 음주 운전 혐의로 재판을 받게 되었다. 그러나 법원은 형법상 긴급 피난에 해당하므로 무죄라고 판단하였다.
• 자전거를 사고 싶었던 을(13세)은 집 근처에 세워져 있던 남의 자전거를 가져와서 부모에게 버려진 것을 주웠다고 말하며 타고 다녔다. 자전거 주인 병은 우연히 그 사실을 알게 되어 을에 대해 절도죄로 고소하였고, 경찰은 절도죄의 구성 요건에 해당한다고 보았지만 을의 연령을 이유로 해당 사건을 검찰로 송치하지 않았다.

① 법원은 갑의 행위에 위법성 조각 사유가 있다고 보았다.
② 을에게는 책임 조각 사유가 있다.
③ 을이 기소되지 않은 것은 을의 행위에 위법성이 없기 때문이다.
④ 갑과 달리 을에 대해서는 경찰이 행위자에 대한 법적 비난 가능성 여부를 판단하였다.
⑤ 갑, 을의 행위는 모두 범죄로 성립되지 않는다.

[24020-0161]

07 밑줄 친 ㉠~㉫에 대한 옳은 설명만을 〈보기〉에서 고른 것은?

• 형법 제42조(징역 또는 금고의 기간) ㉠징역 또는 ㉡금고는 무기 또는 유기로 하고 유기는 1개월 이상 30년 이하로 한다. 단, 유기 징역 또는 유기 금고에 대하여 형을 가중하는 때에는 50년까지로 한다.
• 형법 제43조(형의 선고와 자격 상실, ㉢자격 정지) ① 사형, 무기 징역 또는 무기 금고의 판결을 받은 자는 다음에 기재한 자격을 상실한다. …(후략).
• 형법 제46조(구류) ㉣구류는 1일 이상 30일 미만으로 한다.
• 형법 제69조(벌금과 과료) ① ㉤벌금과 과료는 판결 확정일로부터 30일 내에 납입하여야 한다. 단, 벌금을 선고할 때에는 동시에 그 금액을 완납할 때까지 노역장에 유치할 것을 명할 수 있다.

● 보기 ●
ㄱ. ㉠과 함께 보안 처분이 부과되기도 한다.
ㄴ. ㉠은 ㉡과 달리 정해진 노역에 복무하게 한다.
ㄷ. ㉢은 ㉤과 달리 형벌에 해당하지 않는다.
ㄹ. ㉠, ㉡은 ㉣과 달리 자유형에 해당한다.

① ㄱ, ㄴ   ② ㄱ, ㄷ   ③ ㄴ, ㄷ
④ ㄴ, ㄹ   ⑤ ㄷ, ㄹ

[24020-0162]

08 그림의 (가)에 들어갈 수 있는 질문만을 〈보기〉에서 고른 것은? (단, A~C는 각각 구류, 과료, 보호 관찰 중 하나임.)

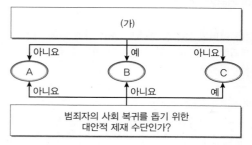

● 보기 ●
ㄱ. 자유형인가?
ㄴ. 재산형인가?
ㄷ. 명예형인가?
ㄹ. 보안 처분인가?

① ㄱ, ㄴ   ② ㄱ, ㄷ   ③ ㄴ, ㄷ
④ ㄴ, ㄹ   ⑤ ㄷ, ㄹ

[24020-0163]

1 다음 자료에 대해 옳게 이해한 학생만을 〈보기〉에서 있는 대로 고른 것은?

> 형법은 사회 질서를 유지하기 위해 반사회적 행위를 범죄로 규정하고, 이에 대해 어떠한 형벌을 부과할 것인가를 규정한 법률이다. ㉠실질적 의미의 형법은 ㉡형식적 의미의 형법을 넘어서는 훨씬 넓은 범위의 개념이다.

(가)	(나)
형법 제1조(범죄의 성립과 처벌) ① 범죄의 성립과 처벌은 행위 시의 법률에 따른다. ② 범죄 후 법률이 변경되어 그 행위가 범죄를 구성하지 아니하게 되거나 형이 구법(舊法)보다 가벼워진 경우에는 신법(新法)에 따른다. '이하 생략'	특정 범죄 가중 처벌 등에 관한 법률 제2조(뇌물죄의 가중 처벌) ①「형법」제129조·제130조 또는 제132조에 규정된 죄를 범한 사람은 그 수수(收受)·요구 또는 약속한 뇌물의 가액(價額)(이하 이 조에서 "수뢰액"이라 한다)에 따라 다음 각 호와 같이 가중 처벌한다. 1. 수뢰액이 1억 원 이상인 경우에는 무기 또는 10년 이상의 징역에 처한다. '이하 생략'

● 보기 ●

갑: ㉠은 (가), (나)를 모두 포함하는 개념이야.
을: (나)는 ㉠에는 해당하지만 ㉡에는 해당하지 않아.
병: (가)는 (나)와 달리 법익과 사회 윤리적 행위 가치를 보호하는 기능이 있어.
정: (가), (나)는 모두 국가 형벌권의 한계를 규정하여 국민의 자유와 권리를 보장하는 기능이 있어.

① 갑, 을　　② 갑, 병　　③ 병, 정　　④ 갑, 을, 정　　⑤ 을, 병, 정

[24020-0164]

2 표는 각각 제시된 형사 재판에서의 쟁점과 판결 내용을 정리한 것이다. 이에 대한 설명으로 옳은 것은?

형사 재판 쟁점	판결 내용
갑이 투숙하던 A 호텔의 화재 발생으로 위난에 처하자 그 위난을 피하기 위하여 A 호텔의 유리 출입문을 파손한 것이 위법성이 있는지 여부	법원은 갑의 행위가 　㉠　에 해당한다고 판단하여 갑에게 무죄를 선고함.
을이 병에게 상해를 입혔으나 을이 행위 당시 심신 상실이나 심신 미약 등의 상태에 있었는지 여부	법원은 을이 행위 당시 심신 미약 상태에 있었다고 판단하여 을에게 　㉡　을/를 선고함.

① ㉠에 들어갈 말은 '정당방위'이다.
② ㉡에 들어갈 말은 '무죄'이다.
③ 법원은 갑의 행위에 위법성 조각 사유가 있다고 보았다.
④ 법원은 갑의 행위가 범죄의 구성 요건에 해당하지 않는다고 보았다.
⑤ 법원은 을에게 책임 조각 사유가 있다고 보았다.

[24020-0165]

3 다음 자료에 대해 옳게 이해한 학생은?

> 국가 보안법 제7조(찬양·고무 등) ① 국가의 존립·안전이나 자유 민주적 기본 질서를 위태롭게 한
> 다는 점을 알면서 반국가 단체나 그 구성원 또는 그 지령을 받은 자의 활동을 찬양·고무·선전 또는
> 이에 동조하거나 국가 변란을 선전·선동한 자는 7년 이하의 징역에 처한다.
> …(중략)…
> ⑤ 제1항·제3항 또는 제4항의 행위를 할 목적으로 문서·도화 기타의 표현물을 제작·수입·복
> 사·소지·운반·반포·판매 또는 취득한 자는 그 각 항에 정한 형에 처한다.

- 검사의 기소 내용: A가 운영하는 블로그의 자율 게시판에 누군가가 이적 표현물을 게시하였고,
A는 그 글(이적 표현물)을 삭제할 권한이 있음에도 그것을 삭제하지 않았음. 이는 국가 보안
법 제7조 제5항의 '소지' 행위에 준하는 것으로 볼 수 있으므로 국가 보안법을 위반한 범죄에
해당함.
- 법원의 판단: A가 타인의 글(이적 표현물)을 삭제할 권한이 있는데도 이를 삭제하지 않고 그대
로 둔 것은 국가 보안법에서 규정하고 있는 이적 표현물의 '소지'와 유사한 것일 뿐 국가 보안
법이 명시한 '소지' 행위에 해당하지 않으므로 무죄임.

① 갑: 형식적 의미의 형법을 적용하고 있군.
② 을: 검사는 소급효 금지의 원칙을 위반했어.
③ 병: 검사는 관습 형법 금지의 원칙을 위반했어.
④ 정: 법원의 판단에는 비례성의 원칙이 드러나 있어.
⑤ 무: 법원은 유추 해석 금지의 원칙에 근거하여 판단했네.

[24020-0166]

4 그림의 수업 장면에서 교사의 말에 대해 옳게 답한 학생은?

> (가) 법률이 없으면 범죄도 없고 형벌도 없다.
>
> (나) 적정한 법률이 없으면 범죄도 없고 형벌
> 도 없다.

(가), (나)에 대해 설명해 보세요.

① 갑: (가)는 실질적 의미의 죄형 법정주의를 천명하고 있습니다.
② 을: (나)는 근대적 의미의 죄형 법정주의를 천명하고 있습니다.
③ 병: (가)는 (나)와 달리 법관의 자의로부터 국민의 자유와 권리를 보장하기 어렵다는 한계
가 있습니다.
④ 정: (나)는 (가)에 비해 부당한 법률에 의한 형벌권 남용을 방지하기 어렵다는 비판을 받습
니다.
⑤ 무: (나)는 (가)와 달리 법관뿐 아니라 입법자의 자의로부터도 국민의 자유와 권리를 보장
하고자 합니다.

[24020-0167]

5 다음 사례에 대한 설명으로 옳은 것은? (단, 갑과 을의 연령은 모두 19세 이상임.)

> 갑은 을과 전화 통화를 하면서 을에게 고성을 지르며 을의 잘못을 지적하였고, 통화 내용을 녹음하였다. 이후 갑은 자신의 사무실에서 을과 만나 대화하면서 그 당시 통화 내용을 들려주고 을의 잘못을 재확인시키며 질타하였다. 이 과정에서 심한 정신적 고통을 받은 을은 갑을 고소하였고, 검사는 갑을 폭행죄로 기소하였다. 이에 대해 법원은 다음과 같이 판단하였다.
>
> > 형법 제260조에 규정된 폭행죄는 사람의 신체에 대한 유형력의 행사를 가리키며, 그 유형력의 행사는 신체적 고통을 주는 물리력의 작용을 의미하므로 신체의 청각 기관을 직접적으로 자극하는 음향도 경우에 따라서는 유형력에 포함될 수 있다. 거리상 멀리 떨어져 있는 사람에게 전화기를 이용하여 전화하면서 고성을 지르거나 그 전화 대화를 녹음 후 듣게 하는 경우에는 특수한 방법으로 수화자의 청각 기관을 자극하여 그 수화자로 하여금 고통스럽게 느끼게 할 정도의 음향을 이용하였다는 등의 특별한 사정이 없는 한 신체에 대한 유형력의 행사를 한 것으로 보기 어렵다.

① 갑의 행위는 위법성이 있지만 갑의 책임이 인정되지 않았다.
② 갑의 행위는 폭행죄의 구성 요건에 해당하나 위법성이 인정되지 않았다.
③ 법원은 갑이 법적 비난을 받을 만한 상황이었는지를 판단하였다.
④ 법원은 갑의 행위가 폭행죄의 구성 요건에 해당하지 않는다고 판단하였다.
⑤ 검사는 갑의 행위에 대해 책임 감경 사유가 있지만 처벌받아야 한다고 보았다.

[24020-0168]

6 다음 자료에 대한 법적 판단으로 옳은 것은?

> 갑은 중병에 걸려 거동이 불편한 남편을 열심히 돌봐 왔는데도, 남편은 갑이 옆집 남자 을과 간통을 했다고 오해하고 을에 대한 질투심으로 을을 처벌받게 하고 싶었다. 그래서 남편은 아내 갑에게 을로부터 강간을 당했다는 허위 신고를 하지 않으면 음식도 거부하고 죽어버리겠다고 하였다. 갑은 어쩔 수 없이 남편의 뜻에 따라 을을 *무고할 수밖에 없었다. 법원은 갑의 행위가 형법 제12조에서 규정한 '강요된 행위'라고 보아 무고죄로 기소된 갑에 대하여 무죄를 선고하였다.
>
>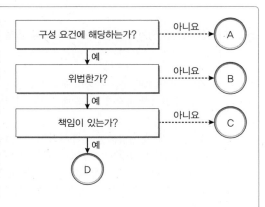
>
> * 무고(誣告): 남에게 형사 처분 또는 징계 처분을 받게 할 목적으로 허위 사실을 날조하여 경찰서나 검찰청 등의 관공서에 고발함.

① 법원은 갑의 행위가 A에 해당한다고 보았다.
② 법원은 갑의 행위가 B에 해당한다고 보았다.
③ 법원은 갑의 행위가 C에 해당한다고 보았다.
④ 법원은 갑의 행위가 자구 행위에 해당한다고 보았다.
⑤ 법원은 갑의 남편이 갑에게 한 행위가 D에 해당한다고 판결하였다.

[24020-0169]

7 밑줄 친 ㉠~㉰에 대한 옳은 설명만을 〈보기〉에서 고른 것은?

- 형법 제43조(형의 선고와 ㉠자격 상실, 자격 정지) ① ㉡사형, 무기 징역 또는 무기 금고의 판결을 받은 자는 다음에 기재한 자격을 상실한다. ……
- ㉢형법 제69조(벌금과 과료) ① 벌금과 ㉣과료는 판결 확정일로부터 30일 내에 납입하여야 한다. 단, 벌금을 선고할 때에는 동시에 그 금액을 완납할 때까지 노역장에 유치할 것을 명할 수 있다.
- ㉤도로 교통법 제148조의2(벌칙) ② 술에 취한 상태에 있다고 인정할 만한 상당한 이유가 있는 사람으로서 제44조 제2항에 따른 경찰 공무원의 측정에 응하지 아니하는 사람(자동차 등 또는 노면 전차를 운전한 경우로 한정한다)은 ㉥1년 이상 5년 이하의 징역이나 ㉦500만 원 이상 2천만 원 이하의 벌금에 처한다.
- 도로 교통법 제161조의2(과태료 납부 방법 등) ① ㉧과태료 납부 금액이 대통령령으로 정하는 금액 이하인 경우에는 대통령령으로 정하는 과태료 납부 대행 기관을 통하여 신용 카드, 직불 카드 등(이하 "신용 카드 등"이라 한다)으로 낼 수 있다. ……

● 보기 ●

ㄱ. ㉠은 명예형, ㉡은 생명형에 해당하는 형벌이다.
ㄴ. ㉢과 ㉤은 모두 실질적 의미의 형법에 해당한다.
ㄷ. ㉥과 ㉦은 모두 자유권을 제한하는 형벌이다.
ㄹ. ㉣, ㉦, ㉧은 모두 재산형에 해당하는 형벌이다.

① ㄱ, ㄴ   ② ㄱ, ㄷ   ③ ㄴ, ㄷ   ④ ㄴ, ㄹ   ⑤ ㄷ, ㄹ

[24020-0170]

8 다음은 코딩을 활용한 수업 자료이다. 이를 옳게 수행한 학생의 코딩 결과로 적절한 것은?

[코딩 방법]
- (가)~(라)에 해당하는 진술이 옳으면 1, 옳지 않으면 0을 각 칸에 입력한다.
- 각 칸에 입력한 숫자가 1이면 램프가 나타난다.

[진술]
(가) 자유형과 명예형은 동시에 부과될 수 있다.
(나) 형법에서 생명형을 규정하고 있지는 않다.
(다) 형벌과 보안 처분을 동시에 부과하는 것은 이중 처벌이므로 허용되지 않는다.
(라) 자유형에는 징역, 금고, 구류가 있으며, 징역은 금고나 구류와 달리 정해진 노역에 복무하게 한다.

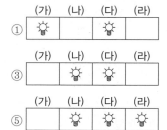

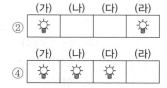

13 형사 절차와 인권 보장

1. 형사 절차의 이해

(1) 형사 절차의 의미: 국가가 수사와 재판을 통해 범죄 사실과 범죄자에 관한 사건의 실체적 진실을 밝혀 내어 형사 제재를 부과하고 형을 집행하기 위해서 거쳐야 하는 절차

(2) 형사 절차 흐름의 개요

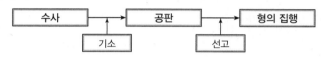

2. 수사 절차의 이해

(1) 수사의 의미와 수사 기관

① **수사의 의미:** 범죄 혐의의 유무를 명백히 하여 공소 제기 여부 등을 결정하기 위해 범인을 발견·확보하고 증거를 수집·보전하는 수사 기관의 활동

② **수사 기관:** 법률상 범죄 수사의 권한이 인정되는 국가 기관인 검사와 사법 경찰관

③ **피의자:** 수사 기관에 의하여 범죄 혐의가 인정되어 수사의 대상이 되는 사람

(2) 수사 절차

수사 개시	고소 및 고발, 현행범의 체포, 긴급 체포, 범인의 자수, 수사 기관의 인지 등에 의해서 수사 절차가 시작되는 것
↓	
수사	피의자를 체포·구속하지 않고 수사하는 것이 원칙(불구속 수사 원칙)이지만 예외적으로 필요한 경우 판사(법관)로부터 영장을 발부받아 체포·구속하거나 압수·수색할 수 있음.
↓	
수사 종결	• 범죄를 수사한 후 범죄 혐의가 있다고 인정되지 않는 경우 사법 경찰관은 불송치 결정을 할 수 있으며 이를 통해 수사가 종결될 수 있음. • 검사는 공소를 제기하거나 불기소 처분을 내릴 수 있으며, 이를 통해 수사가 종결될 수 있음.

개념 플러스 | 불기소 처분

검사가 공소를 제기하지 않는 불기소 처분에는 기소 유예, 혐의 없음, 죄가 안 됨, 공소권 없음 등이 있다.

① **기소 유예:** 피의 사실이 인정되나 피의자의 연령이나 지능, 피해자와의 관계, 범행의 동기나 수단, 범행의 결과 등을 참작하여 소추할 필요가 없는 경우

② **혐의 없음:** 피의 사실이 인정되지 않거나 피의 사실을 인정할 만한 충분한 증거가 없는 경우

③ **죄가 안 됨:** 피의 사실이 범죄 구성 요건에는 해당하지만 법률상 범죄의 성립을 조각하는 사유가 있어 범죄를 구성하지 않는 경우

④ **공소권 없음:** 피의자가 사망하거나 공소 시효가 완성되는 등의 이유로 검사의 공소권이 소멸된 경우

✪ 공판 절차
공소 제기 이후 법원이 사건을 심리하고 재판하는 절차를 의미한다.

✪ 고소와 고발
고소는 범죄의 피해자나 이해 관계자가 수사 기관에 직접 범인을 처벌하도록 요청하는 것이고, 고발은 제3자가 수사 기관에 범죄 사실을 신고하여 처벌을 요청하는 것을 말한다.

개념 체크

1. 범죄 혐의의 유무를 명백히 하여 공소 제기 여부 등을 결정하기 위해 범인을 발견·확보하고 증거를 수집·보전하는 수사 기관의 활동을 ( )라고 한다.

2. 수사 기관에 의하여 범죄 혐의가 인정되어 수사의 대상이 되는 사람을 ( )라고 한다.

3. 피의 사실이 인정되더라도 피의자 연령, 지능, 피해자와의 관계, 범행 동기나 수단, 범행 결과 등을 고려해 검사가 공소를 제기하지 않는 것을 ( )라고 한다.

정답
1. 수사
2. 피의자
3. 기소 유예

3. 형사 재판 절차의 이해

(1) 기소와 형사 재판

① 기소(공소 제기): 검사가 수사 결과 객관적으로 범죄 혐의가 충분하고 소송 조건이 구비되어 유죄 판결을 받을 수 있다고 인정한 경우 일정한 형사 사건에 대하여 법원의 심판을 구하는 행위

② 형사 재판(공판): 공소 제기 이후 법원에 의하여 진행되는 공판 기일의 심리 절차로, 피고인의 형사 책임 유무와 그 정도를 판단하는 일련의 소송 절차

③ 형사 재판의 당사자: 검사, 피고인

(2) 형사 재판 절차

모두(冒頭) 절차	• 재판장이 인정 신문 전 피고인에게 진술 거부권 고지 • 인정 신문: 피고인의 연령, 성명 등을 물어 본인 확인 • 검사의 모두 진술: 공소 사실, 죄명, 적용 법조문 낭독 • 피고인·변호인의 모두 진술: 공소 사실 인정 여부 등 진술 • 재판장의 쟁점 정리

↓

사실 심리 절차	• 증거 조사: 법원이 피고 사건에 대한 사실 인정과 양형에 관한 심증을 얻기 위해 각종의 증거 방법을 조사하여 그 내용을 인식하는 소송 행위 • 피고인 신문 • 검사의 의견 진술(구형), 피고인과 변호인의 최종적인 의견 진술 • 변론의 종결

↓

판결 선고	• 판결의 선고: 심리 결과 유죄로 인정할 만한 증거가 없으면 무죄 판결을 내리고, 유죄가 입증되면 유죄 판결을 내림. • 1심 또는 2심 판결에 불복할 경우 검사나 피고인은 일정 기간 내에 상소할 수 있음.

(3) 형의 선고와 집행

① 형의 선고

	실형	법원의 선고를 받아 실제로 집행되는 형벌
유죄 선고	집행 유예	형을 선고하면서 이를 즉시 집행하지 않고 일정 기간 형의 집행을 미루는 것 → 집행 유예의 선고를 받은 후 그 선고의 실효 또는 취소됨이 없이 유예 기간을 경과한 때에는 형 선고의 효력이 상실됨.
	선고 유예	피고인의 유죄를 인정하면서도 정상을 참작하여 형의 선고를 미루는 것 → 선고 유예의 실효 없이 유예된 날로부터 일정 기간을 경과하면 면소된 것으로 간주함.
무죄 선고		기소한 사건에 대해 유죄를 인정할 만한 증거가 없거나 범죄로 성립되지 않는 경우

② 형의 집행: 법원 판결에 의하여 선고된 형이 확정될 경우 검사의 지휘에 따라 집행됨.

③ 가석방: 징역이나 금고의 집행 중에 있는 사람이 태도 등이 양호하여 뉘우침이 뚜렷한 때에 형기 만료 전에 일정한 요건을 갖추면 행정 처분으로 조건부로 석방되는 제도

✪ 모두(冒頭) 절차

형사 소송의 공판을 시작함에 있어서 최초로 행하는 절차를 의미한다.

✪ 심문(審問)과 신문(訊問)

심문은 법원이 당사자나 그 밖에 이해관계가 있는 사람에게 서면이나 구두로 개별적인 진술 기회를 주는 것을 말한다. 신문은 법원, 기타 국가 기관 등이 어떤 사안에 관해 증인, 당사자, 피고인, 피해자 등을 상대로 직접 말로 물어 조사하는 것을 말한다.

✪ 구형

양형에 관한 검사의 의견을 구형이라고 하는데, 권고적 의미를 가진다.

✪ 면소

형사 소송에서 소송 조건이 결여되어 소송 절차를 종결시키는 재판이다. 사면이 있는 경우, 공소 시효가 완성된 경우, 법령이 바뀌어서 해당 범죄의 형이 폐지된 경우 등이 그 대상이다.

개념 체크

1. 검사가 수사 결과 객관적으로 범죄 혐의가 충분하고 소송 조건이 구비되어 유죄 판결을 받을 수 있다고 인정한 경우 일정한 형사 사건에 대하여 법원의 심판을 구하는 행위를 (   )라고 한다.

2. 형사 재판(공판)의 당사자는 (   )와 (   )이다.

3. (   )는 형을 선고하면서 이를 즉시 집행하지 않고 일정 기간 형의 집행을 미루는 것이고, (   )는 피고인의 유죄를 인정하면서도 정상을 참작하여 형의 선고를 미루는 것이다.

정답
1. 기소(공소 제기)
2. 검사, 피고인
3. 집행 유예, 선고 유예

---

4. 소년 사건과 국민 참여 재판

(1) 소년 사건의 처리

① 소년 사건의 대상과 특징

대상	10세 이상 19세 미만인 자 – 10세 이상 14세 미만: 형벌을 부과할 수 없고, 소년법상 보호 처분의 대상이 됨. – 14세 이상 19세 미만: 소년법상 조건부 기소 유예 결정, 형벌 또는 소년법상 보호 처분의 대상이 됨.
특징	소년법상 소년은 성인에 비해 심신의 성장이 미숙한 상태이므로 이들의 범죄 사건이나 범죄를 범할 우려가 있는 비행 사건, 형벌 법령에 저촉되는 행위 등은 성인과 다른 특별한 취급이 요구됨.

② 소년 사건의 처리 절차

경찰	• 형벌 법령에 저촉되는 행위를 한 10세 이상 14세 미만의 소년, 일정한 사유가 있고 성격이나 환경에 비추어 앞으로 형벌 법령에 저촉되는 행위를 할 우려가 있는 10세 이상의 소년은 경찰서장이 직접 가정(지방) 법원 소년부에 송치함. • 14세 이상 19세 미만의 죄를 범한 소년에 관한 사건은 원칙적으로 검사에게 송치함.
검사	사안에 따라 가정(지방) 법원 소년부에 송치하거나 소년법상 조건부 기소 유예 결정 또는 공소 제기를 함.
법원	• 가정(지방) 법원 소년부: 심판을 통해 소년법상 보호 처분을 함. 형사 처벌을 할 필요가 있다고 판단되면 관할 지방 법원에 대응한 검찰청 검사에게 송치함. • 형사 법원: 재판을 통해 유죄 또는 무죄 판결을 내림. 소년법상 보호 처분에 해당하는 사유가 있다고 인정되면 사건을 가정(지방) 법원 소년부에 송치해야 함.

(2) 국민 참여 재판

① 의미: 일반 국민 중에서 선정된 배심원이 공판 절차에 참여하는 형사 재판
② 대상: 지방 법원 및 지원 합의부(1심) 관할 형사 사건
③ 재판 절차: 배심원 선정 → 공판 → 평의 및 평결 → 판결 선고
④ 특징: 배심원이 피고인의 유·무죄에 관한 평의를 진행하여 평결을 내리고, 평결이 유죄인 경우 판사와 함께 양형에 관해 토의하고 의견을 개진하면 이를 참고하여 판결이 이루어짐. → 법원은 배심원의 평결에 구속되지 않으므로 재판장은 배심원의 평결과 다른 판결을 선고할 수 있음. 이 경우 피고인에게 그 이유를 설명해야 하고 판결서에 그 이유를 기재하여야 함.

5. 형사 절차에서의 인권 보호 제도

(1) 형사 절차에서의 인권 보호 원칙

적법 절차의 원리	• 의미: 공권력이 국민의 자유와 권리를 제한하는 경우 반드시 법률과 적법한 절차에 근거해야 한다는 원칙 • 헌법 제12조 ① 모든 국민은 신체의 자유를 가진다. 누구든지 법률에 의하지 아니하고는 체포·구속·압수·수색 또는 심문을 받지 아니하며, 법률과 적법한 절차에 의하지 아니하고는 처벌·보안 처분 또는 강제 노역을 받지 아니한다.
무죄 추정의 원칙	• 의미: 형사 피의자와 피고인은 유죄 판결이 확정될 때까지는 무죄로 추정된다는 원칙 • 유죄의 입증은 원칙적으로 수사 기관의 몫이며, 명확한 증거에 의해서만 유죄 판결을 할 수 있음. 수사 및 재판은 불구속 상태 진행이 원칙임.
진술 거부권	• 의미: 피의자나 피고인이 수사 및 형사 재판(공판) 절차에서 불리한 진술을 강요당하지 않을 권리 • 수사 기관과 법원은 각각 피의자와 피고인에게 진술 거부권을 고지할 의무를 지며, 이를 고지하지 않고 얻은 진술은 증거 능력을 인정하지 않음.

소년법상 조건부 기소 유예
죄를 범한 14세 이상 19세 미만 소년에 대해 검사가 범죄 예방 자원봉사 위원의 선도, 소년의 선도·교육과 관련된 단체·시설에서의 상담·교육·활동 등을 받을 것을 조건으로 피의 사건에 대한 공소를 제기하지 않기로 결정하는 것을 말한다.

소년법상 보호 처분
소년부 판사가 비행 재발 방지, 소년의 환경 개선이나 교화, 소년의 건강한 성장을 위해 내리는 조치로, 감호 위탁, 수강 명령, 보호 관찰, 소년원 송치 처분 등이 있다. 소년법상 보호 처분은 형벌이 아니므로 전과 기록이 남지 않는다.

평의와 평결
국민 참여 재판에서 배심원이 유·무죄의 의견을 모아 가는 과정을 평의라고 하고, 평의의 결과를 모아 결론을 내리는 것을 평결이라고 한다.

개념 체크

1. ( )은 소년부 판사가 비행 재발 방지, 소년의 환경 개선이나 교화, 건강한 성장을 위해 내리는 조치로 감호 위탁, 수강 명령, 보호 관찰, 소년원 송치 처분 등이 있다.
2. 일반 국민 중에서 선정된 배심원이 공판 절차에 참여해 피고인의 유·무죄에 대한 평결을 내리면 이를 참고해 판결이 이루어지는 형사 재판을 ( )이라고 한다.
3. 피의자나 피고인이 수사 및 형사 재판(공판) 절차에서 불리한 진술을 강요당하지 않을 권리를 ( )이라고 한다.

정답
1. 소년법상 보호 처분
2. 국민 참여 재판
3. 진술 거부권

변호인의 조력을 받을 권리	• 피의자나 피고인이 수사 기관과 대등한 관계에서 자신을 방어할 수 있도록 헌법이 변호인의 조력을 받을 권리를 보장함. • 수사 단계에서부터 형사 재판(공판) 절차에 이르기까지 인정됨. • 국선 변호인 제도: 구속 전 피의자 심문에서 심문할 피의자에게 변호인이 없는 경우 또는 형사 피고인이 스스로 변호인을 선임할 수 없는 경우 등은 법률의 규정에 의하여 국가가 국선 변호인을 선임함.

(2) 수사 절차에서의 인권 보장 제도

영장 제도	• 피의자에 대한 체포·구속·압수·수색 시 검사의 청구에 의해 판사(법관)가 발부한 영장이 필요함. • 수사상 강제 처분에 대한 사법적 통제를 통해 국민의 인권을 보장하기 위함. • 예외적으로 현행 범인이거나 긴급 체포 시 영장 없이 체포할 수 있음.
구속 전 피의자 심문 제도	검사가 피의자에 대한 구속 영장을 청구하면 판사가 피의자를 직접 대면하여 심문하면서 구속 사유가 인정되는지를 판단하는 제도로 '구속 영장 실질 심사'라고도 함.
체포·구속 적부 심사 제도	체포나 구속을 당한 피의자가 체포나 구속의 적법성과 필요성을 심사하여 자신을 석방해 줄 것을 법원에 청구하는 제도

(3) 재판 절차에서의 인권 보장 제도

보석 제도	보증금 납입 등을 조건으로 법원이 구속의 집행을 정지함으로써 구속된 피고인이 석방되는 제도
증거 재판주의	• 사실의 인정은 증거에 의하여 한다는 원칙으로 사실 인정의 합리성을 도모함으로써 형벌권의 적정한 실현이라는 목적을 달성하기 위한 원칙 • 위법한 절차에 의하여 수집한 증거의 증거 능력을 부정함.
상소 제도	피고인이 판결에 불복할 때에는 상소를 통해 상급 법원에서 다시 재판을 받을 수 있음.
재심 제도	확정된 판결이라도 재판에 중대한 오류가 있을 경우에 다시 재판하여 이를 바로잡을 수 있는 제도로 유죄 판결이 확정된 자의 이익을 위하여 판결의 부당함을 시정하도록 예외적으로 인정함.

(4) 형사 피해자 등의 인권 보장 제도

형사 절차에 참여할 권리	형사 피해자가 수사 진행 상황과 판결 내용을 제공받고 공판 절차에 출석하여 의견을 진술(재판 절차 진술권)할 수 있는 권리
범죄 피해자 구조 제도	범죄 행위로 인해 생명 또는 신체에 피해를 당했으나 가해자로부터 피해의 전부 또는 일부를 배상받지 못하는 경우 국가가 피해자 또는 유족에게 일정한 한도의 구조금을 지급하는 제도
형사 보상 제도	피의자로서 미결 구금된 사람이 무죄 취지의 불기소 처분을 받거나 사법 경찰관으로부터 무죄 취지로 불송치 결정을 받은 경우, 피고인으로서 미결 구금되었던 사람에 대한 무죄 판결이 확정된 경우, 판결이 확정되어 형의 집행을 받거나 받았던 사람이 재심을 통해 무죄 판결이 확정된 경우 국가에 구금에 대한 물질적·정신적 피해의 보상을 청구할 수 있는 제도
배상 명령 제도	상해죄 등 일정한 사건의 형사 재판 과정에서 법원의 직권 또는 피해자의 간단한 신청 절차만으로 민사적 손해 배상 명령까지 받아 낼 수 있도록 한 제도
명예 회복 제도	무죄 재판을 받아 확정된 사건의 재판서를 1년간 법무부 누리집(인터넷 홈페이지)에 게재하여 무죄 등의 재판을 받은 자의 수사 및 재판 과정에서 훼손된 명예를 회복시켜 주는 제도로 무죄 등의 재판을 받아 확정된 사건의 피고인 등이 청구할 수 있음.

Theme 1 **형사 미성년자 연령 기준 하향 논쟁**

국가 인권 위원회(인권위) "형사 미성년자 · 촉법 소년 연령 하향 바람직하지 않아"
인권위는 국회 의장과 법무부 장관에게 "형사 미성년자 · 촉법 소년 연령 하향은 국제 인권 기준이 요구하는 소년의 사회 복귀와 회복의 관점에 반할 뿐만 아니라 소년 범죄 예방과 재범 방지를 위한 실효적 대안으로 바람직하지 않다."라며 이같이 의견 표명을 하기로 결정했다고 밝혔다. 이어 인권위는 "형사 미성년자 연령을 하향하고 촉법 소년 상한 연령을 하향 조정하는 것은 어린 소년범에 대한 부정적 낙인 효과를 확대해 소년의 사회 복귀와 회복을 저해하고 건전한 사회인으로서의 성장을 방해할 우려가 있다."라며 "소년 범죄 발생의 근본적인 원인에 적절히 대응하는 실효적 대안이라고 평가하기는 어렵다."라고 봤다. 한편 유엔 아동 권리 위원회는 형사 책임 최저 연령을 14세로 유지하고 14세 미만의 아동을 범죄자로 취급하거나 구금하지 않을 것을 대한민국에 권고하였다.
– 머니투데이, 2022. 10. 26.

2022년에는 소위 촉법 소년(10세 이상 14세 미만)의 도를 넘어선 반사회적 행태들이 다수 보도되자 형사 미성년자의 연령 기준을 하향해야 한다는 여론이 높아지고, 소년법과 형사 미성년자 제도를 주제로 한 법정 드라마가 인기를 끌기도 하였다. 왜 국가 인권 위원회나 유엔 아동 권리 위원회는 형사 미성년자 연령 기준을 14세로 유지해야 한다고 권고하였을까? 그것은 소년법 제1조에 나타난 것처럼 우리 사회가 소년들에 대해서는 처벌을 우선할 게 아니라 '교정'과 '건전한 성장'을 도울 필요가 있기 때문이다.

- 형법 제9조(형사 미성년자) 14세 되지 아니한 자의 행위는 벌하지 아니한다.
- 소년법 제1조(목적) 이 법은 반사회성(反社會性)이 있는 소년의 환경 조정과 품행 교정(矯正)을 위한 보호 처분 등의 필요한 조치를 하고, 형사 처분에 관한 특별 조치를 함으로써 소년이 건전하게 성장하도록 돕는 것을 목적으로 한다.

Theme 2 **보석 제도**

보석이란 '보증할 보(保), 풀어줄 석(釋)'이라는 한자의 뜻과 같이 보증금의 납부 등 적당한 조건을 붙여 구속의 집행을 정지하고 구속된 피고인을 석방하는 제도를 말한다. 우리나라에서는 미국 등의 국가에 비해 보석 제도로 풀려나는 사례가 많이 보도되지 않는데, 그 이유 중 하나는 범죄 혐의를 받고 있는 사람을 돈을 받고 풀어주는 것으로 오해하는 등의 이유로 보석 제도에 대해 국민들이 느끼는 법감정이 그다지 좋지 않기 때문이다. 그러나 보석 제도는 근본적으로 피고인의 인권을 보호하기 위한 것이며, 악용되지 않도록 엄격한 기준을 적용하고 있다는 점을 고려하여 바라볼 필요가 있다.

형사 소송법
제94조(보석의 청구) 피고인, 피고인의 변호인 · 법정 대리인 · 배우자 · 직계 친족 · 형제자매 · 가족 · 동거인 또는 고용주는 법원에 구속된 피고인의 보석을 청구할 수 있다.
제95조(필요적 보석) 보석의 청구가 있는 때에는 다음 이외의 경우에는 보석을 허가하여야 한다.
　　1. 피고인이 사형, 무기 또는 장기 10년이 넘는 징역이나 금고에 해당하는 죄를 범한 때
　　2. 피고인이 누범에 해당하거나 상습범인 죄를 범한 때
　　3. 피고인이 죄증을 인멸하거나 인멸할 염려가 있다고 믿을 만한 충분한 이유가 있는 때
　　4. 피고인이 도망하거나 도망할 염려가 있다고 믿을 만한 충분한 이유가 있는 때
　　5. 피고인의 주거가 분명하지 아니한 때
　　6. 피고인이 피해자, 당해 사건의 재판에 필요한 사실을 알고 있다고 인정되는 자 또는 그 친족의 생명 · 신체나 재산에 해를 가하거나 가할 염려가 있다고 믿을 만한 충분한 이유가 있는 때
제96조(임의적 보석) 법원은 제95조의 규정에 불구하고 상당한 이유가 있는 때에는 직권 또는 제94조에 규정한 자의 청구에 의하여 결정으로 보석을 허가할 수 있다.

[24020-0171]

01 그림에 대한 옳은 설명만을 〈보기〉에서 고른 것은?

> ● 보기 ●
> ㄱ. 갑은 현재 피고인이다.
> ㄴ. 검사는 ⊙의 여부를 독점적으로 결정한다.
> ㄷ. ⊙ 이후 법원은 갑이 범죄자라는 것을 전제로 재판한다.
> ㄹ. 갑의 형벌이 재판에서 징역형으로 확정되면 검사는 형의 집행을 지휘·감독한다.

① ㄱ, ㄴ   ② ㄱ, ㄷ   ③ ㄴ, ㄷ
④ ㄴ, ㄹ   ⑤ ㄷ, ㄹ

[24020-0172]

02 교사의 질문에 옳게 답한 학생만을 고른 것은?

① 갑, 을   ② 갑, 병   ③ 을, 병
④ 을, 정   ⑤ 병, 정

[24020-0173]

03 다음 자료에 대한 설명으로 옳은 것은?

> 갑은 을의 가게에 있는 금고에서 현금을 훔쳐 간 혐의로 경찰에 체포되었다. 그림은 갑에게 적용될 형사 절차이다.

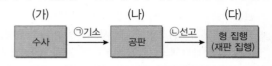

① ⊙은 법원이 발부한 영장에 의해 이루어진다.
② ⓒ에서 무죄의 취지로 선고 유예나 집행 유예가 부과될 수 있다.
③ (가)는 을의 고소가 있어야만 개시될 수 있다.
④ (나)에서 소송 당사자는 판사와 피고인이다.
⑤ 원칙적으로 (다)의 지휘 및 감독 주체는 검사이다.

[24020-0174]

04 그림은 어떤 재판이 이루어지고 있는 법정의 모습이다. 이 재판에 대한 옳은 설명만을 〈보기〉에서 있는 대로 고른 것은?

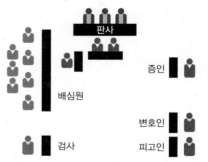

> ● 보기 ●
> ㄱ. 항소심에서도 활용될 수 있다.
> ㄴ. 형사 사건과 민사 사건 모두 대상이다.
> ㄷ. 피고인이 원하지 않으면 실시될 수 없다.
> ㄹ. 배심원의 평결과 의견은 법원을 기속하지 아니한다.

① ㄱ, ㄴ   ② ㄱ, ㄹ   ③ ㄷ, ㄹ
④ ㄱ, ㄴ, ㄷ   ⑤ ㄴ, ㄷ, ㄹ

[24020-0175]

05 다음 신문 기사의 내용에 대해 옳은 법적 판단을 한 사람만을 〈보기〉에서 고른 것은?

> ### ○○ 신문
>
> 중학생 A(12세)가 편의점 점주를 때려 전치 8주의 중상을 가하고 "형사 처벌 대상도 아니니까 때려 봐."라고 조롱해 경찰에 붙잡혔다.

● 보기 ●

갑: A는 형벌을 받을 수도 있는데, 본인이 잘못 알고 있어.
을: A는 경찰서장이 직접 검사가 아닌 관할 법원 소년부에 송치해야 해.
병: A는 검사에게 송치되지 않지만, 법원이 소년법상 보호 처분을 내릴 수 있어.
정: A에게 소년법상 보호 처분 및 형벌 등 어떤 형사 제재도 가할 수 없다는 게 문제야.

① 갑, 을   ② 갑, 병   ③ 을, 병
④ 을, 정   ⑤ 병, 정

[24020-0176]

06 다음 자료에 대한 설명으로 옳지 <u>않은</u> 것은?

> 형사 절차에서 ㉠피의자 또는 ㉡피고인의 기본적인 인권은 보장되어야 한다. 이를 위해 우리 헌법에서는 ㉢적법 절차의 원리, ㉣무죄 추정의 원칙, ㉤진술을 거부할 수 있는 권리, ▢(가)▢ 등을 명시하고 있다.

① ㉠과 ㉡의 구분 기준은 기소 여부이다.
② ㉢은 형벌권의 남용을 방지하는 기능이 있다.
③ ㉣은 검사가 기소한 이후에는 적용되지 않는다.
④ ㉤에 따르면 ㉠, ㉡은 형사상 자기에게 불리한 진술을 강요당하지 않는다.
⑤ (가)에 '변호인의 조력을 받을 권리'가 들어갈 수 있다.

[24020-0177]

07 그림에 대한 설명으로 옳은 것은? (단, A, B는 각각 구속 영장 실질 심사 제도, 구속 적부 심사 제도 중 하나임.)

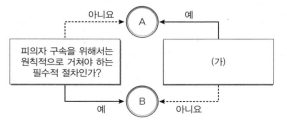

① A는 B와 달리 피의자나 그 변호인 등의 청구를 전제로 한다.
② B에서는 A와 달리 구속의 유지 여부를 판단한다.
③ A는 구속 영장 실질 심사 제도, B는 구속 적부 심사 제도이다.
④ (가)에 '피고인도 청구할 수 있는가?'가 들어갈 수 있다.
⑤ (가)에 '구속된 피의자를 대상으로 하는가?'가 들어갈 수 없다.

[24020-0178]

08 (가)에 들어갈 수 있는 법적 조언의 내용으로 옳은 것은?

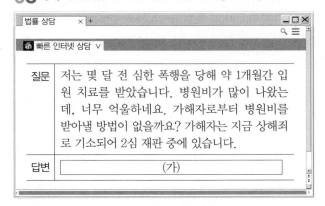

① 형사 보상 제도를 활용하시면 됩니다.
② 가해자의 유죄 판결이 확정되어야 손해 배상 명령을 받아낼 수 있습니다.
③ 범죄 피해자 구조 제도를 통해 가해자의 손해 배상을 강제할 수 있습니다.
④ 배상 명령을 신청하면 유죄가 선고될 경우 민사적 손해 배상 명령도 받아낼 수 있습니다.
⑤ 형사 재판부의 결정으로 국가가 우선적으로 병원비를 지급하게 할 수 있습니다.

[24020-0179]

1 다음 게임 상황에 대한 옳은 분석만을 〈보기〉에서 고른 것은?

형사 절차에 대해 배운 내용을 복습하기 위해 카드 게임을 실시하였다. 카드 더미에는 수사 및 형사 재판 절차에 대한 옳은 진술의 카드와 틀린 진술의 카드가 섞여 있으며, 각 참여자는 자기 차례에서 그중 한 장의 카드를 가져갈 수 있다.
[게임 방식] 옳은 진술에 해당하는 카드를 두 장 모은 뒤 '빙고!'라고 외치면 승리한다.
[게임 상황] 현재 게임 참여자 갑은 A, 을은 B를 가져간 상태이며, 이번 차례에서 갑과 을이 가져갈 수 있는 카드는 C 또는 D이다.

A	B	C	D
수사의 주체는 검사 또는 사법 경찰관이다.	확정된 형벌은 판사의 지휘에 따라 집행된다.		

● 보 기 ●
ㄱ. 을은 갑과 달리 이번 차례에서 승리할 수 있다.
ㄴ. C의 내용이 '형사 재판은 검사의 기소에 의해 시작된다.'이고, 갑이 C를 가져가면 갑은 승리할 수 있다.
ㄷ. C의 내용이 '모든 형사 사건은 국민 참여 재판으로 진행할 수 있다.'이고, D의 내용이 '선고 유예는 유죄 판결에 해당한다.'라면, 갑은 D가 아닌 C를 가져가야 승리할 수 있다.
ㄹ. C의 내용이 '피의자를 구속하려면 반드시 구속 적부 심사 제도를 거쳐야 한다.'이고, D의 내용이 '형사 재판의 당사자는 판사와 피고인이다.'라면, 갑과 을은 모두 이번 차례에서 승리할 수 없다.

① ㄱ, ㄴ　　② ㄱ, ㄷ　　③ ㄴ, ㄷ　　④ ㄴ, ㄹ　　⑤ ㄷ, ㄹ

[24020-0180]

2 다음 사례에 대한 설명으로 옳은 것은?

(가) ○○ 회사에 근무하던 갑은 회사 자금을 횡령한 혐의로 수사를 받던 중 경찰은 갑에 대해 구속 영장을 신청하였고, 담당 ⑦검사는 관할 지방 법원 판사에게 해당 구속 영장을 청구하였다.

↓

(나) 법원은 구속의 필요성을 인정하여 ⑥구속 영장을 발부하였다.

↓

(다) 검사는 갑을 기소하였다.

↓

(라) 1심 법원은 갑에게 징역 2년에 집행 유예 3년을 선고하였다.

① (가)에서 갑은 피고인이다.
② (다) 이후 갑은 구속 적부 심사를 청구할 수 없다.
③ 검사나 갑은 (라)에 불복하여 재심을 청구할 수 있다.
④ ⑦은 기소 여부를 결정할 수 있으나 수사 종결의 권한은 없다.
⑤ ⑥으로 인해 재판 과정에서 갑은 유죄로 추정된다.

3 다음 사례에 대한 옳은 법적 판단 및 추론만을 〈보기〉에서 있는 대로 고른 것은? [24020-0181]

갑(30세)은 살인 혐의로 체포되어 구속 수사를 받던 중 억울함을 호소하며 자신의 구속에 대한 적법성이나 필요성을 심사하여 자신을 석방해 줄 것을 법원에 청구하였다. 그러나 법원은 구속 상태를 유지하는 결정을 내렸으며, 이후 갑은 기소되어 1심과 2심에서 모두 유죄를 선고받았고, 대법원은 2심 법원의 판결을 확정하였다. 그런데 몇 년 뒤 을이 나타나 당시 사건의 진짜 살인범은 갑이 아니라 자신이라며 명백한 증거를 제시하였고, 갑은 재심을 청구하여 무죄 판결을 받았다.

● 보기 ●
ㄱ. 갑은 구속 적부 심사 제도를 활용하였다.
ㄴ. 갑은 구속 영장 실질 심사를 받았을 것이다.
ㄷ. 1심 판결에 불복하여 2심을 청구한 당사자는 검사이다.
ㄹ. 갑은 형사 보상 제도와 명예 회복 제도를 모두 이용할 수 있다.

① ㄱ, ㄷ ② ㄱ, ㄹ ③ ㄴ, ㄷ ④ ㄱ, ㄴ, ㄹ ⑤ ㄴ, ㄷ, ㄹ

4 다음 형성 평가에서 학생 답안과 점수를 볼 때, (가)에 들어갈 수 없는 진술은? [24020-0182]

형성 평가

다음 사례에 대한 진술 (1)~(4)의 내용이 옳으면 ○, 틀리면 ×표 하시오. (각 진술마다 맞게 표시하면 1점, 틀리게 표시하면 0점임.)

• 갑은 음주 운전 및 재물 손괴 혐의로 불구속 기소되었고, 갑에 대한 형사 재판은 국민 참여 재판으로 실시되었는데, 갑은 무죄 선고를 받았고 검사는 항소하지 않았다. 수사 및 재판 과정에서 갑이 구금된 적은 없다.
• 마약 투약 혐의로 재판을 받은 을은 고등 법원에서 징역 1년에 집행 유예 2년을 선고받고 해당 판결이 확정되었으며, 현재 집행 유예가 취소 또는 실효됨이 없이 2년이 경과하였다.

[답안]

진술	○, ×
(1) 갑은 1심으로 판결이 확정되었다.	○
(2) 갑의 재판에서 판사는 반드시 배심원 평결에 따라야 한다.	○
(3) 을은 2심에서 유죄 판결이 확정되었다.	×
(4) (가)	×
총점	2점

① 갑은 국민 참여 재판을 희망하지 않았을 것이다.
② 갑은 형사 보상 제도를 통해 국가로부터 배상을 받을 수 있다.
③ 현재 을에 대한 형 선고의 효력은 상실되었다.
④ 현재 을의 사건은 면소된 것으로 간주된다.
⑤ 갑은 을과 달리 변호인의 조력을 받지 않았을 것이다.

[24020-0183]

5 다음 자료에 대한 옳은 법적 판단 및 추론만을 〈보기〉에서 있는 대로 고른 것은? (단, 갑~병에 대한 형사 조치는 연령을 기준으로만 판단함.)

> 갑, 을, 병은 폭행죄 혐의로 경찰 조사를 받고 있으며, 현행법상 갑~병에게 적용될 수 있는 조치는 아래와 같다. 가해 당시 갑, 을, 병은 모두 심신 상실 상태에 있지 않았다.

갑에게만 적용될 수 있는 조치	병에게만 적용될 수 있는 조치	갑, 을 모두에게 적용될 수 있는 조치
형벌을 받는다.	어떠한 형사 제재도 받지 않는다.	소년법상 보호 처분을 받는다.

● 보기 ●
- ㄱ. 갑은 19세 이상이다.
- ㄴ. 을은 선도 조건부 기소 유예 처분의 대상이 된다.
- ㄷ. 병은 10세 미만이다.
- ㄹ. 을의 사건과 병의 사건은 모두 검사에게 송치되지 않는다.

① ㄱ, ㄴ   ② ㄱ, ㄹ   ③ ㄷ, ㄹ   ④ ㄱ, ㄴ, ㄷ   ⑤ ㄴ, ㄷ, ㄹ

[24020-0184]

6 그림은 인권 보장을 위한 제도 A~C와 그에 대한 설명을 연결한 것이다. 이에 대한 옳은 설명만을 〈보기〉에서 있는 대로 고른 것은? (단, A~C는 각각 구속 영장 실질 심사 제도, 구속 적부 심사 제도, 보석 제도 중 하나임.)

A, B → (가)

B, C → 수사 단계에서의 인권 보장을 위한 제도이다.

● 보기 ●
- ㄱ. A는 보석 제도이다.
- ㄴ. (가)에 '보증금 납입이 필요하다.'가 들어갈 수 있다.
- ㄷ. B가 구속 적부 심사 제도라면, (가)에 '피고인이 청구할 수 있는 제도이다.'가 들어갈 수 있다.
- ㄹ. C가 구속 영장 실질 심사 제도라면, (가)에 '당사자의 청구 없이 법원의 직권으로 진행되기도 한다.'가 들어갈 수 없다.

① ㄱ, ㄷ   ② ㄱ, ㄹ   ③ ㄴ, ㄷ   ④ ㄱ, ㄴ, ㄹ   ⑤ ㄴ, ㄷ, ㄹ

[24020-0185]

7 다음 두 사례에 대한 법적 판단으로 옳은 것은?

- 갑은 상습적 절도 혐의로 경찰에 체포되어 구속 상태로 수사를 받았다. 검사는 사건 기록을 검토한 결과 절도한 금액을 다 합하여도 그 액수가 크지 않고 생활고로 인한 범죄였으며, 체포 이후 피해자들에게 배상하였고, 피해자들은 처벌을 원하지 않는다는 점을 감안하여 기소 유예 처분 결정을 내렸다.
- 대법원은 상해죄 혐의로 구속 기소된 을의 범죄를 인정할 만한 증거가 없다며, 징역 6개월을 선고한 원심을 파기하고 □□ 지방 법원으로 돌려보내 무죄가 확정되었다.

① 검사는 갑에 대하여 범죄 혐의가 없다고 판단하였다.
② 을의 1심 재판은 지방 법원 합의부에서 담당하였다.
③ 갑은 을과 달리 구속 영장 실질 심사를 받지 않았다.
④ 을은 갑과 달리 형사 보상 제도를 통해 국가로부터 보상을 받을 수 있다.
⑤ 갑, 을은 모두 명예 회복 제도를 활용할 수 있다.

[24020-0186]

8 다음에서 학생의 수행 활동 결과 나타나는 전광판의 모습으로 옳은 것은?

간단한 코딩 프로그램으로 형사 절차에 대해 복습하는 수행 활동을 하고자 한다. 전광판 (가)~(라)에 각각 불이 들어오게 하려면 다음 사례들에 대한 〈법적 판단〉의 해당 영역에 각각 옳은 진술을 입력해야 한다. 학생이 입력한 진술은 아래와 같다.

─── 〈사례〉 ───
- A는 재물 손괴죄 혐의로 구금 상태에서 수사를 받았으나 검사는 위법성이 없다는 점을 확인하여 종국적인 결정으로 불기소 처분을 하였다.
- B는 협박죄 혐의로 구속 기소되어 1심에서 유죄, 2심에서 무죄 선고를 받았으나 검사가 상고하였다.
- C는 살인죄 혐의로 구속 기소되어 징역 5년의 확정 판결을 받고 복역하던 중 새로운 증거가 나타나 재심을 통해 무죄 선고를 받고 풀려났다.

〈전광판 예시〉

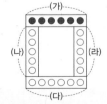

(가)
(나)   (라)
(다)

* (가)에만 불이 들어 온 경우임.

〈법적 판단〉

전광판 영역	학생이 입력한 진술
(가)	검사는 A의 행위가 재물 손괴죄의 구성 요건에 해당되지 않는다고 보았다.
(나)	B는 구속 영장 실질 심사 제도를 거쳤으며, 현재 구속 적부 심사는 청구할 수 없다.
(다)	A, C는 모두 명예 회복 제도를 이용할 수 있다.
(라)	A, C는 B와 달리 형사 보상을 청구할 수 있다.

①   ②   ③   ④   ⑤

근로자의 권리

➊ 근로자
직업의 종류와 관계없이 임금을 목적으로 사업이나 사업장에 근로를 제공하는 사람을 의미한다.

➊ 사용자
사업주 또는 사업 경영 담당자. 그 밖에 근로자에 관한 사항에 대하여 사업주를 위하여 행위하는 자를 의미한다.

➊ 쟁의 행위
노동관계 당사자가 그 주장을 관철할 목적으로 행하는 것으로서, 업무의 정상적인 운영을 저해하는 행위를 말한다. 파업, 태업, 보이콧, 피케팅 등 근로자 측의 쟁의 행위와 이에 대항하는 직장 폐쇄와 같은 사용자 측의 쟁의 행위가 있다.

1. 근로자의 권리 보호

(1) 사회법의 발달
① 사회법의 등장 배경: 근대 자본주의의 모순과 부조리 해결을 위해 국가가 개인의 사적 영역에 적극적으로 개입해야 한다는 요구가 커짐에 따라 등장
② 사회법의 특징: 사법 영역에 공법적 규제를 하므로 공법과 사법의 중간 영역에 해당
③ 사회법의 종류: 노동법, 경제법, 사회 보장법, 환경법 등

(2) 노동법
① 노동법의 의미: 근로자가 인간다운 생활을 할 수 있도록 노동관계를 규율하는 법
② 우리나라 노동법의 종류: 근로 기준법, 노동조합 및 노동관계 조정법, 최저 임금법 등

(3) 헌법상 근로자 권리의 보장
① 근로권: 근로의 능력과 의사를 가진 사람이 근로할 수 있는 기회의 보장을 국가에 요구할 수 있는 권리
② 근로(노동) 3권의 보장

근로(노동) 3권	단결권	근로자들이 근로 조건의 향상을 위하여 자주적으로 노동조합이나 그 밖의 단결체를 조직·운영하거나 그에 가입하여 활동할 권리
	단체 교섭권	근로자가 노동조합을 통해 근로 조건에 관하여 사용자 측과 단체 교섭을 할 권리 → 사용자 측은 정당한 이유 없이 교섭을 거부할 수 없음.
	단체 행동권	근로자가 그 주장을 관철할 목적으로 파업, 태업 등과 같이 업무를 저해하는 행위(쟁의 행위)를 할 권리 → 정당한 쟁의 행위에 대해서는 민·형사 책임이 면제됨.

2. 근로 계약과 근로 기준법

(1) 근로 계약
근로자가 사용자에게 근로를 제공하고 사용자는 이에 대하여 임금을 지급하는 것을 목적으로 체결된 계약

(2) 근로 기준법
① 임금, 근로 시간, 휴일 등 근로 조건을 근로 계약서에 명시하도록 함.
② 근로 기준법에서 정하는 기준에 미치지 못하는 근로 조건을 정한 근로 계약은 그 부분에 한정하여 무효로 함.
③ 근로 기준법상 임금과 근로 시간

임금	• 통화(通貨)로 매월 1회 이상 일정한 날짜에 직접 근로자에게 전액을 지급해야 함. • 법정 최저 임금 이상이어야 함.
근로 시간	• 휴게 시간을 제외하고 원칙적으로 1일 8시간, 1주 40시간을 초과할 수 없음. • 사용자와 근로자가 합의한 경우 법령에 근거하여 연장 근로 가능 • 근로 시간이 4시간인 경우에는 30분 이상, 8시간인 경우에는 1시간 이상의 휴게 시간을 근로 시간 도중에 주어야 함.

📋 자료 플러스 **체불 임금 대응 방법**

임금 체불은 사용자가 근로자에게 노무를 제공받고도 그 대가인 임금 등을 지불하지 않는 행위를 말한다. 임금을 받지 못했을 경우 근로자는 지방 고용 노동청에 진정이나 고소를 할 수 있다. 진정을 접수한 근로 감독관은 조사를 거쳐 위반한 사실이 드러날 경우 시정을 요구하고, 만약 사용자가 시정 조치를 어기면 형사 처벌을 받게 된다. 이와 별개로 근로자는 법원에 체불 임금 지급이나 손해 배상을 요구하는 민사 소송을 제기할 수 있다.

개념 체크

1. (   )은 근로자가 그 주장을 관철할 목적으로 파업이나 태업 등과 같이 업무를 저해하는 행위를 할 권리를 말한다.

2. 근로 기준법에서 정하는 기준에 미치지 못하는 근로 조건을 정한 (   )은 그 부분에 한정하여 무효로 한다.

3. 근로 기준법상 근로 시간은 휴게 시간을 제외하고 원칙적으로 1일 (   )시간, 1주 (   )시간을 초과할 수 없다.

정답
1. 단체 행동권
2. 근로 계약
3. 8, 40

3. 청소년의 근로 보호

(1) 근거 법률: 근로 기준법, 청소년 보호법 등

(2) 보호 내용

취업 연령 제한	• 15세 미만인 사람(중학교에 재학 중인 18세 미만인 사람을 포함)은 원칙적으로 근로자로 고용할 수 없음. 단, 예외적으로 일정한 기준에 따라 고용 노동부 장관이 발급한 취직 인허증을 지닌 경우 15세 미만인 사람도 취업이 가능함. • 18세 미만인 사람(연소자)을 고용하는 사용자는 그 연령을 증명하는 가족 관계 기록 사항에 관한 증명서와 친권자 또는 후견인의 동의서를 사업장에 갖추어 두어야 함.
근로 사용 금지	사용자는 18세 미만인 사람(연소자)을 도덕상 또는 보건상 유해·위험한 사업에 사용할 수 없음.
근로 시간 제한	15세 이상 18세 미만인 사람의 근로 시간은 원칙적으로 1일 7시간, 1주 35시간을 초과하지 못하며, 당사자 합의에 의한 연장 근로도 1일 1시간, 1주 5시간을 초과할 수 없음.
근로 계약과 임금	• 미성년자의 근로 계약은 법정 대리인(친권자나 후견인)의 동의를 얻어 본인이 직접 체결해야 하며, 친권자 또는 후견인이 미성년자의 근로 계약을 대리할 수 없음. • 미성년자도 성인 근로자와 마찬가지로 최저 임금 제도의 적용을 받음. • 미성년자도 독자적으로 임금을 청구할 수 있음.

4. 근로자 권리의 침해와 구제

(1) 부당 해고와 부당 노동 행위

부당 해고	• 의미: 사용자가 근로자를 정당한 이유나 절차 없이 해고하는 경우 • 해고를 위한 요건과 절차 　- 경영상 이유에 의한 해고의 제한: 긴박한 경영상의 필요가 있어야 하고, 해고를 피하기 위한 노력을 다하여야 하며, 합리적이고 공정한 해고의 기준을 정하고 이에 따라 그 대상자를 선정하여야 함. 이 경우 남녀의 성을 이유로 차별하여서는 안 됨. 　- 해고의 절차: 해고의 사유와 시기는 반드시 서면으로 통지해야 하고, 원칙적으로 적어도 30일 전에 예고해야 하는 등 법령에서 정한 절차를 준수해야 함.
부당 노동 행위	• 의미: 사용자가 근로(노동) 3권을 침해하는 행위 • 유형 　- 근로자의 노동조합 가입·조직 또는 노동조합 업무를 위한 정당한 행위를 이유로 근로자를 해고하거나 근로자에게 불이익을 주는 행위 　- 근로자에게 노동조합에 가입하지 아니할 것 또는 탈퇴할 것을 고용 조건으로 하거나 특정한 노동조합의 조합원이 될 것을 고용 조건으로 하는 행위 　- 노동조합 대표자와의 단체 교섭을 정당한 이유 없이 거부하는 행위 등

(2) 부당 해고 또는 부당 노동 행위에 대한 구제 절차

① 지방 노동 위원회에 구제 신청 → 지방 노동 위원회의 구제 명령이나 기각 결정에 불복하는 사용자나 근로자는 중앙 노동 위원회에 재심 신청 → 중앙 노동 위원회의 재심 판정에 대해 불복하는 사용자나 근로자는 중앙 노동 위원회 위원장을 상대로 행정 소송 제기 가능

② 부당 해고의 경우에는 근로자 개인이 부당 해고 구제 신청을 할 수 있음.

③ 부당 노동 행위를 이유로 한 부당 해고나 감봉 등 기타 불리한 처분의 경우에는 근로자 개인뿐만 아니라 노동조합도 부당 노동 행위 구제 신청을 할 수 있음.

④ 부당 해고의 경우 노동 위원회를 통한 구제 절차와 상관없이 법원에 해고 무효 확인의 소를 제기할 수 있음.

✪ 취직 인허증

취업이 금지된 15세 미만의 청소년에게 고용 노동부 장관이 취직을 인정하고 허가해 주는 증명서로 청소년에게 유해하거나 위험한 업무인지 등을 심사하여 허가 여부가 결정된다.

✪ 해고

근로자의 자유로운 의사에 따라 근로관계가 종료되는 퇴직과 달리 사용자가 일방적 의사 표시로 장래에 대해 근로관계를 소멸시키는 것을 의미한다.

✪ 노동 위원회

노사 간에 벌어지는 특정 문제들을 심의, 의결 또는 판정하기 위하여 설치된 행정 기관이다. 노동 위원회는 중앙 노동 위원회, 지방 노동 위원회, 특별 노동 위원회로 구분된다.

개념 체크

1. 일정한 기준에 따라 고용 노동부 장관이 발급한 (　　　)을 지닌 경우 15세 미만인 사람도 취업이 가능하다.

2. 해고는 그 사유와 시기를 반드시 (　　　)으로 통지해야 하고, 원칙적으로 적어도 30일 전에 예고해야 하는 등 법령에서 정한 절차를 준수해야 한다.

3. 부당 해고의 경우에는 근로자 개인만 구제 신청을 할 수 있지만, (　　　)의 경우에는 근로자 개인뿐만 아니라 노동조합도 구제 신청을 할 수 있다.

정답
1. 취직 인허증
2. 서면
3. 부당 노동 행위

Theme 1 해고의 서면 통지

(가) ○○ 법원은 A사가 갑에게 휴대 전화 문자 메시지로 보낸 해고 통보는 무효라고 판결했다. 재판부는 "A사는 해고 사유를 구체적으로 밝히지 않은 채 해고 처리 당일 휴대 전화 문자 메시지로 갑에게 해고 통지를 했다. 이는 '사용자는 근로자를 해고하려면 해고 사유와 해고 시기를 서면으로 통지하여야 한다.'라는 근로 기준법 제27조를 어긴 것으로, A사의 갑에 대한 해고는 무효"라고 밝혔다.

(나) ◇◇ 법원은 B사가 을에게 이메일로 보낸 해고 통보는 유효라고 판결했다. 재판부는 "B사는 해고 사실을 기재한 이메일만 발송한 것이 아니라 해고 사유가 담긴 '인사 위원회 의결 통보서'를 첨부해 발송했다. 해고의 남발 방지 및 법률 요건의 명확화라는 해고 서면 통지 제도의 입법 취지에 비춰 볼 때 이메일은 해고의 의사가 담긴 의결 통보서를 전달하기 위한 방법이므로 '서면'에 의한 통지"라고 밝혔다.

근로 기준법 제27조에 의하면 사용자(회사)가 근로자를 해고하려면 해고 사유와 해고 시기를 서면으로 통지하여야 하고, 서면으로 통지를 한 때에만 해고가 효력이 있다. 따라서 종이에 해고 사유와 해고 시기를 적시하여 통보한다면 특별한 문제가 발생하지 않는다. 그런데 '종이'가 아닌 휴대 전화 문자 메시지나 이메일 등에 해고 사유와 해고 시기를 기재해서 통보하는 경우에도 '서면' 통지로 볼 것인지가 문제가 된다. 여러 판결에서 법원은 해고 통보를 할 때의 '서면'이란 종이로 된 문서를 의미하고, 원칙적으로 이메일 등 전자 문서와 구별된다고 본다. 다만, 예외적으로 회사가 전자 결재 체계를 완비하여 전자 문서로 모든 업무의 기안, 결재, 시행 과정을 관리하는 등 특별한 사정이 있다면 전자 문서도 '서면'에 포함할 수 있다. 이에 따라 특별한 사정이 없다면 이메일, 휴대 전화 문자 메시지, 사내 메신저 등으로 해고를 통지할 경우 원칙적으로 '서면' 통지가 아니므로 효력이 없다. (가)에서 A사가 갑에게 휴대 전화 문자 메시지로 해고를 통보했는데, 해고 사유도 구체적으로 밝히지 않았으며, 서면으로 볼 만한 특별한 사정이 없으므로 법원은 이러한 해고 통보는 무효라고 보았다. 그러나 (나)에서 B사가 을에게 이메일로 보낸 해고 통보는 해고 사유가 담긴 인사 위원회 의결 통보서까지 첨부한 것으로 보아 서면의 방식으로 볼 수 있으므로 유효한 해고 통보라는 것이 법원의 판단이다.

Theme 2 부당 노동 행위

A사는 노동조합 측과 단체 교섭을 진행하는 도중 갑자기 노동조합 간부 갑 등을 다른 지역 지점으로 인사 발령을 냈다. 이에 갑 등은 인사 발령이 부당함을 확인해 달라는 소송을 제기하였고, 법원은 "A사는 갑 등에 대한 인사 발령의 합리적인 이유를 제시하지 못하였고, 결국 이 인사 발령으로 인해 사측과 노조 간 단체 교섭이 중단되는 결과가 발생하였으므로 A사가 노동조합 활동에 대한 불이익을 주기 위해 한 부당 노동 행위로 보는 것이 타당하다."라고 판결하였다.

노동조합 및 노동관계 조정법은 사용자가 근로자의 노동조합 활동을 방해하기 위해 근로 3권을 침해하는 행위를 부당 노동 행위로 규정하여 금지하고 있다. 위 사례에서 A사가 노동조합 측과 단체 교섭을 진행하는 도중 합리적인 이유도 없이 노동조합 간부 갑 등을 다른 지역 지점으로 인사 발령함으로써 단체 교섭이 중단되는 결과가 발생하였으므로 법원은 A사의 인사 발령을 노동조합의 활동을 방해하려는 부당 노동 행위로 판단한 것이다.

[24020-0187]

01 밑줄 친 'A법'에 대한 설명으로 옳지 <u>않은</u> 것은?

자본주의 경제 체제 아래에서 이루어지는 계약 행위는 평등한 인격의 자유로운 의사 결정을 기반으로 한다. 그러나 사용자와 근로자는 경제적·사회적 지위가 서로 달라 형식적인 평등은 실질적인 불평등을 가져올 수 있다. 근로관계에 시민법 원리를 적용하다 보니 근로자는 상대적으로 약한 위치에서 근로 계약을 체결함으로써 열악한 근로 환경이 일반화되었다. 이에 따라 근로자의 인간다운 생활과 생존권을 보장하려는 목적으로 근로 조건, 노사 관계 등을 규정한 A법이 등장하였다.

① 근로자의 근로 조건 개선을 도모한다.
② 근로 계약의 내용이 공정성을 갖도록 한다.
③ 근로 시간을 제한하고 최저 임금을 보장한다.
④ 고용과 해고에서 사용자의 재량권을 확대한다.
⑤ 노사 간의 대립에 국가의 개입과 조정을 허용한다.

[24020-0188]

02 밑줄 친 ㉠~㉤에 대한 설명으로 옳은 것은?

헌법 제32조

① 모든 국민은 근로의 권리를 가진다. 국가는 사회적·경제적 방법으로 ㉠근로자의 고용의 증진과 적정 임금의 보장에 노력하여야 하며, 법률이 정하는 바에 의하여 ㉡최저 임금제를 시행하여야 한다.
③ ㉢근로 조건의 기준은 인간의 존엄성을 보장하도록 법률로 정한다.
④ ㉣여자의 근로는 특별한 보호를 받으며, 고용·임금 및 근로 조건에 있어서 부당한 차별을 받지 아니한다.
⑤ ㉤연소자의 근로는 특별한 보호를 받는다.

① ㉠ - 소규모 자영업자도 포함된다.
② ㉡ - 18세 이상의 근로자에게만 적용된다.
③ ㉢ - 임금, 근로 시간, 휴일 등을 포함한다.
④ ㉣ - 근로 시간이 4시간인 경우 1시간 이상의 휴게 시간을 주어야 한다.
⑤ ㉤ - 친권자나 후견인의 동의를 얻어야 임금을 청구할 수 있다.

[24020-0189]

03 근로 3권 (가)~(다)에 대한 옳은 설명만을 〈보기〉에서 있는 대로 고른 것은?

(가) 근로자들이 자주적으로 노동조합을 설립할 수 있는 권리
(나) 근로자가 단결하여 노동조합을 통해 사용자와 교섭할 수 있는 권리
(다) 근로자가 근로 조건 등과 관련된 주장을 관철할 목적으로 각종 쟁의 행위를 할 수 있는 권리

● 보기 ●
ㄱ. (가)는 단결권으로 근로 조건 향상을 위해 보장된다.
ㄴ. (나)에 따라 노동조합이 단체 교섭을 요구하면 사용자는 반드시 교섭에 응해야 한다.
ㄷ. (다)의 정당한 행사로 사용자에게 손해를 끼쳤을 경우 노동조합은 민사상 책임을 져야 한다.
ㄹ. 사용자에 의해 (가)~(다)를 침해당했을 경우 근로자나 노동조합은 노동 위원회에 구제 신청을 할 수 있다.

① ㄱ, ㄴ   ② ㄱ, ㄹ   ③ ㄴ, ㄷ
④ ㄱ, ㄷ, ㄹ   ⑤ ㄴ, ㄷ, ㄹ

[24020-0190]

04 다음 사례에 대해 법적으로 옳지 <u>않은</u> 댓글을 단 사람은?

공지사항	게시판	Q&A

저는 A 회사에서 해고당했습니다. 며칠 전 회사 대표가 갑자기 저를 부르더니 오늘 날짜로 해고된다고 말했습니다. 이유를 물어보니 회사 사정이 악화되어 나이가 많은 사람 위주로 해고 대상자를 정했다고 합니다. 사전에 아무런 통보도 없었고, 회사 사정이 악화되었다는 근거도 제시하지 않았습니다. 이에 대한 법적 판단을 구하고 싶습니다.

ㄴ 갑: 30일 전에 해고 예고를 해야 하는데 그러지 않았으니 부당 노동 행위가 분명합니다.
ㄴ 을: 문서로 통보하지 않고 구두로 통보했으니 절차를 지키지 않았군요.
ㄴ 병: 나이순으로 해고했다면 정당한 해고 사유로 보기 어려우므로 부당 해고입니다.
ㄴ 정: 지방 노동 위원회에 부당 해고에 따른 구제를 신청할 수 있어요.
ㄴ 무: 노동 위원회를 거치지 않고 바로 법원에 해고 무효 확인의 소를 제기할 수도 있어요.

① 갑   ② 을   ③ 병   ④ 정   ⑤ 무

[24020-0191]

05 (가)의 사례로 적절한 것은?

(가) 은/는 사용자가 근로자 또는 노동조합의 근로 3
권을 침해하는 행위로서, (가) 이/가 발생했을 경우 근
로자나 노동조합은 노동 위원회에 구제를 신청할 수 있다.

① A 회사는 파업 당시 회사 기물을 파손한 직원 갑을 징계
하였다.
② B 회사는 을이 노동조합에 가입하지 않을 것을 조건으로
을과 근로 계약을 체결하였다.
③ C 회사는 노동조합이 공장의 지방 증설 계획의 철회를 요
구하였지만 이를 거부하였다.
④ D 회사는 노동조합의 임금 협상 요구에 태풍 피해 수습
이 급하니 임금 협상은 다음 달로 연기하자고 하였다.
⑤ E 회사는 회사 규정을 위반하여 경쟁 업체 관계자에게 핵
심 기술 정보를 건넨 노동조합 간부 병을 해고하였다.

[24020-0192]

06 다음 자료에 대한 옳은 설명만을 〈보기〉에서 고른 것은?

A 회사에 근무하던 갑, 을, 병은 모두 최근에 해고되었다.
갑, 을, 병은 모두 노동조합에 가입하고 있었다. 갑은 노동
조합의 간부로서 쟁의 행위를 주도했다는 이유, 을은 쟁의
행위 도중 회사 간부를 폭행했다는 이유, 병은 낮은 영업
실적을 이유로 각각 해고되었다. 현재 갑, 을, 병에 대한 구
제 절차가 진행되고 있다. 표는 갑, 을, 병의 사례를 분류한
것이다.

질문	갑	을	병
A 회사 노동조합이 지방 노동 위원회에 부당 노동 행위 구제 신청을 할 수 있습니까?	㉠	㉡	㉢
지방 노동 위원회가 부당 해고 구제 신청을 인용했습니까?	예	아니요	예

• 보기 •

ㄱ. ㉠은 '예', ㉡과 ㉢은 '아니요'이다.
ㄴ. 을은 지방 노동 위원회 위원장을 피고로 행정 법원에
소송을 제기할 수 있다.
ㄷ. 지방 노동 위원회는 A 회사가 병을 해고한 것을 부당
해고라고 보았다.
ㄹ. 갑, 병은 을과 달리 노동 위원회 구제 신청과 별도로
법원에 해고 무효 확인의 소를 제기할 수 있다.

① ㄱ, ㄴ ② ㄱ, ㄷ ③ ㄴ, ㄷ
④ ㄴ, ㄹ ⑤ ㄷ, ㄹ

[24020-0193]

07 다음 자료에 대한 법적 판단으로 옳은 것은?

근로 계약서

사용자 갑(40세)과 근로자 을(17세) 간 근로 계약을 체결
한다.
1. 근로 계약 기간: 2024. 1. 1.~2024. 2. 29.
2. 근로 시간: 10:00~18:00(휴게 시간 1시간 포함)
3. 임금: 시간당 12,000원(연장 근로나 휴일 근로 시 통상
임금의 50% 가산)
4. 근무일/휴일: 화~토/일, 월

* 2024년 법정 최저 임금은 시간당 9,860원이며, 을은 현재 고등학생임.

① 갑은 을의 법정 대리인과 위 근로 계약을 체결해야 한다.
② 갑은 을이 동의할 경우 휴게 시간을 주지 않을 수 있다.
③ 을이 갑과 합의하여 화요일에 1시간 연장 근로를 하면 그
날의 임금은 102,000원이다.
④ 을이 근로 계약 내용대로 토요일에 근무할 경우 갑은 통
상 임금의 50%를 가산하여 지급해야 한다.
⑤ 갑은 을에게 근로 계약 기간 종료일인 2월 29일에 근로
계약 기간 동안의 임금 전체를 지급할 수 있다.

[24020-0194]

08 다음 사례에 대한 법적 판단으로 옳은 것은?

A 회사의 직원 갑은 고객과의 잦은 마찰을 이유로 해고를
당했다. 이에 갑은 ○○ 지방 노동 위원회에 구제 신청을
하였고, 구제 신청이 받아들여졌다. 그러나 A 회사가 이에
불복하여 중앙 노동 위원회에 재심을 신청하였고, 중앙 노
동 위원회는 A 회사의 손을 들어 주었다. 이에 갑은 행정
소송을 제기했고, □□ 행정 법원은 원고 패소 판결을 내렸
다. 그러나 갑이 항소하였고, 2심 법원은 원고 승소 판결을
내렸으며, 이 판결은 확정되어 갑은 복직되었다.

① 갑이 제기한 행정 소송의 피고는 A 회사의 대표이다.
② 갑이 속한 노동조합도 노동 위원회에 구제 신청을 할 수
있다.
③ 2심 법원은 갑에 대한 해고가 부당 해고가 아니라고 판단
하였다.
④ 갑이 제기한 소송은 노동 위원회를 통한 구제 절차를 거
쳐야만 제기할 수 있다.
⑤ 갑에 대한 해고가 부당 해고에 해당하는지에 대해 □□
행정 법원과 중앙 노동 위원회는 각각 다른 판단을 하였다.

[24020-0195]

1 밑줄 친 ㉠~㉢에 대한 옳은 설명만을 〈보기〉에서 있는 대로 고른 것은?

산업 혁명 이후 근로 환경이 열악해짐에 따라 근로자의 보호 문제가 사회 문제로 대두하였다. 상대적으로 힘이 약한 근로자들이 사용자와 대등한 지위에서 근로 계약을 맺을 수 없었기 때문이다. 이에 따라 근로 계약의 자유를 일정 부분 제한하는 ㉠노동법이 등장하였다. 우리나라의 노동법에는 근로의 조건과 기준을 정하여 경제적 약자인 근로자를 보호하는 ㉡근로 기준법과 근로자의 단체 결성과 노사 관계에서 발생한 문제를 해결하기 위한 ㉢노동조합 및 노동관계 조정법 등이 있다.

● 보기 ●

ㄱ. ㉠은 공법과 사법의 중간 영역에 해당하는 법이다.
ㄴ. 근로 조건이 ㉡의 기준에 미치지 못하더라도 사용자와 합의하면 법적으로 유효하다.
ㄷ. 근로자가 부당 노동 행위를 당했을 경우에는 ㉢에 규정된 절차에 따라 노동 위원회에 구제를 신청할 수 있다.
ㄹ. 법이 정한 임금 지급 방법이나 근로 시간, 휴게 시간 등을 변경하려면 ㉡이 아니라 ㉢을 개정해야 한다.

① ㄱ, ㄴ   ② ㄱ, ㄷ   ③ ㄴ, ㄹ   ④ ㄱ, ㄷ, ㄹ   ⑤ ㄴ, ㄷ, ㄹ

[24020-0196]

2 밑줄 친 ㉠~㉤에 대한 설명으로 옳은 것은?

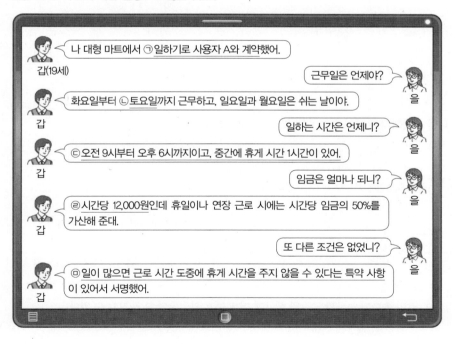

나 대형 마트에서 ㉠일하기로 사용자 A와 계약했어. 갑(19세)

근무일은 언제야? 을

화요일부터 ㉡토요일까지 근무하고, 일요일과 월요일은 쉬는 날이야. 갑

일하는 시간은 언제니? 을

㉢오전 9시부터 오후 6시까지이고, 중간에 휴게 시간 1시간이 있어. 갑

임금은 얼마나 되니? 을

㉣시간당 12,000원인데 휴일이나 연장 근로 시에는 시간당 임금의 50%를 가산해 준대. 갑

또 다른 조건은 없었니? 을

㉤일이 많으면 근로 시간 도중에 휴게 시간을 주지 않을 수 있다는 특약 사항이 있어서 서명했어. 갑

① ㉠의 경우 갑은 부모의 동의를 얻어야 한다.
② 갑이 ㉡의 오전 9시부터 오후 5시까지 7시간 일할 경우 그날의 임금은 126,000원이다.
③ ㉢은 근로 기준법상 1일 법정 근로 시간을 초과하지 않는다.
④ A는 갑과 합의할 경우 ㉣을 최저 임금 수준 미만으로 변경하여 지불할 수 있다.
⑤ ㉤은 현행 법규에 위반되므로 갑과 A 간 근로 계약 전체가 무효이다.

[24020-0197]

3 다음 자료에 대한 옳은 설명만을 〈보기〉에서 고른 것은?

> 다음은 갑, 을이 각각 ○○ 백화점에서 일하기 위해 ○○ 백화점 사장 병과 체결한 근로 계약의 공통된 내용 중 일부이다.
>
> > 1. 근로 계약 기간: 2024. 1. 1.~2024. 12. 31.
> > 2. 업무 내용: 물품 정리
> > 3. 근로 시간: 10시~18시(휴게 시간 12~13시)
> > 4. 근무일/휴일: 월~금/토, 일
> > 5. 임금: 시간당 10,000원
>
> * 2024년 법정 최저 임금은 시간당 9,860원임.
> ** 갑과 을은 모두 중학교를 졸업한 남성이며, 을과 달리 갑의 법정 근로 시간은 1일에 7시간, 1주일에 35시간을 초과할 수 없음.

● 보기 ●

ㄱ. 갑은 을과 달리 근로 계약 체결 시 취직 인허증을 제시해야 한다.
ㄴ. 을과 달리 갑은 병과 합의하면 1일 1시간 한도로 연장 근로가 가능하다.
ㄷ. 병은 갑이 아니라 갑의 법정 대리인에게 임금을 지급해야 한다.
ㄹ. 병은 갑의 연령을 증명하는 가족 관계 기록 사항에 관한 증명서를 사업장에 갖추어 두어야 한다.

① ㄱ, ㄴ ② ㄱ, ㄷ ③ ㄴ, ㄷ ④ ㄴ, ㄹ ⑤ ㄷ, ㄹ

[24020-0198]

4 다음 사례에 대한 옳은 법적 판단 및 추론만을 〈보기〉에서 고른 것은?

> 갑은 쟁의 행위를 주도했다는 이유로 A 회사 대표 을에 의해 해고되었다.
>
> ↓
>
> 갑은 적법한 절차를 거쳐 ○○ 지방 노동 위원회에 부당 노동 행위에 대한 구제 신청을 하였다.
>
> ↓
>
> ○○ 지방 노동 위원회의 구제 명령에 불복한 을은 중앙 노동 위원회에 재심을 신청하였다.
>
> ↓
>
> ◇◇ 행정 법원은 갑이 제기한 소송에서 중앙 노동 위원회의 재심 판정을 취소하라고 판결하였다.

● 보기 ●

ㄱ. 갑이 속한 노동조합도 갑의 해고에 대해 무효 확인의 소를 제기할 수 있다.
ㄴ. 갑은 ○○ 지방 노동 위원회에 자신의 근로 3권이 을에 의해 침해되었다고 주장하였을 것이다.
ㄷ. 갑에 대한 을의 부당 노동 행위에 대해 ○○ 지방 노동 위원회와 중앙 노동 위원회의 판단이 달랐다.
ㄹ. ◇◇ 행정 법원은 갑에 대한 을의 부당 노동 행위를 인정하지 않았다.

① ㄱ, ㄴ ② ㄱ, ㄷ ③ ㄴ, ㄷ ④ ㄴ, ㄹ ⑤ ㄷ, ㄹ

[24020-0199]

5 다음 자료에 대한 설명으로 옳은 것은?

> 교사: 사용자가 근로자 또는 노동조합의 근로 3권을 침해하는 행위인 A의 사례를 제시해 보세요.
> 갑: 사용자가 문자 메시지로 해고 통보를 하는 경우입니다.
> 을: 사용자가 정당한 노동조합 활동을 이유로 해고, 징계 등을 하는 경우입니다.
> 병: 사용자가 노동조합 탈퇴를 조건으로 근로자를 고용하는 경우입니다.
> 정: [_____ (가) _____]
> 교사: A에 대해 [(나)]만 옳게 설명했네요.

① (나)에 '3명'이 들어갈 수 없다.

② A가 발생할 경우 근로자가 속한 노동조합은 법원에 해고 무효 확인의 소를 제기할 수 있다.

③ 중앙 노동 위원회가 A에 대한 근로자의 재심 신청을 기각할 경우 근로자는 사용자를 피고로 행정 소송을 제기할 수 있다.

④ (가)에 '회사 자금을 횡령한 노동조합 간부를 사용자가 해고한 경우입니다.'가 들어가면, (나)에 '1명'이 들어간다.

⑤ (나)에 '2명'이 들어가면, (가)에 '사용자가 해고자를 선정함에 있어 남녀를 차별하는 경우입니다.'가 들어갈 수 있다.

[24020-0200]

6 다음은 ○○ 행정 법원의 판결문 일부이다. 이에 대한 분석으로 옳은 것은?

> [주문] 1. …부당 해고 구제 재심 신청 사건에 관하여 한 재심 판정을 취소한다.
> 　　　 2. 소송 비용은 피고가 부담한다.
> [사실 관계] A 회사 근로자 갑은 배달 업무 수행 중 무단 횡단하는 사람을 치어 다치게 했다는 이유로 집행 유예를 확정받았으며, A 회사는 이를 이유로 갑을 해고하였다.
> 　　　　　　 …(중략)…
> [이유] 집행 유예가 확정됐다고 해도 그 사유만으로 사회 통념상 고용 관계를 계속할 수 없을 정도로 갑에게 책임이 있는 경우에 해당한다고 보기 어렵다. 비록 A 회사 측에서 행한 해고의 절차에서 하자가 없다 하더라도 해고의 정당한 사유가 없는 상태에서 내려진 재심 판정 처분은 위법하다.

① 이 소송의 피고는 A 회사의 대표이다.

② 법원은 갑에 대한 해고를 부당 노동 행위라고 보았다.

③ 갑이 속한 노동조합도 노동 위원회에 구제 신청을 할 수 있었다.

④ 중앙 노동 위원회는 갑에 대한 해고를 정당한 해고라고 판정하였다.

⑤ 갑은 이 판결이 선고된 이후에만 해고 무효 확인의 소를 제기할 수 있다.

01 다음 자료에 대한 법적 판단으로 옳은 것은?

2024학년도 9월 모의평가

표는 폭행 혐의로 기소된 사건 (가)~(마)의 공판 과정에서 제시된 변호인의 주장이며, 법원은 이를 받아들여 각 사건에 대해 무죄 판결을 선고하였다.

사건	변호인의 주장
(가)	갑의 폭행은 적법한 체포 과정에서 도망가는 현행범을 제압하기 위해 이루어진 것임.
(나)	을의 폭행은 자신의 신체에 대한 현재의 부당한 침해를 방위하기 위한 것으로서 상당한 이유가 있는 경우에 해당함.
(다)	병이 피해자를 폭행할 당시 병의 나이가 13세 11개월에 불과함.
(라)	정의 폭행은 심신 장애로 인하여 사물을 변별할 능력이 없는 상태에서 이루어진 것임.
(마)	무는 자신에 대한 저항할 수 없는 폭력에 의하여 강요된 상태에서 타인을 폭행한 것임.

① (가)에서 법원은 갑의 행위가 구성 요건에 해당하지 않는다고 판단하였다.
② (나)에서 법원은 을의 행위가 구성 요건에 해당하고 위법성이 인정되지만 책임이 조각된다고 판단하였다.
③ (다)에서 변호인은 병의 행위가 법질서 전체의 관점에서 위법하지 않다고 주장하였다.
④ (라)에서 변호인은 행위자에 대한 법적 비난 가능성이 없음을 주장하였다.
⑤ (마)에서 변호인은 무의 행위가 구성 요건에 해당하지만 자구 행위로 보아야 한다고 주장하였다.

02 다음 사례에 대한 법적 판단으로 옳은 것은?

2023학년도 6월 모의평가

갑(25세)은 을의 지갑을 절취하던 중 적발되어 사법 경찰관에게 쫓기다가 열쇠가 꽂힌 채 길거리에 주차된 병(20세)의 오토바이를 발견하였다. 갑은 체포를 면하기 위해 병의 오토바이를 절취해 타고 달아나려고 하였다. 병은 자신의 오토바이를 절취당하지 않기 위해 갑을 밀어 바닥에 넘어뜨렸고, 그 과정에서 갑에게 부득이하게 2주 정도의 치료를 요하는 상해를 입혔다. 갑은 현장에서 체포된 이후 구속되었고, 사건이 검찰에 송치된 후 불구속 상태에서 기소되었다. 갑은 1심 법원에서 징역형에 대해 일정 기간 형의 집행을 유예하는 판결을 선고받았으며, 갑의 고소 이후 불구속 상태에서 수사를 받던 병은 죄가 안 됨을 이유로 불기소 처분을 받았다.

① 갑에 대한 구속은 판사가 사전에 발부한 구속 영장에 의해서만 가능하다.
② 구속 영장 발부 전 갑에 대한 판사의 구속 전 피의자 심문은 갑의 신청을 전제로 한다.
③ 갑에 대한 1심 법원의 판결이 확정된 후 일정한 범행 없이 유예 기간이 경과하면 공소 제기가 없었던 것으로 간주된다.
④ 을은 갑의 범죄 행위로 인한 재산상 피해의 배상을 위해 국가에 일정 한도의 구조금 지급을 청구할 수 있다.
⑤ 검사는 병의 갑에 대한 상해 행위가 객관적 법질서에 위반되지만 비난 가능성이 없다고 판단하였다.

03 (가)에 들어갈 수 있는 내용으로 옳은 것은?

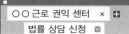

> Q 저는 상시 근로자 20명이 고용된 대형 마트의 사장입니다. 갑(남), 을(남)은 중학교를 졸업한 미성년자인데 이들과 근로 계약을 체결하기 위해 고용 노동부에 문의했더니, 갑과 을은 고용 노동부 장관으로부터 취직 인허증을 발급받지 않아도 근로자로 사용할 수 있고, 갑과 달리 을의 경우 연령을 증명하는 가족 관계 기록 상황에 관한 증명서를 제 사업장에 갖추어 두지 않아도 된다고 합니다. 이후 갑, 을과 각각 근로 조건에 합의한 뒤 작성하여 각자에게 교부한 근로 계약서 내용의 일부는 다음과 같습니다. 근로 계약 기간은 3개월, 업무 내용은 마트 내 물품 정리, 소정 근로 시간은 9시부터 17시(휴게 시간: 12~13시), 임금은 시간급으로 법정 최저 임금으로 하고, 근무일은 매주 수요일부터 일요일까지입니다. 근로 기준법상 이 계약에 관한 법적 조언을 요청합니다.
>
> └ 　　　　　　　　　(가)

① 갑과 주휴일에 대해 합의했더라도 주휴일을 서면으로 명시해 주어야 합니다.
② 갑이 일요일에 근로 계약 내용대로 근무할 경우 갑에게 통상 임금의 50%를 가산하여 지급해야 합니다.
③ 을의 근로 시간을 매 근무일 2시간씩 연장하는 것은 을과의 합의가 있어도 근로 기준법에 위배됩니다.
④ 갑과 을에게 적용되는 법정 근로 시간은 동일합니다.
⑤ 갑과 을 각각에 대한 친권자 또는 후견인의 동의서를 사업장에 갖추어 두어야 합니다.

04 다음 사례에 대한 법적 판단으로 옳은 것은?

> 갑과 그의 아들 을은 슈퍼에서 빵을 훔친 혐의로 모두 불구속 상태에서 수사와 재판을 받았다. 1심 법원은 갑에게 배고픈 을을 위해 범행한 점, 범행을 뉘우치고 있는 점을 고려하여 형의 선고를 유예하고, 을에게는 범행에 가담했다는 확신이 들지 않아 무죄를 선고하였다. 한편, 병과 정은 출판물에 의한 명예 훼손 혐의로 재판을 받았다. 1심 법원은 범행을 주도한 병에게는 금고 2년을 선고한 반면, 정에게는 정상에 참작할 만한 사유를 고려하여 금고 1년을 선고하면서 그 집행을 2년간 유예하였다.

① 갑은 실효 없이 일정 기간이 경과하면 형 선고의 효력이 상실되는 판결을 선고받았다.
② 1심 법원의 판결이 확정되면 을은 형사 보상 제도를 통하여 자신에게 발생한 손해에 대한 보상을 받을 수 있다.
③ 1심 법원은 을에게 무죄를 선고하면서 범죄 예방의 필요성이 인정되면 치료 감호 처분을 부과할 수 있다.
④ 1심 법원의 판결이 확정되면 병은 판사의 지휘를 받아 교정 시설에 수용되나 정해진 노역에 복무하지 않아도 된다.
⑤ 1심 법원은 정에게 보호 관찰을 받을 것을 명할 수 있는 판결을 선고하였다.

❂ 세력 균형 전략

국력 증강, 공동의 적에 대한 동맹 등의 방법을 통해 어떤 국가가 우월한 위치에 놓이는 것을 방지함으로써 서로 공격할 수 없는 상황을 만들어 국가의 안전을 보장하고자 하는 전략이다.

❂ 집단 안보 체제

국가들을 하나의 체제 안으로 편입시키고 체제 내의 국가에 대한 공격을 체제 내 모든 국가에 대한 침략으로 간주하고 침략자에 공동으로 대항하는 체제로서, 상호 불가침 약속과 그것을 위반한 국가에 대한 집단적 제재를 내용으로 한다.

❂ 베스트팔렌 조약

종교 개혁을 둘러싼 구교와 신교 간의 30년 전쟁(1618~1648년)을 끝내기 위해 체결된 조약이다. 이를 통해 유럽에서 주권 국가 체제가 일반화되었다.

1. 국제 관계

(1) 국제 관계의 의미: 국가를 비롯한 다양한 국제 사회의 행위 주체들이 정치, 경제, 사회, 문화 등 여러 영역에서 상호 작용을 통해 만들어 내는 관계들의 총체

(2) 국제 관계의 특징

① 원칙적으로 독립된 주권 국가를 기본 단위로 함.
② 강제력을 행사할 수 있는 중앙 정부가 존재하지 않음.
③ 힘의 논리와 국제 규범이 공존함.

(3) 국제 관계를 바라보는 관점

구분	현실주의적 관점	자유주의적 관점
사상적 배경	홉스의 입장(인간과 국가는 이기적인 존재이며, 국제 사회는 만인에 대한 만인의 투쟁 상태임.)	로크의 입장(인간과 국가는 도덕적 판단이 가능한 존재이며, 국제 사회에서는 보편적 규범이 준수될 수 있음.)
평화 보장 방안	• 힘의 우위 확보 • 국력 증강, 동맹 등을 통한 세력 균형 전략으로 국가의 안전 보장	• 국제법, 국제기구의 중요성 강조 • 집단 안보 체제를 통한 국제 평화 보장
한계	• 국가 간 상호 의존적 관계를 간과함. • 복잡한 국제 관계를 지나치게 단순화함.	자국의 이익을 배타적으로 추구하고 힘의 논리가 지배하는 국제 사회의 현실을 간과함.

2. 국제 관계의 변천 과정

(1) 베스트팔렌 조약(1648년) 체결

① 교황과 황제로부터 독립된 주권 국가 등장
② 유럽 사회에 주권 국가 중심의 새로운 국제 질서 형성

(2) 제국주의 시대

① 산업 혁명 이후 유럽 열강이 자국의 이익을 위해 식민지 건설
② 유럽 중심의 국제 사회가 전 세계로 확대

(3) 제1, 2차 세계 대전과 평화 유지 노력

① 제국주의 국가 간 충돌에 의한 제1차 세계 대전 발발 → 국가 간 갈등을 평화적으로 해결하기 위해 국제 연맹(1920년) 설립
② 독일, 일본 등 전체주의 국가에 의한 제2차 세계 대전 발발 → 국제 연맹의 한계를 보완하여 강대국이 참여한 국제 연합(1945년) 설립

개념 체크

1. 집단 안보 체제를 통해 국제 평화의 보장이 가능하다고 보는 관점은 (　　　)적 관점이다.

2. (　　　)의 체결로 유럽 사회에 주권 국가 중심의 새로운 국제 질서가 형성되었다.

3. 제1차 세계 대전 이후 국가 간 갈등을 평화적으로 해결하기 위해 설립된 (　　　)의 한계를 보완하여 제2차 세계 대전 이후 (　　　)이 창설되었다.

정답
1. 자유주의
2. 베스트팔렌 조약
3. 국제 연맹, 국제 연합

> **📋 자료 플러스 ｜ 국제 연맹과 국제 연합**
>
> 제1차 세계 대전 이후 국제 평화 유지를 위해 국제 연맹이 창설되었으나, 고립주의를 표방하던 미국의 불참과 일부 국가의 탈퇴, 국가 간 의견 차이 등으로 실질적인 제재를 하지 못하는 한계가 있었다. 제2차 세계 대전 이후 전쟁 방지와 평화 유지를 위해 1945년 국제 연합이 설립되었다. 미국을 비롯한 주요 국가들이 참여하였고, 평화 유지와 국제 협력 등을 주요 활동으로 한다.

(4) 냉전 체제와 탈냉전 시대

① 미국과 소련을 중심으로 한 이념 대립 → 양극 체제의 성립, 냉전 체제의 형성

② 제3 세계의 부상, 자유 진영과 공산 진영 내부의 다원화 → 다극 체제로의 전환, 냉전 체제의 완화

③ 몰타 선언(1989년)과 공산주의 진영의 붕괴 → 냉전 체제의 종식, 탈냉전 시대 개막

> **≡ 개념 플러스 양극 체제와 다극 체제**
>
> 국제 사회는 1940년대 중반 이후 미국과 소련을 중심으로 한 자유 진영과 공산 진영의 이념 대립으로 냉전을 맞이하게 되었다. 이 시기는 미국과 소련의 사상적인 대립이 정치, 경제, 사회, 문화의 모든 면에서 세계를 양분했던 양극 체제의 성격을 가진다. 그러나 1960년대 이후 동·서 세계를 대표했던 미국과 소련의 지도적 위치가 크게 약화되면서 이데올로기가 쇠퇴하고 여러 나라가 자국의 이익을 앞세우면서 다극 체제가 나타났다.

3. 세계화에 따른 국제 관계의 변화

(1) 세계화의 의미: 국가 간의 경계가 약화되고 세계가 하나로 통합되는 현상

(2) 국제 관계의 변화

① 국내 문제와 국제 문제의 경계 약화에 따른 국가 간 협력 증가 및 갈등 심화

② 국가 이외에 다양한 국제 사회 행위 주체들의 활동과 영향력 증가

③ 국제법과 같은 국제 규범의 역할 증가

4. 국제법의 의미와 법원(法源)

(1) 국제법의 의미: 국제 사회의 질서 유지를 위해 국제 관계를 규율하는 규범이나 원칙

(2) 국제법의 법원(法源)

① 조약

• 국가나 국제기구를 당사자로 하여 상호 간에 체결하는 법적 구속력을 가진 합의

• 우리나라는 상호 원조, 안전 보장 등 주요 조약의 체결·비준에는 국회의 동의를 얻어야 함.

• 종류: 양자 조약(당사국이 둘인 경우), 다자 조약(당사국이 셋 이상인 경우)

• 사례: 한미 상호 방위 조약, 한중 어업 협정, 파리 기후 변화 협약 등

> **≡ 자료 플러스 조약과 관련된 헌법 조항**
>
> 제6조 ① 헌법에 의하여 체결·공포된 조약과 일반적으로 승인된 국제 법규는 국내법과 같은 효력을 가진다.
>
> 제60조 ① 국회는 상호 원조 또는 안전 보장에 관한 조약, 중요한 국제 조직에 관한 조약, 우호 통상 항해 조약, 주권의 제약에 관한 조약, 강화 조약, 국가나 국민에게 중대한 재정적 부담을 지우는 조약 또는 입법 사항에 관한 조약의 체결·비준에 대한 동의권을 가진다.
>
> 제73조 대통령은 조약을 체결·비준하고, 외교 사절을 신임·접수 또는 파견하며, 선전 포고와 강화를 한다.

② 국제 관습법

• 국제 사회에서 오랜 기간 반복된 관행이 법 규범으로 승인되어 효력을 가지게 된 국제법

• 원칙적으로 국제 사회의 모든 국가에 대하여 법적 구속력 발생(포괄적 구속력)

• 사례: 국내 문제 불간섭 등

❂ 제3 세계

제2차 세계 대전 이후 미국과 소련을 양대 축으로 하는 냉전 체제가 형성된 가운데, 어느 쪽의 노선도 따르지 않으면서 독자적인 비동맹 외교 노선을 추구하는 나라들을 의미한다.

❂ 법원(法源)

법을 생기게 하는 근거 또는 존재 형식을 말하며, 법관이 재판 기준으로 적용하는 법 규범의 존재 형식으로 성문법과 불문법이 있다.

❂ 구속력

어떤 행위를 제한하거나 강제하는 힘으로, 법률, 규칙, 조약 등에 의하여 자유로운 행동을 속박하는 효력을 말한다.

❂ 비준

조약 체결권자로부터 위임받은 전권 위원이 체결·서명한 조약을 조약 체결권자가 최종적으로 확인하는 절차를 의미한다.

> **개념 체크**
>
> 1. 제2차 세계 대전 이후 미국을 중심으로 한 자유 진영과 소련을 중심으로 한 공산 진영의 대립 체제를 (   ) 체제라고 한다.
>
> 2. 국제 사회의 상호 의존성이 커짐에 따라 개별 국가의 경계를 넘어 세계가 하나로 통합되는 현상을 (   )라고 한다.
>
> 3. 국내 문제 불간섭 원칙은 국제법의 법원(法源) 중 (   )에 해당한다.
>
> 정답
> 1. 냉전(양극)
> 2. 세계화
> 3. 국제 관습법

≡ 개념 플러스 　국제 관습법의 법전화(法典化)

국제법의 법원(法源)으로서 조약의 중요성이 높아져도, 특히 다자 조약의 내용은 국제 관습법에 기초를 두지 않으면 국제 사회의 폭넓은 지지를 받기 어렵다. 이 같은 문제점을 해소하기 위해 국제 연합 총회 산하 국제법 위원회(International Law Commission, ILC)를 중심으로 국제 관습법의 법전화 작업이 추진되고 있다. 법전화의 장점은 관련 국제 관습법의 내용을 명확히 함으로써 국가 간 분쟁을 예방하는 효과를 가져오고, 신생국도 법전화 작업에 참여하게 함으로써 국제 사회에서 국제법에 대한 폭넓은 지지와 동조를 얻을 수 있으며, 법의 내용을 국제 사회의 변화에 맞게 발전적으로 정비하는 계기가 될 수 있다는 것이다. 대표적인 사례로는 외교관의 면책 특권을 비롯한 외교 관계의 관행을 성문화한 외교 관계에 관한 비엔나 협약이 있다.

③ 법의 일반 원칙
- 국제 사회 문명국들이 공통으로 승인하여 따르는 법의 보편적인 원칙
- 사례: 신의 성실의 원칙, 권리 남용 금지의 원칙, 손해 배상 책임의 원칙 등

④ 기타: 판례나 학설 등도 보조적으로 국제법의 기능을 수행할 수 있음.

≡ 자료 플러스 　국제법의 법원(法源)이 나타난 국제 사법 재판소 규정

제38조 1. 재판소는 재판소에 회부된 분쟁을 국제법에 따라 재판하는 것을 임무로 하며, 다음을 적용한다.
　가. 분쟁국에 의하여 명백히 인정된 규칙을 확립하고 있는 일반적인 또는 특별한 국제 협약
　나. 법으로 수락된 일반 관행의 증거로서의 국제 관습
　다. 문명국에 의하여 인정된 법의 일반 원칙
　라. 법칙 결정의 보조 수단으로서 사법 판결 및 제국(諸國)의 가장 우수한 국제법 학자의 학설

5. 국제법의 의의와 한계

(1) 국제법의 의의
① 국제 사회 행위 주체들의 행동 규범과 판단 기준이 됨.
② 국가들이 협력할 수 있는 기반을 제공함.
③ 분쟁 해결 수단 제공 및 국제 평화 유지에 기여함.

(2) 국제법의 한계
① 고유한 입법 기구가 없어 국제 사회 전반에 적용할 법 규범의 제정이 어려움.
② 제정된 법을 강제할 집행 기구가 없어 국제법 위반 행위에 대한 실질적인 제재에 어려움이 따름.
③ 국제 사법 재판소에서는 원칙적으로 분쟁 당사국이 동의해야 재판을 할 수 있으므로 국제법은 재판 규범으로서 한계가 있음.

≡ 자료 플러스 　국제법과 국내법의 비교

구분	국제법	국내법
제정	국가 등 당사자 간 합의에 의해 형성	권위를 가진 입법부에 의해 제정
적용	• 다수의 국가 사이에 적용 • 국가 상호 관계 혹은 국제기구 등을 규율	한 나라의 주권이 미치는 범위 안에서 적용
구속력	강제적 집행 기구나 집행 수단이 없어 구속력이 약함.	• 국가 내의 모든 개인에게 효력을 미침. • 법을 위반하면 처벌이 가해지므로 구속력이 강함.

Theme 1　냉전의 형성과 완화, 종식

> (가) 미국은 공산주의의 위협을 받는 국가를 경제적·군사적으로 지원해야 하며, 소련의 영향력이 확장되는 것을 방지해야 한다.
> (나) 베트남 전쟁과 같이 아시아에 대한 미국의 직접적·군사적 개입을 피하고, 아시아 국가들의 안보는 스스로 책임지는 것을 원칙으로 한다.
> (다) 미국과 소련은 군비를 축소하고, 전략 핵무기 및 화학 무기를 감축한다. 또한 미국과 소련은 대결 관계를 경제적 협력 관계로 전환시키기 위해 노력한다.

(가)는 1947년 미국 대통령 트루먼이 발표한 트루먼 독트린이다. 공산 세력의 확대로 위험에 처한 그리스, 튀르키예(터키)의 반공 정부를 지원하기 위하여 미국 대통령 트루먼은 소련 세력을 봉쇄하고 우방국들을 지원함으로써 공산주의의 위협과 싸울 것을 천명하였다. 이로써 미국을 중심으로 한 자유 진영과 소련을 중심으로 한 공산 진영 간의 대립이 심해지면서 국제 사회는 냉전 체제로 들어가기 시작하였다.

(나)는 1969년 미국 대통령 닉슨이 발표한 닉슨 독트린이다. 닉슨 독트린은 미국이 아시아에서의 군사적 개입을 피함으로써 공산권 국가들에 대한 봉쇄 정책으로 대표되던 외교 정책이 변하는 양상을 보여 준다. 이로써 국제 사회는 자유 진영과 공산 진영 간의 냉전이 완화되는 조짐을 보이기도 하였다.

(다)는 1989년 미국의 부시 대통령과 소련의 고르바초프 서기장이 몰타에서 선언한 몰타 선언이다. 이로써 국제 사회는 이념 대립이 해소되고 냉전이 공식적으로 종식되기에 이르렀다.

Theme 2　조약 체결의 일반적인 과정

조약의 일반적 체결 절차는 (1) 조약 본문의 채택과 인증, (2) 조약의 구속을 받겠다는 동의 및 이 결정의 국제적 통보, (3) 조약의 효력 발생, (4) 조약의 등록 및 공고의 4단계로 나누어 볼 수 있다. 조약문의 채택은 작성에 참가한 모든 국가의 동의에 의해 이루어지는 것이 원칙이다. 조약의 구속을 받겠다는 동의 표시는 교섭국이 조약 내용에 관한 합의의 성립을 최종적으로 확인하는 행위로 그 구체적인 방식은 각국의 헌법 규정의 문제이나 일반적으로 서명, 조약을 구성하는 문서의 교환, 비준·수락·승인 또는 가입 등이 대표적이다.

민주적 헌법을 채택한 오늘날 대다수 국가들은 국가 원수의 비준에 의회의 동의를 전제로 하고 있다. 우리나라의 경우 헌법 제73조에서 대통령의 조약 체결·비준권을 규정하고 있으나, 헌법 제60조 제1항에 따라 ① 상호 원조 또는 안전 보장에 관한 조약, ② 중요한 국제 조직에 관한 조약, ③ 우호 통상 항해 조약, ④ 주권의 제약에 관한 조약, ⑤ 강화 조약, ⑥ 국가나 국민에게 중대한 재정적 부담을 지우는 조약, ⑦ 입법 사항에 관한 조약의 체결·비준에 대해서는 국회의 동의를 받도록 하고 있다.

특별한 규정이 없는 한 비준서의 교환 또는 모든 협상국의 비준서 기탁이 이루어지면 조약은 효력이 발생한다. 조약법에 관한 비엔나 협약 제80조에 따르면, 조약은 발효 후에 등록 또는 기록 등을 위해 국제 연합 사무국에 송부된다. 국제 연합 헌장 제102조는 회원국이 체결한 일체의 조약을 사무국에 등록하고 사무국은 이를 공표할 것과 미등록 조약의 당사국은 이를 국제 연합 기관에 대해 원용할 수 없다는 규정을 두고 있다.

[24020-0201]

01 교사의 질문에 옳게 답변한 학생은?

다음은 미국의 어느 대통령이 한 선언입니다. 이 선언의 결과 국제 사회는 어떤 변화가 있었을까요?

미국은 공산주의 세력의 위협을 받고 있는 튀르키예(터키)와 그리스 등의 자유주의 국가들을 경제적·군사적으로 지원함으로써 소련의 영향력 확장을 막아야 합니다.

① 갑: 식민지 확보 경쟁으로 강대국 간 대립이 심화되었습니다.

② 을: 주권 국가를 주축으로 하는 국제 사회가 처음으로 형성되었습니다.

③ 병: 이념에 기반한 냉전 체제가 형성되면서 국제 사회의 긴장이 고조되었습니다.

④ 정: 공산 진영의 결속력 약화와 제3 세계의 부상으로 냉전 체제가 점차 완화되었습니다.

⑤ 무: 세계화의 진전으로 각국은 정치적 이념보다는 경제적 실리를 추구하게 되었습니다.

[24020-0202]

02 다음 사례를 종합하여 파악할 수 있는 국제 관계의 특징으로 가장 적절한 것은?

• 중국 내 코로나19 확진자가 급증하자 이탈리아는 모든 중국인 입국자에 대해 코로나19 검사를 의무화했다.

• 싱가포르는 필리핀에 있던 미군의 해·공군 기지를 자국으로 유치했다. 국제 사회에서 버티려면 미군 주둔이 꼭 필요하다는 판단 때문이다.

• 미국은 민주 국가를 수립하겠다는 당초의 약속을 저버리고 아프가니스탄에서 철수했다. 장기간의 파병으로 인한 국방비 증가, 국내 반전 여론 등에 따른 정치적 손실이 걷잡을 수 없었기 때문이다.

① 각국은 자국의 이익을 우선적으로 추구한다.

② 각국은 인류 공동의 문제에 대해 서로 협력한다.

③ 국제 규범에 의해 국제 사회의 질서가 유지된다.

④ 국제기구의 중재를 통해 국가 간 갈등이 해소된다.

⑤ 국가 간 문제는 상호 존중의 가치에 따라 해결된다.

[24020-0203]

03 국제 관계를 바라보는 갑, 을의 관점에 대한 설명으로 옳은 것은?

갑: 국제법은 국제 사회의 보편적이고 영구적인 평화를 가능하게 해 준다. 즉, 국제법의 지배는 국제 사회를 정글로부터 벗어나게 해 준다.

을: 국가는 이기적인 인간들로 구성되고 운영되기 때문에 국가 또한 이기적으로 움직인다. 즉, 각 국가는 자국의 이익을 위해 계산적으로 움직일 뿐이다.

① 갑의 관점은 냉전 체제의 국제 질서를 설명하는 데 용이하다.

② 을의 관점은 국가가 이성적·도덕적 행위를 한다고 본다.

③ 갑의 관점은 을의 관점과 달리 개별 국가의 이익과 국제 사회 전체의 이익이 조화를 이룰 수 없다고 본다.

④ 을의 관점은 갑의 관점에 비해 국제 분쟁 해결에서 외교적 설득보다 군사적 수단을 강조한다.

⑤ 국제 사회의 분쟁 해결을 위한 수단으로 갑의 관점은 세력 균형 전략을, 을의 관점은 집단 안보 체제를 선호한다.

[24020-0204]

04 ㉠, ㉡과 같은 국제법의 법원(法源)에 대한 옳은 설명만을 〈보기〉에서 고른 것은?

국가 간 영토 분쟁이 발생했을 때 해결 기준으로 제시되는 것에는 ㉠등거리선 원칙이 있다. 이것은 해당 국가의 지형에 상관없이 같은 거리를 적용해야 한다는 것으로서 국제 사회에서 오랜 관행이 법적 확신을 얻어 인정되어 왔다. 최근에는 이러한 원칙을 여러 나라들이 모여 ㉡해양법에 관한 국제 연합 협약으로 명시하여 규정해 놓았다.

• 보기 •

ㄱ. ㉠과 같은 국제법의 법원이 국내에서 적용되기 위해서는 입법 절차를 거쳐야 한다.

ㄴ. ㉡과 같은 국제법의 법원은 우리나라에서 헌법에 의하여 체결·공포되었다면 헌법과 동등한 효력을 가진다.

ㄷ. ㉡과 같은 국제법의 법원은 ㉠과 같은 국제법의 법원과 달리 원칙적으로 체결 당사자 간에만 적용된다.

ㄹ. ㉠과 같은 국제법의 법원, ㉡과 같은 국제법의 법원은 모두 국제 사법 재판소의 재판 규범으로 적용될 수 있다.

① ㄱ, ㄴ   ② ㄱ, ㄷ   ③ ㄴ, ㄷ

④ ㄴ, ㄹ   ⑤ ㄷ, ㄹ

1 [24020-0205]

(가)~(라)는 국제 사회의 변천과 관련된 시대적 상황이다. 이에 대한 설명으로 옳은 것은?

> (가) 미국과 소련의 지도자가 몰타에서 만나 냉전의 종식을 선언하였다.
> (나) 공산 진영의 결속력이 약화되고, 비동맹 중립 노선을 추구하는 제3 세계가 부상하였다.
> (다) 미국은 공산주의의 위협에 대처하기 위해 그리스와 튀르키예(터키)에 대한 경제적·군사적 지원을 약속하였다.
> (라) 유럽의 여러 나라들이 모여 종교적 갈등에서 비롯된 30년 전쟁을 종결짓고, 종교에 대한 국가의 우위를 확인하였다.

① (가)는 국제 연합(UN)의 출범에 영향을 주었다.
② (나)로 인해 이념 대립에 기반한 냉전 체제로 들어서게 되었다.
③ (다)로 인해 제국주의 국가의 식민지 쟁탈전이 본격화되었다.
④ (라)로 인해 주권 국가 중심의 국제 질서가 형성되었다.
⑤ 시기별로 나열하면 (라)→(나)→(다)→(가) 순이다.

2 [24020-0206]

다음 신문 기사를 통하여 파악할 수 있는 국제 관계의 특징만을 〈보기〉에서 고른 것은?

> **□□ 신문**
>
> 러시아가 우크라이나를 침공하자 미국을 비롯한 서방국들은 연합하여 러시아에 대한 경제 제재에 돌입했다. 이에 맞서 러시아는 천연가스의 유럽 공급 중단 등을 경고하고 나섰다. 미국이 러시아의 핵심 산업인 에너지와 첨단 기술 분야에서 수출입 제재를 가하고 러시아와 거래하는 제3국의 개인과 기관을 제재할 경우 우리나라 기업들의 대러시아 활동도 크게 위축될 수밖에 없다. 특히 미국이 공언한 대로 러시아를 달러 경제망에서 퇴출시킬 경우 수출입 거래에 차질을 빚게 되어 한·러 교역량이 크게 감소할 수도 있다.

● 보기 ●
ㄱ. 힘의 논리가 작용한다.
ㄴ. 국가 간 상호 의존성이 심화하고 있다.
ㄷ. 보편적인 국제 규범이 절대적 영향력을 행사하고 있다.
ㄹ. 국제 비정부 기구의 주도적인 역할에 의해 문제가 해결되고 있다.

① ㄱ, ㄴ   ② ㄱ, ㄷ   ③ ㄴ, ㄷ   ④ ㄴ, ㄹ   ⑤ ㄷ, ㄹ

[24020-0207]

3 표는 질문에 따라 국제 관계를 바라보는 관점 A, B를 구분한 것이다. 이에 대한 설명으로 옳은 것은? (단, A, B는 각각 현실주의적 관점, 자유주의적 관점 중 하나임.)

질문	A	B
국제 규범에 따른 집단 안보 체제를 중시하는가?	㉠	㉡
(가)	㉢	㉣
(나)	예	아니요

① ㉠이 '예'이면, (나)에 '국제 관계를 국가 간 힘의 대립 관계로 보는가?'가 들어갈 수 있다.

② ㉡이 '예'이면, (나)에 '국제 사회에 보편적인 선(善)이 존재한다고 전제하는가?'가 들어갈 수 있다.

③ ㉠이 '예'이고 (가)에 '분쟁 해결 과정에서 국제법의 역할을 중시하는가?'가 들어가면, ㉣은 '아니요'이다.

④ ㉡이 '예'이고 (가)에 '인간의 이성에 대한 신뢰를 바탕으로 하는가?'가 들어가면, ㉢은 '예'이다.

⑤ (나)에 '국제 사회에서 국가는 자국의 이익을 배타적으로 추구한다고 보는가?'가 들어가고 ㉢이 '아니요'이면, (가)에 '국가 간 상호 의존적 관계를 간과한다는 비판을 받는가?'가 들어갈 수 있다.

[24020-0208]

4 밑줄 친 ㉠, ㉡에 대한 옳은 설명만을 〈보기〉에서 있는 대로 고른 것은?

'국제 여성 헌법' 혹은 '여성 권리 장전'이라고 불리는 ㉠여성에 대한 모든 형태의 차별 철폐에 관한 협약(국제 연합 여성 차별 철폐 협약)은 1979년 채택된 이후 각국의 양성 평등을 실현하기 위한 중요한 수단이 되고 있다. 우리나라는 1984년에 가입하였으며, 이 협약의 정신을 실현하기 위해 ㉡남녀 고용 평등과 일·가정 양립 지원에 관한 법률을 제정하여 시행하고 있다.

● 보기 ●

ㄱ. 우리나라에서 ㉠에 대한 비준 권한은 대통령에게 있다.
ㄴ. ㉠과 같은 국제법의 법원(法源)은 국가만이 체결 당사자이다.
ㄷ. ㉠과 ㉡은 모두 강제적으로 집행할 기관이 존재한다.
ㄹ. ㉡은 ㉠과 달리 고유한 입법 기구에 의해 제정되었다.

① ㄱ, ㄴ   ② ㄱ, ㄹ   ③ ㄴ, ㄷ   ④ ㄱ, ㄷ, ㄹ   ⑤ ㄴ, ㄷ, ㄹ

[24020-0209]

5 다음 자료는 국제 사법 재판소 규정의 일부이다. 밑줄 친 ⑤~ⓒ에 대한 설명으로 옳은 것은?

> 제38조 1. 재판소는 재판소에 회부된 분쟁을 국제법에 따라 재판하는 것을 임무로 하며, 다음을 적용한다.
> 가. 분쟁국에 의하여 명백히 인정된 규칙을 확립하고 있는 일반적인 또는 특별한 ⑤국제 협약
> 나. 법으로 수락된 일반 관행의 증거로서의 ⓒ국제 관습
> 다. 문명국에 의하여 인정된 ⓒ법의 일반 원칙
> …(후략).

① 우리나라의 경우 모든 ⑤의 비준을 위해서는 국회의 동의가 필수적이다.
② 국제 사법 재판소가 국내 문제 불간섭을 기준으로 판단하였다면 ⓒ을 적용한 것이다.
③ ⓒ은 그 내용과 성립 시기가 분명하다는 특징이 있다.
④ ⑤이 우리나라에서 헌법에 의하여 체결·공포되었다면 ⓒ과 달리 국내법과 같은 효력을 가진다.
⑤ ⑤~ⓒ은 모두 국제 사회에서 포괄적인 구속력을 가진다.

[24020-0210]

6 다음 자료에 대한 설명으로 옳은 것은?

> ⑤갑~병은 아래 그림과 같이 각각 2장의 카드를 배부받았다. 이후 ⓒ갑은 을의 카드 중 1장을, 을은 병의 카드 중 1장을, 병은 갑의 카드 중 1장을 임의로 가져갔다. 최종적으로 갑~병이 각각 가진 2장의 카드로 획득한 점수를 계산해 보니 병의 점수가 가장 높았고, 을의 점수는 중간이었으며, 갑의 점수가 가장 낮았다. 단, 카드의 내용이 조약, 국제 관습법, 법의 일반 원칙 중 하나에만 해당하면 1점, 두 개에만 해당하면 2점, 세 개 모두에 해당하면 3점을 부여한다.

갑	을	병
원칙적으로 성문의 형식으로 존재한다.	국가와 국제기구 간에도 체결할 수 있다.	국제 사회에서 원칙적으로 포괄적인 구속력을 가진다.
국제 사법 재판소에서 재판 규범으로 적용된다.	국제 사회의 일반적 관행과 법적 확신이 있어야 성립한다.	문명국들이 공통적으로 승인하여 따르는 보편적 원칙이다.

① ⑤이 행해졌을 때 갑이 배부받은 카드의 점수 합은 3점이다.
② ⑤이 행해졌을 때 병에게는 조약에만 해당하는 내용이 적힌 카드가 있었다.
③ ⓒ에서 갑은 법의 일반 원칙에만 해당하는 내용이 적힌 을의 카드를 가져갔다.
④ ⓒ이 행해졌을 때 갑의 점수는 ⑤이 행해졌을 때보다 1점이 낮다.
⑤ ⓒ이 행해졌을 때 갑과 을의 점수 차이와 을과 병의 점수 차이는 같다.

1. 국제 문제

(1) 의미와 특징
① 의미: 여러 국가나 국제 사회 전반에 부정적인 영향을 미치는 문제
② 특징: 국제 문제 해결을 위해 국제 협력이 필요하지만 국가 간 합의를 도출하기 어려움.

(2) 종류
① 안보 문제: 민족, 인종, 종교 등의 차이나 영토, 자원을 둘러싼 갈등으로 인한 분쟁이나 전쟁 발생, 테러 조직의 활동 등
② 경제 문제: 남북문제, 빈곤 문제 등
③ 환경 문제: 지구 온난화, 오존층 파괴, 국제 하천 오염, 산성비, 삼림 파괴, 사막화 현상 등
④ 인권 문제: 여성 및 아동 학대, 난민 등

> **≡ 개념 플러스 남북문제**
>
> 남북문제는 북반구 지역의 선진국과 상대적으로 경제 발전이 뒤처진 남반구 지역의 개발 도상국 간에 발생하는 경제적 격차와 그에 따른 갈등을 의미한다. 지구촌 부의 80% 정도를 세계 인구의 4분의 1인 선진국이 갖고 나머지 4분의 3이 20% 정도만을 갖는다는 사실은 그 심각성을 상징적으로 보여 준다.

(3) 해결 방법

외교적 해결	• 의미: 분쟁 당사국끼리 자율적인 해결을 원칙으로 하며 절차에 합의하고 협상을 통해 해결책을 마련하거나 제3자의 조정 등을 활용 • 한계: 종교 간 갈등 등 첨예한 대립 상황에서는 해결이 어려움.
사법적 해결	• 의미: 국제 사법 기관에 제소하여 국제법에 따라 해결 • 한계: 재판 기간이 길고, 당사국이 판결에 불복할 경우 강제하기 어려움.

2. 국제 연합(UN)

(1) 설립 목적 및 구성
① 설립 목적: 국제 평화 유지 및 경제, 사회, 문화 등 비정치적 분야에서의 활발한 교류를 통해 국가 간 우호와 협력 증진
② 구성: 6개 주요 기관(총회, 안전 보장 이사회, 국제 사법 재판소, 경제 사회 이사회, 신탁 통치 이사회, 사무국)과 각종 전문 기구 등

(2) 주요 기관
① 총회
• 모든 회원국이 참여하는 최고 의사 결정 기관
• 주권 평등의 원칙에 따라 1국 1표로 표결
• 총회 의결은 권고적 효력을 가지며 회원국의 행동을 강제하지 못함.
② 안전 보장 이사회
• 국제 평화와 안전 유지에 관한 국제 연합의 실질적 의사 결정 기관
• 5개 상임 이사국과 10개 비상임 이사국으로 구성
• 의사 결정 시 15개 이사국 중 9개국 이상의 찬성이 필요한데, 절차 사항이 아닌 실질 사항의 경우에는 상임 이사국 중 한 국가라도 거부권을 행사하면 부결됨.

③ 국제 사법 재판소

목적	국제법을 적용한 재판으로 국가 간 분쟁의 해결
구성	국제 연합 총회 및 안전 보장 이사회에서 선출된 국적이 서로 다른 15명의 재판관
특징	원칙적으로 분쟁 당사국들이 합의하여 분쟁 해결을 요청한 사건에 대해서만 관할권을 가지며, 국제 연합 관련 기관의 법적 질의에 권고적 의견을 제시함.
한계	당사국이 판결에 불복할 경우 국제 사법 재판소가 직접 제재할 수 있는 수단이 없음.

④ 경제 사회 이사회: 인류 전반의 생활 수준 향상을 목적으로 경제·사회·문화·교육·보건에 관한 문제를 주로 다룸.

⑤ 신탁 통치 이사회: 국제 연합 신탁 통치령하에 있는 민족이나 집단의 독립을 지원하기 위한 기구이지만 현재는 신탁 통치 대상국의 부재로 사실상 활동을 멈춘 상태임.

⑥ 사무국: 국제 연합의 행정 기관

(3) 한계

① 안전 보장 이사회 상임 이사국의 거부권 행사로 위기에 적절히 대처하지 못하는 경우가 있음.

② 회원국들의 분담금 납부가 원활하지 않아 재정적인 어려움을 겪음.

3. 우리나라의 국제 관계

(1) 우리나라 국제 관계의 변화

① 1950년대: 미국을 중심으로 한 자유 진영 우방국들과의 협력 관계 강화에 치중

② 1970년대: 냉전이 완화되면서 공산 진영 국가들과 관계 개선 노력

③ 1980년대 후반: 적극적인 북방 외교 정책을 펼쳐 공산권 국가와 수교

④ 1991년 국제 연합, 1996년 경제 협력 개발 기구(OECD) 가입

⑤ 2000년대 이후: 국력 신장을 바탕으로 국제 문제 해결에 주도적으로 참여하는 외교 전개

(2) 우리나라의 국제 관계와 국제 분쟁

① 남북 분단과 북한의 핵 개발로 긴장 상태 지속

② 일본의 역사 왜곡과 중국의 동북 공정 사업 등 과거사와 관련된 갈등 존재

③ 세계화 속에서 각국과의 치열한 무역 경쟁 및 긴밀한 경제적 상호 의존 관계 형성

(3) 바람직한 국제 관계를 위한 우리나라 외교의 방향

① 외교의 의미: 한 국가가 자국의 이익을 위해 평화적인 방법으로 다른 국가와 국제 관계를 형성·유지·관리하는 활동

② 외교의 방법: 주로 협상을 통해 이루어지며 이 과정에서 설득, 타협, 군사적·정치적 위협 등이 나타나기도 함.

③ 우리나라 외교의 방향

• 다자간 협력과 공조를 바탕으로 한반도 문제의 평화적 해결 추구

• 정부의 공식적 외교뿐만 아니라 다양한 분야에서 민간 외교 자원을 적극 활용

≡ **개념 플러스** **전통 외교와 공공 외교**

정부 간 소통과 협상 과정을 일컫는 전통 외교와 달리 공공 외교는 외국 국민들과의 직접적인 소통을 통해 우리나라의 역사, 전통, 문화, 예술 등에 대한 공감과 신뢰를 확보한다. 전통 외교가 군사적 개입, 강압적 외교, 경제 제재 조치 등의 물리적 힘으로 표현되는 하드 파워를 중시하는 데 비해 공공 외교는 상대방이 자발적으로 지지하게 하는 소프트 파워를 중시한다. 공공 외교의 성공적 수행을 위해서는 다양한 주체들의 자발적 참여가 중요하다.

✪ **관할권**
재판에 있어서의 관할권은 정해진 바에 따라 어떤 사건의 재판을 담당할 수 있는 법원의 권한을 의미한다.

✪ **북방 외교**
1970년대 이후부터 추진해 온 우리나라의 대(對)공산권 외교 정책이다. 1988년 본격적으로 정부의 대외 정책의 기조로 설정되었다. 그 후 1989년 헝가리와의 수교, 1991년 남북한의 국제 연합 동시 가입, 1992년 중국과의 수교가 이루어졌다.

✪ **경제 협력 개발 기구(OECD)**
회원국의 경제 성장과 금융 안정을 촉진하고 세계 경제 발전, 개발 도상국의 건전한 경제 성장, 다자주의와 무차별주의에 입각한 세계 무역 확대에 기여할 목적으로 결성된 정부 간 국제기구이다. 회원국은 2023년 현재 38개국이며, 우리나라는 29번째로 가입하였다.

개념 체크

1. (   )는 국가 간의 분쟁에 대해 국제법을 적용하여 해결하는 국제 연합의 사법 기관이다.

2. 한 국가가 자국의 이익을 위해 평화적인 방법으로 다른 국가와 국제 관계를 형성·유지·관리하는 활동을 (   )라고 한다.

3. 우리나라는 1980년대 후반 적극적인 (   ) 정책을 펼쳐 공산권 국가와 수교하였다.

정답
1. 국제 사법 재판소
2. 외교
3. 북방 외교

심화 탐구

Theme 1 국제 문제의 해결 방법

(가) 2023년 신년을 맞아 베네수엘라와 콜롬비아 간 국경이 완전히 열렸다. 부분 폐쇄 7년(완전 폐쇄 3년) 만이다. 남미 대륙 위쪽에 자리한 두 나라는 2,200km 국경을 공유하고 있지만, 2019년 양국 외교 관계가 단절된 바 있다. 이후 2022년 6월 콜롬비아 대통령에 당선된 페트로가 적극적으로 관계 개선을 추진함으로써 화물차 통행 허용으로 국경 재개방을 시작한 데 이어, 항공편 운항도 재개하는 등 관계 개선에 속도를 내 왔다.

(나) 콜롬비아와 니카라과 사이의 해상 분쟁에서 국제 사법 재판소(ICJ)가 일정 부분 니카라과의 손을 들어줬다. 국제 사법 재판소는 "콜롬비아는 니카라과의 배타적 경제 수역(EEZ)에서 니카라과의 주권과 관할권을 존중해야 할 국제적 의무를 어겼다. 그러므로 잘못된 활동을 즉시 멈춰야 한다."라고 판결하였다. 국제 사법 재판소는 콜롬비아가 니카라과 해역에서 자국 어선 등에 어업권을 주거나 니카라과 선박의 해상 연구를 방해함으로써 니카라과의 권리를 침해했다고 판단하였다.

국제 문제를 해결하는 방법은 크게 외교적 해결과 사법적 해결이 있다. 외교적 해결은 분쟁 당사국끼리 자율적인 해결이 원칙이며 절차에 합의하고 협상을 통해 해결책을 마련하거나 제3자의 조정 등을 활용하는 방식이다. 사법적 해결은 분쟁 당사국들이 스스로 해결책을 찾지 못했을 때 국제 사법 기관에 제소하여 국제법에 따라 해결하는 방식이다. (가)는 분쟁 당사국인 베네수엘라와 콜롬비아가 자체적으로 분쟁을 해결한 외교적 해결 방식이 적용된 사례이다. (나)는 콜롬비아와 니카라과 사이의 해상 분쟁에서 국제 사법 재판소가 판결을 통해 해결책을 제시한 사법적 해결 방식이 적용된 사례이다.

Theme 2 국제 연합 안전 보장 이사회의 한계

• 국제 연합 안전 보장 이사회(안보리)의 15개 이사국 가운데 13개국이 찬성했지만, 대북 추가 제재 결의안은 결국 불발되었다. 상임 이사국인 중국과 러시아가 가진 거부권의 벽을 넘지 못하였다. 북한은 올해 들어 탄도 미사일을 23차례 발사하였다. 안보리는 북한의 도발에 대한 제재로 북한의 유류 수입 상한선을 낮추는 내용 등을 담은 결의안을 표결에 부쳤다. 15개 이사국 가운데 13개국이 찬성하며 가결에 필요한 조건(찬성 9표)을 충족하였다. 그러나 반대한 2개국이 안보리 상임 이사국인 중국과 러시아였기 때문에 결국 결의안 채택은 부결되었다.

• 러시아의 우크라이나 침공에 대한 국제 연합 안전 보장 이사회(안보리)의 규탄 결의안 채택이 불발되었다. 안보리는 긴급 회의를 열고 관련 결의안 채택을 시도했지만, 상임 이사국인 러시아가 거부권을 행사해 결의안 채택이 무산되었다. 미국이 주도한 결의안은 러시아에 대한 규탄과 함께 우크라이나에서의 즉각적이고 완전하고 무조건적인 철군을 요구하는 내용이 담겼다. 안보리 이사국 중 11개국은 찬성표를 던졌지만, 러시아는 반대표를, 중국과 인도, 아랍에미리트는 기권표를 각각 던졌다.

국제 연합 안전 보장 이사회는 국제 평화와 안전 유지의 책임을 맡은 기구로서 5개의 상임 이사국과 10개의 비상임 이사국으로 구성된다. 안전 보장 이사회는 분쟁 당사국이나 침략국에 대하여 평화적 해결안을 권고하고, 효과가 없을 경우에 경제나 외교 등에서 불이익 조치를 취한다. 안전 보장 이사회의 의사 결정은 15개 이사국 가운데 9개 이상 이사국의 찬성으로 이루어진다. 다만, 절차 사항이 아닌 실질 사항에 관한 결정에서는 상임 이사국이 거부권을 행사할 수 있는데, 이 경우는 부결된다. 제시된 사례는 모두 실질 사항으로서 상임 이사국의 거부권 행사가 없어야 의결된다. 북한 미사일 도발에 대한 대북 제재 결의안에서는 북한과 가까운 중국과 러시아가 거부권을 행사했고, 러시아의 우크라이나 침공에 대한 규탄 결의안에서는 침공 당사국인 러시아가 거부권을 행사해서 결의안 채택이 무산되었다. 이처럼 안전 보장 이사회에서 상임 이사국의 잦은 거부권 행사로 의사 결정이 지연되는 문제가 국제 연합의 한계로 부각되고 있다.

[24020-0211]

01 다음 사례에서 파악할 수 있는 국제 문제 해결의 시사점으로 가장 적절한 것은?

> 민족 갈등을 빚고 있는 발칸반도의 세르비아와 코소보가 유럽 연합(EU)이 제시한 관계 정상화 중재안을 수용했다. 두 나라는 코소보가 2008년 세르비아에서 독립을 선언했으나 세르비아가 이를 인정하지 않으면서 갈등을 빚어 왔다. 특히 코소보 북부 지역에 몰려 사는 세르비아계 주민의 권리 보장을 둘러싼 갈등이 깊어지면서 두 나라의 무력 충돌 우려까지 제기됐다. 상황이 날로 심각해지자 유럽 연합은 두 나라 간 관계 정상화를 위한 중재에 힘써 왔다.

① 당사국 스스로의 노력이 해결의 지름길이다.
② 정치적 이념 대립에서 벗어나는 것이 핵심이다.
③ 정부 간 국제기구의 주도적인 역할이 중요하다.
④ 물리적 강제력을 동원하여 해결하는 것이 적절하다.
⑤ 국제 사법 기관에 제소하는 것이 공정한 해결 방법이다.

[24020-0212]

02 다음 기사에서 A에 대한 설명으로 옳은 것은?

> ◇◇ 신문
>
> 국제 연합의 사법 기관 A가 영국에 아프리카 동쪽 인도양 남서부에 있는 차고스제도를 모리셔스에 반환하라고 결정했다. A는 영국이 차고스제도의 영유권을 가질 수 없으며, 가능한 한 이른 시일 내에 차고스제도에 대한 통치를 끝내야 한다고 권고했다. 지난 1968년 독립하는 대가로 차고스제도를 영국에 넘기도록 강요받았다고 해 온 모리셔스의 주장을 받아들인 것이다.

① 문서의 형식으로 된 조약만을 적용하여 판결한다.
② 판결을 이행하지 않는 당사국을 직접 제재할 수 있다.
③ 원칙적으로 분쟁 당사국 모두 동의해야 재판할 수 있다.
④ 국제 연합 회원국 간의 법적 분쟁에 대해서만 재판한다.
⑤ 제소된 사건의 당사자에는 국가와 개인이 모두 포함된다.

[24020-0213]

03 밑줄 친 ㉠~㉣에 대한 설명으로 옳은 것은?

> ㉠ 국제 연합 헌장
>
> 제7조
> 1. 국제 연합의 주요 기관으로서 총회·㉡안전 보장 이사회·경제 사회 이사회·신탁 통치 이사회·㉢국제 사법 재판소 및 사무국을 설치한다.
> 2. 필요하다고 인정되는 보조 기관은 이 헌장에 따라 설치될 수 있다.
>
> 제18조
> 1. ㉣총회의 각 구성국은 1개의 투표권을 가진다.
> …(후략).

① ㉠은 국제 평화 실현을 목적으로 하는 국제 비정부 기구이다.
② ㉡은 모든 안건에 대해 상임 이사국이 의사 결정을 좌우한다.
③ ㉢은 국가 간 분쟁에 대하여 원칙적으로 당사국 일방의 제소로 재판을 시작한다.
④ ㉣은 주권 평등의 원칙을 적용하여 의결하며, 일반적으로 그 의결은 권고적 효력을 가진다.
⑤ ㉡의 비상임 이사국은 ㉣에서 2년마다 선출되며, 실질 사항에 대해 거부권을 가진다.

[24020-0214]

04 A의 성공을 위한 조건으로 적절한 것만을 〈보기〉에서 고른 것은?

> A는 외국 국민과의 직접적인 소통을 통해 우리나라의 역사, 전통, 문화, 예술, 가치, 정책, 비전 등에 대한 공감대를 확산하고 국가 이미지를 높여 국제 사회에서 우리나라의 영향력을 높이는 외교 활동을 말한다.

● 보기 ●
ㄱ. 다양한 수단과 통로를 활용하여 외국 대중에게 직접 다가가야 한다.
ㄴ. 무형의 자산이 지닌 매력을 통해 상대국 대중의 마음을 사로잡아야 한다.
ㄷ. 우리나라의 문화유산이 상대국 문화보다 우수함을 적극 홍보하여야 한다.
ㄹ. 공식적인 소통 채널을 확보함으로써 외교의 주체를 정부로 단일화해야 한다.

① ㄱ, ㄴ   ② ㄱ, ㄷ   ③ ㄴ, ㄷ
④ ㄴ, ㄹ   ⑤ ㄷ, ㄹ

[24020-0215]

1 국제 문제 (가), (나)에 대해 옳게 설명한 학생은?

> (가) 대기 중에 방출되는 프레온 가스는 오존층을 파괴하여 각종 질병을 유발하고 있으며, 이산화탄소 배출량이 증가하면서 지구 온난화가 빠른 속도로 가속화되어 기상 이변 현상이 나타나고 있다. 이 밖에도 토지, 해양, 우주 공간에 버려지는 폐기물 때문에 발생하는 환경 오염이 심각한 수준에 이르렀다.
>
> (나) 국제 연합 산하 기구인 세계 식량 계획(WFP)은 전 세계 인구 9명 중 1명에 해당하는 7억 9,500만여 명이 굶주리고, 이 중 33% 가량은 영양실조를 겪고 있다고 밝혔다. 또 전 세계 5세 미만의 영유아 사망 중 절반 이상이 영양 결핍 탓인 것으로 나타났다.

① 갑: (가)는 선진국과 개발 도상국 간 이념 대립이 주된 원인이야.
② 을: (가)는 당사국이 스스로 해결하도록 제3국은 개입하지 않아야 해.
③ 병: (나)는 대부분 국가 간 이해관계의 충돌로 인해 발생하고 있어.
④ 정: (나)는 건강, 교육, 문화 등 다양한 차원의 문제로 확산되고 있어.
⑤ 무: 국가 간 분쟁에서 (가)는 외교적 해결, (나)는 사법적 해결 방법이 선호되고 있어.

[24020-0216]

2 표는 국제 연합의 주요 기관 A~C를 질문과 그에 따른 답변으로 구분한 것이다. 이에 대한 옳은 설명만을 〈보기〉에서 고른 것은? (단, A~C는 각각 총회, 안전 보장 이사회, 국제 사법 재판소 중 하나임.)

질문	답변		
	A	B	C
모든 회원국이 참여하는 최고 의결 기관인가?	㉠	㉡	㉢
표결 과정에서 강대국의 힘의 원리가 반영될 수 있는가?	㉣	㉤	㉥
(가)	아니요	예	예

* ㉠~㉥은 각각 '예' 또는 '아니요' 중 하나임.

보기

ㄱ. A가 총회라면, ㉢과 ㉣에 들어갈 답변은 같다.
ㄴ. ㉠과 ㉤에 들어갈 답변이 모두 '예'라면, A와 달리 B는 C의 재판관을 선출한다.
ㄷ. ㉡, ㉢, ㉥에 들어갈 답변이 같다면, C는 판결을 이행하지 않는 당사국을 직접 제재할 수 없다.
ㄹ. (가)에 '침략 발생 시 해당 국가에 대해 군사적 강제 조치를 취할 수 있는가?'가 들어갈 수 있다.

① ㄱ, ㄴ   ② ㄱ, ㄷ   ③ ㄴ, ㄷ   ④ ㄴ, ㄹ   ⑤ ㄷ, ㄹ

[24020-0217]

3 다음 자료에 대한 설명으로 옳은 것은? (단, A, B는 각각 총회, 안전 보장 이사회 중 하나임.)

- ⓐ국민의 인권을 심각하게 탄압한 □□국에 대한 규탄 결의를 위해 A가 소집되었고, 193개 회원국 중 138개국 찬성, 35개국 반대, 20개국 기권으로 결의안이 통과되었다.
- ⓑ인종 학살을 자행한 ○○국에 대한 경제적 제재 결의를 위해 B가 소집되었고, 15개 이사국 중 14개국은 찬성했으나 갑국이 반대하는 바람에 결의안 통과가 무산되었다.

① ⓐ은 모든 회원국에 강제적 효력을 가진다.
② ⓑ은 절차 사항이 아닌 실질 사항에 해당한다.
③ 갑국은 B의 비상임 이사국이다.
④ A는 2년마다 B의 상임 이사국을 선출한다.
⑤ A와 달리 B는 주권 평등 원칙에 따른 표결 방식을 채택한다.

[24020-0218]

4 (가)~(라)는 우리나라의 시기별 외교 정책의 주요 내용이다. 이에 대한 옳은 설명만을 〈보기〉에서 고른 것은?

(가) 1950년대에는 공산 진영을 배제하고 미국 중심의 자유 진영 국가와 우호 관계를 맺었다.
(나) 1970년대에는 국제 질서의 흐름에 부응하여 일부 사회주의 국가에 문호를 개방하였다.
(다) 1980년대 후반에는 한반도의 평화를 안정적으로 관리하기 위해 공산권 국가와의 본격적인 외교 활동을 전개하였다.
(라) 2000년대 이후에는 국력 신장을 바탕으로 국제 문제 해결에 주도적으로 참여하는 외교를 전개하였다.

● 보기 ●
ㄱ. (가)는 몰타 선언 및 6·23 선언과 관련된다.
ㄴ. (나)는 냉전 체제의 심화를 계기로 시작되었다.
ㄷ. (다)의 일환으로 소련, 중국 등 공산권 국가와 수교하였다.
ㄹ. (라)의 일환으로 유엔 평화 유지군 파견에 참여하였다.

① ㄱ, ㄴ　　② ㄱ, ㄷ　　③ ㄴ, ㄷ　　④ ㄴ, ㄹ　　⑤ ㄷ, ㄹ

01 국제 관계를 바라보는 갑, 을의 관점에 대한 설명으로 옳은 것은? `2024학년도 6월 모의평가`

> 갑: 1차 세계 대전의 종식 후 국제 연맹 설립과 같은 평화 유지를 위한 노력들에도 불구하고, 2차 세계 대전이 발발한 것은 세계 평화가 집단 안보 체제에 의해 보장될 수 없음을 보여줍니다. 결국 갈등적 국제 관계를 안정적으로 유지하기 위해서는 동맹으로 맺어진 세력 대(對) 세력 간에 힘의 균형이 요구됩니다.
>
> 을: 2차 세계 대전의 교훈을 바탕으로 창설된 국제 연합은 평화 유지, 군비 축소, 국제 협력 등을 위한 다양한 활동을 통해 세계 평화 및 안전 유지에 이바지하고 있습니다. 이는 국제 연맹의 구조적 한계를 극복한 집단 안보 체제가 전쟁을 억제하고 협력적 국제 관계를 실현할 수 있음을 보여줍니다.

① 갑의 관점은 국가 간 권력 관계보다 상호 협력 관계를 중시한다.
② 을의 관점은 세계 평화의 실현 방안으로 국제기구의 역할을 강조한다.
③ 갑과 달리 을의 관점은 힘의 불균형 상태에서 전쟁이 발발한다고 본다.
④ 을과 달리 갑의 관점은 개별 국가의 이익과 국제 사회 전체의 이익이 조화를 이룰 수 있다고 본다.
⑤ 갑과 을의 관점 모두 국제 사회 분쟁 해결을 위해 외교적 협력보다 군사력 강화를 강조한다.

02 국제 연합의 주요 기관 A~C에 대한 설명으로 옳은 것은? `2024학년도 6월 모의평가`

> 모든 회원국이 참여하는 국제 연합의 최고 의결 기관인 A에서 갑국의 을국 침공과 관련하여 갑국에 배상 책임을 물리는 결의안이 채택되었다. 이에 갑국은 자국이 상임 이사국으로서 거부권을 행사할 수 있는 B를 거치지 않고 A에 바로 결의안을 제출한 행위는 일부 국가들이 A를 사법 기관인 C처럼 활용하려는 의도를 반영한 결과라고 반발하였다.

① B의 모든 이사국은 동일한 임기를 지닌다.
② A와 달리 B는 주권 평등 원칙에 따른 표결 방식을 채택하고 있다.
③ B와 달리 A는 국제 평화와 안전 유지를 위해 군사적 개입을 결정할 수 있는 권한을 가진다.
④ C의 재판관 선출권은 A와 B 모두에 있다.
⑤ A와 달리 C는 B의 이사국을 선출할 수 있다.

03 국제법의 법원(法源) A, B에 대한 설명으로 옳은 것은? 2024학년도 9월 모의평가

> A는 국제 사회에서 일관되게 지속된 관행이 축적되고 이에 대한 법적 확신이 형성되어 성립된다. A의 성립에 있어 법적 확신이 필수적 요건이지만, 이를 밝히는 것은 쉬운 일이 아니다. 이에 국제법 주체 상호 간의 명시적 합의인 B의 체결을 위한 교섭 과정에서 나타난 개별 국가의 입장이나 국제기구가 채택한 결의 내용 등이 법적 확신을 입증하기 위한 자료로 활용되고 있다.

① 우리나라에서 A는 일반적으로 승인된 국제 법규에 해당한다.
② 국제법 주체로 인정되는 개인은 B의 체결 당사자가 될 수 있다.
③ B를 위반한 국제기구라도 해당 국제기구의 동의를 얻어야 국제 사법 재판소가 재판 관할권을 행사할 수 있다.
④ A와 달리 B는 원칙적으로 국제 사회에서 모든 국가에 대해 보편적 효력을 가진다.
⑤ A와 B 모두 우리나라에서는 대통령의 비준이 있어야 국내법과 같은 효력을 가진다.

04 다음 자료에 대한 설명으로 옳은 것은? (단, A~C는 국제 연합의 주요 기관임.) 2024학년도 수능

> 지구 온난화 문제를 해결하기 위해 ㉠'기후 변화 협약'의 체결 등 다양한 노력이 국제 사회에서 진행되고 있는 가운데, 모든 회원국으로 구성된 의결 기관인 A는 기후 변화 대응에 있어 국가의 구체적 의무에 관한 권고적 의견을 줄 것을 주요 사법 기관인 B에 요청하는 결의안을 채택하였다. 한편, 평화와 안전 유지에 관한 일차적 책임을 부여받은 C는 기후 변화로 인한 자원 배분의 갈등이 평화와 안보에 대한 위협으로 작용할 수 있다는 내용의 결의안 채택을 추진하였으나, C의 상임 이사국 중 한 국가가 거부권을 행사하여 무산되었다.

① B에 제소된 사건의 당사자에는 국가와 개인이 모두 포함된다.
② B는 판결을 이행하지 않는 당사국을 직접 제재할 수 있는 수단이 없다.
③ C의 상임 이사국은 대륙별 안배를 통해 A에서 선출되고 5개국으로 구성된다.
④ C와 달리 A는 B의 재판관 선출 권한을 가지고 있지 않다.
⑤ ㉠과 같은 국제법의 법원(法源)이 우리나라에서 국내법적 효력을 가지려면 국회가 이를 비준해야 한다.

고1~2 내신 중점 로드맵

과목	고교 입문	기초	기본	특화	+	단기
국어	고등 예비 과정	내 등급은?	윤혜정의 개념의 나비효과 입문편/워크북	**기본서** 올림포스	**국어 특화** 국어 독해의 원리 | 국어 문법의 원리		단기 특강
영어			어휘가 독해다!				
			정승익의 수능 개념 잡는 대박구문	올림포스 전국연합 학력평가 기출문제집	**영어 특화** Grammar POWER | Reading POWER Listening POWER | Voca POWER		
			주혜연의 해석공식 논리 구조편				
수학			**기초** 50일 수학	**유형서** 올림포스 유형편	**고급** 올림포스 고난도		
			매쓰 디렉터의 고1 수학 개념 끝장내기	**수학 특화** 수학의 왕도			
한국사 사회		**인공지능** 수학과 함께하는 고교 AI 입문 수학과 함께하는 AI 기초	**기본서** 개념완성 개념완성 문항편	고등학생을 위한 多담은 한국사 연표		
과학						

과목	시리즈명	특징	수준	권장 학년
전과목	고등예비과정	예비 고등학생을 위한 과목별 단기 완성	●	예비 고1
	내 등급은?	고1 첫 학력평가 + 반 배치고사 대비 모의고사	●	예비 고1
국/수/영	올림포스	내신과 수능 대비 EBS 대표 국어·수학·영어 기본서	●	고1~2
	올림포스 전국연합학력평가 기출문제집	전국연합학력평가 문제 + 개념 기본서	●	고1~2
	단기 특강	단기간에 끝내는 유형별 문항 연습	●	고1~2
한/사/과	개념완성 & 개념완성 문항편	개념 한 권+문항 한 권으로 끝내는 한국사·탐구 기본서	●	고1~2
국어	윤혜정의 개념의 나비효과 입문편/워크북	윤혜정 선생님과 함께 시작하는 국어 공부의 첫걸음	●	예비 고1~고2
	어휘가 독해다!	학평·모평·수능 출제 필수 어휘 학습	●	예비 고1~고2
	국어 독해의 원리	내신과 수능 대비 문학·독서(비문학) 특화서	●	고1~2
	국어 문법의 원리	필수 개념과 필수 문항의 언어(문법) 특화서	●	고1~2
영어	정승익의 수능 개념 잡는 대박구문	정승익 선생님과 CODE로 이해하는 영어 구문	●	예비 고1~고2
	주혜연의 해석공식 논리 구조편	주혜연 선생님과 함께하는 유형별 지문 독해	●	예비 고1~고2
	Grammar POWER	구문 분석 트리로 이해하는 영어 문법 특화서	●	고1~2
	Reading POWER	수준과 학습 목적에 따라 선택하는 영어 독해 특화서	●	고1~2
	Listening POWER	수준별 수능형 영어듣기 모의고사	●	고1~2
	Voca POWER	영어 교육과정 필수 어휘와 어원별 어휘 학습	●	고1~2
수학	50일 수학	50일 만에 완성하는 중학~고교 수학의 맥	●	예비 고1~고2
	매쓰 디렉터의 고1 수학 개념 끝장내기	스타강사 강의, 손글씨 풀이와 함께 고1 수학 개념 정복	●	예비 고1~고1
	올림포스 유형편	유형별 반복 학습을 통해 실력 잡는 수학 유형서	●	고1~2
	올림포스 고난도	1등급을 위한 고난도 유형 집중 연습	●	고1~2
	수학의 왕도	직관적 개념 설명과 세분화된 문항 수록 수학 특화서	●	고1~2
한국사	고등학생을 위한 多담은 한국사 연표	연표로 흐름을 잡는 한국사 학습	●	예비 고1~고2
기타	수학과 함께하는 고교 AI 입문/AI 기초	파이선 프로그래밍, AI 알고리즘에 필요한 수학 개념 학습	●	예비 고1~고2

고2~N수 수능 집중 로드맵

수능 입문 →	기출 / 연습 →	연계+연계 보완 →	심화 / 발전 →	모의고사

수능 입문
- 윤혜정의 개념/패턴의 나비효과
- 하루 6개 1등급 영어독해
- 수능 감(感)잡기
- 수능특강 Light

강의노트
- 수능개념

기출 / 연습
- 윤혜정의 기출의 나비효과
- 수능 기출의 미래
- 수능 기출의 미래 미니모의고사
- 수능특강Q 미니모의고사

연계+연계 보완
- 수능연계교재의 VOCA 1800
- 수능연계 기출 Vaccine VOCA 2200
- 연계
  - 수능특강
  - 수능완성
- 수능특강 사용설명서
- 수능특강 연계 기출
- 수능 영어 간접연계 서치라이트
- 수능완성 사용설명서

심화 / 발전
- 수능연계완성 3주 특강
- 박봄의 사회·문화 표 분석의 패턴

모의고사
- FINAL 실전모의고사
- 만점마무리 봉투모의고사
- 만점마무리 봉투모의고사 시즌2

구분	시리즈명	특징	수준	영역
수능 입문	윤혜정의 개념/패턴의 나비효과	윤혜정 선생님과 함께하는 수능 국어 개념/패턴 학습		국어
	하루 6개 1등급 영어독해	매일 꾸준한 기출문제 학습으로 완성하는 1등급 영어 독해		영어
	수능 감(感) 잡기	동일 소재·유형의 내신과 수능 문항 비교로 수능 입문		국/수/영
	수능특강 Light	수능 연계교재 학습 전 연계교재 입문서		영어
	수능개념	EBSi 대표 강사들과 함께하는 수능 개념 다지기		전 영역
기출/연습	윤혜정의 기출의 나비효과	윤혜정 선생님과 함께하는 까다로운 국어 기출 완전 정복		국어
	수능 기출의 미래	올해 수능에 딱 필요한 문제만 선별한 기출문제집		전 영역
	수능 기출의 미래 미니모의고사	부담없는 실전 훈련, 고품질 기출 미니모의고사		국/수/영
	수능특강Q 미니모의고사	매일 15분으로 연습하는 고품격 미니모의고사		전 영역
연계 + 연계 보완	수능특강	최신 수능 경향과 기출 유형을 분석한 종합 개념서		전 영역
	수능특강 사용설명서	수능 연계교재 수능특강의 지문·자료·문항 분석		국/영
	수능특강 연계 기출	수능특강 수록 작품·지문과 연결된 기출문제 학습		국어
	수능완성	유형 분석과 실전모의고사로 단련하는 문항 연습		전 영역
	수능완성 사용설명서	수능 연계교재 수능완성의 국어·영어 지문 분석		국/영
	수능 영어 간접연계 서치라이트	출제 가능성이 높은 핵심만 모아 구성한 간접연계 대비 교재		영어
	수능연계교재의 VOCA 1800	수능특강과 수능완성의 필수 중요 어휘 1800개 수록		영어
	수능연계 기출 Vaccine VOCA 2200	수능-EBS 연계 및 평가원 최다 빈출 어휘 선별 수록		영어
심화/발전	수능연계완성 3주 특강	단기간에 끝내는 수능 1등급 변별 문항 대비서		국/수/영
	박봄의 사회·문화 표 분석의 패턴	박봄 선생님과 사회·문화 표 분석 문항의 패턴 연습		사회탐구
모의고사	FINAL 실전모의고사	EBS 모의고사 중 최다 분량, 최다 과목 모의고사		전 영역
	만점마무리 봉투모의고사	실제 시험지 형태와 OMR 카드로 실전 훈련 모의고사		전 영역
	만점마무리 봉투모의고사 시즌2	수능 완벽대비 최종 봉투모의고사		국/수/영

memo

www.ebs*i*.co.kr

DUC 대원대학교 DAEWON UNIVERSITY COLLEGE
www.daewon.ac.kr

취업 특성화 NO.1
대원대학교

대학 갈 때
여기어때?

#신입생전원장학금지급
#빨리취업하자
#장학금FLEX
#통학버스도다녀
#기숙사드루와
#너만오면바로취업고

2025학년도 신입생 모집

값 등록금 실현 대학(등록금의 72.3%, 사립전문대 23위)

업에 강한대학(3년 평균 취업률 70% ↑)

근지역 통학이 가능한 대학(원주, 충주) 신입생 50%

입생 전원 수용 가능한 **빅사이즈 생활관** 시설 완비

TX 개통으로 **청량리 ↔ 제천56분** 소요

호보건계열 국가고시 합격률 우수대학

대원대학교 입학안내

입학문의

043-649-3331~3, 카카오톡 대원대학교 입시상담 검색
27135 충청북도 제천시 대학로 316(신월동)

대원대학교 입학홈페이지 무료 원서 접수

공학계열	전기전자과, 철도건설과(야)
자연과학계열	간호학과(4년제), 물리치료과(3년제), 방사선과(3년제), 응급구조과(3년제), 치위생과(주,야)(3년제), 뷰티과(야), 재활운동과
인문사회계열	유아교육과(3년제), 호텔관광경영과, 사회복지과(주,야), 문헌정보과(야)

4 호선 상록수역 (안산대학교)

개교 51주년
since 1973

낳아 취업이
주는 강한대학
대학 안산대학교

전문대학혁신지원사업 선정 (2019~2024)

전문대학글로벌현장학습사업 (2005~2023)

LINC♠ 3단계 산학연협력 선도전문대학
육성사업(LINC 3.0) (2022~2024+3)

LiFE 평생교육체제 지원사업 (LiFE2.0) (2023~2025)

2025학년도 안산대학교 신입생 모집

입학상담 안내 Tel. 031 - 363 - 7700 ~ 1
입학 홈페이지 https://iphak.ansan.ac.kr/iphak

문제를 사진 찍고
해설 강의 보기
Google Play | App Store

EBSi 사이트
무료 강의 제공

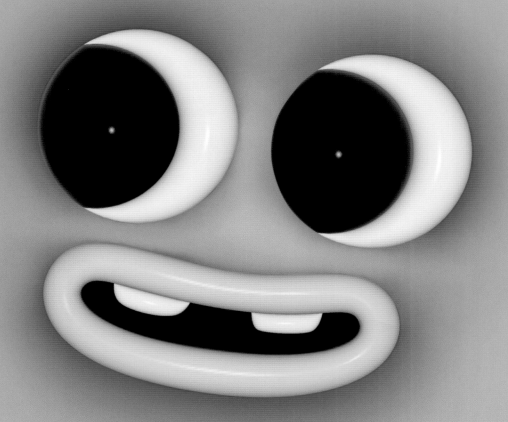

정답과 해설

수능특강

사회탐구영역
정치와 법

2025학년도 수능 연계교재 본 교재는 대학수학능력시험을 준비하는 데 도움을 드리고자 사회과 교육과정을 토대로 제작된 교재입니다.
학교에서 선생님과 함께 교과서의 기본 개념을 충분히 익힌 후 활용하시면 더 큰 학습 효과를 얻을 수 있습니다.

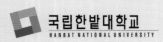

HBNU

기록이 쌓여 한밭이 된다

국립
한밭대학교

본 교재 광고의 수익금은 콘텐츠 품질 개선과 공익사업에 사용됩니다. 모두의 요강(mdipsi.com)을 통해 국립한밭대학교의 입시정보를 확인할 수 있습니다.

2025학년도

수시모집 원서접수
2024. 9. 9(월) 10:00 ~ 9.13(금) 18:00

정시모집 원서접수
2024.12.31(화) 10:00 ~ 2025.1.3(금) 18

대전광역시 유성구 동서대로 125 입학상담 042-821-1020

한눈에 보는 정답

01 정치와 법
본문 12~17쪽

수능 기본 문제	01 ②	02 ②	03 ②	04 ①
	05 ①	06 ④	07 ②	08 ③
수능 실전 문제	1 ④	2 ③	3 ②	4 ⑤
	5 ②	6 ①	7 ④	8 ④

02 헌법의 의의와 기본 원리
본문 21~25쪽

수능 기본 문제	01 ③	02 ⑤	03 ②	04 ⑤
	05 ③	06 ⑤	07 ③	08 ②
수능 실전 문제	1 ⑤	2 ⑤	3 ①	4 ③
	5 ④	6 ②		

03 기본권의 보장과 제한
본문 30~37쪽

수능 기본 문제	01 ①	02 ①	03 ①	04 ②
	05 ④	06 ①	07 ④	08 ③
수능 실전 문제	1 ③	2 ⑤	3 ①	4 ④
	5 ③	6 ②	7 ⑤	8 ②

I단원 기출 플러스

01 ③ 　 02 ⑤ 　 03 ① 　 04 ③

04 정부 형태
본문 41~44쪽

수능 기본 문제	01 ②	02 ①	03 ②	04 ①
수능 실전 문제	1 ①	2 ④	3 ⑤	4 ⑤
	5 ②	6 ①		

05 우리나라의 국가 기관
본문 50~55쪽

수능 기본 문제	01 ②	02 ⑤	03 ②	04 ④
	05 ③	06 ④	07 ②	08 ④
수능 실전 문제	1 ③	2 ④	3 ⑤	4 ③
	5 ⑤	6 ③	7 ②	8 ⑤

06 지방 자치
본문 59~63쪽

| 수능 기본 문제 | 01 ① | 02 ② | 03 ③ | 04 ⑤ |
| 수능 실전 문제 | 1 ① | 2 ③ | 3 ② | 4 ⑤ |

II단원 기출 플러스

01 ⑤ 　 02 ② 　 03 ④ 　 04 ④

07 선거와 선거 제도
본문 68~73쪽

수능 기본 문제	01 ⑤	02 ①	03 ③	04 ④
	05 ②	06 ⑤	07 ⑤	08 ⑤
수능 실전 문제	1 ②	2 ②	3 ⑤	4 ⑤
	5 ②	6 ④	7 ③	8 ⑤

08 정치 과정과 정치 참여
본문 79~85쪽

수능 기본 문제	01 ②	02 ②	03 ②	04 ④
수능 실전 문제	1 ④	2 ②	3 ③	4 ①
	5 ③	6 ①	7 ②	8 ④

III단원 기출 플러스

01 ③ 　 02 ⑤ 　 03 ②

한눈에 보는 정답

09 민법의 기초

본문 89~93쪽

수능 기본 문제	01 ⑤	02 ④	03 ②	04 ①
	05 ②	06 ⑤	07 ②	08 ②
수능 실전 문제	1 ①	2 ⑤	3 ③	4 ②
	5 ③	6 ②		

10 재산 관계와 법

본문 99~104쪽

수능 기본 문제	01 ③	02 ⑤	03 ①	04 ⑤
	05 ②	06 ②	07 ⑤	08 ②
수능 실전 문제	1 ④	2 ④	3 ①	4 ②
	5 ②	6 ③	7 ③	8 ④

11 가족 관계와 법

본문 110~117쪽

수능 기본 문제	01 ④	02 ①	03 ②	04 ②
	05 ③	06 ②	07 ③	08 ⑤
수능 실전 문제	1 ⑤	2 ①	3 ④	4 ⑤
	5 ①	6 ④	7 ②	8 ③

IV 단원 기출 플러스

01 ①   02 ⑤   03 ③   04 ③

12 형법의 이해

본문 123~128쪽

수능 기본 문제	01 ②	02 ③	03 ①	04 ⑤
	05 ②	06 ③	07 ①	08 ①
수능 실전 문제	1 ④	2 ③	3 ⑤	4 ⑤
	5 ④	6 ③	7 ③	8 ②

13 형사 절차와 인권 보장

본문 134~139쪽

수능 기본 문제	01 ④	02 ⑤	03 ⑤	04 ③
	05 ③	06 ③	07 ①	08 ④
수능 실전 문제	1 ④	2 ②	3 ④	4 ③
	5 ③	6 ②	7 ④	8 ②

14 근로자의 권리

본문 143~149쪽

수능 기본 문제	01 ④	02 ③	03 ②	04 ①
	05 ②	06 ②	07 ③	08 ④
수능 실전 문제	1 ②	2 ③	3 ④	4 ③
	5 ⑤	6 ④		

V 단원 기출 플러스

01 ④   02 ①   03 ①   04 ⑤

15 국제 관계와 국제법

본문 154~157쪽

수능 기본 문제	01 ③	02 ①	03 ④	04 ⑤
수능 실전 문제	1 ④	2 ①	3 ③	4 ②
	5 ②	6 ⑤		

16 국제 문제와 국제기구

본문 161~165쪽

| 수능 기본 문제 | 01 ③ | 02 ③ | 03 ④ | 04 ① |
| 수능 실전 문제 | 1 ④ | 2 ② | 3 ② | 4 ⑤ |

VI 단원 기출 플러스

01 ②   02 ④   03 ①   04 ②

01 정치와 법

01 ②	**02** ②	**03** ②	**04** ①
05 ①	**06** ④	**07** ②	**08** ③

01 정치를 바라보는 관점 이해

문제 분석 정치를 국가의 운영과 관련한 공동의 의사를 결정하고 사회적 갈등을 해결해 나가는 국가 고유의 활동만으로 한정하는 A는 좁은 의미로 정치를 바라보는 관점이다. 국가를 포함한 모든 사회 집단에서 나타나는 갈등을 해결하는 과정을 정치로 보는 B는 넓은 의미로 정치를 바라보는 관점이다.

정답 찾기 ② 정치를 넓은 의미로 바라보는 관점은 복잡하고 다원화된 현대 사회의 정치 현상을 설명하는 데 적합하다.

오답 피하기 ① 정치를 넓은 의미로 바라보는 관점은 이익 집단이 자신의 이익을 실현하기 위한 사회 활동을 정치로 본다.

③ 정치를 좁은 의미로 바라보는 관점에 비해 넓은 의미로 바라보는 관점은 정치의 주체가 다양하다고 본다.

④ 정치를 좁은 의미로 바라보는 관점, 넓은 의미로 바라보는 관점은 모두 국무 회의의 심의 과정을 정치로 본다.

⑤ 정치를 넓은 의미로 바라보는 관점은 국가의 정치 현상과 사회 집단의 정치 현상이 본질적으로 같다고 본다.

02 근대 및 현대 민주주의 이해

문제 분석 시민 혁명 이후 국민 주권과 권력 분립 등에 기반을 둔 대의 민주제를 바탕으로 근대 민주주의가 등장하였다. 이후 현대에 이르러 보통 선거 제도에 기반을 둔 대의 민주제를 실시함으로써 현대 민주주의가 정착되었다.

정답 찾기 ② 대의 민주제는 주권자인 국민이 선거를 통해 대표를 선출하고 선출된 대표가 국민을 대신하여 정책을 결정하는 제도이다. 따라서 의회 제도는 대의 민주제를 실현하기 위한 제도이다.

오답 피하기 ① 보통 선거는 일정 연령에 도달한 국민에게 선거권을 부여한다는 원칙으로, 표의 등가성 실현을 목적으로 하는 것은 아니다.

③ 정책 결정 과정에서 국민의 의사가 왜곡될 수 있는 것은 대의 민주제의 한계 사례가 될 수 있다.

④ 우리나라에서 국민 투표 부의권은 대통령에게 있다.

⑤ 우리나라에서는 국민 발안, 국민 소환을 모두 실시하고 있지 않다.

03 정의의 이해

문제 분석 법의 이념 중 A는 정의이며, (가)는 평균적 정의, (나)는 배분적 정의이다.

정답 찾기 ㄱ. 정의는 옳고 그름의 판단 근거로 주로 사용되며, 법이 실현하고자 하는 궁극적 목표이다.

ㄷ. 회사 이익에 기여도가 높은 사원에게 더 많은 성과급을 지급하는 것은 개인의 업적에 따른 차이를 고려한 것이므로 배분적 정의가 적용된 사례이다.

오답 피하기 ㄴ. 소득에 따라 세율을 달리 적용하는 것은 배분적 정의가 적용된 사례로 볼 수 있다.

ㄹ. 평균적 정의는 절대적·형식적 평등을 추구하며, 배분적 정의는 상대적·실질적 평등을 추구한다.

04 법치주의의 유형 이해

문제 분석 형식적 법치주의는 의회가 적법한 절차를 거쳐 법을 제정하고 그 법에 따라 통치가 이루어진다면 법의 목적이나 내용은 문제 삼지 않는다. 반면, 실질적 법치주의는 국가의 모든 통치 행위가 인간의 존엄과 평등, 정의의 실현 등에 구속되어야 한다는 원리이다. 따라서 A는 형식적 법치주의, B는 실질적 법치주의이다.

정답 찾기 ㄱ. 형식적 법치주의는 통치의 합법성만을 강조하기 때문에 합법적 독재를 정당화하는 논리로 악용될 수 있다.

ㄴ. 법률이 헌법에 어긋나는지를 심사하는 위헌 법률 심사제는 실질적 법치주의에서 그 필요성을 강조한다.

오답 피하기 ㄷ. 형식적 법치주의, 실질적 법치주의는 모두 국가 권력의 자의적 행사를 방지하기 위해서 통치자가 법의 구속을 받아야 한다고 본다.

ㄹ. 법의 목적과 내용이 정의에 부합할 때 법의 권위가 발생한다는 점을 간과하는 것은 형식적 법치주의이다.

05 사회 계약설 이해

문제 분석 홉스는 자연 상태를 자기 보존 욕구, 경쟁심, 명예에 대한 갈망 등과 같은 인간의 본성으로 인한 만인에 대한 만인의 투쟁 상태라고 보았다. 따라서 평화와 질서 유지를 위해 국민에 대해 절대적 권력을 행사하는 통치자에 의한 전제 정치가 가장 이상적인 정치 형태라고 보았다.

정답 찾기 ① 홉스는 인간의 본성이 이기적이라고 보았다.

오답 피하기 ② 로크는 생명, 자유, 재산 등의 권리를 안정적으로 보호받고자 스스로 계약을 통해 국가를 형성하며, 시민이 선출한 대표에 의해 정치를 해야 한다고 보았다.

③ 로크는 국가 권력이 입법권과 행정권으로 분리되어야 한다는 2권 분립을 주장하였다.

④ 홉스는 자연 상태를 만인에 대한 만인의 투쟁 상태로 보았으므로 자연 상태에서 개인들의 권리가 안정적으로 보장된다고 보지는 않았다.

⑤ 루소는 일반 의지에 의한 통치를 통해서 치자와 피치자가 일치된다고 보았다.

06 정치를 바라보는 관점 이해

문제 분석 갑은 국가 수준에서 나타나는 특유의 현상만 정치로 보기 때문에 정치를 좁은 의미에서 바라보고 있다. 을은 국가뿐만 아니라 모든 사회 집단에서 나타나는 현상을 정치로 보기 때문에 정치를 넓은 의미로 바라보고 있다.

정답 찾기 ④ 넓은 의미로 정치를 바라보는 관점은 시민 단체 대표를 선출하는 과정을 정치로 본다.

오답 피하기 ① 좁은 의미로 정치를 바라보는 관점은 국가 현상과 사회 현상이 다르다고 보므로 국가 통치 행위와 관련이 없는 정치 현상을 설명할 수 없다.
② 넓은 의미로 정치를 바라보는 관점은 정치가 국가뿐만 아니라 모든 사회 집단에서 나타나는 현상을 정치로 보기 때문에 국회 상임 위원회의 활동을 정치로 본다.
③ 좁은 의미로 정치를 바라보는 관점에 비해 넓은 의미로 정치를 바라보는 관점은 정치의 의미를 넓게 이해한다.
⑤ 국가 형성 이전의 정치 현상을 설명하기에 적합한 것은 넓은 의미로 정치를 바라보는 관점이다.

07 민주 정치 이해

문제 분석 A는 고대 아테네 민주 정치, B는 현대 민주 정치, C는 근대 민주 정치이다.

정답 찾기 ② 현대 민주 정치에서는 국민의 인간다운 생활 보장을 위한 사회권이 확립되었다.

오답 피하기 ① 고대 아테네 민주 정치에서는 여성, 노예, 외국인 등을 시민에서 배제한 제한적 민주 정치가 실시되었다.
③ 보통 선거에 기반을 둔 대의제를 실시한 것은 현대 민주 정치이다. 근대 민주 정치에서는 대의제가 성립되었지만 보통 선거에 기반을 두지는 않았다.
④ 근대 민주 정치, 현대 민주 정치에서는 천부 인권 사상을 국가 통치의 기본 바탕으로 하였다.
⑤ 근대 민주 정치, 현대 민주 정치에서는 주권이 국민에게 있다는 국민 주권주의를 바탕으로 하였다.

08 정치의 기능 이해

문제 분석 사인 간에 이루어지는 행위는 당사자 간에 자유롭게 이루어져야 하지만, 어느 일방이 현저하게 불리한 것을 막기 위해서 국가는 일정한 규범 정립을 통해서 공정한 계약이 이루어지도록 한다.

정답 찾기 ③ 민법에서는 불공정한 법률 행위에 대한 규정을 두고 있어 어느 누군가에게 일방적으로 불리하지 않도록 하고 있다. 즉, 정치는 사회 구성원들이 따라야 할 행위 규범을 정립하고 반사회적 행위를 통제하는 기능을 한다.

오답 피하기 ① 치안을 유지하여 사회 질서를 확립하는 것은 정치의 기능에 해당하지만 제시된 사례에서는 파악할 수 없다.

② 사회 구성원의 인권을 보장하기 위해 노력하는 것은 정치의 기능에 해당하지만 제시된 사례에서는 파악할 수 없다.
④ 권력에 대한 견제와 감시를 통해 정부의 권한을 통제하는 것은 정치의 기능에 해당하지만 제시된 사례에서는 파악할 수 없다.
⑤ 사회 구성원들의 다양한 의견이 정책 결정에 반영될 수 있도록 하는 것은 정치의 기능에 해당하지만 제시된 사례에서는 파악할 수 없다.

수능 실전 문제 본문 14~17쪽

| 1 ④ | 2 ③ | 3 ② | 4 ⑤ |
| 5 ② | 6 ① | 7 ④ | 8 ④ |

1 정치를 바라보는 관점 이해

문제 분석 정치를 정치권력의 획득·유지·행사를 위한 활동으로서 국가 차원에서 나타나는 고유한 현상이라고 보는 A는 좁은 의미로 정치를 바라보는 관점이다. 정치란 국가를 포함한 모든 사회 집단에서 나타나는 현상이라고 보는 B는 넓은 의미로 정치를 바라보는 관점이다.

정답 찾기 ④ (가)가 좁은 의미로 정치를 바라보는 관점이고 (나)에 '☆☆ 회사, 육아 휴직 제도 개선을 위한 토론회 실시'가 들어가면, 두 번째와 세 번째 답안만 좁은 의미로 정치를 바라보는 관점에 해당한다. 따라서 ㉠은 '2점'이다.

오답 피하기 ① 좁은 의미로 정치를 바라보는 관점, 넓은 의미로 정치를 바라보는 관점은 모두 국가 기관이 사회 질서 유지와 갈등을 해결해 나가는 활동을 정치라고 본다.
② 좁은 의미로 정치를 바라보는 관점은 국가 고유의 활동만 정치로 보므로 넓은 의미로 정치를 바라보는 관점에 비해 사회적 희소가치에 대한 자원 배분의 주체가 한정된다고 본다.
③ 국가 형성 이전에 정치 현상이 존재하지 않는다고 보는 것은 좁은 의미로 정치를 바라보는 관점이다.
⑤ ㉠이 '4점'이고 (가)가 넓은 의미로 정치를 바라보는 관점이라면, (나)에 '일회용품 사용 억제를 위한 ◆◆법 개정안 국회 통과'가 들어갈 수 있다.

2 사회 계약설 이해

문제 분석 국민 주권론을 주장한 사회 계약론자는 로크와 루소이다. 해당 질문에 C의 답변만 ㉁ 하나이므로, ㉠은 '예', ㉁은 '아니요'이며, 따라서 C는 홉스이다. 일반 의지에 따른 국가 운영을 주장한 사회 계약론자는 루소이므로, A는 루소이다. 따라서 B는 로크이다.

정답 찾기 ③ 자연 상태를 만인에 대한 만인의 투쟁 상태로 본 사회 계약론자는 홉스이다.

오답 피하기 ① ㉠은 '예', ㉡은 '아니요'이다.

② 루소는 주권이 대표될 수 없다고 보았다.

④ 홉스는 개인들이 자기 보존을 위해 상호 계약을 맺어 국가를 형성한다고 보았다.

⑤ 근대 사회 계약론자들은 모두 국가를 목적이 아니라 수단이라고 보았으므로, 해당 질문은 (가)에 들어갈 수 있다.

3 법의 이념 이해

문제 분석 A는 법적 안정성, B는 정의이다.

정답 찾기 ② 정의의 본질적 내용은 평등이다.

오답 피하기 ① 법적 안정성이 구현되기 위해서는 법의 내용이 명확하고 실현 가능해야 한다.

③ 정의는 옳고 그름의 판단 근거로 주로 사용된다.

④ 법적 안정성이 구현되기 위해서는 법이 함부로 폐지되거나 변경되지 않아야 하고, 법의 내용이 명확하고 실현 가능해야 하며, 국민의 법의식과 합치되어야 한다.

⑤ 법적 안정성은 법을 통해 개인의 사회생활이 안정적으로 보호되는 것을 의미한다.

4 법치주의의 유형 이해

문제 분석 '의회에서 제정한 법률에 근거한 기본권 제한이 가능하다고 보는가?'라는 질문에 형식적 법치주의, 실질적 법치주의 모두 '예'라고 응답한다. '합법적인 독재를 초래한다는 비판을 받는가?'라는 질문에 형식적 법치주의는 '예', 실질적 법치주의는 '아니요'라고 응답한다. 따라서 A는 실질적 법치주의, B는 형식적 법치주의이다.

정답 찾기 ⑤ '법률에 근거하지 않은 국가 권력 행사도 정당하다고 보는가?'라는 질문에 형식적 법치주의, 실질적 법치주의 모두 '아니요'라고 응답한다. 따라서 두 질문에 실질적 법치주의의 응답은 불일치하며, 형식적 법치주의의 응답도 불일치한다.

오답 피하기 ① 형식적 법치주의는 법의 목적이나 내용에 관계없이 통치의 합법성만을 강조한다.

② 법이 권위를 갖기 위해서는 법의 목적과 내용이 정의에 부합해야 한다고 보는 것은 실질적 법치주의이다.

③ 형식적 법치주의, 실질적 법치주의는 모두 '법의 지배'를 강조한다.

④ 실질적 법치주의는 범죄와 형벌을 규정하는 법률의 내용이 실질적 정의에 합치되도록 적절할 것을 요구한다.

5 민주 정치의 발전 과정 이해

문제 분석 '보통 선거 원칙이 확립되었다.'는 현대 민주 정치에만 해당하는 특징이므로 C는 현대 민주 정치이다. '사회 구성원 중 일부에 대해 정치 참여에 제한을 두었다.'는 고대 아테네 민주 정치와 근대 민주 정치의 특징에 해당하므로 옳지 않은 내용이 되며, '직접 민주 정치의 원리에 기초한다.'는 고대 아테네 민주 정치에만 해당하는 특징이므로 B는 고대 아테네 민주 정치이다. 따라서 A는 근대 민주 정치이다. '시민 혁명을 계기로 형성되었다.'는 근대 민주 정치에만 해당하는 특징이고 채점 결과가 1점이므로, (가)에 옳지 않은 내용이 들어가야 한다. 현대 민주 정치에 대한 채점 결과가 2점이므로 (나)에 옳은 내용이 들어가야 한다.

정답 찾기 ㄱ. 근대 민주 정치, 현대 민주 정치는 모두 국민 주권주의를 기초로 한다.

ㄹ. 해당 내용은 현대 민주 정치에만 해당하는 특징이므로 (가), (나)에 모두 들어갈 수 있다.

오답 피하기 ㄴ. 고대 아테네 민주 정치에서는 추첨제 및 윤번제를 통해 모든 시민에게 공직 참여 기회를 부여하였다.

ㄷ. 해당 내용은 근대 민주 정치와 현대 민주 정치의 특징에 해당하므로 (가)에는 들어갈 수 있지만, (나)에는 들어갈 수 없다.

6 민주주의와 법치주의의 관계 이해

문제 분석 제시문에서 법치주의는 민주주의를 통하여 실현될 수 있다고 보고 있다.

정답 찾기 ㄱ, ㄴ. 제시문의 '법치주의가 추구하는 권력의 통제와 자유 보장은 국민이 능동적으로 권력의 형성과 행사에 참여하는 민주적 제도를 통하여 실현될 수 있기 때문이다.'를 통해 민주주의와 법치주의는 상호 보완 관계에 있다는 것을 파악할 수 있으며, 민주주의를 통해 법치주의가 지향하는 목적이 구현될 수 있다는 것을 파악할 수 있다.

오답 피하기 ㄷ. 제시문에서 민주주의가 발전하기 위해서는 법치주의가 우선적으로 정착되어야 한다는 것은 파악할 수 없다.

ㄹ. 제시문에서 법치주의를 실현하기 위해 시민의 의사에 따른 강력한 권력 행사가 필요하다는 것은 파악할 수 없다.

7 법치주의의 유형 이해

문제 분석 A는 형식적 법치주의, B는 실질적 법치주의이다.

정답 찾기 ㄴ. 실질적 법치주의는 법률이 헌법에 위배되는지를 심사하는 위헌 법률 심사제의 필요성을 강조한다.

ㄹ. 법치주의는 국가 권력 행사가 의회에서 제정된 법률에 근거하여 권력의 자의적 행사를 방지하고자 한다.

오답 피하기 ㄱ. 형식적 법치주의는 통치자를 포함한 모든 사람이 법에 구속되어야 한다고 본다.

ㄷ. 형식적 법치주의, 실질적 법치주의는 모두 국가의 통치 행위가 절차적 정당성을 갖추어서 제정된 법률에 근거해야 한다고 본다.

8 정치를 바라보는 관점 이해

[문제 분석] 갑의 관점은 좁은 의미로 정치를 바라보는 관점에 해당하고, 을의 관점은 넓은 의미로 정치를 바라보는 관점에 해당한다.

[정답 찾기] ④ 해당 내용이 (가)에 들어가면, 병의 관점은 좁은 의미로 정치를 바라보는 관점에 해당한다. 따라서 (나)에 '1명'이 들어갈 수 있다.

[오답 피하기] ① 넓은 의미로 정치를 바라보는 관점은 정치가 국가뿐만 아니라 다른 사회 집단에서도 나타나는 현상이라고 보므로 국가 형성 이전의 정치 현상을 설명하는 데 적합하다.

② 갑은 정치가 국가의 운영과 관련한 공동의 의사를 결정하는 국가만의 고유한 활동이라고 보므로 좁은 의미로 정치를 바라보고 있다.

③ 좁은 의미로 정치를 바라보는 관점, 넓은 의미로 정치를 바라보는 관점은 모두 국회에서 국회 의장을 선출하는 과정을 정치로 본다.

⑤ (나)에 '2명'이 들어가면, 병의 관점은 넓은 의미로 정치를 바라보는 관점에 해당하므로 해당 내용은 (가)에 들어갈 수 있다.

02 헌법의 의의와 기본 원리

01 ③	**02** ⑤	**03** ②	**04** ⑤
05 ③	**06** ⑤	**07** ③	**08** ②

01 헌법의 의미 이해

[문제 분석] 헌법은 국가의 통치 조직과 통치 작용의 원리 및 국민의 기본권을 규정하는 국가의 기본법이다. 따라서 A는 헌법이다.

[정답 찾기] ③ 헌법의 제·개정 주체는 국민이다.

[오답 피하기] ① 헌법은 법체계에서 가장 상위의 규범인 최고 규범이다.

② 헌법은 국가 성립에 필요한 국민의 자격, 영토의 범위, 국가 권력의 소재와 행사 절차 등을 규정함으로써 국가 창설의 토대로서의 기능을 한다.

④ 헌법은 국민의 자유와 권리에 대한 보장 규정을 두어 국민의 기본권을 보장하는 기능을 한다.

⑤ 헌법은 다원화된 이익을 합리적으로 조정할 수 있는 원리 및 제도 등을 포함하여 이를 통한 사회 갈등을 극복하고 사회 통합을 실현하는 기능을 한다.

02 헌법의 기능 이해

[문제 분석] 대통령은 법률안에 대한 재의 요구를 통해 국회를 견제하고, 국회는 국정 감사를 통해 행정부 등을 견제한다.

[정답 찾기] ⑤ 제시된 헌법 내용에는 권력 기관 간 견제 수단이 부각되어 있다. 헌법은 국가 권력을 분립시키고 권력 기관 간 상호 견제가 이루어지도록 함으로써 권력을 제한하는 기능을 한다.

[오답 피하기] ① 제시된 사례에는 국가 성립에 필요한 국민의 자격, 영토의 범위 등을 규정함으로써 국가 창설의 토대를 마련하는 헌법의 기능이 나타나 있지 않다.

② 제시된 사례에는 시대와 사회의 지배적 가치관을 실질적으로 실현하는 헌법의 기능이 나타나 있지 않다.

③ 제시된 사례에는 사회의 다양한 이해관계를 조정하여 갈등을 극복하고 사회 통합을 유지하는 헌법의 기능이 나타나 있지 않다.

④ 제시된 사례에는 국민의 자유와 권리를 명시하고 이를 보장하는 헌법의 기능이 나타나 있지 않다.

03 헌법의 의미 변천 이해

[문제 분석] 국가 기관 조직 및 구성, 국가 기관의 행위 방법, 국가 기관 간 상호 관계 및 활동 범위를 규정한 A는 고유한 의미의 헌법이다. 또한 양도 불가한 자연적이고 신성한 시민의 권리 보장

을 전제로 하는 B는 근대 입헌주의 헌법이다.

정답 찾기 ② 근대 입헌주의 헌법은 권력 분립의 원칙을 기반으로 국가 권력의 제한을 통한 기본권 보장을 중시한다.

오답 피하기 ① 적극적인 국가의 역할을 통한 국민의 삶의 질 향상을 도모하는 것은 현대 복지 국가 헌법이다.

③ 근대 입헌주의 헌법은 국가 권력의 제한을 통한 국민의 기본권 보장을 중시한다.

④ 자본주의 발달 과정에서 나타나는 문제점 해결을 목적으로 하는 것은 현대 복지 국가 헌법이다.

⑤ 사회권 보장을 통한 복지 국가의 이념을 추구하는 것은 현대 복지 국가 헌법이다.

04 우리나라 헌법의 기본 원리 이해

문제 분석 우리나라 헌법의 전문에는 국민 주권주의, 자유 민주주의, 복지 국가의 원리, 문화 국가의 원리, 국제 평화주의, 평화 통일 지향이 나타나 있다.

정답 찾기 ⑤ ㉠은 복지 국가의 원리, ㉡은 국제 평화주의, ㉢은 국민 주권주의와 관련된 내용이다.

05 우리나라 헌법의 기본 원리 이해

문제 분석 자유 민주주의는 개인의 자유와 권리를 최대한 보장해야 한다는 우리나라 헌법의 기본 원리로서 실현 방안으로 복수 정당제를 기반으로 하는 정당 활동 보장, 권력 분립을 통한 국가 권력의 남용 금지 등을 들 수 있다. 복지 국가의 원리는 국민의 인간다운 생활을 할 권리를 보장하기 위하여 국가의 적극적 역할을 요구하는 우리나라 헌법의 기본 원리이다. 따라서 (가)는 자유 민주주의, (나)는 복지 국가의 원리이다.

정답 찾기 ③ 복수 정당제 보장, 적법 절차의 원리에 따른 국가 권력의 남용 방지를 실현 방안으로 하는 우리나라 헌법의 기본 원리는 자유 민주주의이며, 기초 연금 지급을 통하여 노인의 복지를 증진하는 등 사회 보장 제도 시행을 실현 방안으로 하는 우리나라 헌법의 기본 원리는 복지 국가의 원리이다.

06 우리나라 헌법의 기본 원리 이해

문제 분석 우리나라 헌법의 기본 원리인 자유 민주주의와 복지 국가의 원리 중 개인의 권리를 보장하기 위해 사적 영역에 국가의 간섭을 최소화해야 한다는 원리를 기반으로 하는 원리는 자유 민주주의이다. 따라서 A는 자유 민주주의, B는 복지 국가의 원리이다.

정답 찾기 ㄱ. 자유 민주주의의 실현 방안으로 복수 정당제의 보장을 들 수 있다.

ㄴ. 복지 국가의 원리는 국민의 인간다운 생활 보장을 위한 국가의 역할을 강조하므로 국가의 사회 보장과 사회 복지 증진 노력 의무의 근거가 되는 원리이다.

ㄹ. ㉠이 '아니요', ㉡이 '예'라면, (가)에는 복지 국가의 원리의 특징을 묻는 질문이 들어가야 한다. 자유 민주주의는 국가 권력의 분립을 통한 개인의 자유와 권리 보장을 중시하므로 (가)에는 해당 질문이 들어갈 수 없다.

오답 피하기 ㄷ. 복지 국가의 원리는 자본주의로 인해 사회 불평등이 심화되면서 강조된 원리이다. 따라서 (가)에 해당 질문이 들어가면 ㉠은 '아니요', ㉡은 '예'이다.

07 국제 평화주의의 이해

문제 분석 국제 평화의 유지에 노력하고 침략적 전쟁을 부인하며, 국제법에 국내법과 같은 효력을 부여함으로써 국제법을 존중하는 것과 관련된 우리나라 헌법의 기본 원리는 국제 평화주의이다.

정답 찾기 ③ 국제 평화주의의 실현 방안으로 상호주의 원칙에 따른 외국인의 지위 보장을 들 수 있다.

오답 피하기 ① 국민의 자율적인 문화 활동 보장을 중시하는 것은 문화 국가의 원리와 관련된 설명이다.

② 국제 평화주의는 경제 성장을 위해 소극적인 국가의 역할을 강조하는 것과 관련이 없다.

④ 국가의 의사를 결정할 수 있는 권한이 국민에게 있다는 점을 강조하는 것은 국민 주권주의와 관련된 설명이다.

⑤ 남북 분단의 특수한 상황을 고려하여 평화적 통일을 최우선 목적으로 삼고 있는 것은 평화 통일 지향과 관련된 설명이다.

08 복지 국가의 원리 이해

문제 분석 제시된 자료에서 사회적 위험의 발생을 방지하며 국민의 기본적인 생활 수준을 유지하기 위해 국가의 의무를 부여하고, 국민의 인간다운 생활을 보장하기 위해 사회 보장 제도를 시행한다는 내용을 통해 A가 복지 국가의 원리임을 파악할 수 있다.

정답 찾기 ② 복지 국가의 원리는 국민의 사회권 보장을 통해 실질적 평등의 실현을 강조하는 우리나라 헌법의 기본 원리이다.

오답 피하기 ① 복지 국가의 원리는 현대 복지 국가 헌법에서부터 강조되어 온 우리나라 헌법의 기본 원리이다.

③ 상호주의의 원칙에 입각하여 외국인의 지위 보장을 중시하는 원리는 국제 평화주의이다.

④ 국가 의사에 대한 최종적 결정권이 국민에게 있다는 것을 의미하는 원리는 국민 주권주의이다.

⑤ 복지 국가의 원리는 국민 생활에 대한 국가의 적극적인 개입을 요구하는 우리나라 헌법의 기본 원리이다.

1 ⑤	**2** ⑤	**3** ①	**4** ③
5 ④	**6** ②		

1 헌법의 기능 이해

문제 분석 제시된 자료에서 필자는 헌법이 국가의 통치 체계를 의미하며 국가 통치 구조나 정부 형태와 관련된 권력 구조와 같은 정치적 권력 구조에 대한 내용이 헌법에 포함되어 있음을 강조하고 있다.

정답 찾기 ⑤ 헌법이 담고 있는 헌법적 권력 구조는 국가 운영의 본질적 원리를 의미한다. 즉, 헌법은 국가 통치 기구에 대한 권한을 부여하고 국가 조직 운영에 대한 정당성의 근거가 된다.

오답 피하기 ① 헌법은 국가 공동체의 법적 안정성과 평화가 유지되도록 하는 기능을 하지만 제시된 자료와 관련이 없다.

② 헌법은 개인의 자유와 권리를 보장하기 위해 국가 권력의 남용을 방지하는 기능을 하지만 제시된 자료와 관련이 없다.

③ 헌법은 정치적 혼란을 막고 힘의 논리에 의한 정치적 지배 현상을 방지하는 기능을 하지만 제시된 자료와 관련이 없다.

④ 헌법은 현대 사회의 다원화된 다양한 이익을 합리적으로 조정할 수 있는 원리 및 제도 등을 포함하고 있어서 사회 통합 실현에 기여하는 기능을 하지만 제시된 자료와 관련이 없다.

2 우리나라 헌법의 기본 원리 이해

문제 분석 여자·연소 근로자의 보호, 국가 유공자·상이군경 및 전몰군경의 유가족에 대한 우선적 근로 기회의 보장과 여자, 노인, 신체 장애자 등에 대한 사회 보장 의무를 규정하고 있는 것과 관련된 우리나라 헌법의 기본 원리인 A는 복지 국가의 원리이다.

정답 찾기 ⑤ 복지 국가의 원리는 국민의 인간다운 생활을 보장하기 위해 경제 활동에 대한 국가의 적극적인 개입을 요구한다.

오답 피하기 ① 복지 국가의 원리는 현대 복지 국가 헌법에서부터 강조되었다.

② 평화 통일 지향은 국가의 통일과 관련된 정책 추진의 근거가 된다.

③ 국민 주권주의와 자유 민주주의의 실현 방안으로 보통 선거 제도의 확립을 들 수 있다.

④ 국민 주권주의는 국민이 국민 투표를 통해 국가 안위에 관한 중요 정책을 결정할 수 있는 근거가 된다.

3 우리나라 헌법의 기본 원리 이해

문제 분석 제시된 자료에서 문화재 발굴 및 보존과 평생 교육의 진흥을 실현 방안으로 들 수 있는 우리나라 헌법 기본 원리는 문화 국가의 원리이다. 또한 보통 선거권의 보장과 국민 투표와

같은 직접 민주주의 제도의 확충을 실현 방안으로 들 수 있는 우리나라 헌법의 기본 원리는 국민 주권주의이다. 자료에서 교사가 두 학생 모두 옳게 대답했다고 했으므로 A는 문화 국가의 원리, B는 국민 주권주의이다.

정답 찾기 ① 문화 국가의 원리는 국가가 문화를 보호하고 개인의 문화적 자유와 자율을 보장함으로써 문화의 발전을 지향해야 한다는 원리이다. 따라서 국가가 국민의 문화 활동을 보장하고 지원하는 근거가 되는 우리나라 헌법의 기본 원리는 문화 국가의 원리이다.

오답 피하기 ② 법률로 재외 국민의 선거권을 보장하는 것과 관련된 우리나라 헌법의 기본 원리는 국민 주권주의이다.

③ 국민 생활의 실질적 평등 실현을 최우선적으로 추구하는 우리나라 헌법의 기본 원리는 복지 국가의 원리이다.

④ 국민 주권주의, 문화 국가의 원리 모두 국회의 입법 및 정부의 정책 결정 방향의 기준이 된다.

⑤ 국민 주권주의가 현대 복지 국가 헌법에서부터 강조된 우리나라 헌법의 기본 원리라고 볼 수 없다.

4 우리나라 헌법의 기본 원리 이해

문제 분석 제시된 자료에서 '복수 정당제를 실현 방안으로 제시하기에 적절한 원리인가?'라는 질문에 '예'에 해당하는 B는 국민 주권주의, '상호주의 원칙에 따라 외국인의 지위를 보장하는 근거가 되는 원리인가?'라는 질문에 대해 '예'에 해당하는 C는 국제 평화주의이므로 A는 복지 국가의 원리이다.

정답 찾기 ③ 헌법의 기본 원리는 헌법을 총체적으로 지배하는 지도 원리로써 입법권의 범위나 한계, 국가 정책 결정의 기본 방향을 제시한다. 따라서 헌법의 기본 원리인 국민 주권주의, 복지 국가의 원리, 국제 평화주의는 모두 국가 정책 결정과 법률 제정의 내용과 방향을 제시한다.

오답 피하기 ① 복지 국가의 원리는 현대 복지 국가 헌법에서부터 강조된 원리이다.

② 복지 국가의 원리는 국민 생활에 대한 국가의 적극적 역할을 강조하는 원리이다.

④ '복수 정당제를 실현 방안으로 제시하기에 적절한 원리인가?'라는 질문에 대해 국제 평화주의는 '아니요'에 해당하고, '상호주의 원칙에 따라 외국인의 지위를 보장하는 근거가 되는 원리인가?'라는 질문에 대해 복지 국가의 원리와 국민 주권주의 원리 모두 '아니요'에 해당하므로 ㉠~㉢ 중 '예'에 해당하는 것은 0개이다.

⑤ 국민 주권주의는 국민의 동의와 지지를 국가 권력의 원천으로 보는 원리이다. 따라서 (가)에는 해당 질문이 들어갈 수 없다.

5 우리나라 헌법의 기본 원리 이해

문제 분석 제시된 자료에서 국민의 사회권 보장, 국민 건강 보험, 국민연금 등 사회 보험 시행을 실현 방안으로 제시하고 있는

우리나라 헌법의 기본 원리인 A는 복지 국가의 원리이며, 상호주의에 따른 외국인의 지위 보장을 실현 방안으로 제시하고 있는 우리나라 헌법의 기본 원리인 B는 국제 평화주의이다.

정답 찾기 ㄱ. 복지 국가의 원리는 국민의 인간다운 생활을 보장하기 위한 국가의 적극적인 역할을 강조한다.

ㄴ. 국제 평화주의의 실현 방안으로 국제법 존중을 들 수 있다. 따라서 '일반적으로 승인된 국제 법규는 국내법과 같은 효력을 가진다.'라는 우리나라 헌법 내용은 국제 평화주의와 관련된 내용으로 볼 수 있다.

ㄷ. 자유 민주주의의 실현 방안으로 법치주의의 실질적 실현을 들 수 있다. 따라서 해당 내용은 (가)에 들어갈 수 있다.

오답 피하기 ㄹ. 국제 평화주의의 실현 방안으로 침략적 전쟁의 부인을 들 수 있다. 따라서 해당 내용은 (나)에 들어갈 수 없다.

6 우리나라 헌법의 기본 원리 이해

문제 분석 국민의 최소한의 문화생활 참여를 보장하기 위한 우리나라 헌법의 기본 원리는 문화 국가의 원리이고, 인간으로서 누려야 할 기본적 생활을 보장하는 것과 관련된 우리나라 헌법의 기본 원리는 복지 국가의 원리이다. 따라서 A는 문화 국가의 원리, B는 복지 국가의 원리이다.

정답 찾기 ② 복지 국가의 원리는 사회 보장 제도 실시의 근거가 되며, 국민의 인간다운 생활 보장을 통해 실질적 평등의 실현을 강조하는 헌법의 기본 원리이다.

오답 피하기 ① 자유 민주주의 원리는 권력 분립에 의한 국가 권력의 남용 방지를 강조한다.

③ 문화 국가의 원리, 복지 국가의 원리 모두 국가 운영 원리의 기준이 되어 법률 제정과 정책 시행의 방향을 제시한다.

④ 국제 평화주의는 상호주의 원칙에 따라 외국인의 지위를 보장하는 근거가 된다.

⑤ 복지 국가의 원리는 국민의 인간다운 생활의 보장을 위한 국가의 적극적 역할을 강조하고, 문화 국가의 원리도 국가의 문화를 보호하고 국민의 문화적 자유와 활동을 보장하기 위한 국가의 역할을 강조한다.

03 기본권의 보장과 제한

수능 기본 문제 본문 30~31쪽

| 01 ① | 02 ① | 03 ① | 04 ② |
| 05 ④ | 06 ① | 07 ④ | 08 ③ |

01 기본권의 의의 이해

문제 분석 헌법에서 확인되어 그 최고법적 효력으로서 보장되는 규범화된 실정권으로서의 성격을 가지는 권리인 A는 기본권이다.

정답 찾기 ① 기본권은 인간이라면 누구나 기본적으로 누려야 하는 권리 중 헌법에 보장되어 있는 권리로서 모든 국민에게 보장되는 권리이다.

오답 피하기 ② 기본권은 일정한 요건에 의해 제한될 수 있다.

③ 기본권의 유형 중 자유권 등은 헌법에 열거되지 않더라도 보장되는 포괄적 권리이다.

④ 기본권은 국가 권력 행사의 절대성을 보장해 주는 것이 아니라 국가 권력 행사의 범위와 한계를 규정해 준다.

⑤ 인간의 존엄, 자유권 등은 국가 성립 이전에도 존재하는 초국가적인 성격을 지니고 있다.

02 기본권의 유형 이해

문제 분석 자유권은 국가 권력에 의한 간섭이나 침해를 배제하는 소극적·방어적 권리이다. 청구권은 국민이 국가에 적극적으로 일정한 행위를 요구하거나 국민의 기본권이 국가나 타인에 의해 침해당하였을 때 그 구제를 청구할 수 있는 권리이다. 사회권은 모든 국민의 인간다운 생활 보장과 실질적 평등의 실현을 국가에 요구할 수 있는 권리이다.

정답 찾기 ① 국가의 간섭이나 침해를 배제하는 방어적 성격의 권리인 A는 자유권이고, 다른 기본권 보장을 위한 수단적 권리인 B는 청구권이다. 따라서 C는 사회권이다.

03 기본권의 유형 이해

문제 분석 '모든 국민은 법률이 정하는 바에 의하여 선거권을 가진다.'라는 헌법 조항은 참정권에 관한 헌법 조항이고, '모든 국민은 학문과 예술의 자유를 가진다.'라는 헌법 조항은 자유권에 관한 헌법 조항이다. 따라서 A는 참정권, B는 자유권이다.

정답 찾기 ① 참정권은 주권자인 국민이 국가 기관의 형성과 정치적 의사 결정 과정에 참여할 수 있는 권리로서 국민 주권주의를 실현하는 권리이다.

오답 피하기 ② 역사적으로 가장 최근에 등장한 현대적 권리는 사회권이다.
③ 자유권은 소극적·방어적 권리이다.
④ 다른 기본권 보장을 위한 수단적 권리는 청구권이다.
⑤ 자유권은 구체적인 내용이 헌법에 열거되지 않아도 보장되는 포괄적 성격의 권리이다.

04 평등권 이해

문제 분석 갑은 ○○법 조항이 다른 대도시에 비해 인구가 적은 지역의 당원을 합리적 이유 없이 차별한다고 보았다. 따라서 A는 평등권이다.

정답 찾기 ② 평등권은 모든 국민을 원칙적으로 평등하게 대우하는 것을 국가에 요구할 수 있는 권리로서 다른 모든 기본권 보장의 전제가 되는 권리이다.

오답 피하기 ① 평등권도 기본권으로서 법률에 의해 제한될 수 있는 권리이다.
③ 사회권은 독일의 바이마르 헌법에서 처음으로 규정된 권리이다.
④ 참정권은 국가의 정치 과정에 참여할 수 있는 능동적 권리이다.
⑤ 자유권은 국가 권력에 의한 간섭이나 침해의 배제를 내용으로 하는 권리이다.

05 참정권 이해

문제 분석 갑은 지방 의회 의원 선거에서 선거권을 행사하고 있으며, 을은 피선거권을 행사하여 정당의 대통령 후보자로 선거에 출마하게 되었다. 선거권과 피선거권은 모두 참정권에 해당한다.

정답 찾기 ④ 참정권은 국가의 정치 과정에 참여할 수 있는 능동적 권리이다.

오답 피하기 ① 평등권은 합리적 이유가 없는 차별적 대우를 금지할 것을 국가에 요구할 수 있는 권리이다.
② 사회권은 기본권 중에서 가장 최근에 등장한 현대적 권리이다.
③ 사회권은 인간다운 생활을 국가에 요구할 수 있는 권리이다.
⑤ 청구권은 국가에 특정한 행위를 요구할 수 있는 절차적 권리이다.

06 기본권 제한의 이해

문제 분석 ○○법 조항은 국회 의장 공관의 일정 범위 내에서의 집회 및 시위를 일률적으로 금지하여 집회 및 시위의 자유 즉, 자유권을 침해한다고 헌법 재판소는 판단하였다.

정답 찾기 ㄱ. 자유권은 국가의 간섭을 배제해야 보장되는 소극적 권리이다.
ㄴ. 헌법 재판소는 ○○법 조항이 입법 목적 달성에 필요한 범위를 넘어서 과도하게 국민의 기본권을 제한하여 과잉 금지의 원칙에 어긋난다고 판단하였다.

오답 피하기 ㄷ. 기본권 제한에 있어서 형식적인 요건은 법률로써의 제한을 의미하므로 헌법 재판소가 해당 요건의 충족을 강조하

였다고 볼 수 없다.
ㄹ. 현대 복지 국가 헌법에서부터 보장된 현대적 권리는 사회권이다.

07 기본권의 유형 이해

문제 분석 최저 임금 제도는 국민의 인간다운 생활을 보장하기 위한 사회 보장 제도이다. 이런 사회 보장 제도 실현과 관련된 기본권은 사회권이므로 A는 사회권이다. 반면 변호인의 조력을 받을 권리, 진술 거부권 등은 국민의 신체의 자유를 보장하기 위한 자유권의 내용이다. 따라서 B는 자유권이다.

정답 찾기 ④ 자유권은 사회권과 달리 국가 권력에 의한 간섭이나 침해의 배제를 통해 보장되는 소극적이고 방어적인 성격을 갖는 권리이다.

오답 피하기 ① 청구권은 다른 기본권 보장을 위한 수단적 권리이다.
② 자유권은 일정한 제한 요건이 갖추어져 있을 경우 법률로써 제한할 수 있다.
③ 사회권은 현대 복지 국가 헌법에서부터 보장된 권리이다.
⑤ 자유권은 구체적인 내용이 헌법에 열거되지 않아도 보장되는 포괄적 성격의 권리이다.

08 기본권 제한의 요건 이해

문제 분석 갑은 고등학교 졸업 학력 검정고시 합격자의 검정고시 재응시 자격을 제한하고 있는 △△ 교육청 공고가 자신의 교육을 받을 권리와 같은 사회권 등을 침해한다고 헌법 소원 심판을 청구하였다.

정답 찾기 ㄱ. 교육을 받을 권리는 사회권에 해당한다. 사회권의 보장은 실질적 평등의 실현에 기여한다.
ㄷ. 헌법 재판소는 검정고시 재응시 자격 제한은 과잉 금지의 원칙 중 입법 목적의 정당성에는 부합하나 피해의 최소성 및 법익의 균형성에 부합하지 않는다고 판단하였다. 따라서 (가)에 '과잉 금지의 원칙'이 들어갈 수 있다.

오답 피하기 ㄴ. 위헌 심사형 헌법 소원 심판은 재판의 전제가 되는 법률의 위헌 여부에 대해 소송 당사자가 법원에 위헌 법률 심판 제청 신청을 하였으나 법원이 이를 기각한 경우 소송 당사자가 해당 법률이 헌법에 위배되는지를 헌법 재판소에 직접 청구하는 헌법 소원 심판이다. 제시된 자료에서 해당 공고는 갑의 재판의 전제가 되는 법률이 아니므로 갑이 청구한 헌법 소원 심판은 위헌 심사형 헌법 소원 심판이 아니다.

1 기본권의 유형 이해

문제 분석 자유권, 참정권, 사회권 중 국가 권력의 간섭 및 침해를 받지 않아야 실현될 수 있는 권리는 자유권이므로 A는 자유권이다. (가), (나) 질문과 이에 대한 답변을 통해 B, C는 각각 사회권과 참정권 중 하나이다.

정답 찾기 ③ 국민이 국가 기관 구성에 참여하거나 국가 기관의 구성원으로 선임될 수 있는 권리는 참정권이므로 해당 질문이 (가)에 들어가면 B는 참정권이다. 이에 A가 자유권이므로 C는 사회권이다. 사회권의 보장은 실질적 평등의 실현에 기여한다.

오답 피하기 ① 다른 기본권 보장을 위한 수단이 되는 권리는 청구권이다.
② 자유권은 원칙적으로 외국인에게도 인정되는 권리이므로 해당 질문은 (가)에 들어갈 수 없다.
④ 사회권과 참정권은 국가의 존재를 전제로 보장되는 권리이므로 해당 질문이 (나)에 들어가면 ㉠은 'B, C'이다.
⑤ 사회권은 B, C 중 하나이다. 사회권은 자본주의의 문제점을 해결하는 과정에서 등장한 권리이므로 ㉡이 'B, C'라면 해당 질문은 (나)에 들어갈 수 없다.

2 자유권 이해

문제 분석 갑은 출국 금지 조치로 인하여 해외로 출장을 갈 수 없어서 거주·이전의 자유가 침해받았다고 볼 수 있다. 또한 을은 자신이 원하지 않는 종교 행사 참여를 강요받아 종교의 자유가 침해받았다고 볼 수 있다. 따라서 갑과 을이 공통적으로 침해받았다고 주장하는 기본권 유형은 자유권이다.

정답 찾기 ⑤ 자유권은 자유로운 개인의 생활을 국가 권력 행사로 인하여 침해받지 않을 소극적·방어적 권리이다.

오답 피하기 ① 독일 바이마르 헌법에서 처음으로 규정된 권리는 사회권이다.
② 다른 기본권 보장을 위한 수단적·절차적 권리는 청구권이다.
③ 자유권을 수단이 되는 권리로 볼 수 없다.
④ 실질적 평등을 실현하기 위한 국가의 의무를 강조하는 권리는 사회권이다.

3 청구권과 사회권 이해

문제 분석 생명 및 신체 피해에 대한 구조금 등을 국가에 요구할 수 있는 절차적 권리인 A는 청구권이다. 또한 범죄 피해자의

생계 보장과 같이 인간다운 생활의 보장과 관련된 기본권인 B는 사회권이다.

정답 찾기 ① 청구권은 다른 기본권을 보장하기 위한 수단적·절차적 권리이다.

오답 피하기 ② 헌법에 열거되지 않아도 보장되는 포괄적 권리는 행복 추구권, 자유권 등으로 사회권을 포괄적 권리로 볼 수 없다.
③ 사회권은 국민의 인간다운 생활을 보장하기 위한 권리이다.
④ 청구권과 사회권은 모두 국가의 존재를 전제로 성립하는 권리이다.
⑤ 사회권은 현대 복지 국가 헌법에서부터 보장된 권리이다.

4 평등권과 사회권 이해

문제 분석 근로자의 날에 일반 근로자와 달리 공무원인 갑은 출근하게 되어 합리적인 이유 없이 차별을 당하여 A를 침해당했다고 주장한 것으로 보아 A는 평등권이다. 또한 근로자의 날에 출근하게 되어 해당일에 노동조합 설립과 관련된 의사 교환 및 노동조합 집회를 통한 소통의 시간이 봉쇄되어 근로 3권이 침해당했다고 볼 수 있으므로 B는 사회권이다. 그리고 사회권은 다른 기본권 보장의 전제가 되는 권리라고 볼 수 없으므로 해당 답안은 틀린 내용이다. (가)의 내용에 따라 ㉠은 '0' 또는 '1'이 된다.

정답 찾기 ㄴ. 사회권은 인간다운 생활에 필요한 급부를 국가에 요구할 수 있는 권리이다.
ㄹ. ㉠이 '1'이면, (가)에 옳은 내용이 들어가야 한다. 평등권과 달리 사회권은 국가의 성립을 전제로 보장되는 권리로 볼 수 있으므로 해당 내용은 (가)에 들어갈 수 있다.

오답 피하기 ㄱ. 소극적·방어적 권리는 자유권이다.
ㄷ. 국가의 정치 활동에 참여할 수 있는 능동적 권리는 참정권이다. 따라서 해당 내용이 (가)에 들어가면 ㉠은 '0'이다.

5 문화 국가의 원리와 자유권 이해

문제 분석 문화의 육성 및 진흥의 과제를 수행해야 하고 문화를 향유할 수 있는 권리의 보장과 관련된 우리나라 헌법의 기본 원리인 A는 문화 국가의 원리이다. 또한 양심의 자유, 종교의 자유, 학문과 예술의 자유는 모두 자유권의 내용이므로 ㉠은 자유권이다.

정답 찾기 ㄴ. 문화 국가의 원리는 국민의 자율적인 문화 활동 보장과 문화를 보호하고 지원하는 국가 정책 방향의 기준이 된다.
ㄷ. 자유권은 국가 권력에 의한 침해를 배제하는 소극적·방어적 권리이다.

오답 피하기 ㄱ. 상호주의 원칙에 따른 외국인의 지위 보장을 실현 방안으로 들 수 있는 우리나라 헌법의 기본 원리는 국제 평화주의이다.
ㄹ. 국민 주권주의를 실현하는 능동적 권리는 참정권이다.

6 기본권의 유형 이해

문제 분석 갑은 변호인의 조력을 받을 권리를 침해당했다고 주장하였으므로 A는 자유권이고, 을은 인간다운 생활을 할 권리를 침해당했다고 주장하였으므로 B는 사회권이다. 국가의 정치 과정에 참여할 수 있는 능동적 권리인가에 대한 질문에 '예'라는 입장인 C는 참정권이다.

정답 찾기 ② 사회권은 자본주의의 발달 과정에서 발생한 빈부 격차, 환경 오염 등과 같은 문제점을 해결하기 위해 등장한 권리이다.

오답 피하기 ① 국가에 일정한 급부를 요구할 수 있는 적극적 권리는 사회권이다.

③ C는 참정권이다. 시각 장애인만 안마 시술소를 운영할 수 있도록 한 법률 조항에 의하여 침해당했다고 볼 수 있는 비시각 장애인의 기본권은 평등권, 직업의 자유 등을 들 수 있지만 참정권과 연관되었다고 볼 수 없다. 따라서 해당 사례는 (가)에 들어갈 수 없다.

④ 국가의 간섭이나 침해를 받지 않을 방어적 권리는 자유권이다. B는 사회권이므로 해당 질문은 (나)에 들어갈 수 없다.

⑤ 참정권은 다른 기본권 보장의 전제가 되는 권리라고 볼 수 없다. ㉠이 '예'이면 해당 질문은 (다)에 들어갈 수 없다.

7 기본권의 유형 이해

문제 분석 애국지사와 ○○ 공로자를 달리 보상하는 것이 합리적 이유 없는 차별이라고 볼 수 없으므로 A를 침해한 것이 아니라는 점을 통해 A가 평등권임을 알 수 있다. 또한 공로 수당 지급액이 과소하더라도 다른 법률에서 생계가 곤란한 자에게 최소한의 물질적 필요를 보장하였으므로 B를 침해한 것이 아니라는 점을 통해 B는 사회권이라는 것을 알 수 있다. C는 국가 권력의 간섭 없이 자유롭게 활동을 할 수 있다는 포괄적인 의미의 성격을 갖는다고 했으므로 자유권임을 알 수 있다.

정답 찾기 ⑤ 적극적 권리인 사회권과 달리 자유권은 국가 권력에 의한 침해를 배제하는 소극적·방어적 권리이다.

오답 피하기 ① 기본권을 보장하기 위한 수단적 권리는 청구권이다.

② 다른 기본권을 보장하는 데 있어서 전제가 되는 권리는 평등권이다.

③ 헌법이 추구하는 최고 가치로서 모든 기본권의 근거가 되는 것은 인간의 존엄과 가치이다.

④ 평등권에서의 평등은 국민의 실질적·상대적 평등을 의미하며, 사회권 보장을 통해 국민의 실질적 평등을 실현할 수 있다.

8 기본권 제한의 요건 이해

문제 분석 제시문은 집회를 하기 위해 집회 신고서를 관할 경찰서장에게 제출했지만 관할 경찰서장이 법률에 근거 없이 집회 신고를 반려하여 집회의 자유를 침해한 사례이다.

정답 찾기 ② 관할 경찰서장이 집회 신고서를 반려한 것은 기본권 제한 시 법률에 의해서만 제한할 수 있다는 형식 요건을 충족하지 않았다고 헌법 재판소는 판단하였다.

오답 피하기 ①, ③, ④, ⑤ 헌법 재판소는 관할 경찰서장의 집회 신고 반려 처분이 과잉 금지의 원칙에 위배되었는지 여부를 판단할 필요 없이, 해당 처분에 의한 기본권 제한은 법률에 의해 기본권을 제한한 것이 아니므로 헌법에 위배된다고 판단하였다. 따라서 관할 경찰서장의 집회 신고 반려 처분이 기본권 제한의 본질을 침해하였는지 여부와 피해의 최소성, 법익의 균형성 등 기본권 제한의 방법 요건을 충족하였는지 여부는 파악할 수 없다.

Ⅰ단원 기출 플러스

본문 36~37쪽

01 ③   **02** ⑤   **03** ①   **04** ③

01 법치주의의 유형 이해

문제 분석 주어진 자료에서 명목상 법률에 의하기만 하면 법치주의를 준수한 것으로 보는 법치주의의 유형 A는 형식적 법치주의, 국가 작용이 법률에 근거해야 할 뿐만 아니라 법률의 목적과 내용도 정의에 부합해야 한다는 법치주의의 유형 B는 실질적 법치주의이다.

정답 찾기 ③ 실질적 법치주의의 실현 방안으로 기본권을 제한할 때 과잉 금지 원칙을 준수하도록 하여 국민의 기본권을 보장하고자 한다.

오답 피하기 ① 형식적 법치주의는 국가 권력 행사 시 의회가 미리 제정한 법률에 근거해야 한다고 본다.

② 실질적 법치주의는 법률보다 헌법이 우위에 있음을 강조한다.

④ 형식적 법치주의와 실질적 법치주의 모두 통치의 형식적 합법성을 확보해야 함을 강조한다.

⑤ 형식적 법치주의와 실질적 법치주의 모두 국가 권력으로부터 시민의 기본권을 보장하는 것을 목적으로 한다.

02 정치를 바라보는 관점 이해

문제 분석 정치를 정치권력의 획득과 유지를 위한 국가의 고유한 활동만으로 한정하지 않고 국가를 포함한 모든 사회 집단에서 나타나는 현상으로 보는 갑의 관점은 넓은 의미로 정치를 바라보는 관점이다.

정답 찾기 ⑤ 넓은 의미로 정치를 바라보는 관점은 국가의 정치 현상과 국가 이외의 다양한 사회 집단에서 나타나는 정치 현상이 본질적으로 같다고 본다.

오답 피하기 ① 좁은 의미로 정치를 바라보는 관점은 정치를 국가만의 고유한 현상으로 보기 때문에 국가라는 정치 주체에 국한하여 정치의 의미를 규정한다.

② 넓은 의미로 정치를 바라보는 관점은 좁은 의미로 정치를 바라보는 관점에 비해 다원화된 현대 사회의 정치 현상을 설명하는 데 적합하다.

③ 좁은 의미로 정치를 바라보는 관점, 넓은 의미로 정치를 바라보는 관점은 모두 국회가 국가 예산안을 심의·확정하는 과정을 정치로 본다.

④ 좁은 의미로 정치를 바라보는 관점은 국가 수준의 정치 현상만을 정치로 보기 때문에 국가 형성 이전의 정치 현상에 대해 설명할 수 없다는 한계를 가진다.

03 기본권의 유형 이해

문제 분석 기본권 유형 중 국가 권력에 의해 침해되지 않음으로써 보장되는 소극적인 성격을 가지고 있는 A는 자유권, 국가의 적극적 급부와 배려를 통해 비로소 보장되며 실질적 평등의 실현을 목적으로 하는 B는 사회권이다.

정답 찾기 ① 자유권은 헌법에 열거되지 않더라도 보장되는 포괄적 권리이다.

오답 피하기 ② 참정권은 국민이 국가 기관의 형성에 참여하거나 국가 기관의 구성원으로 선임될 수 있는 권리이다.

③ 자유권, 사회권은 모두 인간의 존엄과 가치를 보장하기 위한 권리이다.

④ 사회권은 자본주의의 문제점을 해결하는 과정에서 등장한 권리이다.

⑤ 청구권은 침해된 기본권을 구제하기 위한 수단적 권리이다.

04 우리나라 헌법의 기본 원리 이해

문제 분석 국제 평화주의와 관련되고 대통령은 조국의 평화적 통일을 위한 성실한 의무를 진다고 규정한 헌법 조항이 직접 나타내는 우리나라 헌법의 기본 원리인 A는 평화 통일 지향이다.

정답 찾기 ③ 우리나라 헌법의 기본 원리인 평화 통일 지향은 자유 민주적 기본 질서에 입각한 평화적 통일을 추구해야 한다는 원리이다.

오답 피하기 ① 국민 주권주의는 국가의 의사를 결정하는 주권이 국민에게 있다는 원리이다.

② 국민 주권주의는 국가 권력의 창설이 국민의 합의에 기초해야 한다는 원리이다.

④ 복지 국가의 원리는 국가가 경제 문제를 해결하기 위하여 경제에 관한 규제와 조정을 할 수 있는 근거가 된다.

⑤ 문화 국가의 원리는 학문과 예술 및 문화 활동의 자유를 보장하고 국가가 문화 발전을 지향해야 한다는 원리이다.

04 정부 형태

수능 기본 문제   본문 41쪽

01 ②   **02** ①   **03** ②   **04** ①

01 전형적인 정부 형태의 특징 이해

문제 분석 의원·내각제는 의회에서 의회 의원 선거 결과에 따라 행정부 수반인 총리를 선출하며, 대통령제는 국민의 선거로 행정부 수반인 대통령을 선출한다. 따라서 A는 의원 내각제, B는 대통령제이다. (가)에는 의원 내각제와 구분되는 대통령제의 특징이 들어가야 한다.

정답 찾기 ㄱ. 대통령제는 의회 의원이 법률안을 제출할 수 있으며, 행정부의 법률안 제출권은 인정되지 않는다.

ㄷ. 대통령제에서 대통령은 의회에서 의결한 법률안에 대해 거부할 수 있는 권한을 갖는다.

오답 피하기 ㄴ. 의원 내각제에서는 의회 의원이 총리 또는 각료를 겸직할 수 있다.

ㄹ. 의원 내각제에서는 총리가 의회를 해산할 수 있다.

02 전형적인 정부 형태의 특징 이해

문제 분석 의원 내각제에서 내각은 연대하여 의회에 대하여 정치적 책임을 지고, 대통령제에서 대통령은 국민에 대하여 정치적 책임을 지지만 의회에 대하여 책임을 지지 않는다. 따라서 A는 의원 내각제, B는 대통령제이다.

정답 찾기 ① 의원 내각제에서는 의회 의원이 총리 또는 각료를 겸직할 수 있다.

오답 피하기 ② 행정부 수반이 의회 해산권 행사를 통해 의회를 해산할 수 있는 것은 의원 내각제이다.

③ 의원 내각제, 대통령제 모두 의회 의원은 국민의 선거로 선출한다.

④ 대통령제에서는 대통령의 임기가 보장되어 국정 수행의 안정성과 정책의 지속성 확보가 용이하다.

⑤ 의회가 내각을 불신임할 수 있는 권한을 갖는 것은 의원 내각제이다.

03 정부 형태에서의 견제 방법 이해

문제 분석 입법부와 행정부가 엄격하게 분리된 정부 형태인 A는 대통령제이며, 입법부와 행정부의 관계가 상호 의존적인 정부 형태인 B는 의원 내각제이다.

정답 찾기 ② 대통령제에서 의회는 대통령이 직무상 중대한 비위를 범한 경우 소추할 수 있는 탄핵 소추권을 갖는다. 의원 내각

제에서 의회는 내각에 대하여 총사퇴를 요구할 수 있는 권한인 내각 불신임권을 갖는다.

오답 피하기 ①, ③ 대통령제에서 대통령은 의회에서 의결한 법률안에 대해 거부할 수 있는 권한인 법률안 거부권을 가지며, 의회는 대통령이 의회의 동의 및 승인을 필요로 하는 사안에 대해서 동의 및 승인할 수 있는 권한을 갖는다.

04 정부 형태의 이해

문제 분석 의회에서 행정부 수반을 선출하는 A는 의원 내각제이다. 따라서 B는 대통령제이다.

정답 찾기 ① 의원 내각제에서 행정부 수반인 총리는 의회 의원 임기 만료 전에 의회를 해산시킬 수 있는 권한을 가진다.

오답 피하기 ② 행정부가 의회에 법률안을 제출할 수 있는 것은 의원 내각제이다. 대통령제에서는 행정부가 법률안을 제출할 수 없다.

③ 우리나라에서 법률안 거부권은 대통령제 요소에 해당한다.

④ 의원 내각제, 대통령제 모두 사법부의 독립을 보장한다.

⑤ 의원 내각제, 대통령제 모두 국민의 선거로 의회 의원을 선출하므로 해당 질문은 (가)에 들어갈 수 있다.

수능 실전 문제   본문 42~44쪽

1 ①   **2** ④   **3** ⑤   **4** ⑤
5 ②   **6** ①

1 전형적인 정부 형태의 특징 이해

문제 분석 국민의 선거로 행정부 수반을 선출하는 갑국의 정부 형태는 대통령제이며, 의회 의원 선거 결과 의회에서 행정부 수반을 선출하는 을국의 정부 형태는 의원 내각제이다.

정답 찾기 ① 대통령제에서 대통령은 의회에서 의결한 법률안에 대해 거부할 수 있는 권한을 갖는다.

오답 피하기 ② 의회가 불신임권을 통해 내각을 견제할 수 있는 것은 의원 내각제이다.

③ 의원 내각제에서 의회 의원은 총리 또는 각료를 겸직할 수 있다.

④ 의원 내각제는 국가 원수와 행정부 수반이 일치하지 않는다.

⑤ 대통령제에서는 행정부가 법률안을 제출할 수 없다.

2 전형적인 정부 형태의 특징 이해

문제 분석 행정부 수반이 법률안 거부권을 갖는 것은 대통령제이며, 의회가 내각 불신임권을 갖는 것은 의원 내각제이다. 교사의 평가에서 세 가지는 옳게 작성하였고 나머지 하나는 옳지 않게 작성하였다고 하였으므로 A는 대통령제, B는 의원 내각제이다.

정답찾기 ④ '행정부 수반이 국가 원수로서의 지위를 동시에 가진다.'는 대통령제의 특징에 해당한다. 따라서 해당 내용이 (가)에 들어가면, (나)에 옳지 않은 내용이 들어가야 한다. '의회 의원이 각료를 겸직할 수 있다.'는 의원 내각제의 특징에 해당하므로 해당 내용은 (나)에 들어갈 수 없다.

오답피하기 ① 대통령제에서는 의회 의원만이 법률안을 제출할 수 있으며, 행정부는 법률안을 제출할 수 없다.
② 의원 내각제에서 내각은 연대하여 의회에 대하여 정치적 책임을 진다.
③ 대통령제, 의원 내각제는 모두 국민의 선거로 의회가 구성된다. 따라서 해당 질문으로 대통령제와 의원 내각제를 구분할 수 없다.
⑤ '행정부 수반이 의회를 해산할 수 있다.'는 의원 내각제의 특징에 해당한다. 따라서 해당 내용이 (나)에 들어가면, (가)에 옳지 않은 내용이 들어가야 한다. '행정부 수반의 임기가 보장된다.'는 대통령제의 특징에 해당하므로 해당 내용은 (가)에 들어갈 수 없다.

3 대통령제 이해

문제분석 갑국의 경우 D당의 의회 의석률이 53%로 과반 의석을 차지하였는데 행정부 수반 소속 정당은 C당이라는 것을 통해, 갑국의 정부 형태는 대통령제라는 것을 파악할 수 있다. 따라서 을국의 정부 형태는 의원 내각제이다. '정부가 의회에 법률안을 제출할 수 있다.'는 의원 내각제의 특징이며, '행정부 수반이 국민의 선거로 선출된다.'는 대통령제의 특징이다.

정답찾기 ⑤ ㉠이 '2점'이면, (가)에 대통령제의 특징이 들어가야 한다. 행정부 수반이 법률안 거부권을 갖는 것은 대통령제의 특징이므로 해당 내용은 (가)에 들어갈 수 있다.

오답피하기 ① '정부가 의회에 법률안을 제출할 수 있다.'는 의원 내각제의 특징이므로 ㉠은 '3점'이 될 수 없다.
② 의원 내각제에서 의회는 내각에 대하여 총사퇴를 요구할 수 있는 내각 불신임권을 갖는다.
③ 대통령제에서 의회는 행정부 수반에 대한 탄핵 소추권을 갖는다.
④ 해당 내용은 대통령제의 특징이므로 해당 내용이 (가)에 들어가면 ㉠은 '2점'이다.

4 전형적인 정부 형태 및 우리나라 정부 형태 이해

문제분석 입법부와 행정부의 관계가 상호 의존적인 A는 의원 내각제이며, 권력 분립과 견제의 원리에 더 충실한 B는 대통령제이다. 우리나라는 기본적으로 대통령제를 기반으로 하고 있으면서, 의원 내각제의 요소가 가미된 정부 형태이다.

정답찾기 ⑤ 의원 내각제에서는 총리가 의회 의원 임기 만료 전에 의회를 해산시킬 수 있는 권한을 갖지만, 우리나라 정부 형태에서는 존재하지 않는 요소이다.

오답피하기 ① 의원 내각제에서는 의회의 내각 불신임권 행사 등을 통해서 행정부 수반이 임기 중에 물러날 수 있으므로 행정부 수반의 임기가 보장되지 않는다.
② 대통령제에서는 대통령이 국가 원수와 행정부 수반으로서의 지위를 동시에 가진다.
③ 우리나라에서 '행정부의 법률안 제출권 인정'은 의원 내각제 요소에 해당하므로 (나)에 들어갈 수 있다.
④ 우리나라에서 국회가 국무총리나 국무 위원을 해임시킬 수 있는 것이 아니라 해임을 대통령에게 건의할 수 있는 것이므로 해당 내용은 (나)에 들어갈 수 없다.

5 우리나라 정부 형태 이해

문제분석 우리나라 정부 형태에서 국무총리를 두어 행정 각부를 통할하게 하는 것과 행정부가 법률안을 제출할 수 있는 것은 의원 내각제 요소에 해당한다.

정답찾기 ㄱ. 2명이 갑, 병이라면, A는 의원 내각제, B는 대통령제이며, (나)에 대통령제에 해당하지 않는 내용이 들어가야 한다. 국무 회의를 구성하여 운영하는 것은 의원 내각제 요소에 해당하므로 해당 내용은 (나)에 들어갈 수 있다.
ㄹ. 2명에 을이 포함되어 있으면, A는 대통령제, B는 의원 내각제이다. 대통령제에서는 행정부 수반이 의회에서 의결한 법률안에 대해 재의를 요구할 수 있는 법률안 거부권을 가진다.

오답피하기 ㄴ. 2명에 갑이 포함되어 있으면, A는 의원 내각제, B는 대통령제이다. 의원 내각제에서는 내각이 연대하여 의회에 대하여 정치적 책임을 진다.
ㄷ. 2명이 을, 병이라면, A는 대통령제, B는 의원 내각제이며, (가)에는 대통령제에 해당하는 내용이 들어가야 한다. 국민의 선거로 대통령을 선출하는 것은 대통령제 요소에 해당하므로 해당 내용은 (가)에 들어갈 수 있다.

6 전형적인 정부 형태 이해

문제분석 대통령제에서 행정부 수반의 소속 정당이 의회 의석의 과반을 차지하였다면 여대야소 정국이 형성되고, 과반을 차지하지 못하였다면 여소야대 정국이 형성된다. 의원 내각제에서 행정부 수반의 소속 정당이 의회 의석의 과반을 차지하였다면 단독 내각이 구성되고, 과반 의석을 차지하지 못하였다면 연립 내각이 구성된다.

정답찾기 ㄱ. 갑국이 입법부와 행정부가 독립된 정부 형태라면 갑국의 정부 형태는 대통령제, 을국의 정부 형태는 의원 내각제이다. 을국이 의회 의석을 확보한 정당이 3개만 존재하는데 행정부 수반의 소속 정당이 의회 의석의 과반을 차지하지 못하였다면 연립 내각이 구성된다.
ㄴ. 을국이 의회 의석을 확보한 정당이 2개만 존재하는데 행정부 수반의 소속 정당이 의회 의석의 과반을 차지하지 못하였다면, 을

국의 정부 형태는 대통령제라는 것을 파악할 수 있다. 대통령제에서는 국민의 선거로 행정부 수반인 대통령을 선출한다.

오답 피하기 ㄷ. 책임 정치에 유리한 정부 형태는 의원 내각제이므로 갑국과 정부 형태는 대통령제, 을국의 정부 형태는 의원 내각제이다. 의원 내각제에서는 의회 의원이 각료를 겸직할 수 있으므로 해당 질문은 (가)에 들어갈 수 있다.

ㄹ. 의회가 내각 불신임권을 갖는 정부 형태는 의원 내각제이므로 해당 질문이 (가)에 들어가면 갑국의 정부 형태는 대통령제, 을국의 정부 형태는 의원 내각제이다. 대통령제에서 대통령은 국가 원수와 행정부 수반으로서의 지위를 동시에 가진다.

05 우리나라의 국가 기관

수능 기본 문제 본문 50~51쪽

01 ②	02 ⑤	03 ②	04 ④
05 ③	06 ④	07 ②	08 ④

01 국회의 권한 이해

문제 분석 국회는 의장 1인과 부의장 2인을 선출하며, 국무총리 또는 국무 위원의 해임을 대통령에게 건의할 수 있다. 따라서 A는 국회이다.

정답 찾기 ② 대통령이 임명하는 헌법 재판소의 재판관 중 3인은 국회가 선출한다.

오답 피하기 ① 행정부의 최고 심의 기관은 국무 회의이다.

③ 대통령은 국회 임시회의 집회를 요구할 수 있다.

④ 조약을 체결하거나 비준하는 것은 대통령의 권한이다.

⑤ 탄핵 심판권은 헌법 재판소의 권한이다. 국회는 탄핵 소추권을 가진다.

02 헌법의 개정 절차 이해

문제 분석 우리나라 헌법 개정은 제시된 그림과 같은 절차로 이루어진다. 헌법 개정안이 제안되면 일정 기간 공고 후 국회 의결을 거치고, 국민 투표를 통해 확정되면 즉시 공포된다.

정답 찾기 ㄷ. 헌법 개정안은 국회가 의결한 후 30일 이내에 국민 투표에 부쳐야 하는데, 이때 확정을 위해서는 국회 의원 선거권자 과반수의 투표와 투표자 과반수의 찬성이 필요하다.

ㄹ. 국민 투표에서 국회 의원 선거권자 과반수의 투표와 투표자 과반수의 찬성으로 헌법 개정이 확정되면 대통령은 즉시 확정된 헌법 개정안을 공포해야 한다.

오답 피하기 ㄱ. 우리나라 헌법에 따르면 헌법 개정은 국회 재적 의원 과반수 또는 대통령의 발의로 제안된다.

ㄴ. 헌법 개정안에 대한 국회 의결은 국회 재적 의원 3분의 2 이상의 찬성으로 이루어진다.

03 대통령의 권한 통제 수단 이해

문제 분석 우리나라 대통령은 행정부 수반이자 국가 원수로서 막중한 책무를 지며 이를 위한 강력한 권한을 갖고 있다. 우리나라 헌법은 이러한 권한의 신중한 행사를 위해 행정부 내부는 물론 다른 국가 기관에 의한 다양한 통제 수단을 마련하고 있다.

정답 찾기 ② 국무 회의는 행정부 최고 심의 기관이지만, 대통령이 권한을 행사할 때 국무 회의의 심의 결과를 따라야 하는 것은 아니다.

오답 피하기 ① 대통령은 법률이 정하는 바에 의하여 사면·감형 또는 복권을 명할 수 있다.

③ 대통령의 국법상 행위는 문서로써 하며, 이 문서에는 국무총리와 관계 국무 위원이 부서한다.

④ 국무총리는 국회의 동의를 얻어 대통령이 임명한다.

⑤ 대통령령은 명령에 해당하고, 명령·규칙 또는 처분이 헌법이나 법률에 위반되는 여부가 재판의 전제가 된 경우에 법원은 이를 심사할 수 있으며, 대법원은 이에 대한 최종 심사권을 가진다.

04 우리나라 국가 기관의 권한 이해

문제 분석 감사원은 세입·세출의 결산을 매년 검사하여 대통령과 다음 연도 국회에 그 결과를 보고해야 하며, 감사원장은 국회의 동의를 얻어 대통령이 임명한다. 따라서 A는 감사원, B는 대통령, C는 국회이다.

정답 찾기 ④ 국회는 국가 세입·세출의 결산 심사권을 가진다.

오답 피하기 ① 국정 감사권과 국정 조사권은 모두 국회의 권한이다.

② 조약 체결에 대한 동의권은 국회의 권한이다.

③ 국가 예산안의 심의·확정권은 국회의 권한이다.

⑤ 감사원은 대통령 직속의 국가 기관이다.

05 사법권의 독립 이해

문제 분석 법원 자체의 독립과 법관의 독립을 통해 실현되는 사법권의 독립은 법관이 직무상의 양심과 소신에만 입각하여 재판을 할 수 있도록 하기 위한 장치이다.

정답 찾기 ③ 사법권의 독립은 공정한 재판을 위해 필수적인 요소로서 궁극적인 목적은 공정한 재판을 통해 국민의 기본권을 보장하는 것이다.

오답 피하기 ① 행정권에 대한 사법권의 우위 확보는 사법권의 독립 목적과 거리가 멀다.

② 신속한 재판으로 사법 절차의 효율성을 높이는 것은 사법권의 독립 목적과 거리가 멀다.

④ 국민의 재판 참여로 사법의 민주적 정당성을 높이는 것은 국민 참여 재판 제도의 목적이 될 수는 있으나, 사법권의 독립을 통해 달성하고자 하는 궁극적 목적으로 보기는 어렵다.

⑤ 법관의 오심으로 인해 침해된 국민의 권익을 구제하는 것은 심급 제도의 목적이 될 수는 있으나, 사법권의 독립을 통해 달성하고자 하는 궁극적 목적으로 보기는 어렵다.

06 심급 제도의 이해

문제 분석 우리나라는 하급 법원의 판결·결정·명령에 불복할 경우 상소하여 상급 법원에 재판을 받을 수 있도록 하고 있으며, 원칙적으로 3심제를 적용하고 있다.

정답 찾기 ㄴ. 1심 판결 선고 후 재판 당사자가 이에 불복할 경

우 일정 기간 내에 2심 재판을 청구하는 상소를 할 수 있다. 그러나 상소 없이 일정 기간이 경과하면 판결이 확정된다.

ㄹ. 3심을 담당하는 법원은 대법원이다. 대법원장은 국회의 동의를 얻어 대통령이 임명한다.

오답 피하기 ㄱ. 1심 판결에 불복하여 2심 재판을 청구하는 상소는 항소, 2심 판결에 불복하여 3심 재판을 청구하는 상소는 상고이다.

ㄷ. 사건에 따라 2심을 고등 법원이 아닌 지방 법원 본원 합의부에서 담당하는 경우도 있다.

07 헌법 재판소의 권한 이해

문제 분석 헌법 재판소는 헌법 해석을 통해 헌법과 관련된 분쟁을 해결하는 재판을 담당하는 국가 기관으로서, 정부의 청구에 의해 진행되는 정당 해산 심판과 국회의 소추에 의해 진행되는 탄핵 심판 등을 관할한다. 따라서 A는 헌법 재판소, B는 정부, C는 국회이다.

정답 찾기 ㄱ. 정당의 목적이나 활동이 민주적 기본 질서에 위배될 때 정부의 청구에 의해 그 정당의 해산 여부를 결정하는 심판은 정당 해산 심판이고, 대통령, 국무총리, 행정 각부의 장, 법관 등이 그 직무 집행에서 헌법이나 법률을 위반하였을 때 국회의 소추에 의해 그 공무원의 파면 여부를 결정하는 심판은 탄핵 심판이다.

ㄷ. 헌법 재판소의 재판관은 9인으로 구성되며 모두 대통령이 임명하는데, 그 중 3인은 국회에서 선출하는 자를, 3인은 대법원장이 지명하는 자를 임명한다.

오답 피하기 ㄴ. 재판의 상고심을 담당하는 것은 대법원이다.

ㄹ. 정당 해산 심판의 청구 주체는 법원이 아니라 정부이다.

08 위헌 법률 심판과 헌법 소원 심판의 이해

문제 분석 갑은 △△ 지방 법원에 위헌 법률 심판 제청 신청을 하였으나 기각되자, 헌법 재판소에 위헌 심사형 헌법 소원 심판을 청구하였다. 따라서 A는 위헌 심사형 헌법 소원 심판, B는 위헌 법률 심판이다.

정답 찾기 ④ 소송 사건을 담당하고 있는 법원은 재판의 전제가 된 법률의 위헌 여부 확인을 구하기 위해 소송 당사자의 제청 신청이 없어도 직권으로 헌법 재판소에 위헌 법률 심판을 제청할 수 있다.

오답 피하기 ① 재항고는 2심 법원의 판결이 아닌 결정이나 명령에 불복하여 3심 재판을 청구하는 상소이다. 헌법 재판소의 결정에는 불복할 수 없다.

② △△ 지방 법원과 헌법 재판소 모두 해당 법률 조항이 위헌이 아니라고 보았다.

③ 헌법 재판소가 합헌 결정을 내렸으므로 갑은 해당 법률 조항의 위반을 이유로 계속 재판을 받게 된다.

⑤ A는 권리 구제형 헌법 소원 심판이 아니라 위헌 심사형 헌법 소원 심판이고, B는 위헌 심사형 헌법 소원 심판이 아니라 위헌 법률 심판이다.

수능 실전 문제 본문 52～55쪽

| **1** ③ | **2** ④ | **3** ⑤ | **4** ③ |
| **5** ⑤ | **6** ③ | **7** ② | **8** ⑤ |

1 입법 과정의 이해

문제 분석 법률 개정 절차와 헌법 개정 절차는 공통점도 있고 차이점도 있다. 법률 개정 절차와 달리 헌법 개정 절차에는 국민 투표를 실시하여 주권자인 국민의 의사를 직접 확인하는 단계가 있다. 한편 법률 개정안은 국회 의원 외에 정부도 제출할 수 있으며, 헌법 개정안은 국회 의원 외에 대통령도 발의할 수 있다. 따라서 학생 갑의 답안 중 옳은 내용이 두 개여야 하므로 (가)에는 법률 개정 절차와 헌법 개정 절차의 공통점으로 옳은 내용이 들어가야 한다.

정답 찾기 ㄴ. 법률 개정안 발의에는 국회 의원 10명 이상의 찬성이 필요하고, 헌법 개정안 발의에는 국회 재적 의원 과반수의 찬성이 필요하다.

ㄷ. 법률 개정 절차와 헌법 개정 절차에서 공포는 대통령의 권한이다.

오답 피하기 ㄱ. 법률 개정 절차에서 국회 본회의 의결 정족수는 국회 재적 의원 과반수 출석과 출석 의원 과반수 찬성이고, 헌법 개정 절차에서 국회 의결 정족수는 국회 재적 의원 3분의 2 이상의 찬성이다.

ㄹ. 대통령은 국회에서 의결되어 정부에 이송된 법률안에 대해 공포를 앞두고 있어도 이의가 있을 경우 15일 이내에 재의를 요구할 수 있다. 그러나 헌법 개정안이 국민 투표에 의해 확정되어 공포를 앞두고 있다면 대통령은 헌법 개정안에 대해 재의를 요구할 수 없고 확정된 헌법 개정안을 즉시 공포해야 한다.

2 대통령의 지위와 권한 이해

문제 분석 대법관 임명권은 대통령의 권한이다. 따라서 A는 대통령이다.

정답 찾기 ④ 외국 정상과 회담을 갖고 조약을 체결하는 것은 대통령이 국가 원수로서 갖는 권한 중 대외적 국가 대표권에 해당한다.

오답 피하기 ① 우리나라 대통령은 행정부 수반과 국가 원수의 지위를 동시에 가진다.

② 대법관은 국회의 동의를 얻어 대통령이 임명한다.

③ 대통령은 행정부 최고 심의 기관인 국무 회의의 의장이다.

⑤ 대통령이 교육부·통일부 장관으로부터 업무 보고를 받는 것은 행정부 수반으로서 행정부를 지휘하고 감독할 권한을 행사하는 것이다.

3 우리나라 국가 기관의 권한 이해

문제 분석 대통령과 국무총리는 각각 국무 회의의 의장과 부의장이다. 국무 위원의 해임 건의권은 국무총리와 국회가 갖고, 탄핵 소추권은 국회가 갖는다. 따라서 A는 대법원장, B는 국회, C는 대통령, D는 국무총리이다.

정답 찾기 ⑤ 헌법 재판소의 재판관 중 3인은 대법원장이 지명하고, 3인은 국회에서 선출한다.

오답 피하기 ① 대법원장은 국회의 동의를 얻어 대통령이 임명한다.

② 국회는 대통령의 주요 조약 체결 및 비준에 대한 동의권을 가진다.

③ 국무총리는 대통령의 명을 받아 행정 각부를 통할한다.

④ 행정부 최고 심의 기관인 국무 회의의 의장은 대통령이고, 부의장은 국무총리이다.

4 심급 제도의 이해

문제 분석 제시된 자료는 항소심 판결문이다. △△ 고등 법원은 항소심에서 1심 판결이 부당하다고 판단하면서 원고 패소 판결을 내렸다.

정답 찾기 ㄴ. 항소심을 담당한 법원이 고등 법원이므로 해당 사건의 1심 재판은 지방 법원 또는 지원의 합의부에서 담당하였음을 알 수 있다.

ㄷ. 항소심 법원은 1심 판결이 부당하다고 보아 1심 판결을 취소하였다.

오답 피하기 ㄱ. 항소심에서 패소한 원고는 불복할 경우 대법원에 상고할 수 있다.

ㄹ. 항소심에서 패소하였으나 원고가 이에 불복하여 대법원에 상고할 수 있으므로 항소심 판결로 원고의 청구 기각이 확정되는 것은 아니다.

5 우리나라 국가 기관의 권한 이해

문제 분석 (가)~(라)는 모두 우리나라 국가 기관에 대한 내용상 오류가 있다. 국정 조사는 국회의 권한이고, 국무총리는 대법원장을 임명 제청할 권한이 없으며, 국회는 헌법 재판소장 해임을 건의할 권한이 없고, 대법원은 법률의 위헌 여부를 결정할 권한이 없다.

정답 찾기 을. 국무총리는 국무 위원에 대한 임명 제청권을 가진다.

병. 국회는 대통령에게 국무총리 해임을 건의할 권한을 가진다.

정. 대법원은 명령·규칙 또는 처분이 헌법이나 법률에 위반되는지 최종적으로 심사할 권한을 가진다.

오답 피하기 갑. 국정 조사나 국정 감사는 모두 감사원이 아니라 국회의 권한이다.

6 위헌 법률 심판과 헌법 소원 심판의 이해

문제 분석 갑은 재판의 전제가 된 법률 조항에 대하여 □□ 지방 법원에 위헌 법률 심판 제청 신청을 하였으나 기각되자 헌법 재판소에 위헌 심사형 헌법 소원 심판을 청구하였다. 따라서 A는 위헌 법률 심판, B는 위헌 심사형 헌법 소원 심판이다.

정답 찾기 ㄴ. 재판을 받던 갑이 법원에 제청을 신청한 A는 위헌 법률 심판이고, 신청이 기각되자 헌법 재판소에 직접 청구한 B는 위헌 심사형 헌법 소원 심판이다.

ㄷ. □□ 지방 법원은 갑의 위헌 법률 심판 제청 신청을 기각하였으나, 헌법 재판소는 해당 법률에 대하여 위헌 결정을 내렸다. 이를 통해 □□ 지방 법원과 헌법 재판소가 해당 법률의 위헌 여부에 대하여 다르게 판단하였음을 알 수 있다.

오답 피하기 ㄱ. 소송 당사자의 신청이 없어도 법원이 직권으로 제청할 수 있는 것은 헌법 소원 심판이 아니라 위헌 법률 심판이다.

ㄹ. 헌법 재판소의 위헌 결정은 근로의 권리가 법률로써 제한할 수 없는 권리라는 점이 아니라 6개월 미만 근무한 월급 근로자의 권리를 제한할 합리적인 이유가 없다는 점을 근거로 한 것이다.

7 대법원과 헌법 재판소의 권한 이해

문제 분석 헌법 소원 심판 사건에 대해 인용 결정을 내린 A는 헌법 재판소, 상고를 기각한 B는 대법원이다.

정답 찾기 ② 대법원은 명령·규칙 또는 처분의 위헌·위법 여부에 대한 최종 심사권을 가진다.

오답 피하기 ① 재항고심은 대법원이 관할한다.

③ 헌법 재판소의 재판관은 9인으로 구성되며 모두 대통령이 임명하는데, 그중 3인은 국회에서 선출하는 자를, 3인은 대법원장이 지명하는 자를 임명한다. 대법원의 대법관은 대법원장의 제청으로 국회의 동의를 얻어 대통령이 임명한다.

④ 헌법 재판소장과 대법원장은 모두 국회의 동의를 얻어 대통령이 임명한다.

⑤ 대법원을 포함한 법원은 위헌 법률 심판을 제청할 수 있고, 헌법 재판소는 위헌 법률 심판을 담당한다.

8 우리나라 국가 기관 간 견제 수단의 이해

문제 분석 우리나라 국가 기관 간의 견제 수단 중 탄핵 소추권과 대법원장 임명 동의권은 입법부(국회)가 행정부(대통령 포함), 사법부(법원)를 모두 견제할 수 있는 수단이다. 이와는 달리 위헌 법률 심판 제청권은 사법부가 입법부를 견제할 수 있는 수단이다.

정답 찾기 ⑤ 대통령과 법관은 탄핵 소추의 대상이 될 수 있고, 대법원장의 임명권자는 대통령이다. 따라서 탄핵 소추권과 대법원장 임명 동의권은 국회가 법원과 대통령을 모두 견제할 수 있는 수단이므로, (가)에 '법원과 대통령이 모두 견제 대상에 포함되는가?'가 들어가면 '예'라는 답이 2개여야 한다.

오답 피하기 ① ㉠~㉢ 중 '예'는 2개이다.

② 법률안 거부권은 대통령이 국회를 견제하는 수단이다. ㉣~㉤ 중 '아니요'는 2개이다.

③ ㉠이 '아니요'라면 A는 위헌 법률 심판 제청권이므로 ㉣은 '예'이다.

④ 사면권은 행사 주체가 대통령이다. 따라서 '권리 행사 주체가 사면권의 행사 주체와 일치하는가?'라는 질문에 대해 A~C 모두 '아니요'라고 답해야 하므로, (가)에 해당 질문은 들어갈 수 없다.

06 지방 자치

본문 59쪽

수능 기본 문제

01 ①   **02** ②   **03** ③   **04** ⑤

01 지방 자치 제도 이해

문제 분석 일정한 지역을 단위로 하여 주민이 선출한 기관이 지방 사무를 처리하고 지방의 균형 있는 발전 및 국가의 민주적 발전을 도모하는 제도인 A는 지방 자치이다.

정답 찾기 ㄱ. 지방 자치는 주민이 선출한 기관이 직접 지방 사무를 처리하는 제도이다.

오답 피하기 ㄴ. 지방 자치 단체의 장과 지방 의회 모두 주민의 선거에 의해 구성된다.

ㄷ. 중앙 정부와 지방 자치 단체 간의 수직적 권력 분립이 이루어지고 지방 자치 단체 내에서의 수평적인 의사 소통 구조가 확립되면 지방 자치 행정의 민주성이 제고될 수 있다.

02 지방 자치 단체 기관 이해

문제 분석 지방 자치 단체의 기관으로는 의결 기관인 지방 의회와 집행 기관인 지방 자치 단체의 장이 있다.

정답 찾기 ② 지방 자치 단체의 장은 해당 지방 자치 단체를 대표하고 사무를 총괄하는 권한을 가진 집행 기관이다.

오답 피하기 ① 지방 의회는 지역구 의원과 비례 대표 의원으로 구성된다.

③ 지방 자치 단체의 장과 지방 의회 의원 모두 주민의 직접 선거에 의해 선출된다.

④ 지방 의회는 지방 자치 단체 예산에 대한 심의 및 확정권을 갖는다.

⑤ 지방 의회는 지방 자치 단체의 장과 달리 조례에 대한 제정 및 개정·폐지권을 가진다.

03 지방 자치 단체 기관 이해

문제 분석 지방 의회는 지방 자치 단체의 예산에 대한 심의 및 확정권을 갖는 우리나라 지방 자치 단체 기관이다. 따라서 '지방 자치 단체의 예산에 대한 심의 및 확정권을 가지는가?'라는 질문에 '예'라고 답한 A는 지방 의회, '아니요'라고 답한 B는 지방 자치 단체의 장이다.

정답 찾기 ③ 지방 자치 단체의 장은 임기 중에 주민 소환 투표에 의하여 해임될 수 있다. 즉, 지방 자치 단체의 장은 주민 소환의 대상이 될 수 있다.

오답 피하기 ① 지방 의회 및 지방 자치 단체의 장 모두 주민의 직

접 선거로 선출 또는 구성된다. 따라서 ㉠은 '예'이다.

② 지방 자치 단체 사무의 집행 기관은 지방 자치 단체의 장이다.

④ 지방 자치 단체의 장은 해당 지역의 조례 제정 권한을 가지지 않는다.

⑤ 지방 자치는 중앙 정부와 지방 자치 단체 간의 수직적 권력 분립을 바탕으로 하지만, 지방 자치 단체 기관 간에 수직적 권력 분립이 나타난다고는 볼 수 없다.

04 우리나라 지방 자치의 문제점 및 발전 방안 이해

문제 분석 제시된 자료에서 주민 발안 제도는 주민이 지방 자치에 참여할 수 있는 제도이지만, 이에 대한 홍보 부족과 조례안을 만들기 위한 제반 환경이 미흡한 점이 지적되고 있다.

정답 찾기 ⑤ 제시된 자료에서 주민 발안 제도와 같은 주민 참여 제도 운영에 있어서 관련 제도 활용을 위한 제반 환경이 미흡한 점이 지적되고 있다. 이런 문제점을 해결하기 위한 적절한 방안으로 주민 참여에 주민이 보다 간편하면서도 쉽게 접근할 수 있도록 주민 참여 제도에 대한 주민의 접근성을 강화하기 위한 관련 제도의 보완을 들 수 있다.

오답 피하기 ①, ②, ③, ④ 제시된 사례에 나타난 지방 자치의 문제점을 해결하기 위한 방안으로 적절하지 않다.

수능 실전 문제

본문 60~61쪽

1 ①   **2** ③   **3** ②   **4** ⑤

1 지방 자치의 유형 이해

문제 분석 지방 자치의 유형 중 주민 자치는 지역 주민들이 해당 지역의 문제에 관한 정책을 스스로 결정하고 집행하는 지방 자치를 의미하며, 단체 자치는 지방 자치 단체가 중앙 정부로부터 자치권을 인정받아 스스로 지역 사무를 처리하는 지방 자치를 의미한다.

정답 찾기 ① 단체 자치는 지방 자치 단체가 중앙 정부로부터 자치권을 인정받아 지역 사무를 처리하므로 정치권력이 중앙 정부로 집중되는 것을 막는 수직적 권력 분립에 기반을 둔다.

오답 피하기 ② 주민 자치는 지역 주민들이 해당 지역의 문제에 관한 정책에 직·간접적인 방법을 통해 스스로 결정하고 해결하는 지방 자치를 의미한다.

③ 풀뿌리 민주주의는 주민들이 정치의 주체임을 인식하고 자치 과정에 적극적으로 참여함으로써 민주주의를 지탱하는 뿌리와 같은 역할을 하는 정치 형태를 가리키므로 주민 자치를 통해서 '풀뿌리 민주주의'가 실현될 수 있다.

④ 주민 자치와 단체 자치 모두 지방 자치의 유형으로서 지방 자치 단체의 고유 사무에 관한 자치권 강화를 통해 실현될 수 있다.

⑤ 주민 자치적 요소 강화를 위해 우리나라 지방 자치에서는 주민의 직접 참여를 보장하기 위한 제도를 마련하고 있지만 주민이 편성된 예산안을 확정할 수는 없다.

2 지방 자치 단체 기관 이해

문제 분석 제시된 자료에서와 같이 오늘날 지방 자치는 주민이 선출하는 의결 기관인 지방 의회와 집행 기관인 지방 자치 단체의 장과 같은 지방 자치 단체를 통한 대의제적 지방 자치 제도가 보편화되었으며 주민 소환, 주민 발안과 같은 직접 민주주의적인 자치 제도의 운영을 통해 지방 자치를 보완하고 있다.

정답 찾기 ③ 지방 자치 단체의 장은 우리나라에서 주민의 보통·평등·직접·비밀 선거에 의해 선출된다.

오답 피하기 ① 지방 자치 단체가 중앙 정부로부터 부여받은 자치권을 통해 지역 사무를 처리함으로써 정치권력이 중앙 정부로 집중되는 것을 방지하여 중앙 정부와 지방 자치 단체 간의 수직적 권력 분립 관계를 형성하게 된다.
② 우리나라에서는 지방 의회 의원으로 지역구 의원과 비례 대표 의원이 선출된다.
④ 우리나라에서 지방 의회 의원 중 지역구 의원과 지방 자치 단체의 장은 주민 소환의 대상이 된다.
⑤ 우리나라에서는 조례의 제정, 개정, 폐지 권한이 지방 의회에 있다.

3 주민의 지방 자치 참여 제도 이해

문제 분석 주민 투표 제도는 주민에게 과도한 부담을 주거나 중대한 영향을 미치는 지방 자치 단체의 주요 결정 사항 등에 대하여 주민 투표로 결정하는 제도이고, 주민 소환 제도는 지방 자치 단체의 장이나 지방 의회 의원(비례 대표 지방 의회 의원 제외)을 임기 중에 주민 투표에 의하여 그 직을 상실시키는 제도이다. 그리고 주민 참여 예산 제도는 주민이 지방 자치 단체의 예산 편성 과정에 참여하여 사업 제안 등 의견을 제시할 수 있는 제도이며, 조례의 제정과 개정·폐지 청구 제도(주민 발안 제도)는 주민이 직접 조례를 제정하거나 개정 또는 폐지할 것을 청구할 수 있는 제도이다.

정답 찾기 ㄱ. 지방 의회 의원 중 비례 대표 의원은 주민 소환의 대상이 되지 않는다.
ㄷ. 주민 참여 예산 제도에 따라 주민은 예산 편성 과정에 참여할 수 있지만 예산에 대한 심의 및 확정 권한은 지방 의회에 있다.

오답 피하기 ㄴ. 주민 투표의 대상은 지방 자치 단체의 모든 결정 사항이 아니라 주민에게 중대한 영향을 미치는 지방 자치 단체의 주요 결정 사항이다.
ㄹ. 주민은 조례의 제정과 개정 및 폐지에 대한 청구를 조례 제정 권한이 있는 지방 의회에 해야 한다.

4 우리나라 지방 자치의 문제점과 해결 방안 이해

문제 분석 제시문에서 필자는 지방 자치의 발전 방안에 대해 지방 자치 단체의 책임성을 강조하고 지방 정부 스스로의 역량을 통해 지방 자치의 문제점을 해결하는 자세가 무엇보다 필요함을 주장하고 있다.

정답 찾기 ⑤ 제시문에서 필자는 지방 자치가 순기능적으로 작동하기 위해서 지방 자치 단체의 책임성을 강조하고, 지방 자치 단체에 내재하고 있는 역량을 발굴할 필요가 있음을 강조하고 있다. 이를 통해 필자가 지방 자치의 문제점으로 중앙 정부와의 관계에서 지방 자치 단체의 독립성과 자율성 확보가 어렵다는 점을 지적하고 있음을 파악할 수 있다.

오답 피하기 ①, ②, ③, ④ 제시문과 관련이 없는 진술이다.

정답과 해설

II단원 기출 플러스

본문 62~63쪽

| 01 ⑤ | 02 ② | 03 ④ | 04 ④ |

01 우리나라 지방 자치 제도 이해

문제 분석 지방 자치 단체의 사무를 총괄하는 A는 지방 자치 단체의 장이며, 조례 제·개정 및 폐지권을 갖는 B는 지방 의회이다.

정답 찾기 ⑤ 지방 의회는 지방 자치 단체의 장이 편성한 지방 자치 단체의 예산을 심의·의결한다.

오답 피하기 ① 지방 자치 단체의 장이나 지방 의회 의원(비례 대표 지방 의회 의원 제외)은 주민 소환의 대상이 된다.
② 법률에 대한 개정 권한은 국회가 가지고 있으며, 지방 의회는 조례에 대한 제·개정 및 폐지권을 가진다.
③ 지방 자치 단체의 사무에 관한 규칙을 제정할 수 있는 권한은 지방 자치 단체의 장이 가진다.
④ 지방 자치 단체의 행정 사무를 감사하는 권한은 지방 의회가 가진다.

02 우리나라 국가 기관의 이해

문제 분석 우리나라 헌법 기관 중 A는 대통령, B는 국회, C는 대법원, D는 국무 총리, E는 대법관, F는 헌법 재판소이다.

정답 찾기 ② 헌법 개정은 국회 재적 의원 과반수 또는 대통령의 발의로 제안되며, 국회는 헌법 개정안에 대한 의결권을 가진다.

오답 피하기 ① 대통령은 국회에 임시회 집회를 요구할 수 있지만, 국정 감사는 국회의 권한이다.
③ 대통령 선거의 효력을 다투는 선거 소송은 대법원에서 단심제로 이루어진다.
④ 국무총리는 국무 회의의 부의장으로 국무 위원을 겸직할 수 없다.
⑤ 대법관은 탄핵 또는 금고 이상의 형의 선고에 의하지 아니하고는 파면되지 않는다.

03 법원과 헌법 재판소의 권한 이해

문제 분석 A에서 항소심이 진행되고 있으므로 A는 2심 법원이며, 헌법 소원 심판이 진행된 B는 헌법 재판소이다. 갑이 항소심 계속 중 해당 법률 조항이 자신의 재산권을 침해하였다고 법원에 위헌 법률 심판 제청 신청을 하였고, 법원이 갑의 신청을 기각하자 갑은 헌법 재판소에 위헌 심사형 헌법 소원 심판을 청구하였다. 따라서 (가)는 위헌 법률 심판, (나)는 위헌 심사형 헌법 소원 심판이다.

정답 찾기 ④ 위헌 심사형 헌법 소원 심판은 법률의 위헌 여부

가 재판의 전제가 되어 재판 당사자가 법원에 위헌 법률 심판 제청 신청을 하였으나 기각된 경우 재판 당사자의 청구에 의해 해당 법률의 위헌 여부를 결정하는 심판이다. 따라서 위헌 심사형 헌법 소원 심판을 청구할 수 있는 것은 재판 당사자이며, 법원이 청구할 수 있는 것은 아니다.

오답 피하기 ① 2심 법원은 1심 법원의 결정·명령에 대한 항고 사건을 담당한다.
② 헌법 재판소는 해당 법률 조항이 목적의 정당성, 수단의 적합성, 피해의 최소성, 법익의 균형성을 모두 충족되었으므로 과잉 금지의 원칙에 위배되지 않는다고 판단하였다. 따라서 헌법 재판소의 결정으로 갑의 배출 시설에 대한 폐쇄 명령이 취소되는 것은 아니다.
③ 명령·규칙의 위헌·위법성에 대한 최종 심사권은 대법원이 가진다.
⑤ 위헌 법률 심판, 위헌 심사형 헌법 소원 심판 모두 법률의 위헌 여부가 재판의 전제가 된 경우에 이루어진다.

04 정부 형태의 이해

문제 분석 갑국의 t 시기 행정부 수반을 국민이 직접 선출하므로, t 시기의 정부 형태는 대통령제이다. t~t+2 시기 중 정부 형태는 1회 변경되었으므로 t+2 시기의 정부 형태는 의원 내각제이며, B당의 의회 의석률이 과반을 차지하였으므로 ㉢은 B당이다.

정답 찾기 ④ ㉡과 ㉢이 동일하다면, ㉡, ㉢은 B당이다. B당의 의회 의석률이 과반이 되지 않으므로 t+1 시기의 정부 형태는 의원 내각제가 될 수 없다. 따라서 t+1 시기의 정부 형태는 대통령제이며, 대통령제는 행정부 수반이 국가 원수로서의 지위도 가진다.

오답 피하기 ① t 시기의 정부 형태는 대통령제이다. 의회 의원이 각료를 겸직할 수 있는 것은 의원 내각제이다.
② t+2 시기의 정부 형태는 의원 내각제이다. 행정부 수반이 법률안 거부권을 가지는 것은 대통령제이다.
③ t 시기의 정부 형태는 대통령제이므로, 행정부 수반이 법률안을 제출할 수 없다.
⑤ ㉠, ㉡, ㉢이 모두 동일하다면, ㉠, ㉡, ㉢은 모두 B당이며, t 시기와 t+1 시기의 정부 형태는 모두 대통령제이다. 의회가 내각 불신임권을 갖는 것은 의원 내각제이다.

07 선거와 선거 제도

01 선거의 기능 이해

문제 분석 선거는 국민이 절차에 따라 국가나 지방 자치 단체의 공직자를 투표로 선출하는 행위로서 다양한 기능을 한다. (가), (나)는 선거가 갖는 기능 중 정치권력에 대한 정당성 부여와 정치 교육의 장(場) 제공을 설명하고 있다.

정답 찾기 ⑤ 합법적인 선거 절차를 거쳐 구성된 정치권력은 국민의 동의와 지지를 기반으로 하므로 민주적 정당성을 가지게 된다. 이는 선거의 기능 중 정치권력에 대한 정당성 부여 기능에 대한 설명이다. 한편 유권자들은 선거 과정에서 다양한 정치 제도 등에 관해 배울 기회를 갖는다. 이는 선거의 기능 중 정치 교육의 장(場) 제공 기능에 대한 설명이다.

오답 피하기 ①, ②, ③, ④ 선거의 기능 중 정치권력 통제 기능은 선거를 통해 대표자를 재신임하거나 교체할 수 있다는 것을 의미하며, 여론 형성 및 반영 기능은 국민이 선거를 통해 자신들의 이익을 표출·집약하여 여론을 형성하고 여론이 반영된 정책이 시행되도록 하는 것을 의미한다. 이 두 가지 기능은 모두 (가), (나)와는 거리가 멀다.

02 민주 선거의 원칙 이해

문제 분석 갑은 성별, 인종, 종교 등을 이유로, 을은 외국에 거주하고 있다는 이유로 주권자인 국민들의 선거권을 제한해서는 안 된다고 말하고 있다.

정답 찾기 ① 보통 선거는 재산, 학력, 성별, 종교, 인종 등을 이유로 선거권을 제한하지 않고 일정 연령에 도달한 모든 국민에게 선거권을 부여한다는 원칙이다.

오답 피하기 ② 평등 선거는 각 유권자에게 부여하는 표의 수 및 각 유권자가 행사하는 한 표의 가치를 동등하게 해야 한다는 원칙이다.
③ 직접 선거는 유권자가 대리인(중간 선거인)을 거치지 않고 대표자를 직접 투표하여 선출해야 한다는 원칙이다.
④ 비밀 선거는 유권자가 투표한 후보자의 성명이나 정당명에 관한 비밀이 보장되어야 한다는 원칙이다.
⑤ 간접 선거는 민주 선거의 원칙 중 하나인 직접 선거에 반대되는 개념이다.

03 선거구 제도의 이해

문제 분석 A국의 한 선거구에서 세 명의 후보자가 당선되었으므로 A국은 지역구 의회 의원 선거의 선거구 제도로 중·대선거구제를, B국은 소선거구제를 채택하고 있다. 따라서 (가)는 중·대선거구제, (나)는 소선거구제이다.

정답 찾기 ㄴ. 중·대선거구제는 소선거구제에 비해 소수당 후보자들의 의회 진출에 유리하다.
ㄷ. 소선거구제는 중·대선거구제에 비해 유권자의 후보자 파악이 용이하다.

오답 피하기 ㄱ. 상대적으로 사표가 많이 발생하는 것은 소선거구제이다.
ㄹ. 동일 선거구 내 당선자 간 유권자의 투표 가치 차등 문제가 발생할 수 있는 것은 소선거구제가 아니라 중·대선거구제이다.

04 대표 결정 방식의 이해

문제 분석 갑국은 이번 대통령 선거에서 결선 투표제를 통해 당선자를 결정하였다. 따라서 이번 대통령 선거에 채택된 대표 결정 방식 B는 절대다수 대표제이고, 지난 대통령 선거에 채택된 대표 결정 방식 A는 단순 다수 대표제이다.

정답 찾기 ④ 절대다수 대표제는 단순 다수 대표제에 비해 당선자의 대표성을 높이는 데 효과적이다.

오답 피하기 ① 선호 투표제는 절대다수 대표제에 해당한다.
② 상대적으로 사표를 줄이는 데 효과적인 것은 절대다수 대표제이다.
③ 단순 다수 대표제와 절대다수 대표제 모두 소선거구제에 적용될 수 있다.
⑤ A는 단순 다수 대표제, B는 절대다수 대표제이다.

05 비례 대표제의 이해

문제 분석 갑국은 의회 의원 선거 제도 개편을 통해 소선거구제로 선거구당 1명씩 선출하는 방식에서 전국을 하나의 선거구로 하여 비례 대표제로 선출하는 방식으로 전환하였다.

정답 찾기 ② 비례 대표제는 사표 발생을 줄일 수 있는 장점을 가진다.

오답 피하기 ① 선거 제도 개편 이전에는 선거구당 1명씩 의원을 선출하는 소선거구제가 시행되었다.
③ 비례 대표제 도입으로 군소 정당의 의회 진출은 용이해진다.
④ 비례 대표제 도입으로 각 정당 후보자의 선거 비용이 증가한다고 보기는 어렵다.
⑤ 선거 제도 개편으로 의회 의원은 전국 단위에서 선출되므로 선거구별로 1명씩 선출될 때에 비해 지역 대표로서의 위상이 강화된다고 보기는 어렵다.

06 선거 결과 분석

문제 분석 갑국 의회의 지역구 의원 선거구 수는 100개인데 지역구 의원은 200명이므로 지역구 의원 선거의 선거구 제도는 선거구당 2명씩 선출하는 중·대선거구제이다. 한편 정당 투표 득표율이 2%인 C당이 비례 대표 의석을 배분받지 못한 것을 통해 비례 대표 의원 선거에서 사표가 발생하였음을 추론할 수 있다.

(단위: %)

구분	총의석률	지역구 의석률	비례 대표 의석률
A당	60	60	60
B당	30	25	40
C당	10	15	0
합계	100	100	100

정답 찾기 ⑤ B당의 정당 투표 득표율은 39%, 총의석률은 30%이다. A당의 정당 투표 득표율은 59%, 총의석률은 60%이고, C당의 정당 투표 득표율은 2%, 총의석률은 10%이다.

오답 피하기 ① C당은 정당 투표에서 2%를 득표하였으나 비례 대표 의석 배분을 받지 못했기 때문에, 비례 대표 의원 선거에서 C당을 선택한 유권자의 표는 사표가 되었다.
② A당은 지역구 의석률과 비례 대표 의석률이 같다.
③ 제시된 자료를 통해서는 지역구 득표율을 파악할 수 없다.
④ 지역구 의원 선거에는 선거구당 2명씩 선출하는 중·대선거구제가 도입되어 있다. 따라서 C당의 지역구 의원 당선자가 모두 선거에서 1위를 차지하였다고 단정할 수 없다.

07 우리나라 선거 제도의 이해

문제 분석 탄핵 소추권을 갖는 기관은 국회이다. 따라서 A는 국회 의원 선거이고, B와 C는 각각 광역 의회 의원 선거와 기초 의회 의원 선거 중 하나이다.

정답 찾기 ⑤ 지역구 의원 선거에 소선거구제를 적용하고 있는 것은 국회 의원 선거와 광역 의회 의원 선거이다.

오답 피하기 ① 세 가지 선거 모두 유권자가 1인 2표를 행사한다.
② 조례를 제정할 수 있는 기관은 광역 의회와 기초 의회이다.
③ 세 가지 선거는 모두 지역구 의원을 단순 다수 대표제로 선출한다.
④ 국회는 광역 의회, 기초 의회와 달리 법률 개정안을 발의할 수 있다.

08 공정한 선거를 위한 제도의 이해

문제 분석 헌법 제116조는 공정한 선거를 위한 선거 관리 위원회의 역할 등을 규정하고 있다.

정답 찾기 ㄷ. 선거에 관한 경비를 법률이 정하는 경우를 제외하고는 정당 또는 후보자에게 부담시킬 수 없도록 함으로써, 선거

를 운영할 때 불가피하게 국가의 재정 부담이 발생한다.
ㄹ. 헌법 제116조는 공정한 선거의 실현을 위해 선거 과정을 국가가 관리하고 선거 비용의 일부를 국가나 지방 자치 단체가 부담하도록 하는 선거 공영제를 규정하고 있다.

오답 피하기 ㄱ. 선거에 출마할 후보자를 공천하는 것은 정당의 역할이지 선거 과정 전반을 관리하는 선거 관리 위원회의 역할이 아니다.
ㄴ. 선거구 획정에 관한 법률을 제·개정하는 것은 국회의 역할이다.

수능 실전 문제 본문 70~73쪽

1 ②	**2** ②	**3** ⑤	**4** ⑤
5 ②	**6** ④	**7** ③	**8** ⑤

1 선거의 기능 이해

문제 분석 제시문은 선거를 통해 유권자가 대표자나 정치권력을 심판할 수 있으므로 선거가 대표자나 정치권력이 국민을 위해 봉사하게 만들 수 있다는 점을 강조하고 있다.

정답 찾기 ② 제시문에서는 선거를 통해 대표자나 정치권력이 국민을 위해 봉사하게 만들 수 있다고 언급하면서 대표자 및 정치권력을 통제하는 선거의 기능을 강조하고 있다.

오답 피하기 ① 선거는 국민의 주권 의식을 신장시키는 기능을 하지만, 제시문에서 이러한 기능을 강조하고 있다고 보기는 어렵다.
③ 선거는 정치권력에 민주적 정당성을 부여하는 기능을 하지만, 제시문에서 이러한 기능을 강조하고 있다고 보기는 어렵다.
④ 선거는 국민들에게 정치 교육의 기회를 제공하는 기능을 하지만, 제시문에서 이러한 기능을 강조하고 있다고 보기는 어렵다.
⑤ 선거는 사회적 쟁점에 대한 다양한 의견 표출의 장(場)을 제공하는 기능을 하지만, 제시문에서 이러한 기능을 강조하고 있다고 보기는 어렵다.

2 선거구 제도의 이해

문제 분석 을의 답안에 적힌 내용 두 가지가 중·대선거구제에 해당하는 내용이고 을의 점수가 2점이므로 A는 소선거구제, B는 중·대선거구제이다.

정답 찾기 ㄱ. 상대적으로 선거 관리가 용이한 것은 소선거구제이고, 유권자가 후보자를 파악하기 어려운 것은 중·대선거구제이다. 동일 선거구 내 당선자 간 유권자의 투표 가치 차등 문제가 발생할 수 있는 것은 중·대선거구제이다. 따라서 ㉠은 '2점'이다.
ㄷ. 우리나라 광역 의회의 지역구 의원 선거에는 소선거구제, 기초 의회의 지역구 의원 선거에는 중·대선거구제가 도입되어

있다.

오답 피하기 ㄴ. 소선거구제와 중·대선거구제 모두 대표 결정 방식으로 단순 다수 대표제를 채택할 수 있다.

ㄹ. 을의 점수가 2점이므로 (가)에는 틀린 진술이 들어가야 한다. 상대적으로 정당별 득표율과 의석률 간 차이가 큰 단점을 갖는 것은 소선거구제이므로 해당 진술은 (가)에 들어갈 수 있다.

3 민주 선거의 원칙 이해

문제 분석 (가)의 위반 사례에서는 선거권에 대한 제한이, (나)의 위반 사례에서는 각 유권자에게 부여하는 표의 수에 차등이 나타나고 있다. 따라서 (가)는 보통 선거, (나)는 평등 선거이다.

정답 찾기 ⑤ 평등 선거는 각 유권자에게 부여하는 표의 수뿐만 아니라 각 유권자가 행사하는 한 표의 가치도 동등하게 해야 한다는 원칙이다.

오답 피하기 ① 모든 유권자에게 동일한 수의 표를 부여한다는 원칙은 평등 선거이다.

② 선거 시 투표용지에 유권자의 이름을 쓰게 하는 것은 비밀 선거에 위배된다.

③ 제한 선거는 보통 선거에 반대되는 원칙이다.

④ 선거권 연령 조정은 일정한 연령 이상의 모든 국민에게 선거권을 부여한다는 원칙인 보통 선거의 적용 대상을 확대하기 위한 방안이다.

4 비례 대표제의 이해

문제 분석 제안된 B에 따르면 정당 투표 득표율을 기준으로 각 정당의 총의석수가 먼저 결정되고, 이를 바탕으로 지역구 의석수를 고려하여 비례 대표 의석 배분이 이뤄진다.

정답 찾기 ⑤ A를 적용할 때와 비교하여 제안된 B를 적용할 경우 정당 투표 득표율과 각 정당의 의석률 간의 차이가 줄어들 것으로 예상되므로, 정당 투표 득표율을 기준으로 거대 정당의 과대 대표 및 소수 정당의 과소 대표 문제를 완화한다는 것은 제안 취지로 적절하다.

오답 피하기 ① 군소 정당의 난립을 막는다는 것은 제시문의 맥락과 무관하다.

② 다양한 직업적 이익을 대변할 수 있는 의원을 선출하는 것은 제시문의 맥락과 무관하다.

③ 비례 대표 의원 당선자를 확정하는 절차는 A에 비해 B가 더 복잡하다.

④ 비례 대표 의원 당선자를 정당이 아니라 유권자가 직접 결정하도록 하는 것은 제시문의 맥락과 무관하다.

5 대표 결정 방식의 이해

문제 분석 〈현행안〉은 단순 다수 대표제이고, 〈개편안〉은 선호 투표제로서 절대다수 대표제에 해당한다.

정답 찾기 ㄱ. 우리나라 대통령 선거는 단순 다수 대표제를 채택하고 있다.

ㄷ. 절대다수 대표제는 단순 다수 대표제에 비해 당선자의 대표성을 높이는 데 적합하다.

오답 피하기 ㄴ. 선호 투표제는 절대다수 대표제에 해당한다.

ㄹ. 선호 투표제는 투표 후 필요할 경우 집계를 반복하는 것이지 투표를 여러 번 진행하는 것이 아니다. 따라서 〈개편안〉과 〈현행안〉 모두 한 번의 투표로 당선자 결정이 가능하다.

6 선거 결과 분석

문제 분석 유권자 유형별 정당 선호 순위를 근거로 〈현행안〉, 〈개편안〉을 적용한 차기 대통령 선거 결과는 다음과 같다.

• 〈현행안〉 적용 시: 최다 득표한 A당 후보자 당선

구분	A당	B당	C당	D당
득표율(%)	40	30	10	20

• 〈개편안〉 적용 시

(1) 1차 집계: 유효 투표 총수의 과반 획득 후보자 없음.

구분	A당	B당	C당	D당
득표율(%)	40	30	10	20

(2) 2차 집계: 유효 투표 총수의 과반 획득 후보자 없음.

구분	A당	B당	D당
득표율(%)	40	40	20

(3) 3차 집계: 유효 투표 총수의 과반을 획득한 B당 후보자 당선

구분	A당	B당
득표율(%)	40	60

정답 찾기 ㄱ. 〈현행안〉을 적용할 경우 유효 투표 총수의 60%가 사표가 된다.

ㄴ. 〈현행안〉을 적용할 경우 A당 후보자가 당선되고, 〈개편안〉을 적용할 경우 B당 후보자가 당선된다. 현재 B당이 의회 과반 의석을 차지하고 있으므로 〈개편안〉을 적용할 경우와 달리 〈현행안〉을 적용할 경우 대통령제를 채택하고 있는 갑국에서는 여소야대 상황이 발생한다.

ㄷ. 〈현행안〉을 적용할 경우 A당 후보자가 당선되고, 〈개편안〉을 적용할 경우 B당 후보자가 당선된다. 〈현행안〉을 적용할 경우와 달리 〈개편안〉을 적용할 경우 A당을 가장 선호하는 (가) 유형 유권자의 표는 당선에 기여하지 못하여 사표가 된다.

오답 피하기 ㄹ. (자) 유형 유권자의 표는 〈현행안〉을 적용할 경우와 달리 〈개편안〉을 적용할 경우 집계 방식에 따라 B당 후보자의 당선에 기여하여 사표가 되지 않는다.

정답과 해설

7 선거구 제도의 이해

문제 분석 (가)는 선거구마다 단순 다수 대표제를 적용하여 최다 득표자 2명을 의원으로 선출한다고 하였으므로 중·대선거구제이고, (나)는 결선 투표제를 도입하여 최다 득표자 1명만을 선출한다고 하였으므로 소선거구제이다.

정답 찾기 ㄴ. 우리나라 기초 의회 의원 선거는 중·대선거구제를 채택하고 있다.

ㄷ. 소선거구제는 중·대선거구제에 비해 유권자의 후보자 파악이 용이하다.

오답 피하기 ㄱ. 상대적으로 사표가 많이 발생하는 것은 소선거구제이다.

ㄹ. 동일 선거구 내 당선자 간 유권자의 투표 가치 차등 문제가 발생하는 것은 중·대선거구제이다.

8 선거 결과 분석

문제 분석 최근 실시된 의회 의원 선거 결과와 그 결과를 기준으로 〈개편안〉을 적용한 차기 의회 의원 선거 결과는 다음과 같다.

• 현재

구분	A당	B당	C당	D당
제1선거구	당선	당선	–	–
제2선거구	당선	당선	–	–
제3선거구	당선	–	당선	–
제4선거구	당선	당선	–	–
제5선거구	당선	–	당선	–
총의석수(석)	5	3	2	0
의석률(%)	50	30	20	0
득표수(표)	200	150	100	50
득표율(%)	40	30	20	10

• 차기에 〈개편안〉 적용 시: 제3선거구 결선 투표 결과에 따라 A당과 C당의 지역구 의석수와 비례 대표 의석수는 달라질 수 있음.

구분	A당	B당	C당	D당
제1선거구	당선	–	–	–
제2선거구	–	당선	–	–
제3선거구	(미정)	–	(미정)	–
제4선거구	–	당선	–	–
제5선거구	당선	–	–	–
지역구 의석수(석)	3 (2)	2	0 (1)	0

정당 투표 득표율(%)	40	30	20	10
총의석수(석)	4	3	2	1
비례 대표 의석수(석)	1 (2)	1	2 (1)	1

정답 찾기 ⑤ 현재 총의석수는 A당이 5석, B당이 3석, C당이 2석, D당이 0석이다. 차기 선거에 〈개편안〉을 적용할 경우 A당은 4석, B당은 3석, C당은 2석, D당은 1석이 된다.

오답 피하기 ① 차기 선거에 〈개편안〉을 적용할 경우 지역구 의원 선거에서 1차 투표 결과 과반을 득표한 후보자가 없어서 2차 투표가 진행되는 선거구는 제3선거구 1개뿐이다.

② 차기 선거에 〈개편안〉을 적용할 경우 제3선거구에서 2차 투표가 진행되는데, 그 결과는 A당과 C당의 지역구 의원 당선자 수와 비례 대표 의원 당선자 수에 변화를 줄 수 있다. 그러나 그 결과에 따라 정당별 총의석수가 달라지지는 않는다.

③ B당은 현재 지역구 의석률이 지역구 의석 10석 중 3석을 갖고 있어 30%인데, 차기 선거에 〈개편안〉을 적용할 경우 B당은 지역구 의석 5석 중 2석을 획득하게 되므로 40%가 된다.

④ 차기 선거에 〈개편안〉을 적용할 경우 제3선거구에서 2차 투표가 진행되는데, 그 결과는 A당과 C당의 지역구 의원 당선자 수와 비례 대표 의원 당선자 수에 변화를 줄 수 있다. 만약 제3선거구 2차 투표 결과 A당 후보자가 당선되면, 각 정당의 정당 투표 득표율에 의회 전체 의석수(10)를 곱하여 산출된 수에서 지역구 당선자 수를 뺀 수만큼 배분되는 비례 대표 의석수는 A당이 1석, C당이 2석이 된다. 반대로 제3선거구 2차 투표 결과 C당 후보자가 당선되면, 같은 방식에 의해 비례 대표 의석수는 A당이 2석, C당이 1석이 된다. 따라서 차기 선거에 〈개편안〉을 적용할 경우 비례 대표 의석수는 C당이 A당보다 많다고 단정할 수 없다.

08 정치 과정과 정치 참여

본문 79쪽

수능 **기본 문제**

01 ②	02 ②	03 ②	04 ④

01 정치 과정 이해

문제 분석 정치 과정에서 A는 투입, B는 산출, C는 환류이다.

정답 찾기 ② 이익 집단이 정책 결정 과정에 영향력을 행사하는 것은 투입에 해당한다.

오답 피하기 ① 정책 결정 기구는 공공의 문제에 대한 정책을 결정하고 집행할 수 있는 기관으로 기본적으로 입법부, 행정부, 사법부 등을 의미한다. 따라서 개인과 사회 집단은 정치 주체에는 해당하지만, 정책 결정 기구에는 해당하지 않는다.

③ 정치 과정에서 언론은 환류뿐만 아니라 투입에도 참여한다.

④ 개인은 선거에 참여함으로써 정부 정책을 평가하고, 이를 바탕으로 새로운 정책을 요구할 수 있으므로 개인의 선거 참여는 산출이 아닌 투입 또는 환류 사례에 해당한다.

⑤ 투입, 산출, 환류 모두 경제, 사회, 문화, 생태 등 정치 외적 요소인 환경의 영향을 받는다.

02 정치 참여 방법 이해

문제 분석 갑의 경우 지방 자치 단체 홈페이지 게시판에 민원을 제기하는 것으로 개인적 정치 참여 방법에 해당하며, 을의 경우 시민 단체를 결성하여 캠페인 활동을 하는 것으로 집단적 정치 참여 방법에 해당한다.

정답 찾기 ㄱ. 인터넷을 통한 정치 참여가 시민 단체 구성원이 되어 캠페인을 전개하는 정치 참여에 비해 시공간적 제약이 적다.

ㄹ. 개인적 정치 참여 방법, 집단적 정치 참여 방법은 모두 정치에 참여함으로써 정책 결정에 영향을 미칠 수 있다는 인식 또는 기대감을 향상시키는 기능을 한다.

오답 피하기 ㄴ. 갑의 정치 참여 방법은 개인적 정치 참여, 을의 정치 참여 방법은 집단적 정치 참여에 해당한다.

ㄷ. 개인으로서 정치에 참여하는 것이나 시민 단체를 통해 집단으로서 정치에 참여하는 것 모두 정책 결정 기구를 대상으로 정책을 요구하고 있으므로 정치 과정에서 투입에 해당한다.

03 정당의 기능 이해

문제 분석 제시된 사례를 통해 정당의 기능 중 정치적 충원 기능을 한다는 것과 정부 정책에 대한 비판과 견제 기능을 수행한다는 것을 파악할 수 있다.

정답 찾기 ㄱ. 정당은 각종 공직 선거에서 후보자를 공천하고

대표자를 배출함으로써 정치적 충원 기능을 한다.

ㄷ. 정당은 정부 정책에 대한 비판과 견제 기능을 수행함으로써 정부를 감시하는 역할을 한다.

오답 피하기 ㄴ. 공공 정책을 결정하고 집행하는 것은 정책 결정 기구인 정부이다.

ㄹ. 정치 사회화 기능을 수행하는 것은 정당의 기능에 해당하지만 제시된 사례를 통해 파악할 수 없다.

04 정치 참여 집단 이해

문제 분석 공직 선거에서 후보자를 공천하는 것은 정당이므로 A는 정당이다. 따라서 B는 이익 집단이다. (가)에는 정당과 이익 집단이 모두 '예'라고 답변할 수 있는 질문이 들어가야 한다.

정답 찾기 ④ 이익 집단은 대의제의 한계를 보완하는 역할을 한다.

오답 피하기 ① 정당, 이익 집단 모두 정치 과정에서 투입 기능을 수행하므로 해당 질문은 (가)에 들어갈 수 있다.

② 정당은 자신들의 행위에 정치적 책임을 진다.

③ 이익 집단이 자신들의 이익을 지나치게 추구하기 위해 경쟁적 압력 행사를 하게 되면 사회 혼란이나 공익 저해 등의 결과를 초래할 수도 있다.

⑤ 정당, 이익 집단은 모두 정치 사회화 기능을 담당한다.

수능 **실전 문제**

본문 80~83쪽

1 ④	2 ②	3 ③	4 ①
5 ③	6 ①	7 ②	8 ④

1 정치 과정의 사례 이해

문제 분석 제시된 자료는 ○○법 개정과 관련된 정치 과정 사례이다.

정답 찾기 ㄱ. ⓒ은 정치 주체가 정책 결정 기구인 국회에 의견을 제시하는 것으로 정치 과정 중 투입으로 볼 수 있다. 정치 주체가 정치 과정 중 투입에 참여하는 것은 정치적 효능감 향상에 기여할 수 있다.

ㄴ. △△ 단체, □□ 단체 등의 시민 단체, 이익 집단은 정치 과정에서 정치 주체에 해당한다.

ㄹ. 정치 주체가 법 개정 이후 수술실 CCTV(폐쇄 회로 TV) 운영에 대한 평가를 하는 것은 정치 과정에서 환류에 해당한다. 반면 국회가 법을 개정하는 것은 정치 과정에서 산출에 해당한다.

오답 피하기 ㄷ. 정당은 정책 결정 기구에 해당하지 않는다.

2 정치 참여 집단 이해

문제 분석 정치 참여 집단 중 정당은 정치적 견해를 같이하는

사람들이 정권의 획득과 유지를 통해서 자신들의 정강을 실현하기 위해 조직한 단체이다. 이익 집단은 특정한 이해관계를 같이하는 사람들이 집단의 특수 이익을 실현하기 위해 결성한 집단이다. 시민 단체는 공익 실현을 목적으로 시민들이 자발적으로 참여하여 구성한 단체이다.

정답 찾기 ㄱ. A가 정당, B가 시민 단체라면, C는 이익 집단이다. (나)에 이익 집단만 '예'라고 답변할 수 있는 질문이 들어가야 한다. 자기 집단의 특수한 이익을 우선시하는 것은 이익 집단에 해당하는 내용이므로 해당 질문은 (나)에 들어갈 수 있다.

ㄷ. (나)에 '정치적 책임을 지는가?'가 들어가고, A가 시민 단체라면, B는 이익 집단, C는 정당이다. (다)에 정당과 시민 단체가 모두 '예'라고, 이익 집단이 '아니요'라고 답변할 수 있는 질문이 들어가야 한다. 공익과 공공선을 추구하는 것은 정당과 시민 단체에만 해당하는 내용이므로 해당 질문은 (다)에 들어갈 수 있다.

오답 피하기 ㄴ. B가 이익 집단, C가 시민 단체라면, A는 정당이다. (다)에 정당과 시민 단체가 모두 '예'라고, 이익 집단이 '아니요'라고 답변할 수 있는 질문이 들어가야 한다. 정부와 의회를 매개하는 기능을 하는 것은 정당에만 해당하는 내용이므로 해당 질문은 (다)에 들어갈 수 없다.

ㄹ. (가)에 '공직 선거에서 후보자를 공천하는가?'가 들어가고, (나)에 '특정 직업인으로 구성되어 자신들의 이익을 실현하는가?'가 들어가면, A는 정당, C는 이익 집단이다. 따라서 B는 시민 단체이다. 시민 단체와 이익 집단은 대의제의 한계를 보완하는 기능을 하므로 해당 질문은 (다)에 들어갈 수 없다.

3 정당별 의석 분포 분석

문제 분석 t 시기, t+1 시기의 정당 제도는 정권 교체가 가능한 대표적인 두 정당이 존재하는 양당제이며, t+2 시기의 정당 제도는 실질적으로 경쟁할 수 있는 정당이 세 개 이상 존재하는 다당제이다.

정답 찾기 ③ 다당제는 양당제에 비해 정치적 책임 소재가 불명확하다.

오답 피하기 ① 다당제가 양당제에 비해 다양한 민의를 국정에 반영하기에 용이하다.

② 양당제, 다당제는 모두 복수 정당제로서 민주적 정권 교체가 가능하다.

④ 갑국은 전형적인 의원 내각제를 채택하고 있다. t 시기의 경우 A당이 과반 의석을 차지하고 있으므로 A당 단독으로 내각을 구성할 것이므로, 행정부 수반의 강력한 정책 추진이 가능하다. 반면, t+2 시기는 과반 의석을 차지한 정당이 없어 연립 내각이 구성될 것이므로, t 시기에 비해 행정부 수반의 강력한 정책 추진이 어렵다.

⑤ C당의 의석은 t 시기, t+1 시기 모두 5석으로 동일하지만, t+1 시기의 경우 C당은 A당 또는 B당과 연합하여 연립 내각을 구성

할 수 있다. 따라서 의회 내에서 C당의 영향력은 t 시기에 비해 t+1 시기는 증가하였을 것이다. t+2 시기의 경우도 C당은 A당 또는 B당과 연합하여 연립 내각을 구성할 수 있지만, 의회 의석률이 t+1 시기 2.5%에서 t+2 시기 24%이므로, 의회 내에서 영향력은 t+1 시기에 비해 t+2 시기는 증가하였을 것이다.

4 정치 참여 방법 이해

문제 분석 학교 주변 보행자 교통사고를 줄이기 위한 정치 참여 방법으로 갑은 지방 자치 단체의 홈페이지에 민원을 제기하였으며, 을은 시민 단체 회원들과 함께 서명 운동에 참여하였다.

정답 찾기 ① 인터넷을 활용하여 국가 기관 홈페이지에 민원을 제기하는 정치 참여 방법이 시민 단체에 가입하여 활동하는 정치 참여 방법에 비해 시공간의 제약이 적다.

오답 피하기 ② 인터넷을 활용하여 국가 기관 홈페이지에 민원을 제기하는 정치 참여 방법과 시민 단체에 가입하여 활동하는 정치 참여 방법 모두 정치적 효능감 향상에 기여하므로 을의 정치 참여 방법이 갑의 정치 참여 방법보다 정치적 효능감 향상에 기여하는 정도가 크다고 보기 어렵다.

③ 갑, 을, 병은 모두 정치 참여 주체에 해당한다.

④ 개인이 지방 자치 단체의 홈페이지에 주민 참여 예산 제안을 하는 것은 정치 과정 중 투입에 해당한다.

⑤ 시민 단체, 정당은 모두 정치 과정에서 정치 주체에 해당하지만 정책 결정 기구는 아니다.

5 정치 참여 집단 이해

문제 분석 A는 이익 집단, B는 시민 단체, C는 정당이다.

정답 찾기 ③ 정당은 당정 협의회 등을 통해 정부와 의회를 연결함으로써 양자 간 매개 역할을 수행한다.

오답 피하기 ① 자신들의 활동에 대해 정치적 책임을 지는 것은 정당이다.

② 시민 단체, 정당은 모두 정부 정책에 대한 비판과 견제 기능을 수행한다.

④ 이익 집단, 시민 단체, 정당은 모두 정치 과정에서 투입 기능을 담당한다.

⑤ 이익 집단, 시민 단체는 모두 대의제의 한계를 보완하는 역할을 한다.

6 정당 제도 이해

문제 분석 제시된 문제는 A, B가 각각 양당제와 다당제 중 무엇인지에 따라 (가), (나)에 들어갈 수 있는 특징을 파악하는 것이다.

정답 찾기 ① A가 양당제라면, B는 다당제이다. 양당제가 다당제보다 정치적 책임 소재가 명확하므로 해당 내용은 (가)에 들어갈 수 있다.

오답 피하기 ② B가 다당제라면, A는 양당제이다. 양당제가 다당

제보다 다수당의 횡포 가능성이 높으므로 해당 내용은 (나)에 들어갈 수 없다.

③ (가)에 '다양한 민의 반영 용이성'이 들어가면, A는 다당제, B는 양당제이다. 다당제가 양당제보다 유권자의 정당 선택 범위가 넓다.

④ (나)에 '소수의 이익 보호 가능성'이 들어가면, A는 양당제, B는 다당제이다. 양당제, 다당제 모두 민주적 정당 제도이다.

⑤ (가)에 '강력한 정책 추진 가능성'이 들어가면, A는 양당제, B는 다당제이다. 다당제가 양당제보다 정당 간 대립 시 중재가 용이하므로 해당 내용은 (나)에 들어갈 수 있다.

7 정치 참여 방법 이해

문제 분석 갑은 국회 홈페이지에 들어가 국민 동의 청원에 참여하는 방법으로 정치 참여를 하였고, 을은 선거에서 후보자에게 투표하는 방법으로 정치 참여를 하였으며, 병은 언론을 통한 정치 참여를 하였다.

정답 찾기 ② 언론은 특정 사건이나 쟁점을 중점적으로 보도하여 사회적 의제를 설정하거나 여론을 형성하므로, 언론을 통한 정치 참여 방법은 사회적 의제를 설정하는 데 기여할 수 있다.

오답 피하기 ① 국회 국민 동의 청원에 참여하는 정치 참여 방법은 정치적 중립성이 유지될 필요는 없다.

③ 국회 국민 동의 청원이나 선거에서의 투표는 모두 개인적 정치 참여에 해당한다.

④ 갑의 정치 참여 방법은 국회 홈페이지에 들어가 국민 동의 청원에 참여하는 것이므로 언론을 통한 정치 참여에 해당하지 않는다.

⑤ 인터넷을 활용하여 신문사 홈페이지에 글을 남기는 방법으로 정치에 참여하는 것이 선거에서 투표하는 방법으로 정치에 참여하는 것보다 시공간의 제약이 적다.

8 정치 참여 주체 이해

문제 분석 A는 이익 집단, B는 시민 단체, C는 정당, D는 언론이다.

정답 찾기 ④ 정당은 자신들의 행위에 정치적 책임을 지지만, 이익 집단, 시민 단체는 자신들의 행위에 정치적 책임을 지지 않는다.

오답 피하기 ① 이익 집단, 정당은 정치권력을 감시하고 견제하는 기능을 한다.

② 법률안을 발의함으로써 정치 과정에서 산출을 담당하는 것은 정책 결정 기구인 의회에 해당한다.

③ 이익 집단, 시민 단체, 언론은 모두 대의 민주주의의 한계를 보완하는 역할을 한다.

⑤ 이익 집단은 시민 단체, 정당과 달리 특수 이익을 실현하기 위해 여론을 형성한다.

Ⅲ단원 기출 플러스 본문 84~85쪽

01 ③   **02** ⑤   **03** ②

01 정치 과정의 이해

문제 분석 정치 과정은 국민의 요구와 지지가 정책 결정 기구에 투입되어 정책의 결정과 집행이 산출되고 정치 주체에 의한 평가 및 재투입 등 환류가 이루어지는 일련의 과정이다.

정답 찾기 ㄴ. 피해자 단체가 정부에 사건 발생의 책임을 물으며 해결 방안 등을 요구하는 거리 시위를 한 것은 투입에 해당한다.

ㄷ. 거리에 모여 시위를 진행하는 것에 비해 온라인을 통해 법 개정 의견을 제출하는 것은 정치 참여의 시·공간적 제약을 완화할 수 있는 방법이다.

오답 피하기 ㄱ. 피해자 단체는 정치 과정에 참여한 정치 주체이지만 정책 결정 기구는 아니다.

ㄹ. 국회가 △△법을 제정한 것은 산출에 해당하고, △△법 시행 후 피해자 단체가 △△법 개정을 위한 의견을 온라인으로 제출한 것은 투입 또는 환류에 해당한다.

02 정치 참여 집단의 이해

문제 분석 A는 이익 집단, B는 시민 단체, C는 정당이다.

정답 찾기 ⑤ 정당은 정권 획득을 목적으로 하는 정치 참여 집단이며, 공직 선거에 후보자를 공천함으로써 정치적 충원 기능을 담당한다.

오답 피하기 ① 의회와 행정부를 매개하기 위해 당정 협의회를 구성하는 것은 정당이다.

② 국정 감사권을 행사하여 행정부를 견제하고 감시하는 것은 국회이다.

③ 정당, 이익 집단, 시민 단체 모두 정책 결정 기구에 해당하지 않는다.

④ 정당, 이익 집단, 시민 단체 중에서 공익보다 사익을 우선시하며 정치적 책임을 지지 않는 것은 이익 집단이다.

03 선거 제도의 이해

문제 분석 갑국은 현재 의회 의원 선거와 대통령 선거에 최다 득표한 후보자를 당선자로 결정하는 단순 다수 대표제를 채택하고 있다.

정답 찾기 ㄱ. 선거구 간 인구 편차가 클수록 투표 가치의 차등이 심화된다. 갑국 의회 의원 선거 제도 개편안의 내용 중에서 선거구 간 인구 편차의 허용 기준을 현재의 전국 선거구 평균 인구수 기준 '상하 33% 인구 편차'에서 '상하 20% 인구 편차'로 변경하는 것은 선거구 간 표의 등가성을 강화하는 데 기여한다.

ㄹ. 갑국 대통령 선거 제도 개편안에서 당선을 위한 조건이 전체 유권자 수의 과반 득표가 아니라 유효 투표 총수의 과반 득표이므로, 투표율에 따라 당선자가 전체 유권자 과반의 표를 얻지 못할 가능성이 있다.

오답 피하기 ㄴ. 갑국의 의회 의원 선거에 개편안을 적용할 경우, 특정 정당이 20개의 선거구마다 2명씩 후보자를 공천하고 그 후보자들이 모두 당선된다면 그 정당은 의회 의석의 50%인 40석을 차지할 수 있다.

ㄷ. 갑국 의회 의원 선거 제도 개편안의 선거구 제도는 중·대선거구제이며, 우리나라 지역구 광역 의회 의원 선거의 선거구 제도는 소선거구제이다.

09 민법의 기초

수능 기본 문제   本文 89~90쪽

| 01 ⑤ | 02 ④ | 03 ② | 04 ① |
| 05 ② | 06 ⑤ | 07 ② | 08 ② |

01 공법과 사법의 이해

문제 분석 제시된 표는 공법과 사법을 비교한 것으로 질문에 대해 갑이 모두 옳게 답변한 것을 바탕으로 공법과 사법을 분류해야 한다. 'A는 개인 간의 사적 생활 관계를 규율하는 법인가?'라는 질문에 대한 갑의 응답이 '예'이므로 A는 사법이다. 따라서 B는 공법이다. 갑과 을의 점수를 통해 ㉠~㉣에 들어갈 답변을 추론할 수 있다.

정답 찾기 ㄷ. 계약의 종류와 내용, 불법 행위 책임을 규정한 법률은 민법으로 사법에 해당한다. 갑은 질문에 대해 모두 옳게 답변했으므로 'B는 계약의 종류와 내용, 불법 행위 책임을 규정한 법률이 포함되는가?'라는 질문에 '아니요'라고 답변해야 한다. 따라서 ㉠에는 '아니요'가 들어간다. 헌법은 공법에 해당하므로 '헌법은 B가 아닌 A에 해당하는가?'라는 질문에 갑은 '아니요'라고 답변해야 한다. 따라서 ㉡에는 '아니요'가 들어간다.

ㄹ. 을은 점수 2점을 받았으나 두 번째 질문에 잘못된 답변을 했으므로 첫 번째 질문과 세 번째 질문에 모두 옳게 답변해야 한다. 첫 번째 질문인 'A는 개인 간의 사적 생활 관계를 규율하는 법인가?'라는 질문에 을은 '예'라고 답변해야 하므로 ㉢에 '예'가 들어간다. 헌법은 공법에 해당하므로 세 번째 질문인 '헌법은 B가 아닌 A에 해당하는가?'라는 질문에 을은 '아니요'라고 답변해야 한다. 따라서 ㉣에는 '아니요'가 들어간다.

오답 피하기 ㄱ. 사법에는 민법, 상법 등이 있고, 공법에는 형법, 헌법 등이 있다.

ㄴ. 개인 간에 금전 대차 계약을 체결한 것은 사법인 민법에 의해 규율된다.

02 민법의 내용 이해

문제 분석 민법은 개인 간의 사적 생활 관계를 규율하는 사법에 해당한다. 우리나라 민법은 총 5편으로 구성되어 있으며 법의 일반 원칙을 제시하고, 재산 관계와 가족 관계를 규율한다.

정답 찾기 ④ D가 유언을 남기고 사망하자 자녀들이 유언에 따라 D의 재산을 받는 것은 가족 관계를 규율한 사례이다.

오답 피하기 ① A가 친구에게 선물을 주기 위해 서점에서 책을 매매하는 계약을 체결한 것은 재산 관계에 해당하는 사례이다.

② B가 회사 동료와 함께 살 집을 마련하기 위해 은행에서 돈을

빌린 것은 재산 관계에 해당하는 사례이다.
③ C가 오토바이를 타고 운동을 하러 가던 중 행인을 실수로 치어 다치게 한 것은 불법 행위에 따른 손해 배상 책임이 발생하므로 재산 관계에 해당하는 사례이다.
⑤ E가 실수로 친구의 노트북을 파손했을 때 E가 수리비를 배상한 것은 재산 관계에 해당하는 사례이다.

03 무과실 책임의 원칙과 소유권 공공복리의 원칙 이해

문제 분석 환경 정책 기본법 제44조 제1항인 '환경 오염 또는 환경 훼손으로 피해가 발생한 경우에는 해당 환경 오염 또는 환경 훼손의 원인자가 그 피해를 배상하여야 한다.'는 무과실 책임의 원칙이 적용된 조항이다. 헌법 제23조 제2항인 '재산권의 행사는 공공복리에 적합하도록 하여야 한다.'는 소유권 공공복리의 원칙이 적용된 조항이다.

정답 찾기 ② 제조물 책임법에 따른 제조물 책임은 고의 또는 과실이 없어도 일정한 요건이 충족되면 그 행위로 발생한 손해에 대해 배상 책임이 인정될 수 있다는 무과실 책임의 원칙이 반영된 것이다.

오답 피하기 ① 법률관계를 형성하는 것은 개인의 자유로운 의사에 맡겨야 하고 국가가 개입해서는 안 된다는 원칙은 사적 자치의 원칙이다.
③ 계약 공정의 원칙에 따르면 사회 질서에 위반되거나 현저하게 불공정한 내용의 계약은 효력이 발생하지 않는다.
④ 소유권 공공복리의 원칙이 국가나 사회보다 개인의 자유를 우선시하는 사상에 기초한다고 볼 수 없다.
⑤ 개인의 사유 재산권에 대한 절대적 지배가 인정되어 국가나 다른 개인은 이를 함부로 간섭하거나 제한할 수 없다는 원칙은 소유권 절대의 원칙이다.

04 사적 자치의 원칙 이해

문제 분석 민법의 기본 원칙 중 계약의 체결에서부터 종결에 이르기까지 모든 단계에서 자신의 자유의사에 따라 계약 관계를 형성할 수 있다는 A는 사적 자치의 원칙이다.

정답 찾기 ① 사적 자치의 원칙에 따라 개인은 자신의 의사에 기초하여 상대방과 자유롭게 법률관계를 형성할 수 있고, 개인 간에 체결된 계약의 내용은 존중되어야 한다.

오답 피하기 ② 소유권 공공복리의 원칙에 따르면 개인의 소유권은 상대적 권리이므로 공공복리에 적합하도록 행사되어야 한다.
③ 소유권 절대의 원칙에 따르면 개인의 재산에 대해 국가의 간섭이 없는 사적 지배를 인정한다.
④ 무과실 책임의 원칙에 따라 일정한 요건이 충족되면 가해자에게 고의나 과실이 없는 경우에도 손해 배상 책임을 물을 수 있다.
⑤ 과실 책임의 원칙에 따르면 개인은 자신의 고의나 과실로 손해를 야기한 경우에 한하여 그 배상의 책임을 진다.

05 민법의 특징 이해

문제 분석 제시된 자료의 A법은 개인 간의 사적 생활 관계를 규율하는 민법이다. (가)는 가족 관계, (나)는 재산 관계가 규정된 조항이다.

정답 찾기 ㄱ. 우리나라 민법은 총 5편으로 구성되어 있으며, 법의 일반 원칙을 제시하고, 재산 관계와 가족 관계를 규율하는 내용을 포함하고 있다.
ㄷ. (가)는 친권과 관련된 조항으로 가족 관계에 대한 규율 내용이다.

오답 피하기 ㄴ. 자본주의 발달 과정에서 발생하는 사회 문제를 해결하기 위해 등장한 법은 사회법이다.
ㄹ. (나)는 가해자에게 고의 또는 과실이 있는 경우 손해 배상 책임을 인정하는 조항으로 사회적 약자의 보호를 위해 국가의 적극적 역할을 강조하는 것과 관련이 없다.

06 근대 민법의 수정 원칙 이해

문제 분석 근대 민법의 기본 원칙에는 소유권 절대의 원칙, 사적 자치의 원칙, 과실 책임의 원칙이 있다. 그러나 자본주의 발달에 따라 발생한 문제로 인해 각각 소유권 공공복리의 원칙, 계약 공정의 원칙, 무과실 책임의 원칙으로 수정 및 보완되었다.

정답 찾기 ⑤ 무과실 책임의 원칙에 따르면 고의나 과실이 없어도 일정한 요건에 따라 관계되는 자가 법적 책임을 질 수 있다.

오답 피하기 ① 소유권 절대의 원칙에 따르면 개인이 소유하는 재산에 대한 절대적 지배를 인정한다.
② 계약 공정의 원칙에 따르면 사회 질서에 위반되거나 현저하게 불공정한 내용의 계약은 효력이 발생하지 않는다.
③ 과실 책임의 원칙은 가해자에게 고의나 과실이 있는 경우에만 손해 배상 책임을 지게 하는 것으로 자기 책임의 원칙이라고도 한다.
④ 사적 자치의 원칙에 따르면 개인은 누구나 국가의 간섭을 받지 않고 자신의 법률관계를 스스로 정할 수 있다.

07 계약 공정의 원칙 사례 분석

문제 분석 제시된 자료는 ○○ 위원회가 골프장 이용 약관 조항을 시정하도록 한 사례로, 사적 자치의 원칙을 수정·보완한 계약 공정의 원칙과 관련 있다.

정답 찾기 ② 계약 공정의 원칙에 따르면 개인들 간에 자유롭게 체결된 계약이라도 계약의 내용이 현저하게 불공정한 경우 효력이 발생하지 않는다.

오답 피하기 ① 제시된 약관 조항의 내용이 모호하고 불명확하다고 볼 수 없다.
③ 제시된 자료에서 계약 당사자가 행위 능력을 갖추지 못해서 약관 조항이 시정된 것이 아니다.
④ 제시된 약관 조항의 내용이 계약 당사자의 자유로운 의사에 기초하여 형성될 수 없는 내용이라서 약관 조항이 시정된 것이 아

니다.

⑤ 제시된 약관 조항의 내용이 골프장 업체에 부당하게 과중한 손해 배상 의무를 부담시켜 약관 조항이 시정된 것이 아니다.

08 소유권 공공복리의 원칙 이해

문제 분석 제시된 자료의 공익 사업을 위한 토지 등의 취득 및 보상에 관한 법률 제1조는 개인의 소유권도 공공의 이익을 위해서라면 경우에 따라 제한될 수 있는 상대적 권리임을 의미하는 소유권 공공복리의 원칙이 반영된 것이다. 따라서 A는 소유권 공공복리의 원칙이다.

정답 찾기 ② 소유권 공공복리의 원칙에 따르면 소유권은 공공복리에 적합하도록 행사되어야 한다.

오답 피하기 ① 계약 공정의 원칙에 따르면 사회 질서에 위반되거나 현저하게 불공정한 내용의 계약은 효력이 발생하지 않는다.

③ 사적 자치의 원칙에 따르면 개인 간 자유로운 의사 표시의 합치에 의한 계약은 계약 당사자를 구속한다.

④ 계약 자유의 원칙은 자본주의 발달에 따라 경제적 강자가 경제적 약자에게 부당한 계약을 강제하는 수단으로 악용되기도 하였다.

⑤ 무과실 책임의 원칙에 따르면 고의나 과실이 없어도 일정한 요건에 따라 관계되는 자가 손해 배상 책임을 질 수 있다.

수능 실전 문제 본문 91~93쪽

1 ①	**2** ⑤	**3** ③	**4** ②
5 ③	**6** ②		

1 민법의 특징 이해

문제 분석 제시된 자료는 민법의 일반적인 특징과 민법이 적용되는 생활 관계의 사례에 대한 질문과 학생의 답안에 대한 채점 결과를 나타낸 것이다. 답안과 점수를 통해 (가), (나)에 들어갈 답안과 ㉠에 들어갈 점수를 추론할 수 있다.

정답 찾기 ㄱ. (가) 답안에 대한 점수가 1점이므로 (가)에는 옳은 내용이 들어가야 한다. 해당 내용은 민법의 일반적인 특징이므로 (가)에 들어갈 수 있다.

ㄴ. 자본주의 발달 과정에서 나타난 문제점을 해결하기 위해 등장한 법은 사회법이다. 따라서 해당 내용은 (가)에 들어갈 수 없다.

오답 피하기 ㄷ. (나) 답안에 대한 점수가 1점이므로 (나)에는 옳은 내용이 들어가야 한다. 병이 적법한 절차를 거쳐 수사를 받은 것은 민법이 적용되는 생활 관계의 사례가 아니므로 해당 내용은 (나)에 들어갈 수 없다.

ㄹ. '갑은 을과 성격 차이로 이혼하였다.'는 민법이 적용되는 생활 관계의 사례에 해당하므로 ㉠에 '1점'이 들어간다.

2 과실 책임의 원칙 이해

문제 분석 제시된 자료는 구 실화(失火) 책임에 관한 법률에서 실화자의 손해 배상 책임을 중과실로 인한 실화의 경우로만 한정하는 조항을 개정한 이유에 대해 설명하고 있다. 실화는 실화자의 과실에 의해 발생하는 것을 전제로 하므로 실화자의 손해 배상 책임을 중과실로 인한 실화의 경우로만 하는 내용은 민법의 기본 원칙 A에 정면으로 위배된다고 서술되어 있으므로 A는 과실 책임의 원칙이다.

정답 찾기 ⑤ 과실 책임의 원칙에 따르면 개인은 자신의 고의나 과실로 손해를 야기한 경우에 한하여 그 배상의 책임을 진다.

오답 피하기 ① 소유권 절대의 원칙에 따라 개인 소유의 재산에 대한 사적 지배를 인정하여 국가나 다른 개인은 이를 함부로 간섭하거나 제한하지 못한다.

② 소유권 공공복리의 원칙에 따르면 소유권은 공공복리에 적합하도록 행사되어야 한다.

③ 사적 자치의 원칙에 따라 개인은 자신의 의사에 기초하여 상대방과 자유롭게 법률관계를 형성할 수 있다.

④ 계약 공정의 원칙에 따르면 계약의 내용이 사회 질서에 위반되거나 현저하게 공정하지 못한 경우 법적 효력이 발생하지 않는다.

3 무과실 책임의 원칙 이해

문제 분석 제시된 자료의 토양 환경 보전법 ○○조항은 토양 오염에 대한 책임자를 특정하고 그에 따른 책임 이행을 확보할 수 있도록 정화 책임자의 범위를 오염 토지의 소유자로 확장하였다. 이는 무과실 책임의 원칙이 반영된 것이다.

정답 찾기 ③ 무과실 책임의 원칙은 고의나 과실이 없어도 일정한 요건에 따라 관계되는 자가 책임을 질 수 있다는 원칙이다. 토양 환경 보전법 조항은 정화 책임자의 범위를 오염 토지 소유자로 확장하여 공법상 무과실 책임을 부담시키고 있다.

오답 피하기 ① 제시된 자료에서 토지 소유자가 자신의 의사에 따라 자유롭게 계약을 맺을 권리를 침해당했다고 볼 수 없다.

② 제시된 자료에서 토지 소유자가 본인이 소유한 토지에 대해 배타적으로 사용·수익 또는 처분할 권리를 가지는 것을 강조한다고 볼 수 없다.

④ 제시된 자료에서 토양 환경 보전법이 토지 소유자와 토양 오염 발생자 간의 불공정한 계약 방지를 목적으로 제정되었다는 내용은 찾아볼 수 없다.

⑤ 제시된 자료에서는 오염 토지 소유자의 경우 고의나 과실이 없어도 일정한 요건에 따라 법적 책임을 질 수 있음을 강조하고 있다.

4 계약 공정의 원칙 이해

문제 분석 제시된 자료는 ○○ 위원회가 고의 또는 과실 여부를 불문하고 은행의 모든 책임을 배제하고 있는 약관 조항을 무효라고 판단한 사례로 계약 공정의 원칙과 관련 있다.

정답찾기 ② 계약 공정의 원칙은 계약의 내용이 사회 질서에 반하거나 현저하게 공정하지 못한 경우 법적 효력이 발생하지 않는다는 원칙이다.

오답피하기 ① 사적 자치의 원칙에 따라 개인은 자신의 의사에 기초하여 상대방과 자유롭게 법률관계를 형성할 수 있다.
③ 소유권 공공복리의 원칙에 따르면 개인은 소유권을 행사함에 있어서 공공복리에 적합하도록 행사해야 한다.
④ 소유권 절대 원칙에 따라 개인의 재산에 대해 국가의 간섭이 없는 사적 지배를 인정한다.
⑤ 무과실 책임의 원칙에 따라 가해자에게 고의나 과실이 없는 경우에도 일정한 요건에 따라 손해 배상 책임을 물을 수 있다.

5 근대 민법의 기본 원칙과 수정·보완된 민법의 기본 원칙 이해
문제분석 제시된 자료는 근대 민법의 기본 원칙인 소유권 절대의 원칙, 사적 자치의 원칙, 과실 책임의 원칙과 사적 자치의 원칙을 수정·보완한 민법의 기본 원칙인 계약 공정의 원칙에 대해 설명하고 있다. A는 사적 자치의 원칙, B는 소유권 절대의 원칙, C는 과실 책임의 원칙, D는 계약 공정의 원칙이다.

정답찾기 ㄴ. 과실 책임의 원칙은 가해자에게 고의나 과실이 있는 경우에만 손해 배상 책임을 지게 하는 것으로 자기 책임의 원칙이라고도 한다. 이는 근대 사회에서 개인이 불합리한 연대 책임으로부터 벗어날 수 있도록 해 주는 근거가 되었다.
ㄷ. 근대 민법의 기본 원칙은 개인주의, 자유주의를 이념적 기반으로 한다.

오답피하기 ㄱ. 사적 자치의 원칙은 경제적 강자가 경제적 약자를 지배하는 수단으로 악용되기도 하였다.
ㄹ. A, B, C는 모두 현대 사회에서 민법의 기본 원칙으로 적용된다.

6 소유권 공공복리의 원칙 이해
문제분석 토지 소유자가 자신의 토지 위에 설치된 수로를 폐쇄하는 것으로 소유권을 행사하는 것은 자신에게는 큰 이익이 없는 반면에 농지 개량 조합에는 새로운 수로 개설을 위한 막대한 시간과 비용이 필요하여 그 피해가 극심하므로 허용되지 않는다는 ○○ 법원의 판결은 민법의 기본 원칙인 소유권 공공복리의 원칙에 따른 것이다. 따라서 (가)에는 소유권 공공복리의 원칙에 해당하는 내용이 들어갈 수 있다.

정답찾기 ② 소유권 공공복리의 원칙에 따르면 개인은 재산권을 행사함에 있어서 공공복리에 적합하도록 해야 한다.

오답피하기 ① 소유권 절대의 원칙에 따라 개인의 재산에 대해 국가의 간섭이 없는 사적 지배를 인정한다.
③ 사적 자치의 원칙에 따라 개인은 자신의 의사에 기초하여 상대방과 자유롭게 법률관계를 형성할 수 있다.
④ 계약 공정의 원칙에 따르면 사회 질서에 위반되거나 현저하게

불공정한 계약은 효력이 발생하지 않는다.
⑤ 무과실 책임의 원칙에 따르면 가해자에게 고의나 과실이 없는 경우에도 일정한 요건에 따라 손해 배상 책임을 물을 수 있다.

10 재산 관계와 법

본문 99~100쪽

수능 기본 문제

01 ③	02 ⑤	03 ①	04 ⑤
05 ②	06 ②	07 ⑤	08 ②

01 무효와 취소 이해

문제 분석 무효는 법률 행위의 효력이 처음부터 발생하지 않는 것이고, 취소할 수 있는 법률 행위는 행위 시에는 일단 법률 행위의 효력이 인정되지만 취소권을 행사하면 소급하여 처음부터 효력이 없어진다. ㉠에는 취소, ㉡에는 무효가 들어간다.

정답 찾기 ㄴ. 의사 무능력자의 법률 행위는 무효이다.

ㄷ. 당사자의 무경험으로 인하여 현저하게 공정을 잃은 법률 행위는 무효이다.

오답 피하기 ㄱ. 특정인의 주장을 필요로 하지 않고 법률 행위의 효력이 처음부터 발생하지 않는 것은 무효이다.

ㄹ. 무효와 달리 취소할 수 있는 법률 행위는 행위 시에는 일단 법률 행위의 효력이 인정되지만, 취소권을 행사하면 소급하여 처음부터 효력이 없어진다.

02 계약에 대한 이해

문제 분석 제시된 자료는 갑과 을의 계약과 관련된 상황이다. 계약은 일정한 법률 효과를 발생시킬 목적으로 둘 이상의 당사자 사이에서 이루어지는 합의 또는 약속이며, 청약과 승낙의 의사 표시가 합치된 때 성립한다.

정답 찾기 ⑤ 갑은 돈을 갚기로 한 날짜로부터 두 달이 지나도록 을에게 돈을 전혀 갚지 않고 있는데 이는 채무 불이행이다. 을은 갑의 채무 불이행으로 자신에게 손해가 발생하면 갑에게 손해 배상을 청구할 수 있다.

오답 피하기 ① 갑이 을에게 2,000만 원을 빌려 달라고 전화로 부탁한 것은 계약을 체결하고 싶다는 의사 표시인 청약이다. 청약과 승낙의 의사 표시가 합치되어야 계약이 성립하고 계약이 성립되면 갑과 을에게 계약 내용에 따른 권리와 의무가 발생한다.

② 을이 갑에게 2,000만 원을 빌려주겠다고 말한 것은 갑의 청약을 받아들이겠다는 의사 표시인 승낙이다.

③ 계약은 계약서 작성과는 관계없이 청약과 승낙의 의사 표시의 합치에 의해 성립한다. 갑과 을이 금전 차용 계약서를 작성하지 않았더라도 갑과 을 사이에 청약과 승낙의 의사 표시가 합치했으므로 계약의 효력이 발생한다.

④ 갑과 을의 계약은 계약을 체결하고 싶다는 의사 표시인 청약과 이를 받아들이겠다는 의사 표시인 승낙이 합치된 ㉡ 시점에서 성립되었다.

03 계약의 성립 이해

문제 분석 계약은 일정한 법률 효과를 발생시킬 목적으로 둘 이상의 당사자 간 합의에 의해 성립하는 법률 행위로 청약과 승낙의 의사 표시가 합치된 때 성립한다. 계약 당사자는 의사 능력과 행위 능력을 갖추고 있어야 한다. 따라서 (가)에는 행위 능력이 들어간다.

정답 찾기 ① 미성년자는 행위 능력이 제한된다.

오답 피하기 ② 계약 당사자 중 한쪽이라도 행위 능력이 제한되는 경우 계약은 일단 법률 행위로 효력이 발생하지만, 취소권자의 취소권 행사가 있으면 법률 행위가 있었던 때로 소급하여 효력을 잃게 된다.

③ 도박에 필요한 금전을 차용하는 계약은 반사회 질서의 법률 행위로 무효이다.

④ 계약 당사자 간에 반드시 서면으로 의사 표시의 합치가 이루어져야 계약이 성립하는 것은 아니다. 계약은 청약과 승낙의 의사 표시가 합치된 때 성립한다.

⑤ 계약 당사자가 의사 능력과 행위 능력을 갖춘 상태라도 사기 또는 강박에 의해 의사 표시를 한 경우 계약을 취소할 수 있다.

04 사용자의 배상 책임 이해

문제 분석 피용자가 업무와 관련하여 타인에게 손해를 가한 경우 피용자가 불법 행위 책임을 지면 사용자는 피용자의 선임 및 그 사무 감독상의 과실에 대해 손해 배상 책임을 질 수 있다. 이를 특수 불법 행위 중 사용자의 배상 책임이라고 한다. 제시된 사례에서 ○○ 법원은 피용자 갑의 행위에 대해 사용자 을의 배상 책임을 인정하지 않았다.

정답 찾기 ⑤ ○○ 법원은 갑이 배달 업무와 관련하여 병에게 손해를 가한 경우가 아니기 때문에 사용자 을의 손해 배상 책임을 인정하지 않았다.

오답 피하기 ① 갑의 행위는 불법 행위에 해당하지만, 사용자 을의 손해 배상 책임을 인정하지 않은 근거는 아니다.

② 불법 행위가 성립하려면 가해 행위와 관련하여 가해자에게 고의 또는 과실이 있어야 한다. 사례에서 갑이 고의로 가해 행위를 하지 않는 것이 사용자 을의 손해 배상 책임을 인정하지 않은 근거는 아니다.

③ 갑에게 일반 불법 행위 책임이 성립할 수 있으므로, 갑에게 특수 불법 행위 책임이 성립한다는 내용은 (가)에 들어갈 수 없다.

④ 갑의 행위와 병의 손해 간에 상당 인과 관계가 존재하지만 사용자 을의 손해 배상 책임을 인정하지 않은 근거는 아니다.

05 불법 행위의 이해

문제 분석 불법 행위란 고의나 과실로 위법하게 타인에게 손해를 가한 행위이다. 불법 행위가 성립하면 법률 규정에 따라 피해자는 가해자에게 손해 배상을 청구할 수 있다.

정답 찾기 ㄱ. 책임 능력은 불법 행위의 성립 요건에 해당한다.
ㄷ. 불법 행위로 인한 손해는 재산적 손해뿐만 아니라 정신적 손해(위자료)도 포함한다.

오답 피하기 ㄴ. 채무자가 자기의 책임 있는 사유로 채무의 내용에 따른 이행을 하지 않는 것은 채무 불이행이다.
ㄹ. 미성년자가 불법 행위를 한 경우 미성년자의 법정 대리인이 지는 책임은 과실 책임에 해당한다.

06 미성년자의 계약 이해

문제 분석 제시된 자료는 미성년자인 갑, 을, 병의 계약에 대한 상황을 나타낸 것이다. 미성년자는 제한 능력자이므로 원칙적으로 법정 대리인의 동의를 얻어 법률 행위를 할 수 있다. 만약 법정 대리인의 동의 없이 단독으로 법률 행위를 하면 미성년자 본인 또는 법정 대리인이 취소할 수 있다.

정답 찾기 ② 미성년자인 을이 법정 대리인의 동의서를 위조하여 전자 대리점 사장에게 위조된 동의서를 믿게 한 후 고가의 노트북 매매 계약을 체결한 경우 을은 자신의 행위 능력이 제한됨을 이유로 계약을 취소할 수 없다.

오답 피하기 ① 미성년자 갑이 법정 대리인의 동의를 얻지 않고 자신의 용돈 범위 안에서 소설책 구매 계약을 한 경우에는 계약이 확정적으로 유효하다.
③ 미성년자인 을이 법정 대리인의 동의서를 위조하여 전자 대리점 사장에게 위조된 동의서를 믿게 한 후 고가의 노트북 매매 계약을 체결한 경우에는 을과 을의 법정 대리인 모두 취소권을 행사할 수 없다.
④ 취소할 수 있는 법률 행위라 하더라도 행위 능력이 제한된 사람에게는 확답을 촉구할 수 없다. 또한 미성년자인 병이 법정 대리인의 동의를 얻어 계약을 체결한 경우와 같이 계약이 확정적으로 유효한 상황에서 게임기 판매점 사장은 계약의 취소 여부에 대한 확답을 촉구할 수 없다.
⑤ 미성년자인 병이 법정 대리인의 동의를 얻어 게임기 구매 계약을 체결한 경우에는 계약이 확정적으로 유효하다.

07 불법 행위의 성립 요건 이해

문제 분석 불법 행위가 성립하기 위해서는 가해 행위, 고의 또는 과실, 위법성, 손해의 발생, 인과 관계, 책임 능력의 요건이 갖추어져야 한다.

정답 찾기 ⑤ 어린아이의 경우 일반적으로 책임 능력이 없다고 보고, 심신 상실자는 책임 능력이 없다. 그러나 책임 능력이 없어서 위법성이 조각되는 것은 아니다.

오답 피하기 ① 가해 행위란 가해자가 피해자에게 손해를 발생시키는 행위이다.

② 불법 행위가 성립하기 위해서는 가해 행위와 관련하여 가해자에게 고의 또는 과실이 있어야 한다.
③ 가해자의 행위 때문에 피해자에게 발생한 손해는 재산적인 손해뿐만 아니라 정신적 손해도 포함된다.
④ 불법 행위가 성립하기 위해서는 가해 행위와 피해자의 손해 사이에 상당 인과 관계가 있어야 한다.

08 특수 불법 행위 이해

문제 분석 첫 번째 사례는 특수 불법 행위 유형 중 책임 무능력자의 감독자 책임, 두 번째 사례는 공작물 등의 점유자·소유자 책임에 해당한다.

정답 찾기 ② 책임 무능력자가 타인에게 손해를 가한 경우에 책임 무능력자의 감독자는 특수 불법 행위 책임을 질 수 있다.

오답 피하기 ① 책임 능력이 없는 미성년자나 심신 상실자가 타인에게 손해를 가한 경우 이를 감독할 법정 의무가 있는 자가 손해 배상 책임을 진다.
③ 공작물 등의 설치 또는 보존상의 하자로 타인에게 손해를 가한 경우 공작물 점유자는 손해 방지에 필요한 주의를 게을리하지 않음을 증명하면 면책된다. 이 경우 2차적으로 공작물 소유자는 특수 불법 행위 책임을 진다.
④ 공작물 등의 설치 또는 보존상의 하자로 타인에게 손해를 가한 경우 공작물 등의 점유자가 손해 방지를 위한 주의를 다하였음을 증명하면 책임이 면제되고, 공작물 등의 소유자가 면책이 인정되지 않는 무과실 책임을 진다.
⑤ 공작물 등의 점유자와 소유자가 공동 불법 행위자의 책임을 지는 것은 아니다.

수능 실전 문제　　　　本문 101~104쪽

1 ④	**2** ④	**3** ①	**4** ②
5 ②	**6** ③	**7** ③	**8** ④

1 일반 불법 행위와 채무 불이행 이해

문제 분석 채무 불이행은 적법한 계약 관계를 전제로 하여 당사자 사이에서 채무를 이행하지 않는 것에 대한 책임을 문제 삼는 것이고, 일반 불법 행위는 특별한 관계 여부에 상관없이 가해 행위의 책임을 문제 삼는 것이다. 채무 불이행과 일반 불법 행위는 모두 위법 행위이므로 B에만 해당하는 특징의 서술에서 (나)에 옳은 내용이 들어가야 한다. A에만 해당하는 특징은 모두 옳은 내용이 서술된 것이므로 (가)에 옳은 내용이 들어가야 한다. A는 채무 불이행, B는 일반 불법 행위이다.

정답 찾기 ㄴ. (나)에는 일반 불법 행위에만 해당하는 특징이 들어가야 한다. 채무 불이행과 일반 불법 행위 모두 손해 배상 방식은 금전 배상을 원칙으로 한다. 따라서 해당 내용은 (나)에 들어갈 수 없다.

ㄹ. 일반 불법 행위는 가해자의 고의 또는 과실의 요건이 있어야 성립한다.

오답 피하기 ㄱ. (가)에는 채무 불이행에만 해당하는 특징이 들어가야 한다. 채무 불이행은 적법한 계약 관계를 전제로 하여 당사자 사이에서 채무를 이행하지 않는 것에 대한 책임을 문제 삼는 것이다. 따라서 해당 내용은 (가)에 들어갈 수 없다.

ㄷ. 계약 위반의 경우에는 채무 불이행이 성립하지만 그것만으로 일반 불법 행위가 성립하는 것은 아니다.

2 공동 불법 행위자의 책임 이해

문제 분석 을, 병, 정은 갑에 대한 폭행 행위에 가담하여 갑에게 손해를 발생시켰으므로 특수 불법 행위 중 공동 불법 행위자의 책임을 진다.

정답 찾기 ④ 을, 병, 정에게 책임 능력이 인정되면, 을, 병, 정의 법정 대리인은 일반 불법 행위 책임을 질 수 있다.

오답 피하기 ① 갑은 을, 병, 정에게 재산적인 손해뿐만 아니라 정신적인 손해에 대해서도 배상을 청구할 수 있다.

② 정은 갑에게 손해를 발생시켰으므로 특수 불법 행위 중 공동 불법 행위자의 책임을 진다.

③ 을, 병, 정은 특수 불법 행위 중 공동 불법 행위자의 책임을 진다.

⑤ 을, 병, 정 모두에게 책임 능력이 인정되는 경우 을, 병, 정의 법정 대리인은 일반 불법 행위 책임을 질 수 있고, 이 경우 갑에게 손해 배상 책임을 진다.

3 미성년자의 계약 이해

문제 분석 제시된 자료는 미성년자인 갑, 을 각각의 매매 계약에 대한 상황을 나타낸 것이다.

정답 찾기 ① 미성년자인 갑이 신분증을 위조하여 제시한 후 병이 갑을 성년자로 믿고 노트북 매매 계약을 체결한 경우에는 갑과 갑의 법정 대리인은 모두 취소권을 행사할 수 없다. 또한 미성년자인 을이 법정 대리인의 동의를 얻어 게임기 매매 계약을 체결한 경우에는 계약이 확정적으로 유효하다.

오답 피하기 ② 미성년자가 법정 대리인의 동의 없이 체결한 계약의 경우에 판매업자는 거래 당시 미성년자임을 몰랐을 경우에만 철회권을 행사할 수 있다. 제시된 자료에서 을은 법정 대리인의 동의를 얻어 게임기 매매 계약을 체결하였으므로 병은 을과의 계약에 대해 철회권을 행사할 수 없다.

③ 미성년자인 을이 법정 대리인의 동의를 얻어 게임기 매매 계약을 체결하였으므로 을과 을의 법정 대리인은 계약을 취소할 수 없다.

④ 갑은 병에게 신분증을 위조하여 제시하였고, 병은 갑을 성년자

로 믿고 계약을 체결하였다. 따라서 갑과 갑의 법정 대리인은 취소권을 행사할 수 없다.

⑤ 미성년자가 법정 대리인의 동의를 얻지 않고 계약을 체결한 경우 미성년자와 거래한 상대방은 미성년자의 법정 대리인에게 계약을 추인할 것인지 여부에 대한 확답을 촉구할 권리를 가진다. 사례에서 갑이 신분증을 위조하여 병에게 성년자로 믿게 하여 계약을 체결하였으므로 취소할 수 있는 법률 행위에 해당하지 않아 병의 확답 촉구권은 인정되지 않는다.

4 특수 불법 행위 이해

문제 분석 제시된 자료는 특수 불법 행위 유형 중 공작물 등의 점유자·소유자의 책임, 사용자 배상 책임과 관련된 것이다.

정답 찾기 ㄱ. ○○ 법원은 B가 운영하는 골프장은 통상의 골프장과 같이 자연적 환경과 기상 상황을 그대로 이용 또는 감수할 것이 예정된 야외 시설물로서 일반적인 수준을 유지하고 있으며 사고 지점은 다소 경사는 있지만 통상 성인이 스스로 사고 방지를 못할 정도의 급경사는 아니라고 판단하여 원고 패소 판결을 내렸다. ○○ 법원은 골프장을 운영하는 B의 공작물 등의 소유자 책임을 인정하지 않았다.

ㄹ. ○○ 법원은 A가 B를 상대로 제기한 손해 배상 청구 소송에서 원고 패소 판결을 내렸다. 따라서 A는 B에게 정신적 손해인 위자료를 청구할 수 없다.

오답 피하기 ㄴ. 피용자가 업무와 관련하여 타인에게 손해를 가한 경우 피용자가 불법 행위 책임을 지면 사용자는 피용자의 선임 및 그 사무 감독상의 과실에 대해 손해 배상 책임을 질 수 있다.

ㄷ. ○○ 법원은 사고 당시 1명의 경기 보조원이 고객 여러 명을 보조하고 있었는데, 사고 지점처럼 스스로 주의할 것이 유의되는 장소에서까지 경기 보조원이 사고 발생 가능성을 인지하고 주의를 고지할 것을 기대하기는 어렵다고 판단하였다. 따라서 ○○ 법원은 경기 보조원의 행위로 인해 A에게 손해가 발생하였다고 판단하지 않았다.

5 공작물 등의 점유자·소유자의 책임 이해

문제 분석 제시된 자료는 특수 불법 행위 유형 중 공작물 등의 점유자·소유자의 책임과 관련된 것이다.

정답 찾기 ② A가 공작물 점유자로서 갑에게 지는 공작물 점유자의 책임은 특수 불법 행위 책임에 해당한다.

오답 피하기 ① 채무 불이행은 적법한 계약 관계를 전제로 하여 당사자 사이에서 채무를 이행하지 않는 것에 대한 책임을 문제 삼는 것이다. A는 갑에게 채무 불이행 책임이 아니라 특수 불법 행위 책임을 진다.

③ 공작물 등의 점유자와 소유자가 공동으로 불법 행위를 하여 타인에게 손해를 가한 경우가 아니므로 공작물 등의 점유자인 A가 상가 소유자와 함께 갑에게 공동 불법 행위자의 책임을 지는 것은

아니다.

④ 불법 행위가 성립하려면 가해 행위와 관련하여 가해자에게 고의 또는 과실이 있어야 한다. A의 갑에 대한 특수 불법 행위 책임이 인정되면, 갑은 A에게 재산상 손해뿐만 아니라 정신적 손해에 대해서도 배상을 청구할 수 있다.

⑤ 공작물 등의 설치 또는 보존상의 하자로 타인에게 손해를 가한 경우 점유자가 일차적으로 손해 배상 책임을 진다. 공작물 등의 점유자가 손해 방지를 위한 주의를 다하였음을 증명하면 책임이 면제되고, 공작물 등의 소유자는 면책이 인정되지 않는 무과실 책임을 진다.

6 특수 불법 행위 이해

문제 분석 (가)에는 책임 무능력자의 감독자 책임이 인정되지 않는 사례, (나)에는 책임 무능력자의 감독자 책임이 인정되는 사례, (다)와 (라)에는 공작물 등의 점유자·소유자의 책임이 인정되는 사례가 들어가야 한다.

정답 찾기 ③ 병이 심신 상실의 상태에서 C를 폭행한 경우 병을 감독할 법정 의무가 있는 D가 C에 대해 손해 배상 책임을 지는 경우는 책임 무능력자의 감독자 책임 사례에 해당한다. 따라서 해당 내용은 (나)에 들어갈 수 있다.

오답 피하기 ① 갑의 자녀 A(5세)가 베란다에서 돌을 던져 주차되어 있던 이웃 주민의 차량이 파손되어 갑이 손해 배상 책임을 지는 경우는 책임 무능력자의 감독자 책임 사례에 해당한다. 따라서 해당 내용은 (가)에 들어갈 수 없다.

② 을의 고등학생 자녀 B(17세)에게 책임 능력이 있는 경우 B가 친구를 폭행하여 을이 손해 배상 책임을 지는 경우에 을의 자녀 B는 책임 능력이 있기 때문에 책임 무능력자의 감독자 책임 사례에 해당하지 않는다. 따라서 해당 내용은 (나)에 들어갈 수 없다.

④ 정이 E 소유의 건물을 임차하여 음식점을 운영하던 중 음식점 건물의 창틀이 떨어져 행인이 다쳤을 경우에 점유자 정이 일차적으로 책임을 지고, 점유자가 면책되면 소유자 E가 무과실 책임을 진다. 따라서 해당 내용은 (다)에 들어갈 수 없다.

⑤ 무(28세)가 F의 애완견을 데리고 산책하다가 무가 한눈을 판 사이 애완견이 행인을 물어 다쳤을 때 무가 손해 배상 책임을 지는 경우는 특수 불법 행위 유형 중 동물의 점유자 책임이다. 따라서 해당 내용은 (라)에 들어갈 수 없다.

7 사용자의 배상 책임 이해

문제 분석 제시된 사례는 특수 불법 행위 유형 중 사용자의 배상 책임에 해당하는 사례이다. 피용자인 을이 업무와 관련하여 타인에게 손해를 가한 경우 피용자가 일반 불법 행위 책임을 지면, 사용자는 피용자의 선임 및 그 사무 감독상의 과실에 대해 손해 배상 책임을 질 수 있다.

정답 찾기 ③ ○○ 법원은 갑이 을의 선임 및 그 사무 감독에 과실이 있다고 판단하였다.

오답 피하기 ① 갑과 을은 공동으로 타인에게 손해를 가한 경우가 아니므로 공동 불법 행위자의 책임을 지는 것이 아니다.

② ○○ 법원은 을의 병에 대한 일반 불법 행위 책임을 인정하였다.

④ 사용자는 피용자의 선임 및 그 사무 감독상의 과실에 대해 손해 배상 책임을 지는 것이므로 갑에게 무과실 책임의 원칙이 적용되는 것은 아니다.

⑤ ○○ 법원은 피용자인 을의 일반 불법 행위를 인정하였다. ○○ 법원은 을의 행위와 병이 입은 손해 발생 사이에 상당 인과 관계가 인정된다고 판단한 것이다.

8 미성년자의 계약 이해

문제 분석 미성년자는 제한 능력자이므로 원칙적으로 법정 대리인의 동의를 얻어 법률 행위를 할 수 있다. 갑은 법정 대리인의 동의를 얻어 을과 자전거 매매 계약을 체결하였고, 병은 법정 대리인의 동의를 얻지 않고 정과 노트북 매매 계약을 체결하였다.

정답 찾기 ④ 갑은 법정 대리인의 동의를 얻어 을과 자전거 매매 계약을 체결하였으므로 을은 거래의 의사 표시를 철회할 수 없다. 병은 법정 대리인의 동의 없이 계약을 체결하였으므로 병이나 병의 법정 대리인은 노트북 매매 계약을 취소할 수 있다.

오답 피하기 ①, ②, ③, ⑤ 갑은 법정 대리인의 동의를 얻어 을과 자전거 매매 계약을 체결하였으나 을이 자전거 브랜드를 속여 가격을 높여 불렀다. 이는 사기에 의한 의사 표시이므로 갑은 사기를 이유로 자전거 매매 계약을 취소할 수 있다. 정은 병과의 계약에 대해 병이 아닌 병의 법정 대리인에게 계약을 추인할 것인지 여부에 대한 확답을 촉구할 권리를 행사할 수 있다.

11 가족 관계와 법

본문 110~111쪽

01 ④	**02** ①	**03** ②	**04** ②
05 ③	**06** ②	**07** ③	**08** ⑤

01 법률혼과 사실혼 이해

문제 분석 혼인의 의사를 가지고 부부로서의 공동생활을 하면서 혼인 신고를 한 상태를 법률혼이라 한다. 혼인의 의사를 가지고 부부로서의 공동생활을 하면서도 혼인 신고를 하지 않은 상태는 사실혼이라고 한다.

정답 찾기 ④ 배우자 간 부양 의무는 법률혼과 사실혼 관계 모두에서 발생한다.

오답 피하기 ① 법률혼 관계에서는 친족 관계(배우자, 인척 관계)가 발생한다.

② 법률혼 관계에서 출생한 자녀는 '혼인 중의 출생자'이고, '혼인 외의 출생자'는 법률혼 관계가 아닌 남녀 사이에서 태어난 자녀이다.

③ 혼인은 혼인의 의사 합치를 통해 이루어지는 일종의 계약에 해당한다.

⑤ 법률혼과 달리 사실혼은 별도의 절차 없이 일방의 의사만으로 사실혼 관계를 해소할 수 있다.

02 일상 가사 채무의 연대 책임 이해

문제 분석 갑이 장기간 회사 일로 지방에 내려가 있을 때 아내 을이 자녀들의 학원비와 간식비를 위해 돈을 빌렸을 경우 갑이 이 돈을 갚아야 할 의무가 있는지를 파악해야 한다. 변호사는 아내 을이 빌린 돈은 일상 가사로 인한 채무에 해당하며, 일상 가사로 인한 채무에 대해서는 부부 중 다른 일방이 이로 인한 채무에 대하여 연대 책임이 인정되므로 남편인 갑이 갚아야 할 의무가 있다고 판단하였다.

정답 찾기 ① 일상 가사는 부부의 공동생활을 위해 필요한 일상적인 일을 말한다. 민법에서는 일상 가사에 대해 부부간의 대리권을 인정하는 한편, 이로 인해 생긴 채무에 대해 부부 중 다른 일방이 연대 책임을 지도록 하고 있다. 자녀들의 학원비와 간식비는 일상 가사에 해당하므로 아내 을이 빌렸더라도 남편 갑이 이에 대하여 연대 책임을 지므로 갑은 을의 채무를 갚아야 할 의무가 있다.

오답 피하기 ② 을에게 계약 당시 의사 능력이 있는 것과 갑이 아내 을이 빌린 돈을 갚아야 하는 것은 관련이 없다.

③ 을에게 계약 당시 행위 능력이 있는 것과 갑이 아내 을이 빌린

돈을 갚아야 하는 것은 관련이 없다.

④ 돈을 빌릴 때 을이 계약서를 작성하였다고 해서 갑이 갚아야 하는 것은 아니다.

⑤ 일상 가사 대리권과 일상 가사로 인한 채무의 연대 책임은 사실혼과 법률혼 모두에 해당된다.

03 혼인과 이혼 이해

문제 분석 첫 번째 사례는 재판상 이혼, 두 번째 사례는 사실혼 관계에서 헤어진 상황이다.

정답 찾기 ② 갑과 을의 이혼은 재판상 이혼으로 이혼 숙려 기간을 거치지 않는다. 협의상 이혼 시 원칙적으로 이혼 숙려 기간을 거쳐야 한다.

오답 피하기 ① 병은 갑과 을의 법률혼 관계에서 태어난 자녀이다. 갑과 을의 이혼으로 병이 혼인 외의 출생자가 되는 것은 아니다.

③ 재판상 이혼의 효력은 이혼 판결이 확정되면 이혼 신고가 없더라도 발생한다.

④ A와 B가 혼인 신고를 하지 않은 상태에서 자녀 C를 낳고 살았으므로 C는 A와 B의 혼인 중의 출생자가 아니다.

⑤ A와 B는 사실혼 관계를 해소하기 위해서 법적인 절차를 거쳐야 하는 것은 아니다.

04 상속 제도 이해

문제 분석 갑과 을의 이혼 소송 중에 을이 갑자기 사고로 유언 없이 사망하였으므로 상속인은 배우자 갑, 직계 비속 A, 직계 비속 B이다.

정답 찾기 ② 을의 사망 시 갑과 을은 법률혼 부부이므로 상속인은 배우자 갑과 직계 비속 A, 직계 비속 B이다.

오답 피하기 ① 을이 사망하면 을의 재산을 배우자 갑, 직계 비속 A, B가 1.5 : 1 : 1의 비로 상속받는다. 따라서 A와 B가 받는 상속액은 같다.

③ B는 친양자로 입양되었으므로 갑과 을의 사망 시에는 상속인이 되지만, 친생부모의 사망 시에는 상속인이 될 수 없다. 친양자 입양은 특별한 경우를 제외하고 입양 전의 친족 관계가 종료되기 때문이다.

④ 친양자로 입양되면 양부모와 친자 관계가 형성된다. 양자의 경우에는 양부모가 친권자가 되므로 B가 미성년자라면 을 사망 후 갑은 B에 대한 친권을 행사한다.

⑤ B는 친양자 입양을 통해 갑, 을과 친자 관계가 형성되었다. 인지는 혼인 외의 출생자와 생부 또는 생모 사이에 친자 관계를 형성하는 것이다.

05 이혼과 상속 이해

문제 분석 갑과 C 모두 유언 없이 사망하였으므로 상속이 이루어진다.

정답 찾기 ③ C는 병을 친양자로 입양하였다. 친양자로 입양되면 친생부모와의 친자 관계가 종료된다. C가 병의 친생부모인 을과 혼인한 후 적법한 절차를 거쳐 병을 친양자로 입양한 경우 갑과 병의 친자 관계는 종료되지만, 을과 병의 친자 관계가 종료되지 않는다.

오답 피하기 ① 협의상 이혼을 위해서는 법원에서 이혼 의사 확인을 받아야 한다. 따라서 협의상 이혼도 법원에서의 절차를 거쳐야 이혼이 가능하다.

② B는 친양자가 아닌 양자로 입양되었으므로 원칙적으로 친생부모의 성과 본을 유지한다.

④ 갑이 유언 없이 사망했으므로 갑의 재산은 갑의 배우자 A, 갑의 직계 비속 B가 상속받는다.

⑤ C는 유언 없이 사망했으므로 C의 재산은 C의 배우자 을, 직계 비속 병이 상속받는다. 효력이 있는 유언이 있을 경우에 상속인은 법정 상속분의 일정 비율을 유류분으로 반환 청구할 수 있다.

06 친권의 이해

문제 분석 부모가 미성년인 자녀에 대해 갖는 신분·재산상의 여러 권리와 의무를 친권이라고 한다. 친권은 미성년의 자녀를 보호·교양할 권리임과 동시에 의무로 거소 지정권, 자녀가 자기 명의로 취득한 특유 재산에 대한 관리권 등을 내용으로 한다. 따라서 A는 친권이다.

정답 찾기 ② 친권을 행사하는 부모는 미성년인 자녀의 법정 대리인이 된다.

오답 피하기 ① 부모가 혼인 중인 때에는 부모가 공동으로 친권을 행사하는 것이 원칙이다. 그러나 부모 중 한쪽이 친권을 행사할 수 없을 경우에는 다른 한쪽이 친권을 행사한다.

③ 부 또는 모가 친권을 남용하여 자녀의 복리를 현저히 해치거나 해칠 우려가 있는 경우 법원이 일정한 절차에 따라 친권의 상실을 선고할 수 있지만, 이혼 시 자녀를 양육하지 않는 부 또는 모의 친권이 상실되는 것은 아니다.

④ 생계를 같이하는 부모만 미성년인 자녀에게 친권을 행사할 수 있는 것은 아니다. 이혼 시 양육자와 친권자가 다른 경우도 있다.

⑤ 양자의 경우 양자가 미성년자이면 친생부모가 아닌 양부모가 친권을 행사한다.

07 상속의 이해

문제 분석 갑과 정이 유언 없이 사망하였으므로 상속이 이루어진다. 상속 순위는 1순위 직계 비속, 2순위 직계 존속, 3순위 형제자매, 4순위 4촌 이내의 방계 혈족이며, 배우자는 직계 비속 또는 직계 존속과 공동으로 상속받는다. 만약 직계 비속과 직계 존속이 없으면 배우자가 단독으로 상속받는다. 배우자는 공동 상속인의 상속분에 50%를 가산하여 상속받는다. 갑이 사망하면 갑의 재산을 배우자 을, 직계 비속 병, 정이 1.5 : 1 : 1의 비로 상속받는다.

그 뒤 정이 사망하면 정의 재산은 직계 존속인 을이 상속받는다.

정답 찾기 ③ 갑의 재산은 14억 원이므로 을이 6억 원, 병이 4억 원, 정이 4억 원을 상속받는다. 그 뒤 정이 사망하면 정의 재산 4억 원은 을이 상속을 받는다. 따라서 갑과 정의 사망으로 을은 총 10억 원을 상속받는다.

오답 피하기 ① 갑이 사망하면 을, 병, 정이 갑의 재산을 상속받는다.

② 갑이 사망하면 병, 정과 달리 배우자인 을은 공동 상속인의 상속분에 50%를 가산하여 상속받는다.

④ 정은 유언 없이 사망했으므로 정의 재산은 직계 존속 을이 상속받는다. 효력이 있는 유언이 있을 경우에 상속인은 법정 상속분의 일정 비율을 유류분으로 반환 청구할 수 있다.

⑤ 갑의 1순위 상속인인 직계 비속이 있으므로 갑의 배우자 을이 상속을 포기해도 갑의 직계 존속인 무는 갑의 재산을 상속받을 수 없다.

08 이혼과 친자 관계 이해

문제 분석 제시된 자료는 협의상 이혼과 이혼의 법률 효과, 친양자 입양과 관련된 것이다.

정답 찾기 ㄴ. 친양자는 원칙적으로 양부모의 성과 본을 따른다.

ㄷ. 이혼 후 자녀를 직접 양육하지 않는 부 또는 모, 자녀는 서로 만나고 전화·편지 등을 통해 교섭할 수 있는 권리인 면접 교섭권을 가진다.

ㄹ. 병은 A를 친양자로 입양하였다. 친양자로 입양되면 친생부모와의 친자 관계가 종료되지만, 친생부모인 갑이 병과 혼인한 것이므로 갑과 A의 친자 관계가 종료되는 것은 아니다. 단, 을과 A의 친자 관계는 종료된다.

오답 피하기 ㄱ. 협의상 이혼과 달리 재판상 이혼은 민법에 정해진 이혼 사유가 있는 경우에만 이혼이 가능하다.

수능 실전 문제 본문 112~115쪽

| 1 ⑤ | 2 ① | 3 ④ | 4 ⑤ |
| 5 ① | 6 ④ | 7 ② | 8 ③ |

1 협의상 이혼 이해

문제 분석 제시된 자료는 협의상 이혼의 절차이다.

정답 찾기 ㄴ. 재판상 이혼과 달리 협의상 이혼은 원칙적으로 이혼 숙려 기간을 거쳐야 한다. 이혼 숙려 기간은 양육할 자녀가 있으면 3개월, 양육할 자녀가 없으면 1개월이다.

ㄷ. 재판상 이혼을 위해서는 먼저 법원의 이혼 조정 절차를 거쳐야 한다. 따라서 해당 내용은 (가)에 들어갈 수 없다.

ㄹ. 협의상 이혼은 행정 기관에 이혼 신고를 해야 이혼의 효력이 발생한다. 따라서 해당 내용은 (나)에 들어갈 수 있다.

오답 피하기 ㄱ. 민법에 정해진 이혼 사유에 해당해야만 이혼이 가능한 것은 재판상 이혼이다.

2 상속 제도 이해

문제 분석 을의 유언이 효력이 있다면 유언에 따르되 유류분을 고려해야 한다. 이때 유류분 반환을 청구할 수 있는 자는 상속권자이며, 법정 상속분의 일정 비율을 유류분으로 반환 청구할 수 있다. 법적 효력을 갖춘 유언이 여러 개 존재하는 경우에는 마지막에 작성된 유언이 효력을 갖는다. 을의 유언이 효력이 없다면 상속이 이루어진다.

정답 찾기 ① 을이 질문자에게 10억 원의 재산을 모두 주겠다는 을의 유언만이 효력이 있다면 유언에 따른다. 이때 유언의 법률 효과는 을의 사망과 동시에 발생한다.

오답 피하기 ② 을이 ○○ 복지 재단에 10억 원의 재산을 모두 주겠다는 유언만이 효력이 있다면 유언장이 작성된 시점이 아니라 을의 사망 시에 유언의 법률 효과가 발생한다.

③ 을이 ○○ 복지 재단에 10억 원의 재산을 모두 주겠다는 유언만이 효력이 있다면 이 유언에 따라야 한다. 을의 유가족 중 질문자와 A가 ○○ 복지 재단에 유류분 반환 청구를 할 수 있지만 이때 질문자와 A, ○○ 복지 재단이 을의 재산을 균등하게 받는 것은 아니다.

④ ㉠이 효력이 있는 경우에는 유언에 따라 질문자는 을의 재산을 받을 수 있다.

⑤ ㉠과 ㉡이 모두 효력이 있는 경우 마지막에 작성된 유언이 효력을 갖는다. 따라서 사망 당일 모든 재산을 질문자에게 주겠다는 유언에 따른다.

3 재판상 이혼 이해

문제 분석 제시된 자료는 소송을 통해 이혼하는 재판상 이혼과 관련된 것이다.

정답 찾기 ④ 협의상 이혼과 재판상 이혼에서는 모두 이혼의 과실이 있는 상대방에게 재산적 손해뿐만 아니라 정신적 손해(위자료)에 대해서도 배상을 청구할 수 있다.

오답 피하기 ① 혼인 관계가 해소되더라도 부모와 자녀 간의 친자 관계는 유지된다. 따라서 갑과 을이 이혼해도 을과 병의 친자 관계는 종료되지 않는다.

② 이혼 시 자녀를 직접 양육하지 않는 부 또는 모 등과 그 자녀에게 면접 교섭권이 발생하며 을이 법원에 면접 교섭권을 신청해야 하는 것은 아니다.

③ 협의상 이혼의 경우에만 원칙적으로 이혼 숙려 기간을 거쳐야 한다.

⑤ 재산 분할 청구권은 부부 중 일방이 상대방에게 혼인 중 공동으로 마련한 재산에 대해 분할을 청구할 수 있는 권리로서 혼인 파탄의 책임이 있어도 행사할 수 있다.

4 이혼의 이해

문제 분석 제시된 자료는 재판상 이혼, 친권과 관련된 것이다.

정답 찾기 ⑤ 민법에 정해진 혼인을 계속하기 어려운 사유가 존재하는 경우라도 협의상 이혼이 가능하다.

오답 피하기 ① 재산 분할 청구권은 부부 중 일방이 상대방에게 혼인 중 공동으로 마련한 재산에 대해 분할을 청구할 수 있는 권리이다. 이혼 시 부부의 일방이 혼인 전부터 가진 고유 재산은 분할 청구권의 대상이 아니다.

② 친권은 부모가 미성년인 자녀에 대해 갖는 신분·재산상의 여러 권리와 의무이다.

③ 재판상 이혼은 법원에 이혼을 청구하여 이혼 소송을 통해 이혼 판결을 받는 과정을 거치는 것이다. 법이 정한 일정한 사유가 있을 때 당사자 일방의 청구에 의해 재판이 이루어진다.

④ 재판상 이혼에서 이혼에 책임이 있는 배우자라도 미성년 자녀를 양육하지 않는 경우 원칙적으로 면접 교섭권이 인정된다.

5 친자 관계 이해

문제 분석 제시된 자료는 친양자가 아닌 양자 입양과 친양자 입양을 표로 구분한 것이다.

정답 찾기 ㄱ. 친양자를 입양하려는 사람은 일정한 요건을 갖춰 가정 법원에 친양자 입양을 청구하여 청구가 받아들여져야 하며, 친양자는 양부모의 혼인 중의 출생자로 본다.

ㄴ. 친양자가 아닌 양자 입양과 친양자 입양 모두 혈연관계가 없는 사람들 사이에 인위적으로 법률상 친자 관계를 형성하는 것이다. 친양자가 아닌 양자 중 미성년자와 친양자는 모두 양부모가 친권자이다.

오답 피하기 ㄷ. 친양자가 아닌 양자와 친양자 모두 양부모 사망 시 상속을 받을 수 있다. 따라서 친양자가 아닌 양자 입양과 친양자 입양의 공통점으로 '양부모 사망 시 상속 관계 발생'이 들어갈 수 있다.

ㄹ. 친양자로 입양되면 친생부모와의 친자 관계가 종료되고, 친양자가 아닌 양자의 경우 친생부모와의 친자 관계가 종료되지 않는다. 따라서 해당 내용은 (나)에 들어갈 수 있다.

6 이혼과 상속 이해

문제 분석 제시된 〈사례〉의 법적 판단에 대한 답변과 점수를 통해 ㉠~㉢에 들어갈 답변을 추론할 수 있다. A는 세 번째 법적 판단, 네 번째 법적 판단에 옳게 응답하였고, 두 번째 법적 판단에 틀리게 응답한 상황에서 채점 결과가 3점이므로 이를 통해 첫 번째 법적 판단에 옳게 응답하였음을 알 수 있다. B는 세 번째 법적 판단에 옳게 응답한 상황에서 채점 결과가 1점이므로 첫 번째 법적적 판단과 두 번째 법적 판단, 네 번째 법적 판단에는 틀리게 응답한 것을 알 수 있다.

정답 찾기 ④ 을과 정은 협의상 이혼을 하였다. 협의상 이혼은 법원에 이혼 의사 확인 신청을 하고, 원칙적으로 이혼 숙려 기간을 거친 후 법원의 이혼 의사 확인 절차를 거쳐야 한다. 그 후 이혼 신고를 함으로써 이혼의 효력이 발생한다. A는 첫 번째 법적 판단에 옳게 응답하였으므로 (가)에 해당 내용이 들어가면 ㉠에 '아니요'가 들어간다.

오답 피하기 ① (가)에 A는 옳게 응답하였고 B는 틀리게 응답하였으므로 ㉠과 ㉡에 들어갈 답변은 서로 다르다.
② 혼인 관계가 해소되더라도 부모와 자녀 간의 친자 관계는 유지된다. 따라서 갑과 을의 이혼으로 갑과 병의 친자 관계는 종료되지 않는다. 두 번째 법적 판단에 B는 틀리게 응답하였으므로 ㉢에 '예'가 들어간다.
③ 을과 정은 협의상 이혼을 하였으므로 정이 유언 없이 사망하면 직계 비속인 무만 정의 상속인이 된다. 네 번째 법적 판단에 B는 틀리게 응답하였으므로 ㉣에 '예'가 들어간다.
⑤ 갑과 을의 이혼은 협의상 이혼으로 행정 기관에 이혼 신고를 해야 이혼의 효력이 발생한다. 첫 번째 법적 판단에 B는 틀리게 응답하였으므로 (가)에 해당 내용이 들어가면 ㉡에 '아니요'가 들어간다.

7 상속 제도 이해

문제 분석 제시된 자료는 갑의 사망과 관련하여 갑이 B를 친양자로 입양했는지의 여부, 갑의 유언장이 효력이 있는지의 여부를 통해 ㉠, ㉡, ㉢의 상황을 파악해야 한다.

정답 찾기 ② 갑이 B를 친양자로 입양하지 않고, 갑의 유언장이 효력이 없는 상황이라면 갑의 상속인은 배우자 정과 직계 비속 A가 된다. 배우자는 공동 상속인의 상속분에 50%를 가산하여 상속을 받는다. 따라서 갑의 재산을 배우자 정, 직계 비속 A가 1.5 : 1의 비로 상속받아 정은 21억 원, A는 14억 원을 상속받는다.

오답 피하기 ① 갑이 B를 친양자로 입양하지 않고, 갑의 유언장이 효력이 없는 상황이라면 갑의 상속인은 배우자 정과 직계 비속 A이다.
③ 갑이 B를 친양자로 입양하고, 갑의 유언장이 효력이 있는 상황이라면 상속인은 법정 상속분의 일정 비율을 유류분으로 반환 청구할 수 있다. 따라서 배우자 정, 직계 비속 A와 직계 비속 B가 ○○ 대학을 상대로 유류분 반환을 청구할 수 있다. 을은 갑과 이혼하여 상속인이 되지 못하므로 유류분 반환을 청구할 수 없다.
④ 갑이 B를 친양자로 입양하고, 갑의 유언장이 효력이 없는 상황이라면 갑의 재산을 배우자 정, 직계 비속 A, 직계 비속 B가 1.5 : 1 : 1의 비로 상속받아 정은 15억 원, A는 10억 원, B는 10억 원을 상속받는다.
⑤ 갑이 B를 친양자로 입양하지 않고 갑의 유언장이 효력이 없는

상황이면, A는 14억 원을 상속받는다. 갑이 B를 친양자로 입양하고 갑의 유언장이 효력이 없는 상황이면, A는 10억 원을 상속받는다.

8 혼인과 이혼 이해

문제 분석 제시된 자료는 재판상 이혼과 관련된 대법원의 판결문 중 일부이다.

정답 찾기 ㄴ. 부부 상호 간의 동거·부양·협조의 의무는 사실혼과 법률혼에서 모두 적용된다.
ㄷ. 대법원은 피고의 행위가 민법에서 정한 이혼 사유인 '혼인을 계속하기 어려운 중대한 사유가 있을 때'에 해당한다고 판단하였다.

오답 피하기 ㄱ. 민법에서는 18세의 미성년자가 법정 대리인의 동의를 얻어 법률혼을 하면 그때부터 성년으로 간주한다.
ㄹ. 법원에 이혼 의사 확인 신청을 거쳐야 하는 이혼의 유형은 협의상 이혼이다. 제시된 자료는 재판상 이혼과 관련된 것이다.

Ⅳ단원 기출 플러스

본문 116~117쪽

01 ①   **02** ⑤   **03** ③   **04** ③

01 민법의 기본 원칙에 대한 이해

[문제 분석] 민법의 기본 원칙 중 A는 과실 책임의 원칙이고, B는 무과실 책임의 원칙이다.

[정답 찾기] ㄱ. 우리나라 민법은 과실 책임의 원칙에 기초하며, 무과실 책임의 원칙이 적용될 수 있는 규정을 두고 있다.

ㄴ. 과실 책임의 원칙은 고의 또는 과실로 인한 위법 행위로 타인에게 손해를 가한 자에게 손해를 배상할 책임이 있다는 원칙이다.

[오답 피하기] ㄷ. 무과실 책임의 원칙은 가해자에게 고의 또는 과실이 있는지 여부를 고려하지 않는다. 고의 또는 과실이 없음을 입증하여 면책되는 것은 과실 책임의 원칙이 적용되는 경우이다.

ㄹ. 자신의 행위로부터 일정한 결과가 생길 것을 인식했어야 함에도 불구하고 그러하지 못한 채 한 행위는 과실에 의한 행위이다. 무과실 책임의 원칙은 가해자에게 고의나 과실이 없어도 일정한 요건이 충족되면 손해 배상 책임을 인정한다.

02 특수 불법 행위에 대한 이해

[문제 분석] 제시된 자료는 특수 불법 행위 유형 중 사용자의 배상 책임, 공작물 등의 점유자·소유자의 책임, 동물의 점유자의 책임과 관련된 것이다.

[정답 찾기] ⑤ 공작물의 설치 또는 보존의 하자로 인해 타인에게 발생한 손해에 대해 공작물의 점유자가 손해 방지를 위한 주의를 다하였음을 증명하면 면책된다. 따라서 공작물의 점유자인 A가 병에게 발생한 손해의 방지에 필요한 주의를 다한 경우, A는 병에 대한 공작물 점유자로서의 특수 불법 행위 책임을 지지 않는다.

[오답 피하기] ① 사용자가 피용자에 대한 선임 및 사무 감독에 상당한 주의를 다하였음을 증명하면 사용자로서의 특수 불법 행위 책임을 면할 수 있다.

② 위자료는 정신적 손해에 대한 배상을 요구할 때 청구하는 것이다.

③ 동물의 종류와 성질에 따라 그 보관에 상당한 주의를 다하였음을 증명하면 동물 점유자로서의 특수 불법 행위 책임을 면할 수 있다.

④ 재산상 손해에 대한 배상은 특별한 사정이 없는 한 금전 배상이 원칙이다.

03 미성년자의 계약에 대한 이해

[문제 분석] 제시된 자료는 미성년자 A, B, C 각각의 법률 행위에 대한 상황을 나타낸 것이다.

[정답 찾기] ③ 병이 추인하면 정은 계약 체결의 의사 표시를 철회할 수 없고, 병이 추인하지 않은 경우에 정은 계약 체결 당시 B가 미성년자임을 알았으므로 계약 체결의 의사 표시를 철회할 수 없다.

[오답 피하기] ① 용돈으로 게임기를 사는 것은 법정 대리인의 동의를 얻을 필요가 없으므로, 갑은 A가 미성년자임을 이유로 A의 구매 계약을 취소할 수 없다.

② 권리만을 얻는 법률 행위는 미성년자가 단독으로 할 수 있다. 따라서 당첨된 고가의 자전거를 수령하기 위해서는 갑 또는 병의 동의를 받을 필요가 없다.

④ 갑은 B를 입양하지 않았으므로 갑과 B 간에는 친자 관계가 형성되어 있지 않다. 따라서 정은 갑에게 B와의 매매 계약의 취소 여부에 대한 확답을 촉구할 권리를 행사할 수 없다.

⑤ 정과 B의 매매 계약이 유효하게 확정된 경우에는 병이 계약 체결자가 아니므로 병은 정에게 자전거 매매 대금의 지급 의무를 지는 것은 아니다.

04 가족 관계에 대한 이해

[문제 분석] 제시된 자료는 협의상 이혼과 이혼의 법률 효과, 친양자 입양 및 친양자가 아닌 양자 입양과 관련된 것이다.

[정답 찾기] ③ 갑은 B를 입양하지 않았으므로 갑과 B 간에는 친자 관계가 형성되어 있지 않다. 따라서 갑이 사망한 경우 B는 갑의 상속인이 될 수 없다.

[오답 피하기] ① 협의상 이혼의 효력은 행정 기관에 이혼 신고를 한 때에 발생한다.

② 병이 A를 친양자로 입양한 후에는 을과 A 간의 친자 관계는 종료되므로 을에게는 A에 대한 면접 교섭권이 없다.

④ 친양자가 아닌 양자로 입양할 경우 가정 법원의 허가를 필요로 한다.

⑤ 친양자가 아닌 양자로 입양하면 친생자와 같은 지위를 가진다.

12 형법의 이해

수능 기본 문제 본문 123~124쪽

| 01 ② | 02 ③ | 03 ① | 04 ⑤ |
| 05 ② | 06 ③ | 07 ① | 08 ① |

01 형법의 의미와 기능 이해

문제 분석 형법의 개념(의미)을 설명하는 글을 제시하고, 선지를 통해 형법의 기능까지 묻는 문항이다. 형법은 형식적 의미(좁은 의미)에서는 '형법'이라는 명칭으로 제정된 법률을 말하지만, 실질적 의미(넓은 의미)에서는 법의 명칭과 형식을 불문하고 범죄와 그에 대한 형사 제재를 규정하고 있는 모든 법 규범을 의미한다.

정답 찾기 ㄱ. 형법의 보장적 기능은 국가가 행사할 형벌권의 내용과 한계를 분명히 하여 국가의 자의적 형벌권 행사로부터 국민의 자유와 권리를 보장하는 기능을 의미한다. 이러한 기능은 범죄자를 포함한 모든 국민에게 적용된다.

ㄷ. 도로 교통법에도 위반할 경우 형사 제재(벌칙)를 규정한 조항이 있는데, 이러한 조항은 넓은 의미의 형법에 해당한다.

오답 피하기 ㄴ. 형법은 범죄 및 형벌과 관련하여 국가와 개인 간의 관계를 규율하고 있는 공법(公法)이다.

ㄹ. 좁은 의미의 형법이든 넓은 의미의 형법이든 형법은 국가의 형벌권을 통해 사회적 근본 가치를 보호하며, 범죄 행위에 대해 개인적인 응징과 보복을 허용하지 않는다.

02 죄형 법정주의 이해

문제 분석 밑줄 친 '이것'은 죄형 법정주의이다. 죄형 법정주의의 의미 변천과 파생 원칙들에 대해 묻는 문항이다.

정답 찾기 ㄴ. 죄형 법정주의의 파생 원칙 중 유추 해석 금지에 대한 설명이다.

ㄷ. 오늘날에는 성문의 법률이 존재하느냐의 여부뿐만 아니라 그 법률의 내용이 실질적으로 국민의 자유와 권리를 보장하는 데 적정한 것인지도 판단하여야 한다는 '실질적 의미의 죄형 법정주의'를 강조하고 있다.

오답 피하기 ㄱ. 죄형 법정주의는 국가의 자의적인 형벌권 행사로부터 시민의 자유와 권리를 보호하려는 근대 인권 사상을 배경으로 나타난 것이다.

ㄹ. 죄형 법정주의에 따르면, 원칙적으로 범죄의 성립과 처벌은 행위 시의 법률에 근거해야 하며, 해당 법률 시행 이전의 행위까지 소급 적용되어서는 안 된다.

03 죄형 법정주의 이해

문제 분석 죄형 법정주의에 반하는 내용이 포함된 판례를 제시

하고, 죄형 법정주의의 파생 원칙에 대해 묻는 문항이다.

정답 찾기 ① 유추 해석 금지의 원칙은 죄형 법정주의의 파생 원칙 중 하나이다. 제시된 두 판례에서는 모두 법률에 규정이 없는 사항에 대하여 유사한 성질의 법 규정을 적용하고 있으므로 유추 해석으로 볼 수 있다.

오답 피하기 ② 관습 형법과 같은 관습법은 국회의 입법 절차를 거치지 않았으나 오랜 기간 반복된 관행이 사회 구성원들에게 법과 같은 강력한 구속력이 있다는 확신으로 자리 잡은 것을 의미한다. 제시된 판례들은 관습 형법과는 관련이 없다.

③ 명확성의 원칙은 처벌하고자 하는 행위가 무엇이며 그에 대한 형벌이 어떠한 것인지를 법률에 명확히 규정해야 한다는 원칙이다. 제시된 판례들이 법률 조항의 불명확성을 말하고 있지는 않다.

④ 적정성의 원칙은 범죄로 규정되는 행위와 이에 대한 형벌 간에 적정한 균형이 이루어져야 한다는 원칙이다. 제시된 판례들이 이에 대한 내용을 말하고 있지는 않다.

⑤ 소급효 금지의 원칙은 원칙적으로 범죄의 성립과 처벌은 행위 당시의 법률에 따라야 하고, 행위 후에 법률을 제정하여 그 법률로 이전의 행위를 처벌해서는 안 된다는 원칙이다. 제시된 판례들이 이에 대한 내용을 말하고 있지는 않다.

04 범죄의 성립 요건 이해

문제 분석 어떤 행위가 범죄로 성립되는지 파악하기 위해서는 우선 구성 요건에 해당되는지 판단하고, 그 다음으로 위법한지 판단해야 하며, 마지막으로 행위자의 책임이 인정되는지 확인해야 한다.

정답 찾기 을. 정당방위는 위법성 조각 사유이다. 따라서 정당방위로 인정되는 행위는 B에 해당한다.

병. C는 구성 요건에 해당하고 위법성도 있지만 행위자에 대한 법적 비난 가능성을 인정할 수 없는 경우이다. 즉, 행위자의 책임이 인정되지 않는 경우이다.

정. 어떤 행위가 범죄로 성립되기 위해서는 구성 요건 해당성, 위법성, 책임이 모두 인정되어야 한다. 따라서 범죄로 성립하는 행위는 D뿐이다.

오답 피하기 갑. 범죄가 성립하지 않는 행위는 A, B, C이다.

05 범죄의 성립 요건 이해

문제 분석 제시문은 을이 상해죄로 고소당하였으나 검사가 을의 행위를 정당방위로 보아 기소하지 않은 사례이다.

정답 찾기 ② 검사는 을의 행위를 정당방위에 해당한다고 보았다. 정당방위는 위법성 조각 사유이다.

오답 피하기 ① 위법성이 조각되면 범죄로 성립하지 않으므로 을이 책임이 있는지에 대해서는 판단할 필요가 없다.

③ 정당방위는 위법성 조각 사유이며, 위법성이 조각되면 범죄로 성립하지 않는다.

④ 정당방위인지의 여부를 판단하는 것은 위법성 조각 사유가 있는지를 판단하는 것이다. 범죄의 성립 여부를 판단하는 논리적 순서에 따르면, 위법성 조각 사유가 있는지의 여부는 구성 요건에 해당하는지를 판단한 이후에 이루어진다. 따라서 검사는 을의 행위가 상해죄의 구성 요건에는 해당하지만 위법성은 없다고 본 것이다.

⑤ 저항할 수 없는 폭력에 의해 강요된 행위는 행위자의 책임이 인정되지 않는 경우에 해당한다. 검사는 행위의 위법성 여부를 판단한 것이지 행위자의 책임 여부를 판단하지는 않았다.

06 범죄의 성립 요건 이해

문제 분석 첫 번째 사례는 갑의 행위가 위법성이 조각되는 경우, 두 번째 사례는 을의 연령으로 인해 을에게 책임이 인정되지 않는 경우에 해당한다.

정답 찾기 ③ 을이 기소되지 않은 것은 을의 연령이 14세 미만이라 을에게 책임이 인정되지 않기 때문이다.

오답 피하기 ① 법원은 갑의 행위가 긴급 피난에 해당한다고 보았다. 긴급 피난은 위법성 조각 사유이다.

② 14세 미만의 자는 형사 미성년자이므로 책임이 조각된다.

④ 행위자에 대한 법적 비난 가능성 여부를 판단하는 것은 행위자의 책임 조각 여부를 판단하는 것이다. 법원은 갑의 행위에 대한 위법성 조각 사유 여부를 판단하는 단계에서 무죄로 판단하였고, 을의 행위에 대해서는 경찰이 을에게 책임 조각 사유가 있는지를 판단한 결과, 책임 조각 사유(형사 미성년자)가 있다고 본 것이다.

⑤ 갑의 행위는 위법성이 조각되고, 을에게는 책임이 인정되지 않는다. 따라서 갑, 을의 행위는 모두 범죄로 성립되지 않는다.

07 형벌 및 보안 처분 이해

문제 분석 제시문은 형법에 규정된 다양한 형벌을 보여 준다. 형벌은 생명형, 자유형, 명예형, 재산형으로 나눌 수 있다.

정답 찾기 ㄱ. 보안 처분은 형벌을 대체 또는 보완하는 대안적 형사 제재로서 징역과 함께 부과될 수 있다.

ㄴ. 징역이 금고나 구류와 다른 점은 정해진 노역(勞役)에 복무하게 한다는 점이다. 금고나 구류는 정해진 노역에 복무하도록 규정되어 있지는 않으며, 수용자의 신청에 따라 작업이 부과될 수는 있다.

오답 피하기 ㄷ. 자격 상실과 자격 정지는 명예형에 해당하는 형벌이다.

ㄹ. 징역, 금고, 구류는 모두 자유형에 해당한다.

08 형벌 및 보안 처분 이해

문제 분석 구류는 자유형, 과료는 재산형에 해당하는 형벌이며, 보호 관찰은 보안 처분에 해당한다. 따라서 C는 보호 관찰이고,

A와 B는 각각 구류나 과료 중 하나이다.

정답 찾기 ㄱ. (가)에 '자유형인가?'가 들어가면 A는 과료, B는 구류이다.

ㄴ. (가)에 '재산형인가?'가 들어가면 A는 구류, B는 과료이다.

오답 피하기 ㄷ. A~C 중 명예형에 해당하는 것은 없다. 따라서 해당 내용은 (가)에 들어갈 수 없다.

ㄹ. 보호 관찰은 보안 처분에 해당한다. 따라서 C는 보안 처분으로 확정이 되므로 해당 내용은 (가)에 들어갈 수 없다.

수능 실전 문제 본문 125~128쪽

1 ④	2 ③	3 ⑤	4 ⑤
5 ④	6 ③	7 ③	8 ②

1 형법의 의미와 기능 이해

문제 분석 자료에서는 형법을 형식적 의미와 실질적 의미로 구분하여 제시하고, 그 사례를 (가), (나)로 보여 주고 있다. 형식적 의미의 형법은 (가)만을 포함할 수 있지만, 실질적 의미의 형법은 (나)도 포함한다.

정답 찾기 갑. 실질적 의미의 형법은 법의 명칭·형식을 불문하고 범죄와 그에 대한 법적 효과로 형벌과 보안 처분을 규정한 모든 법 규범을 말한다. 따라서 (가), (나)는 모두 실질적 의미의 형법에 해당한다.

을. 특정 범죄 가중 처벌 등에 관한 법률은 형식적 의미의 형법에는 해당하지 않지만 실질적 의미의 형법에는 해당한다.

정. 실질적 의미의 형법이든 형식적 의미의 형법이든 형법은 모두 국가 형벌권의 한계를 규정하여 국민의 자유와 권리를 보장하는 기능이 있다.

오답 피하기 병. 실질적 의미의 형법이든 형식적 의미의 형법이든 형법은 모두 법익과 사회 윤리적 행위 가치를 보호하는 기능이 있다.

2 범죄의 성립 요건 이해

문제 분석 첫 번째 사례는 갑 행위에 위법성 조각 사유가 있는지가 쟁점이며, 두 번째 사례는 을의 책임 조각 여부가 쟁점이다. 갑의 행위는 긴급 피난에 해당되어 위법성이 조각되므로 무죄가 되며, 을은 심신 미약 상태에 있기 때문에 책임이 조각되지 않고 감경 사유만 되므로 유죄가 된다.

정답 찾기 ③ 갑에 대한 재판의 쟁점은 위법성이 있는지의 여부였고 법원은 무죄를 선고하였으므로 갑의 행위에 위법성 조각 사유가 있다고 판단한 것이다.

오답 피하기 ① ㉠에 들어갈 말은 '긴급 피난'이다.

② 심신 상실 상태와 달리 심신 미약 상태는 책임 조각 사유가 되지 않고 책임 감경 사유만 되므로 을은 유죄이다. 따라서 ⓒ에 '무죄'는 들어갈 수 없다.

④ 법원은 갑의 행위가 위법성이 있는지의 여부를 판단하고 있으므로 논리적으로 볼 때 법원은 갑의 행위가 범죄의 구성 요건에는 해당된다고 본 것이다.

⑤ 법원은 을이 행위 당시 심신 미약 상태였다고 판단하였다. 심신 미약 상태는 책임 조각 사유가 아니라 책임 감경 사유이다.

3 죄형 법정주의 이해

문제 분석 제시문은 검사가 국가 보안법 규정을 유추 해석하여 기소한 사건에 대해 법원이 죄형 법정주의의 원칙에 의거하여 무죄를 선고한 사례이다.

정답 찾기 ⑤ 법원은 A의 행위가 이적 표현물의 '소지'와 유사한 것일 뿐 국가 보안법이 명시한 '소지'에 해당하지 않는다는 점을 강조하였다. 즉, 유추 해석을 해서는 안 된다는 점을 근거로 무죄를 선고한 것이다.

오답 피하기 ① 제시된 국가 보안법 조항은 '형법'의 명칭을 갖는 법률의 내용이 아니므로 형식적 의미의 형법에 해당하지 않고 실질적 의미의 형법에 해당하는 조항이다.

② 검사는 현행의 성문 법률 조항을 적용하여 유추 해석을 한 상황이므로 소급효 금지의 원칙과는 관련이 없다.

③ 검사는 현행 성문 법률 조항을 적용하였으나 유추 해석을 한 상황이므로 관습 형법 금지의 원칙과는 관련이 없다.

④ 비례성의 원칙은 범죄 행위의 경중과 행위자가 부담해야 할 형사 책임 사이에 균형을 갖추어야 한다는 원칙이다. 법원의 판단에서 비례성의 원칙과 관련된 내용이 나타나 있지는 않다.

4 죄형 법정주의 이해

문제 분석 (가)는 형식적(근대적) 의미의 죄형 법정주의를 표현하는 말이고, (나)는 실질적(현대적) 의미의 죄형 법정주의를 표현하는 말이다.

정답 찾기 ⑤ 실질적 의미의 죄형 법정주의는 범죄와 형벌을 규정하는 법률의 내용이 실질적 정의에 합치되도록 적정할 것을 요구함으로써 법관의 자의뿐만 아니라 입법자의 자의로부터도 국민의 자유와 권리를 보장하고자 하는 것이다.

오답 피하기 ① (가)는 형식적(근대적) 의미의 죄형 법정주의를 표현하는 말이다.

② (나)는 실질적(현대적) 의미의 죄형 법정주의를 표현하는 말이다.

③ 형식적 의미의 죄형 법정주의와 실질적 의미의 죄형 법정주의 모두 법관의 자의로부터 국민의 자유와 권리를 보장하는 기능이 있다.

④ 부당한 법률에 의한 형벌권 남용을 방지하기 어렵다는 비판을 받을 수 있는 것은 형식적 의미의 죄형 법정주의이다.

5 범죄의 성립 요건 이해

문제 분석 제시문에는 갑의 행위가 형법에서 규정한 폭행죄의 구성 요건에 해당하지 않는다는 법원의 판단이 나타나 있다.

정답 찾기 ④ 법원은 갑의 행위가 '사람의 신체에 대한 유형력을 행사한 것(신체적 고통을 주는 물리력의 작용에 해당하는 것)'인지를 판단하였다. 즉, 폭행죄의 구성 요건에 해당하는지를 판단하였는데, 결과는 구성 요건에 해당하지 않는다고 보았다.

오답 피하기 ① 법원은 갑의 행위가 폭행죄의 구성 요건에 해당하지 않는다는 점을 밝혔을 뿐, 위법성이나 책임에 대해서는 판단하지 않았다.

② 갑의 행위는 폭행죄의 구성 요건에 해당하지 않는다고 법원은 판단하였다.

③ 갑이 법적 비난을 받을 만한 상황이었는지를 판단하는 것은 갑의 책임 여부를 판단하는 것이다. 법원은 갑의 책임에 대해서는 판단하지 않았다.

⑤ 검사는 갑의 행위가 폭행죄에 해당한다고 보고 기소하였을 뿐, 책임 감경 사유가 있다고 보았는지에 대해서는 제시문에 나타나 있지 않다.

6 범죄의 성립 요건 이해

문제 분석 제시문은 구체적 사례에 대해 범죄의 성립 여부를 논리적 순서에 따라 판단할 수 있는지 묻고 있다. A는 범죄의 구성 요건에 해당하지 않기 때문에 무죄이고, B는 위법성이 없기 때문에 무죄이며, C는 책임이 없기 때문에 무죄이다. D는 유죄이다.

정답 찾기 ③ 법원은 갑의 행위가 형법 제12조에서 규정한 '강요된 행위'라고 보았다. 이는 책임 조각 사유에 해당한다. 따라서 법원은 갑의 행위가 C에 해당한다고 본 것이다.

오답 피하기 ① 법원은 갑의 책임이 조각되기 때문에 무죄를 선고한 것이지 무고죄의 구성 요건에 해당하지 않기 때문에 무죄를 선고한 것이 아니다.

② 법원은 갑의 책임이 조각되기 때문에 무죄를 선고한 것이지 위법성이 없기 때문에 무죄를 선고한 것이 아니다.

④ 자구 행위는 위법성 조각 사유이다. 제시문에서 법원은 책임 조각 사유가 있는지를 판단하고 있으므로 갑의 행위가 위법성이 있음을 인정한 것이다.

⑤ 갑의 남편이 갑에게 한 행위에 대해서는 법원이 판결하지 않았다.

7 형법의 의미 및 형벌의 종류 이해

문제 분석 제시된 두 형법 조항에서는 형벌의 종류를 파악할 수 있다. 첫 번째 도로 교통법 조항에서는 형벌이 나타나 있으므로 실질적 의미의 형법이라는 점을 알 수 있으며, 두 번째 도로 교통법 조항에서는 과태료만 나타나 있으므로 형벌에 대한 내용이 아님을 알 수 있다.

정답 찾기 ㄴ. 도로 교통법 제148조의2(벌칙)에도 형벌에 대한 내용이 규정되어 있다. 따라서 해당 조항도 실질적 의미의 형법에 해당한다.

ㄷ. 징역은 신체의 자유를 제한하는 것이며, 벌금은 재산권 행사의 자유를 제한하는 것이다.

오답 피하기 ㄱ. 자격 정지와 자격 상실은 명예형, 사형은 생명형, 무기 징역은 자유형에 해당하는 형벌이다.

ㄹ. 벌금이나 과료는 재산형에 해당하는 형벌이지만, 과태료는 형벌이 아니고 행정 처분의 일종이다.

8 형벌의 종류 이해

문제 분석 간단한 코딩 수업을 소재로 활용한 문항이다. 각 진술의 진위 여부를 정확히 판단하여 옳은 진술에 램프가 나타난 선지를 고르면 된다.

정답 찾기 (가) 징역형을 선고하면서 자격 정지나 자격 상실을 동시에 부과할 수 있다. 즉, 자유형과 명예형은 동시에 부과될 수 있다.

(라) 자유형에는 징역, 금고, 구류가 있으며, 금고와 구류는 수용자의 신청에 따라 작업이 부과될 수 있을 뿐 정해진 노역에 복무해야 하는 것은 아니라는 점에서 징역과 구별된다.

오답 피하기 (나) 형법에는 형벌 중 하나로 사형이 규정되어 있다. 사형은 생명형이다.

(다) 형벌과 보안 처분은 동시에 부과할 수 있다. 즉, 이중 처벌로 보지 않는다.

13 형사 절차와 인권 보장

01 형사 절차의 이해

문제 분석 그림은 검사와 피의자의 대화로, 이를 통해 검사의 역할과 기소의 의미를 알고 있는지 묻는 문항이다.

정답 찾기 ㄴ. 검사는 기소 여부를 독점적으로 결정할 수 있는 권한을 가진다.

ㄹ. 재판의 집행(형의 집행)은 그 재판을 한 법원에 대응한 검찰청 검사가 지휘한다. 단, 재판의 성질상 법원 또는 법관이 지휘할 경우에는 예외로 한다. 예를 들어 사형 집행의 정지는 법무부 장관의 권한이다.

오답 피하기 ㄱ. 갑은 현재 피고인이 아니고 피의자이다. 검사가 기소한 이후에 피고인이 된다.

ㄷ. 법원은 무죄 추정의 원칙에 따라 재판하므로 갑이 범죄자라고 전제해서는 안 된다.

02 형사 절차의 이해

문제 분석 수업 장면을 통해 형사 절차를 정확히 알고 있는지 묻는 문항이다. 수사는 불구속 수사를 원칙으로 하지만 체포나 구속 상태에서 수사를 진행할 수도 있다. 기소는 수사 이후에 이루어진다.

정답 찾기 병. 수사 기관의 인지를 통해 수사가 개시되기도 하며, 현행범인의 체포를 통해 수사가 개시되기도 한다.

정. 구속은 사전에 발부된 영장에 의한 것만이 인정된다는 점에서 체포와 구별된다. 현행범인의 체포나 긴급 체포는 체포 영장 없이 이루어질 수 있다.

오답 피하기 갑. 수사는 불구속 상태에서 진행되는 것을 원칙으로 한다.

을. 수사의 대상이 되는 사람을 피의자라고 하며 기소 이후에는 피고인이 된다.

03 형사 절차의 이해

문제 분석 구체적 사례를 형사 재판의 절차에 적용하여 이해할 수 있는지 묻는 문항이다. 수사는 범죄 혐의의 유무를 명백히 하여 공소 제기 여부 등을 결정하기 위해 범인을 발견·확보하고 증거를 수집·보전하는 수사 기관의 활동을 의미한다. 공판은 공소 제기 이후 법원에 의하여 진행되는 심리 절차로, 피고인의 형사 책임 유무와 그 정도를 판단하는 일련의 소송 절차이다.

정답 찾기 ⑤ 유죄 및 무죄 여부를 판단하고 형을 선고하는 것은 판사이지만, 사형 집행 정지 등 특별한 경우를 제외하면 형 집행의 지휘 및 감독 주체는 검사이다.

오답 피하기 ① 기소는 영장의 발부 여부와 관계없이 검사가 결정할 수 있다.

② 선고 유예나 집행 유예는 무죄의 취지가 아니며, 유죄 판결의 일종이다.

③ 수사는 피해자의 고소 없이도 이루어질 수 있다.

④ 공판에서 소송 당사자는 검사와 피고인이다.

04 국민 참여 재판 이해

문제 분석 제시된 그림에 배심원석이 있다는 점을 통해 국민 참여 재판임을 알 수 있다.

정답 찾기 ㄷ. 피고인이 국민 참여 재판을 원하지 않거나 법원이 배제 결정을 한 경우에는 국민 참여 재판을 하지 않는다.

ㄹ. 국민 참여 재판에서 판사는 배심원의 평결이나 의견과 다른 내용으로 판결을 선고할 수 있다.

오답 피하기 ㄱ. 국민 참여 재판은 1심에서만 적용되며 지방 법원 본원 합의부에서 관할한다.

ㄴ. 국민 참여 재판은 형사 사건만을 대상으로 한다.

05 소년 사건의 처리 절차 이해

문제 분석 구체적 사례를 통해 소년 사건의 처리 절차를 이해하고 있는지 묻고 있는 문항이다. 소년 사건은 10세 이상 19세 미만인 자를 대상으로 한 사건이다. 10세 이상 14세 미만에게는 형벌을 부과할 수 없고, 소년법상 보호 처분이 내려질 수 있다. 14세 이상 19세 미만의 경우 소년법상 조건부 기소 유예 결정, 형벌 또는 소년법상 보호 처분의 대상이 된다.

정답 찾기 을. A는 10세 이상 14세 미만에 해당하므로 형벌을 부과할 수 없다. 따라서 해당 사건을 검사에게 송치하지 않으며, 소년법 제4조에 따라 경찰서장이 직접 관할 법원 소년부에 송치해야 한다.

병. A는 10세 이상 14세 미만에 해당하므로 형벌을 부과할 수 없어 검사에게 송치되지 않지만, 관할 법원 소년부에서 소년법상 보호 처분을 내릴 수 있다.

오답 피하기 갑. 14세 미만인 자에게는 형벌을 부과할 수 없다.

정. 10세 이상 14세 미만인 자에게 형벌은 부과할 수 없지만 소년법상 보호 처분은 부과할 수 있다.

06 형사 절차에서의 인권 보호 원칙 이해

문제 분석 형사 절차에서 인권을 보호하기 위한 장치로 적법 절차의 원리, 무죄 추정의 원칙, 진술을 거부할 수 있는 권리, 변호인의 조력을 받을 권리 등이 있다.

정답 찾기 ③ 무죄 추정의 원칙은 수사 단계에서부터 유죄 판결이 확정되기 전까지 형사 절차의 모든 단계에서 적용되는 원칙이다.

오답 피하기 ① 피의자는 기소 이후에 피고인이 된다.

② 적법 절차의 원리는 공권력이 국민의 자유와 권리를 제한하는 경우 반드시 법률과 적법한 절차에 근거해야 한다는 원칙이다. 이는 형벌권의 남용을 방지하는 기능이 있다.

④ 진술 거부권은 피의자나 피고인이 수사 및 형사 재판 절차에서 불리한 진술을 강요당하지 않을 권리이다.

⑤ 적법 절차의 원리, 무죄 추정의 원칙, 진술을 거부할 수 있는 권리, 변호인의 조력을 받을 권리 등은 형사 절차 단계에서 피의자와 피고인의 기본적 인권을 보장하기 위한 장치이다.

07 구속 영장 실질 심사 제도 및 구속 적부 심사 제도 이해

문제 분석 구속 영장 실질 심사 제도는 검사가 피의자에 대한 구속 영장을 청구하면 판사가 피의자를 직접 대면하여 심문하면서 구속 사유가 인정되는지를 판단하는 제도로 '구속 전 피의자 심문 제도'라고도 한다. 한편, 구속 적부 심사 제도는 구속된 피의자가 구속의 적법성과 필요성을 심사하여 자신을 석방해 줄 것을 법원에 청구하는 제도이다.

정답 찾기 ① A는 구속 적부 심사 제도, B는 구속 영장 실질 심사 제도이다. 구속 영장 실질 심사는 피의자나 변호인 등의 청구 여부와 관계없이 원칙적으로 거쳐야 하는 필수적 절차이지만, 구속 적부 심사 제도는 구속된 피의자나 그 변호인 등의 청구가 있어야 하는 제도이다.

오답 피하기 ② 이미 구속된 피의자에 대해 구속의 적법성이나 필요성을 심사하여 그 구속의 유지 여부를 판단하는 것은 구속 적부 심사 제도(A)이다.

③ 피의자 구속 전에 필수적으로 거쳐야 하는 절차는 구속 영장 실질 심사 제도이다. 따라서 A가 구속 적부 심사 제도이다.

④ 구속 적부 심사 청구나 구속 영장 실질 심사는 모두 기소 전에 이루어진다. '피고인'은 기소된 이후에 사용되는 용어이다.

⑤ 구속 적부 심사 제도는 이미 구속된 피의자가 활용할 수 있는 제도이지만, 구속 영장 실질 심사 제도는 구속되기 전에 거치는 절차이므로 해당 질문은 (가)에 들어갈 수 있다.

08 형사 피해자 등의 인권 보장 이해

문제 분석 구체적 사례를 통해 형사 피해자의 인권을 보장하기 위한 제도를 알고 있는지 묻는 문항이다. 형사 피해자 등의 인권 보장 제도로는 범죄 피해자 구조 제도, 형사 보상 제도, 배상 명령 제도, 명예 회복 제도 등이 있다.

정답 찾기 ④ 제시된 사례의 피해자는 범죄 피해자 구조 제도나 배상 명령 제도를 통해 병원비를 충당할 수 있으며, 별도의 민사 소송을 제기하여 손해 배상을 받을 수도 있다. 배상 명령 제도는

정답과 해설

상해죄 등 일정한 사건의 형사 재판 과정에서 법원의 직권 또는 피해자의 간단한 신청 절차만으로 민사적 손해 배상 명령까지 받아낼 수 있도록 한 제도이다.

오답 피하기 ① 형사 보상 제도는 피의자로서 미결 구금된 사람이 무죄 취지의 불기소 처분을 받거나 사법 경찰관으로부터 무죄 취지로 불송치 결정을 받은 경우, 피고인으로서 미결 구금되었던 사람에 대한 무죄 판결이 확정된 경우, 판결이 확정되어 형의 집행을 받거나 받았던 사람이 재심을 통해 무죄 판결이 확정된 경우 등에 한하여 국가에 구금에 대한 물질적·정신적 피해의 보상을 청구할 수 있는 제도이다. 제시된 사례와는 관련이 없다.

② 예를 들어 1심에서 피고인이 유죄 판결을 선고받고 피고인이 불복하여 2심이 진행 중이라 하더라도 피해자는 배상 명령 제도를 통해 손해 배상을 받을 수 있다.

③ 범죄 피해자 구조 제도는 범죄 행위로 인해 생명 또는 신체에 피해를 당했으나 가해자로부터 피해의 전부 또는 일부를 배상받지 못하는 경우 국가가 피해자 또는 유족에게 일정한 한도의 구조금을 지급하는 제도이다. 즉, 손해 배상이 아니라 국가의 구조금을 받는 것이다.

⑤ 배상 명령 제도 등을 통해 범죄 피해자가 민사적 손해 배상을 받게 할 수는 있으나, 국가가 우선적으로 범죄 피해자의 병원비를 지급하도록 하는 제도는 없다.

수능 실전 문제 본문 136~139쪽

| 1 ④ | 2 ② | 3 ④ | 4 ③ |
| 5 ③ | 6 ② | 7 ④ | 8 ② |

1 형사 절차의 이해

문제 분석 카드 A의 내용은 옳지만, 카드 B의 내용은 옳지 않다. 확정된 형벌은 원칙적으로 검사의 지휘에 따라 집행된다.

정답 찾기 ㄴ. 갑은 옳은 진술의 카드 A를 가져간 상태이고, C의 내용인 '형사 재판은 검사의 기소에 의해 시작된다.'라는 진술은 옳은 내용이므로 갑이 C를 가져가면 '빙고!'를 외쳐 승리할 수 있다.

ㄹ. '피의자를 구속하려면 반드시 구속 적부 심사 제도를 거쳐야 한다.'와 '형사 재판의 당사자는 판사와 피고인이다.'라는 진술은 모두 틀린 내용이다. 피의자를 구속하기 위해 원칙적으로 거쳐야 하는 필수적 제도는 구속 적부 심사 제도가 아니라 구속 영장 실질 심사 제도(구속 전 피의자 심문 제도)이다. 형사 재판의 당사자는 검사와 피고인이다. 옳은 진술의 카드를 2장 모아야 승리할 수 있는데, C와 D가 모두 틀린 진술의 카드이므로 갑과 을은 모두 이번 차례에서는 승리할 수 없다.

오답 피하기 ㄱ. 갑은 옳은 진술의 카드, 을은 틀린 진술의 카드를 가져간 상태이므로 을과 달리 갑은 이번 차례에서 옳은 진술의 카드를 추가로 가져오면 승리할 수 있다.

ㄷ. C의 내용인 '모든 형사 사건은 국민 참여 재판으로 진행할 수 있다.'는 틀린 진술이고, D의 내용인 '선고 유예는 유죄 판결에 해당한다.'는 옳은 진술이다. 따라서 갑이 승리하려면 C가 아닌 D를 가져가야 한다.

2 형사 절차의 이해

문제 분석 제시된 사례는 검사가 갑에 대해 구속 영장을 청구하자 법원은 구속 영장을 발부하였고, 이후 검사는 갑을 기소하였고 1심 법원은 갑에게 유죄 판결을 선고한 것이다.

정답 찾기 ② 구속 적부 심사 청구는 기소 전에만 가능하다.

오답 피하기 ① (가)는 기소 전 상태이므로 갑은 피의자이다.

③ 재심은 유죄의 확정 판결에 대하여 중대한 사실 오인이나 그 오인의 의심이 있는 경우에 판결을 받은 자의 이익을 위하여 판결의 부당함을 시정하는 비상 구제 절차이다. 1심 판결 후 검사나 갑은 재심 청구가 아니라 항소를 할 수 있다.

④ 검사는 기소 여부를 독점적으로 결정할 권한이 있으며 수사 종결의 권한도 있다.

⑤ 구속 영장의 발부 여부와 상관없이 갑은 유죄의 확정 판결이 있기 전까지 무죄 추정의 원칙에 따라 재판받는다.

3 형사 절차에서의 인권 보장 제도 이해

문제 분석 구체적 사례를 통해 형사 절차와 그 과정에서 피의자나 피고인 등의 인권을 보장하기 위한 제도를 알고 있는지 묻는 문항이다.

정답 찾기 ㄱ. 피의자가 구속된 상태에서 구속의 적법성이나 필요성을 심사하여 석방해 달라고 청구하는 제도는 구속 적부 심사 제도이다.

ㄴ. 갑은 구속된 상태였으므로 구속 영장 실질 심사를 받았을 것이다. 구속 영장 실질 심사는 피의자를 구속하기 전에 원칙적으로 거쳐야 하는 필수적 절차이다.

ㄹ. 갑은 재심을 통해 무죄 판결을 받은 상태이므로 형사 보상 제도를 통해 국가에 물질적·정신적 피해에 대한 보상을 청구할 수 있으며, 명예 회복 제도를 통해 무죄 재판서를 1년간 법무부 인터넷 누리집(홈페이지)에 게재하도록 할 수 있다.

오답 피하기 ㄷ. 제시된 자료만으로는 누가 2심을 청구했는지 알 수 없다. 억울함을 호소하던 피의자가 결국 기소되어 1심에서 유죄 판결을 받은 상황이므로 1심 판결에 불복하여 2심을 청구한 당사자는 정황상 피고인일 가능성이 크며, 1심의 형량이 너무 가벼울 경우 검사가 더 무거운 처벌을 위해 항소했을 수도 있다.

4 형사 절차, 국민 참여 재판, 인권 보장 제도 이해

문제 분석 (1), (3)은 옳은 진술인데 학생이 각각 ○, ×라고 표시하였으므로 (1)의 진술에 대해서만 1점을 받는다. (2)는 틀린 진술인데 학생이 ○라고 표시하였으므로 0점을 받는다. 따라서 총점이 2점이 되려면 (가)에 틀린 진술이 들어가야 한다.

정답 찾기 ③ 을은 징역 1년에 집행 유예 2년을 선고받은 후 2년이 경과하였으므로 형 선고의 효력은 상실되었다. 따라서 해당 진술은 옳은 내용이므로 (가)에 들어갈 수 없다.

오답 피하기 ① 국민 참여 재판은 원칙적으로 피고인의 청구에 의해 진행된다. 따라서 해당 내용은 틀린 진술이므로 (가)에 들어갈 수 있다.

② 제시된 사례에서 갑은 미결 구금되었던 적이 없으므로 갑이 형사 보상을 받을 수 있는 상황으로 볼 수 없다. 따라서 해당 내용은 틀린 진술이므로 (가)에 들어갈 수 있다.

④ 해당 기간이 경과하였을 때 면소된 것으로 간주되는 것은 집행 유예가 아니고 선고 유예이다. 따라서 해당 내용은 틀린 진술이므로 (가)에 들어갈 수 있다.

⑤ 변호인의 조력을 받을 권리는 형사 절차에서 인권 보호를 위해 보장되고 있는 권리이며, 국민 참여 재판의 경우 피고인이 선정한 변호인이 없다면 국선 변호인을 선정해야 하므로 갑은 어떤 방식으로든 변호인의 조력을 받았을 것이다. 따라서 해당 내용은 틀린 진술이므로 (가)에 들어갈 수 있다.

5 소년 사건의 처리 절차 이해

문제 분석 표에 제시된 적용 가능 조치들을 통해 갑, 을, 병의 연령과 가능한 형사 절차 등을 파악해야 한다. 소년 사건의 경우 10세 미만은 소년법상 보호 처분 및 형벌 등 어떠한 형사 제재도 받지 않으며, 10세 이상 14세 미만에게는 형벌을 부과할 수 없고, 소년법상 보호 처분의 대상이 된다. 14세 이상 19세 미만의 경우 소년법상 조건부 기소 유예 결정, 형벌 또는 소년법상 보호 처분의 대상이 된다. 따라서 갑의 경우 14세 이상 19세 미만이고, 병의 경우 10세 미만이며, 을의 경우 10세 이상 14세 미만이다.

정답 찾기 ㄷ. 병은 심신 상실자도 아닌데 어떠한 형사 제재도 받지 않는다. 이는 병이 10세 미만임을 의미한다.

ㄹ. 을은 10세 이상 14세 미만이고, 병은 10세 미만이다. 10세 이상 14세 미만에게는 형벌을 부과할 수 없고, 소년법상 보호 처분의 대상만 되므로 검사에게 송치되지 않고 경찰서장이 직접 관할 법원 소년부로 송치하며 소년법상 보호 처분만 부과될 수 있다. 따라서 을의 사건과 병의 사건은 모두 검사에게 송치되지 않는다.

오답 피하기 ㄱ. 갑은 형벌 또는 소년법상 보호 처분을 받을 수 있으므로 14세 이상 19세 미만이다.

ㄴ. 을은 형벌의 대상은 아니고 소년법상 보호 처분의 대상은 되므로 10세 이상 14세 미만이다. 즉, 검사에게 송치되지 않는 연령대이다. 소년법상 조건부 기소 유예 처분은 죄를 범한 14세 이상

19세 미만의 소년에 대하여 검사가 내릴 수 있는 조치이다.

6 형사 절차에서의 인권 보장 제도 이해

문제 분석 보석 제도는 수사 단계가 아닌 재판 단계에서의 인권 보장 제도이므로 A가 보석 제도, B와 C는 각각 구속 영장 실질 심사 제도, 구속 적부 심사 제도 중 하나임을 파악할 수 있다.

정답 찾기 ㄱ. 수사 단계에서의 인권 보장을 위한 제도는 B, C에 해당하고 A에는 해당하지 않는다. 보석 제도는 기소 이후 재판 절차 중에 보증금 납입 등을 조건으로 법원이 구속의 집행을 정지함으로써 구속된 피고인이 석방되는 제도이다. 따라서 A는 보석 제도이다.

ㄹ. B와 C는 서로 다른 제도이어야 하므로 C가 구속 영장 실질 심사 제도라면 B는 구속 적부 심사 제도이어야 한다. 구속 적부 심사 제도는 당사자의 청구를 필요로 하는 제도이므로 해당 진술은 (가)에 들어갈 수 없다.

오답 피하기 ㄴ. A는 보석 제도이므로 보증금 납입 등이 필요하다. 그러나 B와 C는 구속 영장 실질 심사 제도 또는 구속 적부 심사 제도 중 하나로서 보증금 납입이 필요하지 않다.

ㄷ. A는 보석 제도이고, 보석 제도는 피고인이 청구할 수 있는 제도이다. 그러나 구속 적부 심사는 피고인이 청구할 수 없고, 기소 전 피의자 신분에서 청구할 수 있는 제도이다. 따라서 (가)에 해당 진술은 들어갈 수 없다.

7 형사 보상 제도 이해

문제 분석 갑은 구속 상태로 수사를 받다가 기소 유예 처분을 받았으며, 을은 구속 상태로 기소되어 재판을 받다가 무죄 판결을 받았다. 형사 보상 제도는 피의자로서 미결 구금된 사람이 무죄 취지의 불기소 처분을 받거나 사법 경찰관으로부터 무죄 취지로 불송치 결정을 받은 경우, 피고인으로서 미결 구금되었던 사람에 대한 무죄 판결이 확정된 경우, 판결이 확정되어 형의 집행을 받거나 받았던 사람이 재심을 통해 무죄 판결이 확정된 경우 등에 한하여 국가에 구금에 대한 물질적·정신적 피해의 보상을 청구할 수 있는 제도이다. 따라서 갑과 달리 을은 형사 보상 제도를 활용할 수 있다.

정답 찾기 ④ 갑은 피의자로서 미결 구금되었다가 기소 유예 처분을 받았다. 기소 유예 처분은 검사가 형사 사건에 대하여 범죄의 혐의를 인정하지만 피의자의 연령이나 범행 후의 정황 등(형법 제51조)을 참작하여 공소를 제기하지 않는 처분이다. 즉, 기소 유예 처분은 '무죄 취지의 불기소 처분'이 아니므로 갑은 형사 보상 제도를 활용할 수 없다. 을은 '피고인으로서 미결 구금되었던 사람에 대한 무죄 판결이 확정된 경우'에 해당한다. 이 경우 형사 보상 제도를 통해 국가로부터 보상을 받을 수 있다.

오답 피하기 ① 기소 유예 처분은 범죄 혐의가 없다고 판단해서 불기소 처분을 하는 것이 아니고, 범죄의 혐의를 인정하지만 피의

자의 연령이나 범행 후의 정황 등을 참작하여 불기소 처분을 하는 것이다.

② 을의 경우 대법원이 □□ 지방 법원에 사건을 돌려보냈다는 것은, 1심은 지방 법원 및 지원 단독 판사가 담당하고 2심은 지방 법원 본원 합의부가 담당하였다는 것을 의미한다.

③ 구속 영장 실질 심사는 구속 전에 원칙적으로 거쳐야 하는 필수적 절차이다. 갑과 을은 모두 구속된 상태였으므로, 갑과 을 모두 구속 영장 실질 심사를 받은 것으로 추론할 수 있다.

⑤ 명예 회복 제도는 무죄 판결이 확정된 때에 무죄 재판서를 법무부 인터넷 누리집(홈페이지)에 1년간 게재할 수 있도록 하는 제도이다. 따라서 갑이 아닌 을만 명예 회복 제도를 활용할 수 있다.

8 형사 절차에서의 인권 보장 제도 이해

[문제 분석] (가)~(라)의 내용 중 옳은 진술을 찾고 거기에 해당하는 영역에만 불이 들어온 전광판을 찾아야 한다. A는 미결 구금된 상태에서 수사를 받다가 무죄 취지의 불기소 처분을 받은 경우에 해당하고, B는 구속 기소되어 2심에서 무죄 판결을 받았으나 검사의 상고로 인해 아직 무죄가 확정되지 않은 상태이며, C는 판결이 확정되어 형의 집행을 받거나 받았던 사람이 재심을 통해 무죄 판결이 확정된 경우에 해당한다.

[정답 찾기] (나) 구속 영장 실질 심사 제도는 구속 전에 원칙적으로 거쳐야 하는 필수적 절차이고, 구속 적부 심사 제도는 기소 전에 청구할 수 있는 제도이다. 따라서 B는 구속 영장 실질 심사 제도를 거쳤으며, 현재 구속 적부 심사는 청구할 수 없다.

(라) B는 아직 무죄가 확정되지 않은 상태이므로 형사 보상 제도를 활용할 수 없다. 반면 A는 미결 구금된 상태에서 수사를 받다가 무죄 취지의 불기소 처분을 받은 경우에 해당하고, C는 판결이 확정되어 형의 집행을 받거나 받았던 사람이 재심을 통해 무죄 판결이 확정된 경우에 해당하므로 A와 C는 모두 형사 보상을 청구할 수 있다.

[오답 피하기] (가) 검사는 A의 행위가 위법성이 없다고 보아 '죄가 안 됨'이라는 불기소 처분을 한 것이다. 이는 A의 행위가 재물 손괴죄의 구성 요건에 해당되지만 위법성 조각 사유가 있다고 본 것이다.

(다) 명예 회복 제도는 피고인이 무죄 판결이 확정된 때에 본인의 무죄 재판서를 법무부 인터넷 누리집(홈페이지)에 1년간 게재하도록 하는 제도이다. 따라서 기소되지 않은 A와 아직 무죄가 확정되지 않은 B는 명예 회복 제도를 활용할 수 없고, 무죄가 확정된 C만 활용할 수 있다.

14 근로자의 권리

수능 기본 문제 본문 143~144쪽

01 ④	02 ③	03 ②	04 ①
05 ②	06 ②	07 ③	08 ④

01 노동법의 등장 배경 이해

[문제 분석] 밑줄 친 A법은 노동법이다. 노동법은 근로관계에서 사용자와 근로자의 실질적인 불평등을 해소하기 위해 등장하였으며, 근로자가 인간다운 생활을 할 수 있도록 노동관계를 규율한다.

[정답 찾기] ④ 고용에서 사용자의 재량권을 확대하면 근로자에게 일방적으로 불리한 내용의 근로 계약을 근로자가 체결해야 할 경우가 발생할 수 있다. 또한 사용자가 근로자를 마음대로 해고할 경우 근로자의 지위가 크게 위축되어 근로자의 인간다운 생활이 위협받을 수도 있다. 따라서 현행 노동법에서는 고용과 해고에서 사용자의 재량권을 축소하고 그 절차를 엄격히 하여 근로자를 보호하고 있다.

[오답 피하기] ① 노동법은 근로자의 근로 조건 개선을 도모한다.

② 노동법은 근로 계약의 내용이 근로자에게 불리하지 않고 공정성을 갖도록 한다.

③ 노동법은 근로 시간을 제한하고 최저 임금을 보장함으로써 근로자의 인간다운 생활 보장을 도모한다.

⑤ 노동법은 노사 간 대립에 일정 부분 국가의 개입과 조정을 허용한다.

02 헌법의 근로의 권리 규정 이해

[문제 분석] 헌법 제32조에서는 근로의 권리, 근로자의 고용 증진, 최저 임금제, 근로 조건의 기준, 여자와 연소자의 근로 보호 등을 규정하고 있다.

[정답 찾기] ③ 근로 조건은 근로자가 사용자에게 근로 계약에 의하여 근로를 제공하는 데 있어서의 조건을 말한다. 임금, 근로 시간, 휴일, 퇴직금, 근로의 장소 등이 포함된다.

[오답 피하기] ① 근로자는 직업의 종류를 불문하고 사업 또는 사업장에서 임금을 목적으로 근로를 제공하는 자를 말한다. 자영업자는 임금을 목적으로 근로를 제공하는 자가 아니므로 근로자에 해당하지 않는다.

② 최저 임금제는 근로 기준법 제2조에 규정된 근로자에게 적용되므로 18세 이상의 근로자뿐만 아니라 18세 미만의 연소 근로자에게도 적용된다.

④ 근로 기준법에 따르면 사용자는 4시간 근로의 경우 30분 이상

의 휴게 시간을 근로자에게 주어야 한다. 여성 근로자에 대해 특별히 많은 휴게 시간을 주도록 규정하고 있지는 않다.
⑤ 18세 미만의 연소 근로자도 임금 청구는 친권자나 후견인의 동의 없이 단독으로 할 수 있다.

03 근로 3권의 이해

문제 분석 (가)는 단결권, (나)는 단체 교섭권, (다)는 단체 행동권이다.

정답 찾기 ㄱ. 근로자는 근로관계에서 상대적 약자이므로 우리 헌법은 근로자가 사용자와 대등한 지위에서 근로 조건을 결정할 수 있도록 노동조합을 결성할 수 있는 단결권을 보장하고 있다. 즉, 단결권은 근로 조건 향상을 위해 보장된다.
ㄹ. 사용자가 근로 3권을 침해하는 행위를 부당 노동 행위라고 하며, 부당 노동 행위로 권리를 침해당한 근로자나 노동조합은 노동위원회에 구제 신청을 할 수 있다.

오답 피하기 ㄴ. 노동조합이 단체 교섭을 요구하면 사용자는 정당한 사유가 없는 한 교섭에 응해야 한다. 즉, 정당한 사유가 있으면 사용자는 노동조합의 단체 교섭 요구를 거부할 수 있다.
ㄷ. 노동조합이 단체 행동권을 정당하게 행사한 경우 사용자에게 손해가 발생하더라도 노동조합의 형사상 책임뿐만 아니라 민사상 책임도 면제된다.

04 부당 해고 구제 절차 이해

문제 분석 사용자가 정당한 이유 없이 근로자를 해고하거나 해고 절차를 지키지 않는 것은 부당 해고에 해당한다. 부당 해고를 당한 근로자는 노동 위원회에 구제를 신청하거나 법원에 해고 무효 확인의 소를 제기하여 구제받을 수 있다.

정답 찾기 ① 부당 노동 행위는 근로자의 근로 3권을 침해하는 사용자의 행위이다. 질문에서 사용자가 근로자의 근로 3권을 침해했다는 내용은 제시되어 있지 않으므로 부당 노동 행위로 볼 수 없다. 사용자는 30일 전에 해고 예고를 해야 하는데 그러지 않았으므로 해고 예고 의무를 위반하였다.

오답 피하기 ② 근로자를 해고하기 위해서는 해고 사유와 해고 시기를 서면으로 통보해야 한다. 서면으로 통보하지 않고 구두로 해고를 통보한 것은 절차를 지키지 않은 부당 해고이다.
③ 해고 대상자를 정하려면 업무 능력 등의 정당한 기준이 있어야 하는데 나이순으로 해고한 것은 연령에 따른 차별로서 정당한 사유에 의한 해고로 보기 어려우므로 부당 해고에 해당한다.
④ 부당 해고를 당한 근로자는 지방 노동 위원회에 부당 해고에 따른 구제를 신청할 수 있다.
⑤ 부당 해고를 당한 근로자는 노동 위원회를 거치지 않고 바로 법원에 해고 무효 확인의 소를 제기할 수도 있다.

05 부당 노동 행위 이해

문제 분석 (가)는 부당 노동 행위이다. 노동조합 및 노동관계 조정법은 사용자가 근로자 또는 노동조합의 근로 3권을 침해하는 전형적인 행위들을 부당 노동 행위로 규정하고 이를 금지하고 있다.

정답 찾기 ② 노동조합에 가입하지 않을 것을 조건으로 근로 계약을 체결하는 것은 근로 3권의 하나인 단결권을 침해하는 것이므로 부당 노동 행위에 해당한다.

오답 피하기 ① 파업 당시 회사 기물을 파손한 행위를 한 직원 갑을 회사가 징계한 것은 근로 3권을 침해한 것이 아니므로 부당 노동 행위의 사례가 될 수 없다.
③ 공장의 지방 증설 계획은 경영상의 업무로서 사용자의 고유 권한이다. 노동조합의 철회 요구를 거절한 것은 노동조합의 근로 3권을 침해한 행위는 아니므로 부당 노동 행위로 볼 수 없다.
④ 사용자가 노동조합의 임금 협상 요구에 대해 태풍 피해 수습을 이유로 임금 협상을 다음 달로 연기하자고 한 것은 단체 교섭 요구 자체를 거절한 것이 아니므로 부당 노동 행위로 볼 수 없다.
⑤ 회사 규정을 위반하여 경쟁 업체 관계자에게 핵심 기술 정보를 건넨 행위를 한 자를 해고한 것은 근로자의 근로 3권을 침해한 행위가 아니므로 부당 노동 행위로 볼 수 없다.

06 부당 해고 및 부당 노동 행위 구제 절차 이해

문제 분석 A 회사에 근무하던 갑, 을, 병이 모두 최근에 해고되었는데, 해고 사유는 각각 다르다. 표는 갑, 을, 병의 노동 위원회를 통한 구제 절차 사례를 분류한 것이다.

정답 찾기 ㄱ. 부당 노동 행위에 대해서는 근로자 또는 노동조합이 노동 위원회에 구제 신청을 할 수 있다. 갑은 쟁의 행위를 주도했다는 이유로 해고당했으므로 부당 노동 행위를 이유로 한 부당한 해고로 볼 수 있어 갑이 속한 A 회사 노동조합도 지방 노동위원회에 부당 노동 행위 구제 신청을 할 수 있다. 그러나 을과 병의 경우는 부당 노동 행위로는 볼 수 없기 때문에 A 회사 노동조합은 지방 노동 위원회에 부당 노동 행위 구제 신청을 할 수 없다. 따라서 ㉠은 '예', ㉡과 ㉢은 '아니요'이다.
ㄷ. 지방 노동 위원회는 병의 부당 해고 구제 신청을 인용했으므로 A 회사가 병을 해고한 것은 부당 해고라고 보았다.

오답 피하기 ㄴ. 지방 노동 위원회는 을의 부당 해고 구제 신청을 인용하지 않았으므로 을은 중앙 노동 위원회에 재심을 신청할 수 있다. 중앙 노동 위원회의 재심에서도 구제를 받지 못했을 경우 을은 행정 법원에 중앙 노동 위원회 위원장을 피고로 행정 소송을 제기할 수 있다.
ㄹ. 갑, 을, 병은 모두 노동 위원회 구제 절차와는 별도로 법원에 해고 무효 확인의 소를 제기할 수 있다.

07 청소년의 근로 계약서 분석

문제 분석 근로자 을은 17세로서 근로 기준법상 연소 근로자에 해당한다. 연소 근로자와 같은 청소년은 사회적·경제적·신체적 약자로서 근로 현장에서 보호받지 못하거나, 미성년자라는 이유로 주어진 권리를 행사하지 못할 염려가 있으므로 근로 기준법, 청소년 보호법 등에서 특별히 보호하고 있다.

정답 찾기 ③ 근로 기준법상 연소자는 법정 근로 시간이 1일 7시간이고, 사용자와 합의할 경우 1일에 1시간, 1주에 5시간을 한도로 연장할 수 있다. 근로 계약서상 을의 소정 근로 시간은 1일에 7시간이므로, 을이 근무일인 화요일에 근로 계약 내용대로 근무할 경우 84,000원을 받게 되며, 연장 근로에 해당하는 1시간에 대해서는 시간당 통상 임금의 50%를 가산하여 18,000원을 받게 되므로 화요일 임금은 102,000원이다.

오답 피하기 ① 미성년자는 친권자나 후견인의 동의를 얻어 근로 계약을 직접 체결해야 한다. 친권자나 후견인이 근로 계약을 대리하여 체결해서는 안 된다.
② 사용자는 피용자의 동의 여부에 관계없이 소정의 휴게 시간을 근로 시간 도중에 주어야 한다.
④ 을의 근무일에 토요일이 포함되어 있으므로 을의 토요일 근무는 휴일 근로에 해당하지 않는다. 따라서 근로 계약서상 토요일은 근무일이므로, 을이 근로 계약 내용대로 토요일에 근무하더라도 갑이 통상 임금의 50%를 가산하여 지급해야 하는 것은 아니다.
⑤ 임금은 매월 1회 이상 일정한 날짜에 본인에게 지급해야 한다. 을이 1월부터 2월까지 근로할 경우 갑은 을에게 임금을 1월과 2월 일정한 날짜에 각각 지급해야 한다. 갑은 을에게 근로 계약 기간 종료일인 2월 29일에 근로 계약 기간 동안의 임금 전체를 지급해서는 안 된다.

08 부당 해고 구제 절차 이해

문제 분석 갑은 A 회사로부터 부당 해고를 당했다고 생각하여 지방 노동 위원회에 구제 신청을 하였고, 지방 노동 위원회는 부당 해고로 인정하였다. 그러나 A 회사가 중앙 노동 위원회에 재심을 신청하였고, 중앙 노동 위원회는 부당 해고가 아니라고 판정했다. 이에 갑이 □□ 행정 법원에 행정 소송을 제기하였으나, □□ 행정 법원도 부당 해고가 아니라고 판결하였다. 그러나 2심 법원의 판결이 확정됨에 따라 갑이 복직하였으므로 2심 법원은 갑에 대한 해고가 부당 해고라고 판단했음을 알 수 있다.

정답 찾기 ④ 갑이 제기한 행정 소송은 중앙 노동 위원회의 재심 판정을 취소해 달라는 소송이다. 따라서 노동 위원회를 통한 구제 절차를 거쳐야만 제기할 수 있다.

오답 피하기 ① 갑은 중앙 노동 위원회의 재심 판정에 대해 □□ 행정 법원에 행정 소송을 제기하였다. 이때 피고는 A 회사의 대표가 아니라 중앙 노동 위원회 위원장이다.
② 부당 노동 행위에 대해서는 근로자가 속한 노동조합도 노동 위원회에 구제 신청을 할 수 있다. 그러나 갑에 대한 해고는 사용자의 근로 3권 침해와는 관련이 없으므로 갑이 속한 노동조합은 노동 위원회에 구제 신청을 할 수 없다.
③ 2심 법원의 판결이 확정됨에 따라 갑이 복직하였으므로 2심 법원은 갑에 대한 해고가 부당 해고라고 판단했음을 알 수 있다.
⑤ □□ 행정 법원과 중앙 노동 위원회는 모두 갑에 대한 해고가 부당 해고가 아니라고 판단하였다.

수능 실전 문제 본문 145~147쪽

| 1 ② | 2 ③ | 3 ④ | 4 ③ |
| 5 ⑤ | 6 ④ | | |

1 노동법의 이해

문제 분석 사회법의 하나인 노동법은 사회적 약자인 근로자를 보호하기 위해 제정되었다. 우리나라는 근로 계약과 관련하여 근로자의 실질적 지위를 보호하기 위해 근로 기준법을 제정하여 시행하고 있다. 또한 근로자의 단체 결성과 노사 관계에서 발생한 문제를 합리적으로 해결하기 위해 노동조합 및 노동관계 조정법을 두고 있다.

정답 찾기 ㄱ. 노동법은 고용 관계라는 개인의 사적 영역에 국가가 적극적인 개입을 통해 근로자의 실질적인 지위를 보호하기 위한 취지이므로 공법과 사법의 중간 영역에 해당하는 법이다.
ㄷ. 부당 노동 행위는 사용자가 근로자 또는 노동조합의 근로 3권을 침해하는 행위로서 노사 관계에서 발생하는 문제이다. 따라서 부당 노동 행위의 구제 절차는 노동조합 및 노동관계 조정법에서 규정하고 있다.

오답 피하기 ㄴ. 근로 기준법에서의 근로 조건은 최저 기준이므로, 근로 기준법에서 정하는 기준에 미치지 못하는 근로 조건을 정한 근로 계약은 사용자와 합의하더라도 그 부분에 한하여 법적 효력이 없다.
ㄹ. 임금 지급 방법, 근로 시간, 휴게 시간 등은 개별적인 근로 계약의 내용이므로 근로 기준법에 규정되어 있다. 따라서 이러한 내용을 변경하려면 근로 기준법을 개정해야 한다. 노동조합 및 노동관계 조정법은 노사 관계에서 발생하는 단체 교섭, 쟁의 행위, 부당 노동 행위에 대한 구제 절차 등이 규정되어 있다.

2 근로 계약의 이해

문제 분석 갑은 19세로서 성인 근로자이다. 대형 마트에서 화요일부터 토요일까지 매일 8시간씩 근무하면서 시간당 12,000원을 받기로 계약하였다.

정답 찾기 ③ 갑은 성인 근로자이므로 1일 법정 근로 시간이 8시간이다. 따라서 ⓒ은 근로 기준법상 법정 근로 시간을 초과하지 않았다.

오답 피하기 ① 갑은 미성년자가 아니므로 근로 계약 체결 시 부모의 동의를 얻을 필요가 없다.

② 갑의 토요일 근로는 휴일 근로가 아니라 근로 계약상의 근로일에 해당한다. 따라서 갑이 토요일 오전 9시부터 오후 5시까지 7시간 일하면 시간당 12,000원을 받아야 하므로 그날의 임금은 84,000원이다.

④ 근로 기준법의 근로 조건은 최저 기준이므로 사용자는 이 기준을 이유로 기존의 근로 조건을 낮출 수 없다. 따라서 A는 계약서에 명시된 갑의 임금을 갑과 합의하더라도 최저 임금 수준 미만으로 변경하여 지불할 수 없다.

⑤ ⓜ은 휴게 시간 보장을 규정하고 있는 근로 기준법에 어긋난다. 근로 기준법에서 정하는 기준에 미치지 못하는 근로 조건을 정한 내용이 있을 경우 근로 계약 전체가 무효가 아니라 그 부분에 한정하여 무효이다.

3 연소 근로자의 근로 계약 이해

문제 분석 을과 달리 갑의 법정 근로 시간은 1일에 7시간, 1주일에 35시간을 초과할 수 없으므로, 갑은 근로 기준법상 연소 근로자이다. 을은 18세 이상에 해당하는 근로자이다.

정답 찾기 ㄴ. 연소 근로자는 법정 근로 시간이 1일 7시간 이내이며 사용자와 합의하면 1일 1시간의 연장 근로가 가능하다. 현재 갑은 휴게 시간을 제외하고 1일 7시간의 근로를 하도록 계약을 체결하였으므로 병과 합의한다면 1일에 1시간을 한도로 근로 시간을 연장할 수 있다. 을은 18세 이상의 근로자이므로 1일 1시간 연장 근로 규정이 적용되지 않는다.

ㄹ. 사용자는 연소 근로자의 연령을 증명하는 가족 관계 기록 사항에 관한 증명서와 친권자 또는 후견인의 동의서를 사업장에 갖추어 두어야 한다.

오답 피하기 ㄱ. 15세 미만인 사람 또는 중학교에 재학 중인 18세 미만인 사람이 근로 계약을 체결할 경우 취직 인허증을 제시해야 한다. 갑은 중학교를 졸업한 15세 이상 18세 미만인 사람이므로 근로 계약 체결 시 취직 인허증을 제시하지 않아도 된다.

ㄷ. 연소 근로자라도 임금은 본인에게 직접 지급해야 한다. 따라서 병은 갑의 법정 대리인이 아니라 갑에게 임금을 직접 지급해야 한다.

4 부당 노동 행위 구제 절차 이해

문제 분석 갑은 쟁의 행위를 주도했다는 이유로 을에 의해 해고되자 ○○ 지방 노동 위원회에 부당 노동 행위에 대한 구제 신청을 하였다. ○○ 지방 노동 위원회가 구제 명령을 내렸지만, 을이 이에 불복하여 중앙 노동 위원회에 재심 신청을 했고, 갑이 중앙 노동 위원회의 재심 판정에 불복하여 행정 소송을 제기하여 갑이

승소하였다.

정답 찾기 ㄴ. 갑은 ○○ 지방 노동 위원회에 부당 노동 행위에 대한 구제 신청을 했으므로 을에 의해 자신의 근로 3권이 침해되었다고 주장하였을 것이다.

ㄷ. ○○ 지방 노동 위원회는 갑의 구제 신청을 인용하여 구제 명령을 하였으므로 을의 부당 노동 행위를 인정하였다. 그러나 중앙 노동 위원회의 재심 판정에 대해 갑이 행정 소송을 제기했으므로 중앙 노동 위원회는 을의 부당 노동 행위를 인정하지 않았을 것이다.

오답 피하기 ㄱ. 을의 부당 노동 행위에 의해 갑이 해고된 것으로 볼 수 있으므로 갑이 속한 노동조합도 을의 부당 노동 행위에 대해 노동 위원회에 구제 신청을 할 수 있다. 그러나 해고 무효 확인 소송은 노동 위원회의 구제 절차와 별개로 근로자 본인이 제기하는 민사 소송이므로 갑이 속한 노동조합은 해고 무효 확인의 소를 제기할 수 없다.

ㄹ. ◇◇ 행정 법원은 갑에 대한 을의 부당 노동 행위를 인정하지 않은 중앙 노동 위원회의 재심 판정을 취소하라고 판정했으므로 갑에 대한 을의 부당 노동 행위를 인정하였다.

5 부당 노동 행위의 이해

문제 분석 사용자가 근로 3권을 침해하는 행위인 A는 부당 노동 행위이다. 노동조합 및 노동관계 조정법은 사용자가 노동조합의 활동을 방해하기 위해 불공정한 방법으로 근로 3권을 침해하는 행위를 부당 노동 행위로 규정하여 금지하고 있다.

정답 찾기 ⑤ (나)에 '2명'이 들어가면, 옳은 답변을 한 사람은 을과 병이고, (가)에는 틀린 답변이 들어가야 한다. 사용자가 해고자를 선정함에 있어 남녀를 차별하는 경우는 근로 3권 침해와 관련이 없으므로 부당 노동 행위의 사례가 될 수 없다. 따라서 해당 내용은 (가)에 들어갈 수 있다.

오답 피하기 ① 사용자가 문자 메시지로 해고 통보를 하는 경우는 사용자의 근로 3권 침해로 볼 수 없으므로 부당 노동 행위의 사례가 아니다. 사용자가 정당한 노동조합 활동을 이유로 해고, 징계 등을 하는 경우와 사용자가 노동조합 탈퇴를 조건으로 근로자를 고용하는 경우는 근로자의 근로 3권을 침해하는 행위로서 부당 노동 행위에 해당한다. 따라서 갑은 틀린 답변을 했고, 을과 병이 맞는 답변을 했으므로 정이 맞는 답변을 하면 옳게 설명한 사람은 3명이 된다.

② 해고 무효 확인의 소는 부당 해고를 당한 근로자가 법원에 제기할 수 있는 것이며 근로자가 속한 노동조합은 법원에 해고 무효 확인의 소를 제기할 수 없다.

③ 중앙 노동 위원회가 부당 노동 행위에 대한 근로자의 재심 신청을 기각할 경우 근로자는 중앙 노동 위원회 위원장을 피고로 행정 소송을 제기할 수 있다.

④ 회사 자금을 횡령한 노동조합 간부를 해고한 경우는 근로 3권 침해에 해당하지 않으므로 부당 노동 행위로 볼 수 없다. 따라서

을과 병만 옳은 답변을 했으므로 (나)에 '2명'이 들어간다.

6 부당 해고 구제 절차의 이해

문제 분석 자료는 중앙 노동 위원회의 부당 해고 구제 재심 판정 취소 사건에 대한 행정 법원의 판결이다. 법원은 A 회사가 근로자 갑을 해고했는데, 해고 사유가 정당하지 않다고 보았다.

정답 찾기 ④ 법원은 갑에 대한 해고가 정당한 사유가 아닌데도 중앙 노동 위원회가 위법한 재심 판정을 내렸다고 보고 이 처분을 취소하라고 판결하였다. 따라서 중앙 노동 위원회는 갑에 대한 해고가 정당하다고 판정했을 것이다.

오답 피하기 ① 법원은 중앙 노동 위원회의 재심 판정을 취소했으므로 갑이 중앙 노동 위원회 위원장을 상대로 행정 소송을 제기한 것임을 알 수 있다. 즉, 이 소송의 피고는 중앙 노동 위원회 위원장이다.
② 집행 유예가 확정되었음을 이유로 해고된 것은 사용자의 근로 3권 침해와는 관련이 없는 사유이다. 따라서 법원은 부당 노동 행위 여부에 대해 판단을 한 것이 아니라 해고의 정당한 사유가 없었음을 이유로 부당 해고로 판단하였다.
③ 이 사건은 부당 해고 구제 재심 신청 사건에 대한 재심 판정 취소 소송이다. 노동조합은 부당 해고 구제 신청인이 될 수 없다.
⑤ 해고 무효 확인의 소는 노동 위원회를 통한 구제 절차와 별도로 제기할 수 있다. 노동 위원회를 통한 구제 신청을 하여 행정 법원의 판결이 선고된 이후에만 제기할 수 있는 것은 아니다.

V단원 기출 플러스 본문 148~149쪽

01 ④   02 ①   03 ①   04 ⑤

01 범죄의 성립 요건 이해

문제 분석 제시된 사건 (가)~(마)는 모두 무죄가 선고되었으므로 범죄의 성립 요건 세 가지(구성 요건 해당성, 위법성, 책임)를 기준으로 변호인의 주장이 무엇과 관련되어 있는지를 파악해야 한다. 또한 범죄의 성립 여부에 대한 판단은 구성 요건 해당성, 위법성, 책임 순으로 순차적인 과정에 따라 이루어진다는 점에도 유의해야 한다.

정답 찾기 ④ '심신 장애로 사물을 변별할 능력이 없는 상태'는 책임이 조각되는 사유에 해당한다. 행위자에 대한 법적 비난 가능성이 없다는 것은 행위자의 책임이 없다는 것을 의미한다.

오답 피하기 ① (가)는 '갑의 폭행이 도망가는 현행범을 제압하기 위한 것'이라는 점이 인정되어 무죄가 된 사례이다. 이는 갑의 폭행이 정당 행위에 해당된다는 점을 인정받은 것이라 볼 수 있다. 정당 행위는 위법성 조각 사유이다. 즉, 법원은 갑의 폭행이 범죄의 구성 요건에는 해당하지만 위법성은 없기 때문에 무죄로 선고한 것이다.
② (나)는 을의 폭행이 자신의 신체에 대한 현재의 부당한 침해를 방위하기 위한 것으로서 상당한 이유가 있다는 점을 법원이 인정하였기 때문에 무죄가 선고된 것이다. 즉, 법원은 을의 폭행이 정당방위에 해당하므로 위법성이 없다고 보았다. 책임의 조각 여부는 판단하지 않았다.
③ (다)는 병이 형사 미성년자(14세 미만)에 해당한다는 점이 인정되어 무죄로 선고된 것이다. 형사 미성년자는 책임이 조각된다. 즉, 법원은 위법성 여부가 아니라 책임 여부를 판단한 것이다.
⑤ (마)는 무의 폭행이 '저항할 수 없는 폭력에 의해 강요된 행위'였다는 점이 인정받아 무죄가 선고된 것이다. '저항할 수 없는 폭력에 의해 강요된 행위'는 책임 조각 사유이다. 자구 행위는 책임 조각 사유가 아니라 위법성 조각 사유이다.

02 형사 절차에 대한 종합적 이해

문제 분석 형사 절차에 대한 전반적인 과정과 인권 보장 제도 등을 종합적으로 물어볼 수 있는 사례를 제시하였다.

정답 찾기 ① 현행범에 대한 긴급 체포 등은 사전에 발부받은 영장 없이도 가능하지만, 구속은 반드시 판사가 사전에 발부한 구속 영장이 있어야 한다.

오답 피하기 ② 구속 전 피의자 심문(구속 영장 실질 심사 제도)는 피의자(갑)의 신청 여부와 관계없이 거쳐야 하는 필수적 절차이다.
③ 갑은 1심 법원에서 징역형에 대해 일정 기간 형의 집행을 유예

하는 판결을 선고받았다. 즉, 집행 유예를 선고 받은 것이다. 집행 유예는 유예 기간이 경과하면 형 선고의 효력이 상실되는 것이다. '유예 기간이 경과하면 공소 제기가 없었던 것으로(면소된 것으로) 간주하는 것'은 선고 유예이다.

④ 범죄 피해자 구조금 제도는 범죄 행위로 인해 피해자가 생명 또는 신체에 피해를 당했을 경우에 적용될 수 있는 제도이다. 을의 경우 지갑을 절취당하여 재산상의 피해만 발생한 것이므로 범죄 피해자 구조금 제도의 적용 대상이 되지 않는다.

⑤ 병은 20세로 형사 미성년자가 아니며, 자신의 오토바이를 지키는 과정에서 갑에게 상해를 입힌 것이므로 정당방위로 인정받았을 것임을 추론할 수 있다. 즉, 갑은 책임이 조각되어 불기소 처분을 받은 것이 아니라 위법성이 조각되어 불기소 처분을 받은 것이다. '비난 가능성이 없다.'라는 것은 책임이 인정되지 않는다는 것을 의미한다.

03 근로자의 권리 이해

문제 분석 제시문에 나타난 정보를 통해 갑은 15세 이상 18세 미만, 을은 18세 이상임을 알 수 있다. 근무일이 매주 수요일부터 일요일까지라는 정보도 주의해야 한다.

정답 찾기 ① 근로 계약에서 주휴일 등의 내용은 반드시 서면으로 명시해야 한다.

오답 피하기 ② 갑의 근무일이 매주 수요일부터 일요일까지라는 점에 유의해야 한다. 연장 근로와 야간 근로 또는 휴일 근로인 경우 통상 임금의 50%를 가산한다.

③ 을은 18세 이상의 근로자이므로 연소 근로자가 아니다. 따라서 사용자가 을과 합의한 경우라면 매 근무일 2시간씩 연장하는 것은 근로 기준법 위반이 아니다. 연소 근로자의 경우 1일 1시간을 초과하여 연장 근로할 수 없다.

④ 갑은 연소 근로자이므로 법정 근로 시간은 1일 7시간, 1주 35시간이다. 반면 을은 18세 이상이므로 법정 근로 시간은 1일 8시간, 1주 40시간이다.

⑤ 갑은 연소 근로자이므로 친권자 또는 후견인의 동의서를 사업장에 비치하여야 하나, 을은 18세 이상이므로 그렇지 않다.

04 형사 절차 및 인권 보호에 대한 이해

문제 분석 형사 절차 전반과 인권 보호 제도에 대한 종합적인 지식이 필요한 문항이다. 갑은 선고 유예의 판결을 받았으며, 을은 무죄를 선고받았다. 한편 병은 금고 2년을 선고받았고, 정은 금고 1년에 집행 유예 2년을 선고받았다. 을이 무죄를 선고받은 이유가 위법성이 조각되거나 책임이 조각되었기 때문이 아니라 법원이 볼 때 을이 범행에 가담했다는 확신이 들지 않았기 때문이라는 점에도 유의해야 한다.

정답 찾기 ⑤ 정은 집행 유예를 선고받았다. 법원은 형의 선고 유예를 하거나 형의 집행 유예를 선고하는 경우에는 보안 처분의 하나인 보호 관찰을 명할 수 있다.

오답 피하기 ① 갑은 선고 유예 판결을 받았다. 선고 유예는 실효 없이 유예된 날로부터 일정 기간을 경과하면 면소된 것으로 간주된다. 실효 없이 일정 기간이 경과하면 형 선고의 효력이 상실되는 것은 집행 유예이다.

② 을은 불구속 상태에서 무죄 선고를 받았다. 형사 보상 제도는 구금된 상태에 있었던 피의자나 피고인이 활용할 수 있는 제도이다. 을은 구금된 적이 없으므로 형사 보상의 대상이 아니다.

③ 보안 처분의 하나인 치료 감호는 심신 상실자 또는 심신 미약으로 금고 이상의 형에 해당하는 죄를 지은 자 등에게 명할 수 있다. 을은 심신 상실자이기 때문에 무죄를 선고받은 것이 아니라 법원이 판단했을 때 을이 범행에 가담했다는 확신이 들지 않아 무죄를 선고받은 것이므로 법원은 을에게 치료 감호를 명할 수 없다.

④ 원칙적으로 형의 집행은 판사의 지휘가 아니라 검사의 지휘에 따라 집행된다.

15 국제 관계와 국제법

01 ③   **02** ①   **03** ④   **04** ⑤

01 국제 사회의 변천 과정 이해

문제 분석 공산주의 세력의 위협을 받고 있는 튀르키예(터키)와 그리스 등 자유주의 국가들을 미국이 경제적·군사적으로 지원함으로써 소련의 영향력 확장을 막아야 한다는 것은 1947년에 발표된 트루먼 독트린이다.

정답 찾기 ③ 트루먼 독트린을 계기로 국제 사회는 미국을 중심으로 한 자유 진영과 소련을 중심으로 한 공산 진영 간의 이념에 기반한 냉전 체제가 형성되면서 국제 사회의 긴장이 고조되었다.

오답 피하기 ① 식민지 확보 경쟁으로 강대국 간 대립이 심화된 것은 19세기 후반이다.

② 주권 국가를 주축으로 하는 국제 사회가 유럽에서 처음으로 형성된 것은 1648년 베스트팔렌 조약 이후이다.

④ 공산 진영의 결속력 약화와 제3 세계의 부상으로 냉전 체제가 점차 완화된 것은 1970년대이다.

⑤ 세계화의 진전으로 정치적 이념보다는 경제적 실리를 추구하게 된 것은 1990년대 이후이다.

02 국제 관계의 특징 이해

문제 분석 국제 관계는 국가를 비롯한 다양한 국제 사회의 행위 주체들이 정치, 경제, 사회, 문화 등 여러 영역에서 상호 작용을 통해 만들어 내는 관계들의 총체를 말한다. 국제 관계는 국가를 기본 단위로 하여 구성되며, 각국은 원칙적으로 평등한 주권을 가진다. 또한 국제 사회에는 힘의 논리와 국제 규범이 공존한다.

정답 찾기 ① 이탈리아가 중국인 입국자에 대한 코로나19 검사를 강화한 것은 코로나19 감염병의 확산을 막아 자국민을 보호하기 위해서이다. 싱가포르가 미군의 해·공군 기지를 자국으로 유치한 것은 자국의 안보에 도움이 되기 때문이다. 미국이 아프가니스탄에서 철수한 것은 아프가니스탄 주둔이 미국에게 이익보다는 손실이 더 컸기 때문이다. 제시된 사례들을 종합해 볼 때 국제 사회에서 각국은 자국의 이익을 우선적으로 추구함을 알 수 있다.

오답 피하기 ② 국제 사회에서 각국은 인류 공동의 문제에 대해서로 협력하기도 하지만 제시된 사례에서는 찾아볼 수 없다.

③ 국제 사회는 국제법과 같은 국제 규범에 의해 질서가 유지되기도 하지만 제시된 사례에서는 찾아볼 수 없다.

④ 국가 간 갈등은 국제기구의 중재를 통해 해소되기도 하지만 제시된 사례에서는 찾아볼 수 없다.

⑤ 국가 간 문제가 상호 존중의 가치에 따라 해결되기도 하지만 제시된 사례에서는 찾아보기 어렵다.

03 국제 관계를 바라보는 관점 이해

문제 분석 국제 관계를 바라보는 갑의 관점은 자유주의적 관점, 을의 관점은 현실주의적 관점에 해당한다.

정답 찾기 ④ 현실주의적 관점은 국가가 자국의 이익만을 배타적으로 추구하기 때문에 국가 간 갈등은 피할 수 없으며, 이러한 갈등을 해결하기 위해서는 외교적 설득보다 군사적 수단이 더 중요하다고 본다.

오답 피하기 ① 냉전 체제의 국제 질서를 설명하기에 용이한 것은 힘의 논리를 강조한 현실주의적 관점이다.

② 국가가 이성적·도덕적 행위를 한다고 보는 것은 자유주의적 관점이다.

③ 자유주의적 관점은 국가가 이기적 욕망을 제어하고 공동의 이익을 추구할 수 있다고 보는 것이므로 개별 국가의 이익과 국제 사회 전체의 이익이 조화를 이룰 수 있다고 본다.

⑤ 자유주의적 관점은 집단 안보 체제를, 현실주의적 관점은 세력 균형 전략을 국제 사회의 분쟁 해결을 위한 효과적인 수단으로 본다.

04 국제법의 법원(法源) 이해

문제 분석 국제법의 법원(法源) 중에서 ㉠은 국제 사회에서 오랜 관행이 법적 확신을 얻어 인정되어 왔으므로 국제 관습법, ㉡은 명시적으로 규정된 조약이다.

정답 찾기 ㄷ. 국제 관습법은 원칙적으로 국제 사회의 모든 국가에 포괄적으로 적용되지만, 조약은 원칙적으로 체결 당사자 간에만 적용된다.

ㄹ. 국제 관습법과 조약은 모두 국제 사법 재판소의 재판 규범으로 적용될 수 있다.

오답 피하기 ㄱ. 국제 관습법은 국제 사회에서 포괄적인 구속력을 갖고 있으므로 국내에서 적용되기 위해서 별도의 입법 절차를 거칠 필요가 없다.

ㄴ. 헌법에 의해 체결·공포된 조약은 우리나라에서 국내법과 같은 효력을 가지지만 헌법과 동등한 효력을 가지는 것은 아니다.

1 ④   **2** ①   **3** ③   **4** ②
5 ②   **6** ⑤

1 국제 사회의 변천 과정 이해

`문제 분석` (가)는 1989년 몰타 선언, (나)는 1970년대의 공산 진영의 결속력 약화와 제3 세계의 부상, (다)는 1947년 트루먼 독트린, (라)는 1648년 베스트팔렌 조약이다.

`정답 찾기` ④ 베스트팔렌 조약에 참가한 국가들은 주권 평등, 영토 존중, 국내 문제 불간섭 등의 원칙에 합의하였고, 이로 인해 주권과 영토를 가진 국민 국가가 국제 사회의 주체로 등장하였다.

`오답 피하기` ① 몰타 선언으로 인해 국제 사회는 이념 대결에서 벗어나 경제적 실리를 추구하는 경향이 강화되었다. 국제 연합(UN)은 제2차 세계 대전 이후 전쟁 방지와 평화 유지를 위해 1945년 설립되었으며, 몰타 선언과는 관련이 없다.

② 1970년대 들어 중국과 미국의 수교, 중국과 소련의 분쟁 등으로 공산 진영이 약화되었다. 또한 비동맹 중립 노선을 추구하는 제3 세계의 부상으로 냉전 체제가 완화되었다. 이념 대립에 기반한 냉전 체제로 들어서게 된 계기는 트루먼 독트린이다.

③ 트루먼 독트린을 계기로 국제 사회는 미국 중심의 자유 진영과 소련 중심의 공산 진영으로 나뉘어 서로 대립하는 냉전 체제로 들어서게 되었다. 제국주의 국가의 식민지 쟁탈전이 본격화된 것은 19세기이다.

⑤ 시기별로 나열하면 (라) 1648년 베스트팔렌 조약 → (다) 1947년 트루먼 독트린 → (나) 1970년 공산 진영의 결속력 약화와 제3 세계의 부상 → (가) 1989년 몰타 선언 순이다.

2 국제 관계의 특징 이해

`문제 분석` 러시아가 우크라이나를 침공한 것은 국제 규범을 무시한 행위이다. 이에 대해 미국을 비롯한 서방국가들은 러시아에 대한 경제 제재에 돌입하였고, 러시아는 천연가스의 서방 공급 중단을 경고하였다. 이러한 상황에서 우리나라 기업들은 큰 타격을 입을 수 있다.

`정답 찾기` ㄱ. 러시아가 우크라이나를 침공한 것, 미국을 비롯한 서방국들이 러시아에 대한 경제 제재에 돌입한 것, 러시아가 천연가스의 유럽 공급 중단을 경고한 것들은 모두 국제 관계에 힘의 논리가 작용한다는 사실을 보여 준다.

ㄴ. 미국을 비롯한 서방 국가의 러시아 경제 제재로 인해 우리나라 기업들이 타격을 받을 것이라는 점에서 국제 관계는 세계화의 흐름 속에서 국가 간 상호 의존성이 심화하고 있음을 알 수 있다.

`오답 피하기` ㄷ. 제시된 사례에서 보편적인 국제 규범이 절대적인 영향력을 행사하고 있다는 근거는 찾기 어렵다.

ㄹ. 제시된 사례에 국제 비정부 기구의 주도적인 역할이 나타나 있지 않다.

3 국제 관계를 바라보는 관점 이해

`문제 분석` 국제 규범에 따른 집단 안보 체제를 중시하는 것은 국제 관계를 바라보는 자유주의적 관점이다. ㉠과 ㉡에 들어갈 대답에 따라 A, B는 각각 자유주의적 관점과 현실주의적 관점 중 하나이다.

`정답 찾기` ③ ㉠이 '예'이면, A는 자유주의적 관점, B는 현실주의적 관점이다. 분쟁 해결 과정에서 국제법의 역할을 중시하는 것은 자유주의적 관점이므로 ㉢은 '아니요'가 된다.

`오답 피하기` ① ㉠이 '예'이면 A는 자유주의적 관점, B는 현실주의적 관점이다. 국제 관계를 국가 간 힘의 대립 관계로 보는 것은 현실주의적 관점이므로 해당 질문은 (나)에 들어갈 수 없다.

② ㉡이 '예'이면 A는 현실주의적 관점, B는 자유주의적 관점이다. 국제 사회에 보편적인 선(善)이 존재한다고 전제하는 것은 자유주의적 관점이므로 해당 질문은 (나)에 들어갈 수 없다.

④ ㉡이 '예'이면, A는 현실주의적 관점, B는 자유주의적 관점이다. 인간의 이성에 대한 신뢰를 바탕으로 하는 것은 자유주의적 관점이므로 ㉢은 '아니요'가 된다.

⑤ 국제 사회에서 국가는 자국의 이익을 배타적으로 추구한다고 보는 것은 현실주의적 관점이므로 A는 현실주의적 관점, B는 자유주의적 관점이다. ㉢이 '아니요'이면, (가)에 현실주의적 관점에 해당하지 않은 질문이 들어가야 한다. 국가 간 상호 의존적 관계를 간과한다는 비판을 받는 것은 현실주의적 관점이므로 해당 질문은 (가)에 들어갈 수 없다.

4 국내법과 국제법의 이해

`문제 분석` ㉠은 국제법의 법원(法源) 중 하나인 조약, ㉡은 국내법의 하나인 법률이다.

`정답 찾기` ㄱ. 우리나라에서 조약의 체결 및 비준에 대한 권한은 대통령에게 있다.

ㄹ. ㉡과 같은 법률은 국내법이므로 고유한 입법 기구인 국회에서 제정되었지만, ㉠과 같은 조약은 고유한 입법 기구가 없어 국가 간 협의를 통해 제정되었다.

`오답 피하기` ㄴ. 조약과 같은 국제법의 법원(法源)은 국가뿐만 아니라 국제기구도 체결 당사자가 될 수 있다.

ㄷ. 국내법은 국가의 공권력에 의해 강제적으로 집행되지만, 국제법은 강제적으로 집행할 중앙 정부가 존재하지 않는다.

5 국제법의 법원(法源) 이해

`문제 분석` 국제 사법 재판소는 국제 사법 재판소 규정에 따라 조약, 국제 관습법, 법의 일반 원칙 등을 재판 규범으로 적용하고 있다.

`정답 찾기` ② 국내 문제 불간섭 원칙은 국제 관습법에 해당한다.

`오답 피하기` ① 우리나라의 경우 모든 조약의 비준에 국회의 동의가 필요한 것은 아니다. 주권의 제약 등 헌법에 명시된 중요한 조약의 비준에만 국회의 동의를 받도록 하고 있다.

③ 그 내용과 성립 시기가 분명하다는 특징을 갖는 국제법의 법원(法源)은 조약이다. 국제 관습법과 법의 일반 원칙은 그 내용과 성

립 시기가 불분명하다.

④ 우리나라에서 헌법에 의하여 체결·공포된 조약과 일반적으로 승인된 국제 법규인 국제 관습법은 국내법과 같은 효력을 가진다.

⑤ 국제법 중에서 조약은 체결 당사자 간에만 효력이 있다. 그러나 국제 관습법과 법의 일반 원칙은 국제 사회에서 포괄적인 구속력을 가진다.

6 국제법의 법원(法源) 이해

문제 분석 국제법의 법원(法源) 중에서 원칙적으로 성문의 형식으로 존재하는 것은 조약이다. 조약은 국가와 국가 간 또는 국가와 국제기구 간에도 체결될 수 있다. 국제 사회의 일반적 관행과 법적 확신이 있어야 성립하는 것은 국제 관습법이다. 문명국들이 공통적으로 승인하여 따르는 보편적 원칙은 법의 일반 원칙이다. 조약은 일반적으로 체결 당사자 간에만 적용되지만, 국제 관습법과 법의 일반 원칙은 모든 국가에 포괄적인 구속력을 갖는다. 조약, 국제 관습법, 법의 일반 원칙 모두 국제 사법 재판소의 재판 규범으로 적용된다.

정답 찾기 ⑤ 갑의 점수가 가장 낮고, 병의 점수가 가장 높고, 을의 점수가 중간이 되려면 병은 갑의 카드 중 3점 짜리인 '국제 사법 재판소에서 재판 규범으로 적용된다.'는 카드를 가져가야 한다. 현재 을의 카드는 2장 모두 1점씩이므로 갑은 어느 카드를 가져가도 상관없다. 을은 갑보다는 점수가 높아야 하므로 병의 카드 중 2점 짜리인 '국제 사회에서 원칙적으로 포괄적인 구속력을 가진다.'는 카드를 가져가야 한다. 이렇게 할 경우 갑은 2점, 을은 3점, 병은 4점이 된다. 따라서 갑과 을의 점수 차이는 1점, 을과 병의 점수 차이도 1점으로 같다.

오답 피하기 ① 원칙적으로 성문의 형식으로 존재하는 것은 조약뿐이므로 1점, 국제 사법 재판소의 재판 규범으로 적용되는 것은 조약, 국제 관습법, 법의 일반 원칙 모두에 해당하므로 3점이다. 따라서 갑이 배부받은 2장의 카드에서 얻은 점수의 합은 4점이다.

② 병이 배부받은 카드 중에서 국제 사회에서 원칙적으로 포괄적인 구속력을 갖는 것은 국제 관습법과 법의 일반 원칙이다. 문명국들이 공통적으로 승인하여 따르는 보편적 원칙은 법의 일반 원칙이다. 따라서 병이 배부받은 카드에서 조약에만 해당하는 내용이 적힌 카드는 없었다.

③ 을이 배부받은 카드 중 하나는 조약에만 해당하는 내용이 적힌 카드이고 다른 하나는 국제 관습법에만 해당하는 내용이 적힌 카드이다. 따라서 갑은 을의 카드에서 법의 일반 원칙에 해당하는 내용이 적힌 카드를 가져갈 수가 없었다.

④ 갑은 처음 카드를 배부받았을 때는 4점이었으나 을의 카드 중 어느 것을 가져가도 2점이 된다. 따라서 갑의 점수는 처음 카드를 배부받았을 때보다 2점이 낮다.

16 국제 문제와 국제기구

수능 기본 문제 본문 161쪽

01 ③ **02** ③ **03** ④ **04** ①

01 국제 문제의 해결 방법 이해

문제 분석 발칸반도의 세르비아와 코소보 간의 오랜 민족 갈등은 국제 사회의 평화를 위협하는 안보 문제이다. 당사국 자체의 노력만으로는 해결이 어려워지자 유럽 연합과 같은 정부 간 국제기구가 나서서 중재를 통해 이 문제를 해결하였다.

정답 찾기 ③ 세르비아와 코소보 간의 오랜 민족 갈등으로 무력 충돌 우려까지 빚어지자 유럽 연합이 나서서 중재안을 마련하였고, 두 나라가 이 중재안을 수용함으로써 문제가 해결되었다. 이를 통해 국제 문제의 해결에서 유럽 연합과 같은 정부 간 국제기구의 주도적인 역할이 중요함을 알 수 있다.

오답 피하기 ① 국제 문제의 해결에서 당사국 스스로의 노력도 중요하지만 제시된 사례는 당사국이 스스로 해결하지 못하여 국제기구가 개입하여 해결한 경우를 나타낸다.

② 국제 문제의 해결을 위해 정치적 이념 대립에서 벗어나야 한다는 내용은 제시문에서 찾기 어렵다.

④ 물리적 강제력을 동원하여 해결해야 한다는 내용은 제시문에서 찾기 어렵다.

⑤ 외교적 해결이 이루어지지 않을 경우 당사국들이 국제 사법 기관에 제소하는 방법이 있지만 제시문에서는 찾기 어렵다.

02 국제 사법 재판소의 이해

문제 분석 국제 연합의 사법 기관 A는 국제 사법 재판소이다. 국제 사법 재판소는 국가 간의 법적 분쟁을 국제법에 따라 해결하기 위한 국제 연합의 주요 사법 기관이다.

정답 찾기 ③ 국제 사법 재판소는 원칙적으로 강제적 관할권이 없어 분쟁 당사국 모두 동의한 사건에 대해서만 재판할 수 있다.

오답 피하기 ① 국제 사법 재판소는 문서의 형식으로 된 조약뿐만 아니라 문서의 형식이 아닌 구두 합의 형태의 조약, 국제 관습법, 법의 일반 원칙 등을 재판에 적용하여 판결을 내린다.

② 국제 사법 재판소의 판결을 이행하지 않을 경우 일정한 절차를 거쳐 국제 연합 안전 보장 이사회가 제재를 가할 수는 있으나 국제 사법 재판소가 직접 제재할 수는 없다.

④ 국제 연합 회원국뿐만 아니라 비회원국도 국제 사법 재판소에 제소할 수 있다. 따라서 국제 사법 재판소는 국제 연합 비회원국이 관련된 법적 분쟁에 대해서도 재판할 수 있다.

⑤ 국제 사법 재판소에 제소된 사건의 당사자에는 국가만 포함된

다. 국제기구와 개인은 재판 당사자가 될 수 없다.

03 국제 연합의 주요 기관 이해

문제 분석 국제 연합은 제2차 세계 대전 이후 세계 평화를 유지하고 국가 간 우호와 협력을 증진하기 위해 1945년에 창설되었다. 국제 연합은 6개 주요 기관과 각종 전문 기구 등으로 구성되어 있다. 주요 기관에는 총회와 안전 보장 이사회, 경제 사회 이사회, 사무국, 신탁 통치 이사회 그리고 국제 사법 재판소가 있다.

정답 찾기 ④ 총회는 국제 연합의 최고 의사 결정 기관으로서 주권 평등의 원칙을 적용하여 1국 1표를 행사한다. 또한 총회의 의결은 일반적으로 권고적 효력만 있다.

오답 피하기 ① 국제 연합은 전쟁 방지와 국제 평화 실현 및 국가 간의 협력과 우호 증진을 목적으로 한다. 또한 국제 연합은 국가를 회원국으로 하는 정부 간 국제기구이다.
② 안전 보장 이사회에서 실질 사항이 아닌 절차 사항을 의결할 때는 상임 이사국이라도 거부권을 행사할 수 없다. 따라서 모든 안건에 대해 상임 이사국이 의사 결정을 좌우하는 것은 아니다.
③ 국제 사법 재판소는 국가 간 분쟁에 대해 원칙적으로 분쟁 당사국 일방의 제소에 상대국이 응하여야 재판을 진행할 수 있다. 국가 간 분쟁에 대하여 당사국 일방의 제소만으로 재판을 시작하는 것은 아니다.
⑤ 안전 보장 이사회 비상임 이사국의 임기는 2년이며, 총회에서 매년 5개국씩 선출된다. 실질 사항에 대해 거부권은 안전 보장 이사회의 상임 이사국이 가진다.

04 공공 외교의 이해

문제 분석 A는 공공 외교이다. 정부 간 소통과 협상 과정을 일컫는 전통적 의미의 외교와 대비되는 개념으로, 문화, 예술, 원조, 지식, 언어, 미디어, 홍보 등 다양한 기제를 활용하여 외국 국민에게 직접 다가가 그들의 마음을 사고, 감동을 주어 긍정적인 이미지를 만들어 나간다는 것이 핵심이다.

정답 찾기 ㄱ. 공공 외교는 국민 개개인, 시민 단체, 기업, 지방 자치 단체, 각급 정부 기관 등 다양한 행위자들이 상대 국가의 행위자들과 네트워크를 형성하고 상호 교류를 통해 외국 대중에게 직접 다가가야 성공할 수 있다.
ㄴ. 공공 외교는 다른 나라 국민과의 직접적인 소통을 통해 우리나라의 무형 자산인 역사, 전통, 문화, 예술, 가치 등에 대한 공감대를 확산함으로써 상대국 대중의 마음을 사로잡는 방식이다.

오답 피하기 ㄷ. 우리나라의 문화유산이 상대국 문화보다 우수함을 적극 홍보하는 것은 자문화 중심주의로서 상대국 대중의 마음을 불편하게 할 수도 있다.
ㄹ. 공공 외교는 외교의 주체가 정부뿐만 아니라 다양한 수준의 행위자로 넓혀져야 하고, 공식적인 소통 채널뿐만 아니라 비공식적인 다양한 소통 채널을 확보해야 성공할 수 있다.

수능 실전 문제 본문 162~163쪽

| 1 ④ | 2 ② | 3 ② | 4 ⑤ |

1 국제 문제의 종류 이해

문제 분석 국제 문제 중 (가)는 환경 문제, (나)는 빈곤 문제이다.

정답 찾기 ④ 빈곤 상태에 있는 사람들은 식량은 물론 교육이나 의료, 문화생활 등에 있어서 최소한의 혜택을 누리지 못하고 있다. 따라서 빈곤 문제는 그 자체로 끝나는 것이 아니라 건강, 교육, 문화 등 다양한 차원의 문제로 확산된다.

오답 피하기 ① 환경 문제는 각국이 경제 발전을 추구하는 과정에서 지구상의 공유 자원이 고갈되고 환경 오염이 심각해지면서 나타났다. 선진국과 개발 도상국 간 이념 대립이 주된 원인이라고 볼 수는 없다.
② 환경 문제는 어느 한 국가에서 시작되었더라도 다른 나라로 파급되는 경향이 매우 강하므로 당사국 스스로 해결하기가 어렵다. 따라서 전 세계 모든 나라가 협력하여 문제를 해결해야 한다.
③ 빈곤 문제는 자연 재해, 자원 부족, 내전, 국가의 정책 실패 등 다양한 요인에 의해 발생하므로 국가 간 이해관계의 충돌로 인해 대부분 발생한다고 보기는 어렵다.
⑤ 환경 문제나 빈곤 문제로 인해 국가 간 분쟁이 발생할 경우 그 분쟁의 성격에 맞게 해결책을 찾아야 한다. 분쟁이 발생할 경우 우선 외교적 해결책을 모색해 보고 외교적으로 적절한 해결 방법을 찾지 못했을 때, 국제 사법 재판소와 같은 국제 사법 기관에 제소하여 분쟁을 해결하는 사법적 해결 방법도 있다. 따라서 어느 것이 적절한 해결책이라고 단정할 수는 없다.

2 국제 연합의 주요 기관 이해

문제 분석 국제 연합에서 모든 회원국이 참여하는 최고 의결 기구는 총회이다. 표결 과정에서 강대국의 힘의 원리가 반영될 수 있는 것은 상임 이사국의 거부권 행사가 가능한 안전 보장 이사회이다.

정답 찾기 ㄱ. A가 총회라면 ㉠은 '예'이고, ㉡, ㉢은 '아니요'가 된다. 또한 표결 방식에서 강대국의 힘의 원리가 반영될 수 있는 것은 안전 보장 이사회이므로 ㉣도 '아니요'가 된다. 따라서 ㉢, ㉣에 들어갈 답변은 모두 '아니요'로 같다.
ㄷ. ㉡, ㉢에 들어갈 답변이 '아니요'이므로, ㉥에 들어갈 답변도 '아니요'로 같다. 따라서 A는 총회, B는 안전 보장 이사회, C는 국제 사법 재판소이다. 국제 사법 재판소는 판결을 이행하지 않는 당사국을 직접 제재할 수 없다.

오답 피하기 ㄴ. ㉠과 ㉥에 들어갈 답변이 모두 '예'라면, A는 총회, B는 안전 보장 이사회, C는 국제 사법 재판소이다. 국제 사법 재판소의 재판관은 총회와 안전 보장 이사회에서 선출된다.
ㄹ. 침략 발생 시 해당 국가에 대해 군사적 강제 조치를 취할 수 있는 것은 안전 보장 이사회뿐이다. (가)에는 2개의 기관에서 '예'라고 답할 질문이 들어가야 하므로 주어진 질문은 (가)에 들어갈 수 없다.

3 국제 연합의 주요 기관 이해

문제 분석 A는 193개 회원국으로 구성된 총회, B는 15개 이사국으로 구성된 안전 보장 이사회이다. 총회에서 국민의 인권을 심각하게 탄압한 □□국에 대한 규탄 결의는 통과되었고, 안전 보장 이사회에서 인종 학살을 자행한 ○○국에 대한 경제적 제재 결의는 갑국만의 반대로 통과되지 못했다.

정답 찾기 ② 안전 보장 이사회는 15개국 중에서 9개국 이상이 찬성하면 안건이 가결된다. 그러나 절차 사항이 아닌 실질 사항은 상임 이사국 5개국 모두의 찬성을 포함하여 9개국 이상이 찬성해야 가결된다. 상임 이사국 중 1개국이라도 거부권을 행사하여 반대하면 해당 안건이 통과되지 못한다. 인종 학살을 자행한 ○○국에 대한 경제적 제재 결의는 갑국만의 반대로 통과되지 못했으므로 갑국은 거부권을 가진 상임 이사국이며, 해당 안건은 실질 사항임을 알 수 있다.

오답 피하기 ① 총회가 의결한 안건은 해당 국가에 대해 권고적 효력을 가진다.
③ 갑국만의 반대로 해당 안건이 통과되지 못했으므로 갑국은 거부권을 가진 상임 이사국임을 알 수 있다.
④ 안전 보장 이사회는 5개의 상임 이사국과 10개의 비상임 이사국으로 구성된다. 상임 이사국은 미국, 영국, 중국, 프랑스, 러시아로 고정되어 있다. 비상임 이사국의 임기는 2년이며 매년 총회에서 5개국을 선출한다.
⑤ 총회와 안전 보장 이사회의 표결 방식은 주권 평등 원칙에 따른다. 다만, 안전 보장 이사회에서 실질 사항의 의결에서는 상임 이사국의 거부권이 인정되므로 주권 평등 원칙의 예외가 존재한다.

4 우리나라 외교 정책의 변천 이해

문제 분석 우리나라의 외교 정책은 시대에 따라 다양하게 변화하였다. (가)는 1950년대의 자유주의 국가 중심의 안보 외교, (나)는 1970년대의 공산권 외교 시작, (다)는 1980년대 후반의 북방 외교 정책, (라)는 2000년대 이후 실리를 중시하는 외교 정책이다.

정답 찾기 ㄷ. 1980년대 후반 국제 정세가 급변하자 우리 정부는 적극적으로 북방 외교 정책을 펼쳐 소련, 중국 등 공산권 국가와 수교하였다.
ㄹ. 2000년대에 들어서면서 국제 사회에서 내란, 난민, 빈곤 문제 등 국제 문제가 부각되자 우리나라는 국제기구를 통한 국제 문제 해결에 주도적인 역할을 하고 있다. 그 일환으로 국제 분쟁이 발생하고 있는 지역에 유엔 평화 유지군을 파견하기도 하였다.

오답 피하기 ㄱ. 미국 중심의 자유주의 국가 중심 외교는 1950년대와 1960년대에 행해진 우리나라의 외교 정책이다. 몰타 선언은 1989년 미소 정상 회담에 의해 냉전을 종식하자는 선언이고, 6·23 선언은 1973년 우리나라가 공산권 국가와의 관계 개선 방향을 밝힌 외교 정책 선언이다. 두 선언 모두 공산 진영을 배제하는 정책과는 관계가 없다.
ㄴ. 1970년대 냉전이 완화되고 중국과 미국 등 강대국들이 이념보다 실리를 추구하는 외교 전략을 펼치자, 우리나라는 6·23 선언을 통해 일부 사회주의 국가들과 관계를 맺기 시작하였다.

Ⅵ단원 기출 플러스
본문 164~165쪽

01 ②   **02** ④   **03** ①   **04** ②

01 국제 관계를 바라보는 관점 이해

문제 분석 국제 관계를 바라보는 갑의 관점은 현실주의적 관점, 을의 관점은 자유주의적 관점이다.

정답 찾기 ② 자유주의적 관점은 세계 평화의 실현 방안으로 국제기구의 역할을 강조한다.

오답 피하기 ① 국가 간 권력 관계보다 상호 협력 관계를 중시하는 관점은 자유주의적 관점이다.

③ 힘의 불균형 상태에서 전쟁이 발발한다고 보는 관점은 현실주의적 관점이다.

④ 개별 국가의 이익과 국제 사회 전체의 이익이 조화를 이룰 수 있다고 보는 관점은 자유주의적 관점이다.

⑤ 국제 사회 분쟁 해결을 위해 외교적 협력보다 군사력 강화를 강조하는 관점은 현실주의적 관점이다.

02 국제 연합의 주요 기관 이해

문제 분석 국제 연합의 주요 기관 중 A는 총회, B는 안전 보장 이사회, C는 국제 사법 재판소이다.

정답 찾기 ④ 총회와 안전 보장 이사회는 모두 국제 사법 재판소의 재판관 선출권을 갖는다.

오답 피하기 ① 안전 보장 이사회의 비상임 이사국은 상임 이사국과 달리 2년의 임기를 지닌다.

② 총회에서는 주권 평등 원칙에 따른 표결 방식을 채택하고 있다.

③ 안전 보장 이사회는 국제 평화와 안전 유지를 위해 군사적 개입을 결정할 수 있는 권한을 가진다.

⑤ 안전 보장 이사회의 비상임 이사국은 총회에서 선출된다.

03 국제법의 법원(法源) 이해

문제 분석 국제법의 법원(法源) 중 A는 국제 관습법, B는 조약이다.

정답 찾기 ① 우리나라에서 국제 관습법은 일반적으로 승인된 국제 법규에 해당한다.

오답 피하기 ② 개인은 국가, 국제기구와 달리 조약의 체결 당사자가 될 수 없다.

③ 국제기구는 국가와 달리 국제 사법 재판소에 제소할 수 없다.

④ 국제 관습법은 원칙적으로 국제 사회에서 모든 국가에 대해 보편적 효력을 가진다.

⑤ 조약은 국제 관습법과 달리 우리나라에서 대통령의 비준이 있어야 국내법과 같은 효력을 가진다.

04 국제 연합의 주요 기관 이해

문제 분석 국제 연합의 주요 기관 중 A는 총회, B는 국제 사법 재판소, C는 안전 보장 이사회이다.

정답 찾기 ② 국제 사법 재판소는 판결을 이행하지 않는 당사국을 직접 제재할 수 있는 강제력을 갖고 있지 않다.

오답 피하기 ① 국제 사법 재판소에 제소된 사건의 당사자에는 국가와 달리 개인은 포함되지 않는다.

③ C의 상임 이사국은 대륙별 안배를 통해 선출된 것이 아니다.

④ 총회와 안전 보장 이사회는 모두 국제 사법 재판소의 재판관 선출 권한을 갖는다.

⑤ 조약이 우리나라에서 국내법적 효력을 갖기 위해서는 국회가 체결·비준에 대한 동의를 해야 한다.

고1~2 내신 중점 로드맵

과목	고교 입문		기초	기본	특화	+	단기
국어	고등 예비 과정	내 등급은?	윤혜정의 개념의 나비효과 입문편/워크북	**기본서** 올림포스	**국어 특화** 국어 | 국어 독해의 원리 | 문법의 원리		단기 특강
영어			어휘가 독해다!	올림포스 전국연합 학력평가 기출문제집	**영어 특화** Grammar | Reading POWER | POWER Listening | Voca POWER | POWER		
			정승익의 수능 개념 잡는 대박구문				
			주혜연의 해석공식 논리 구조편				
수학			**기초** 50일 수학	**유형서** 올림포스 유형편	**고급** 올림포스 고난도		
			매쓰 디렉터의 고1 수학 개념 끝장내기		**수학 특화** 수학의 왕도		
한국사 사회		**인공지능** 수학과 함께하는 고교 AI 입문 수학과 함께하는 AI 기초		**기본서** 개념완성	고등학생을 위한 多담은 한국사 연표		
과학				개념완성 문항편			

과목	시리즈명	특징	수준	권장 학년
전과목	고등예비과정	예비 고등학생을 위한 과목별 단기 완성	●	예비 고1
	내 등급은?	고1 첫 학력평가 + 반 배치고사 대비 모의고사	●	예비 고1
국/수/영	올림포스	내신과 수능 대비 EBS 대표 국어·수학·영어 기본서	●	고1~2
	올림포스 전국연합학력평가 기출문제집	전국연합학력평가 문제 + 개념 기본서	●	고1~2
	단기 특강	단기간에 끝내는 유형별 문항 연습	●	고1~2
한/사/과	개념완성 & 개념완성 문항편	개념 한 권+문항 한 권으로 끝내는 한국사·탐구 기본서	●	고1~2
국어	윤혜정의 개념의 나비효과 입문편/워크북	윤혜정 선생님과 함께 시작하는 국어 공부의 첫걸음	●	예비 고1~고2
	어휘가 독해다!	학평·모평·수능 출제 필수 어휘 학습	●	예비 고1~고2
	국어 독해의 원리	내신과 수능 대비 문학·독서(비문학) 특화서	●	고1~2
	국어 문법의 원리	필수 개념과 필수 문항의 언어(문법) 특화서	●	고1~2
영어	정승익의 수능 개념 잡는 대박구문	정승익 선생님과 CODE로 이해하는 영어 구문	●	예비 고1~고2
	주혜연의 해석공식 논리 구조편	주혜연 선생님과 함께하는 유형별 지문 독해	●	예비 고1~고2
	Grammar POWER	구문 분석 트리로 이해하는 영어 문법 특화서	●	고1~2
	Reading POWER	수준과 학습 목적에 따라 선택하는 영어 독해 특화서	●	고1~2
	Listening POWER	수준별 수능형 영어듣기 모의고사	●	고1~2
	Voca POWER	영어 교육과정 필수 어휘와 어원별 어휘 학습	●	고1~2
수학	50일 수학	50일 만에 완성하는 중학~고교 수학의 맥	●	예비 고1~고2
	매쓰 디렉터의 고1 수학 개념 끝장내기	스타강사 강의, 손글씨 풀이와 함께 고1 수학 개념 정복	●	예비 고1~고1
	올림포스 유형편	유형별 반복 학습을 통해 실력 잡는 수학 유형서	●	고1~2
	올림포스 고난도	1등급을 위한 고난도 유형 집중 연습	●	고1~2
	수학의 왕도	직관적 개념 설명과 세분화된 문항 수록 수학 특화서	●	고1~2
한국사	고등학생을 위한 多담은 한국사 연표	연표로 흐름을 잡는 한국사 학습	●	예비 고1~고2
기타	수학과 함께하는 고교 AI 입문/AI 기초	파이썬 프로그래밍, AI 알고리즘에 필요한 수학 개념 학습	●	예비 고1~고2

고2~N수 수능 집중 로드맵

로드맵 단계

수능 입문	→	기출 / 연습	연계+연계 보완	심화 / 발전	모의고사

수능 입문
- 윤혜정의 개념/패턴의 나비효과
- 하루 6개 1등급 영어독해
- 수능 감(感)잡기
- 수능특강 Light

강의노트
- 수능개념

기출 / 연습
- 윤혜정의 기출의 나비효과
- 수능 기출의 미래
- 수능 기출의 미래 미니모의고사
- 수능특강Q 미니모의고사

연계+연계 보완
- 수능연계교재의 VOCA 1800
- 수능연계 기출 Vaccine VOCA 2200
- 연계
  - (감수) 수능특강
  - (감수) 수능완성
- 수능특강 사용설명서
- 수능특강 연계 기출
- 수능 영어 간접연계 서치라이트
- 수능완성 사용설명서

심화 / 발전
- 수능연계완성 3주 특강
- 박봄의 사회 · 문화 표 분석의 패턴

모의고사
- FINAL 실전모의고사
- 만점마무리 봉투모의고사
- 만점마무리 봉투모의고사 시즌2

상세 표

구분	시리즈명	특징	수준	영역
수능 입문	윤혜정의 개념/패턴의 나비효과	윤혜정 선생님과 함께하는 수능 국어 개념/패턴 학습		국어
	하루 6개 1등급 영어독해	매일 꾸준한 기출문제 학습으로 완성하는 1등급 영어 독해		영어
	수능 감(感) 잡기	동일 소재 · 유형의 내신과 수능 문항 비교로 수능 입문		국/수/영
	수능특강 Light	수능 연계교재 학습 전 연계교재 입문서		영어
	수능개념	EBSi 대표 강사들과 함께하는 수능 개념 다지기		전 영역
기출/연습	윤혜정의 기출의 나비효과	윤혜정 선생님과 함께하는 까다로운 국어 기출 완전 정복		국어
	수능 기출의 미래	올해 수능에 딱 필요한 문제만 선별한 기출문제집		전 영역
	수능 기출의 미래 미니모의고사	부담없는 실전 훈련, 고품질 기출 미니모의고사		국/수/영
	수능특강Q 미니모의고사	매일 15분으로 연습하는 고품격 미니모의고사		전 영역
연계 + 연계 보완	수능특강	최신 수능 경향과 기출 유형을 분석한 종합 개념서		전 영역
	수능특강 사용설명서	수능 연계교재 수능특강의 지문 · 자료 · 문항 분석		국/영
	수능특강 연계 기출	수능특강 수록 작품 · 지문과 연결된 기출문제 학습		국어
	수능완성	유형 분석과 실전모의고사로 단련하는 문항 연습		전 영역
	수능완성 사용설명서	수능 연계교재 수능완성의 국어 · 영어 지문 분석		국/영
	수능 영어 간접연계 서치라이트	출제 가능성이 높은 핵심만 모아 구성한 간접연계 대비 교재		영어
	수능연계교재의 VOCA 1800	수능특강과 수능완성의 필수 중요 어휘 1800개 수록		영어
	수능연계 기출 Vaccine VOCA 2200	수능-EBS 연계 및 평가원 최다 빈출 어휘 선별 수록		영어
심화/발전	수능연계완성 3주 특강	단기간에 끝내는 수능 1등급 변별 문항 대비서		국/수/영
	박봄의 사회 · 문화 표 분석의 패턴	박봄 선생님과 사회 · 문화 표 분석 문항의 패턴 연습		사회탐구
모의고사	FINAL 실전모의고사	EBS 모의고사 중 최다 분량, 최다 과목 모의고사		전 영역
	만점마무리 봉투모의고사	실제 시험지 형태와 OMR 카드로 실전 훈련 모의고사		전 영역
	만점마무리 봉투모의고사 시즌2	수능 완벽대비 최종 봉투모의고사		국/수/영

memo

www.ebs*i*.co.kr

지금 이 시간, moment!!

심장이 빠/르/게 뛰는 순간

나의 moment는

한국성서대학교에서 시작한다

수 시 모 집	2024. 09. 09(월) ~ 13(금)
정시모집(다)군	2024. 12. 31(화) ~ 2025. 01. 03(금)

수도권 4년제 대학 취업률 2위
취업률 78.2%, 교육부 대학알리미(2021. 12. 31. 기준)

3주기 대학기관평가인증 평가인증 획득
한국대학평가원, 30개 준거 'All Pass'

성서학과 첫 학기 전액장학금
국가장학금 제외 전액 장학혜택

편리한 교통
7호선 중계역(한국성서대)에서 단 2분

한국성서대학교
KOREAN BIBLE UNIVERSITY

※ 본 교재 광고의 수익금은 콘텐츠 품질 개선과 공익사업에 사용됩니다.
※ 모두의 요강(mdipsi.com)을 통해 한국성서대학교의 입시정보를 확인할 수 있습니다.

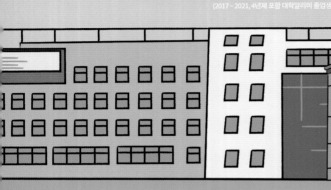

글로컬대학 30 선정

국립 강릉원주대학교

KTX 개통으로 수도권과 더 가까워진 국립대학교

국립이라 가능해, 그래서 특별해!

입학상담 033-640-2739~2741, 033-640-2941~2942

 국립 강릉원주대학교

경성은 특별해!

FROM KSU

꿈이 있는 경성!
미래를 향해 가는 대학

김서현_23 경영학과

이승민_23 토목공학과